北关新村鸟瞰图

北关村志

BEIGUANCUNZHI

固安县北关村志编纂委员会　编

孙广华　主编

中国文史出版社

图书在版编目（CIP）数据

北关村志／孙广华主编. —北京：中国文史出版
社，2017.1
ISBN 978 - 7 - 5034 - 8845 - 0

Ⅰ.①北… Ⅱ.①孙… Ⅲ.①村史 - 固安县
Ⅳ.①K292.25

中国版本图书馆 CIP 数据核字（2017）第 019085 号

北关村志

责任编辑／殷　旭
装帧设计／北　方

出版发行：中国文史出版社
网　　址：www.wenshipress.com
社　　址：北京市西城区太平桥大街 23 号　　　邮编：100811
电　　话：010 - 66173572　66168268　66192736（发行部）
传　　真：010 - 66192703
录　　排：保定市北方胶印有限公司
印　　装：保定市北方胶印有限公司
经　　销：全国新华书店
开　　本：787 × 1092 毫米　　1/16
印　　张：28.5　　字数：438 千字
版　　次：2017 年 1 月北京第 1 版
印　　次：2017 年 1 月第 1 次印刷
定　　价：238.00 元

XU

序

盛世修志,古今皆然。适逢 2017 年新春佳节来临之际,《北关村志》正式出版发行,这是我村社会主义精神文明建设的又一丰硕成果,可谓美景良辰,双喜双贺。

北关古村,建于唐代,历史悠久。村庄扼守京畿要冲,俗称京南第一关,交通便利,区位得天独厚,士农工商,人才辈出,文风蔚然,夙领风骚。北关在历史上,文则进士举人皆出;商则富贾云集;农则沃野躬耕。仓粟广积,丰衣足食,形成了北关人敢领时代潮头,勇创一流的进取精神。在中国共产党领导下的新民主主义革命时期,为了抵御外侮,捍卫家园,北关人发展生产,支前参战,不惜牺牲财产和生命,为抗日战争和解放战争的胜利做出了很大贡献。新中国成立后,北关人民积极响应党的号召,团结起来,大办互助组、初级社、高级社,走上了集体化的社会主义道路。社会主义革命建设时期,北关人民发扬自力更生,艰苦奋斗的精神,平整土地,打井办电,改善农业生产条件,增加粮食生产。特别是改革开放后,尤其近几年来,北关人以经济建设为中心,同心同德,群策群力,积极开展新农村建设,加快城镇化进程,在工农业、商贸服务业、交通运输业等方面取得了前所未有的骄人成绩,在乡村民主政治、精神文明建设方面成为了固安县的一面旗帜。

鉴于北关社会经济各项事业飞速发展取得的巨大成就,党支部、村委会研究决定,顺民心、和民意、集民智,组织强有力的编辑队伍,开展《北关村志》编修工作。在编修过程中,广大村民积极参与资料征集,协力同心,众志成城;诸位村籍在外人员寄回史料文稿,赤了乡情感人至深。特别是全体编辑人员,密切配合,不辞劳苦,不舍昼夜,殚精竭虑,求实存真,秉笔直书,精益求精,实属可嘉。《北关村志》的完成得益于北关村民的大力支持,得益于专家学者的精心指导,得益于编修人员的辛勤劳动。在此,我代表党支部、村委会谨向你们致以诚挚的感谢和敬意。

《北关村志》体例完备,内容丰富,史实确凿,行文流畅,章节翰墨香,字句村情深。本书记载了北关村自然环境、历史沿革、人口姓氏,村庄建设、各业生产、党政群团、精神文明、文化教育、卫生体育、村风民俗、文物古迹等方方面面。洋洋洒洒五十万言,绵绵一千五百余年,不失为一部可读、可信、可存、可鉴的北关史料大全。

  捧读北关村志，走进北关时空，泛舟历史长河，倾听先民田野耕耘的声音，感受时代沧桑巨变的风云，纵览北关的古往今来，倍感心情振奋，感慨万千。

  北关村志的出版对于教育青少年弘扬优良传统，培养良好道德，成为建设新北关的生力军，不失为一部很好的乡土教材；对于联络乡情，凝聚民心，构建和谐北关具有积极的推进作用。

  掩卷沉思，感慨良多。我们的先辈为了生存而奋斗不息，革命英烈为了人民的解放和家园的富强付出了生命。作为承上启下，继往开来的我辈同侪绝不能躺在前人功劳薄上享清福，更不能辜负北关人民的重托。我们要再接再厉，团结带领北关人民，凝神聚力，团结一心，发展经济，争先创优，强村富民，为把北关建设的更加和谐、美好、繁荣、富裕而努力奋斗！

中共北关社区党支部书记   刘志峰

2016 年 12 月 28 日

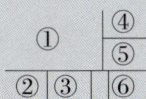

① 北关新村南门
② 北关新村中心街鸟瞰图
③ 社区居委会大院
④-⑥ 北关新村居民住宅楼

① 北关新村小花园

②③ 北关新村居民住宅楼

④ 新昌街

⑤ 北关新村夜景

⑥ 安保执勤

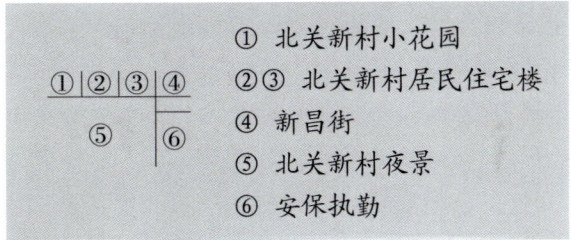

①	②	③	④
	⑤	⑥	⑦
⑧	⑨	⑩	⑪

④ 公交车北关新村站
⑤ 党支部、居委会
⑥ 北关新村站牌
⑦ 北关新村卫生室
⑧⑨ 地下停车场
⑩ 北关新村东区大门
⑪ 安保执勤

① 北关新村路口
② 公共自行车站
③ 消防水鹤

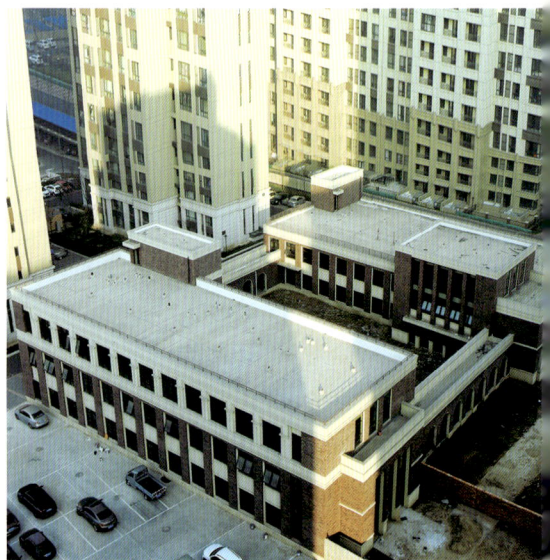

北关新村9#楼

开竣工日期：2011年3月~2013年6月

		法人代表	项目负责人
建设单位	廊坊京御房地产开发有限公司	孟惊	樊亚辉
勘察单位	廊坊市兴业岩土工程有限公司	宋宝群	李艳梅
设计单位	廊坊市雅泰建筑设计有限公司	赵勇	宋久良
监理单位	廊坊市瑞池工程建设监理有限公司	窦学发	李金平
施工单位	江苏同济建设有限公司	陈洪熙	刘雪兰

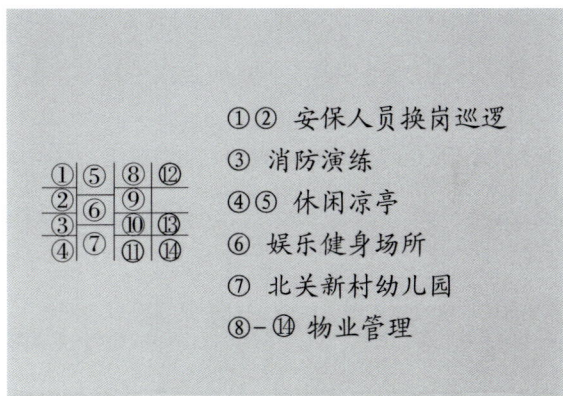

①② 安保人员换岗巡逻
③ 消防演练
④⑤ 休闲凉亭
⑥ 娱乐健身场所
⑦ 北关新村幼儿园
⑧-⑭ 物业管理

社区党支部、居委会办公场所及设施

中纪委副书记何勇(左二)接见村党支部书记高清林(右一)

中纪委副书记何勇与村党支部书记高清林亲切握手

市、县领导到北关村检查指导工作

中纪委副书记何勇与村党支部书记高清林、村会计杜文庆合影

副县长白金雁到北关社区参加"以孝治家"活动

副县长白金雁慰问北关社区老党员

"以孝治家"座谈会

两委班子讨论"以孝治家"活动

①	②	③
④	⑤	⑥
⑦	⑧	

① 20世纪50年代评剧团演出

② 象棋比赛启动仪式

③ 运动员比赛后合影

④ 秧歌队演出

⑤⑥ 吵子会演员合影

⑦ 龙灯会演员合影

⑧ 秧歌队演员合影

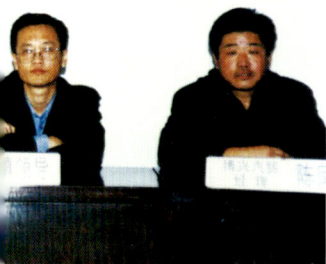

文艺演出与体育活动

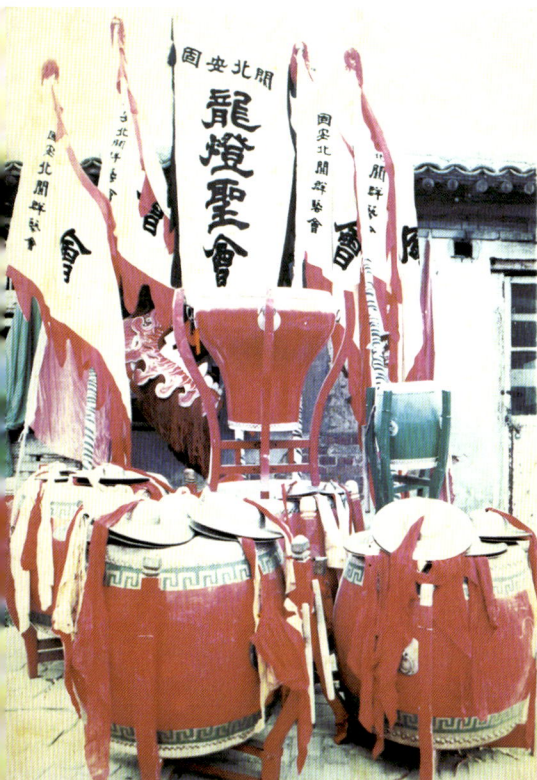

①－④ 谷静信书法作品
⑤⑥ 革命烈士白汉臣赠
赵克功笔洗
⑦⑧ 王洪义书画作品
⑨ 孙广华书法作品

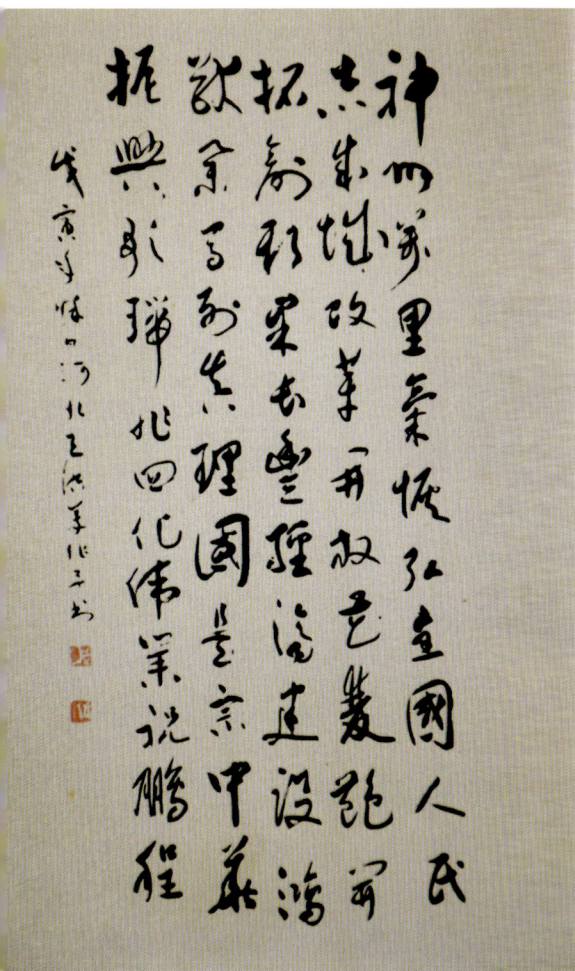

沁园春·雪

北国风光，千里冰封，万里雪飘。望长城内外，惟余莽莽；大河上下，顿失滔滔。山舞银蛇，原驰蜡象，欲与天公试比高。须晴日，看红装素裹，分外妖娆。江山如此多娇，引无数英雄竞折腰。惜秦皇汉武，略输文采；唐宗宋祖，稍逊风骚。一代天骄，成吉思汗，只识弯弓射大雕。俱往矣，数风流人物，还看今朝。

室雅蘭香

藏主丙申秋月
彩玲書

千字文

天地玄黃宇宙洪荒日月
盈昃辰宿列張寒來暑往
秌收冬藏閏餘成歲律呂
調陽雲騰致雨露結為霜
金生麗水玉出崑岡

丙申夏月於京南固安彩玲書

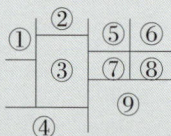

寵辱
不驚
閒對
庭苔
花落
留去
無意
漫隨
天外
雲卷
雲舒

丙申冬月書於書齋澤元

①-③ 巨彩玲书法及作品
④ 宋泽元书法作品
⑤⑥ 殷素琴刺绣作品
⑦-⑨ 徐广摄影作品

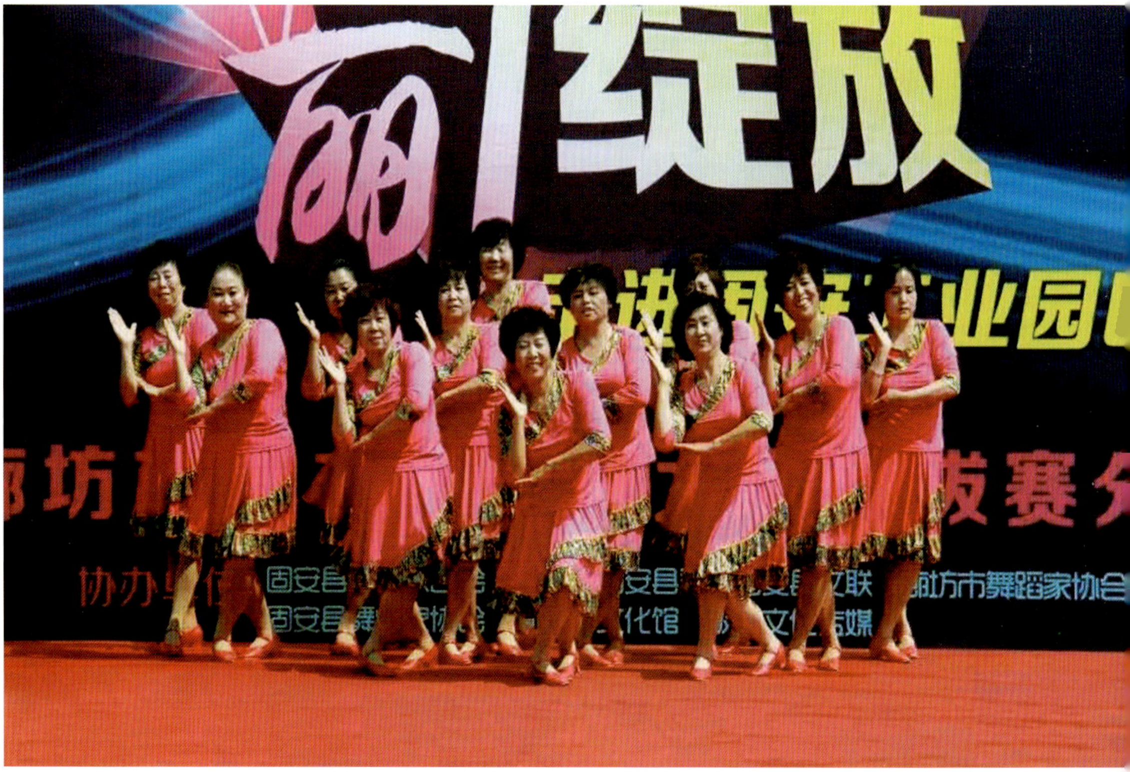
绽放
协办单位
固安县
廊坊市舞蹈家协会
文化馆

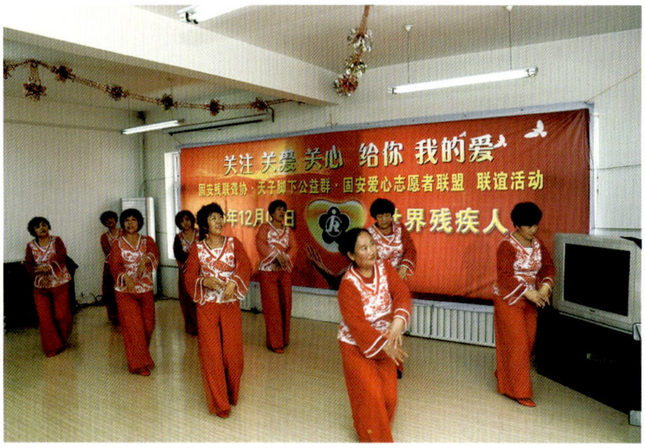
关注 关爱 关心 给你 我的爱
固安爱心志愿者联盟 联谊活动
世界残疾人

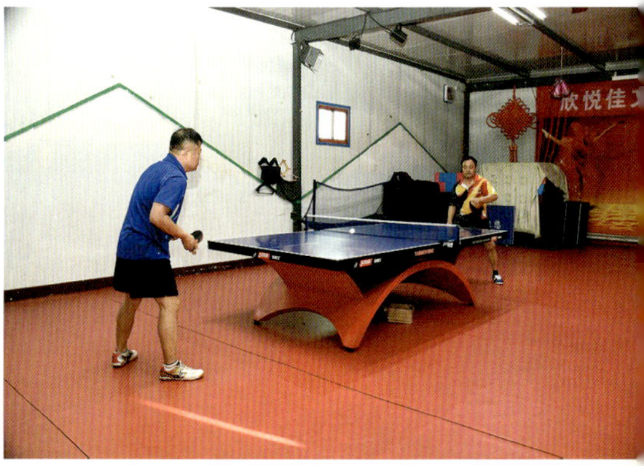

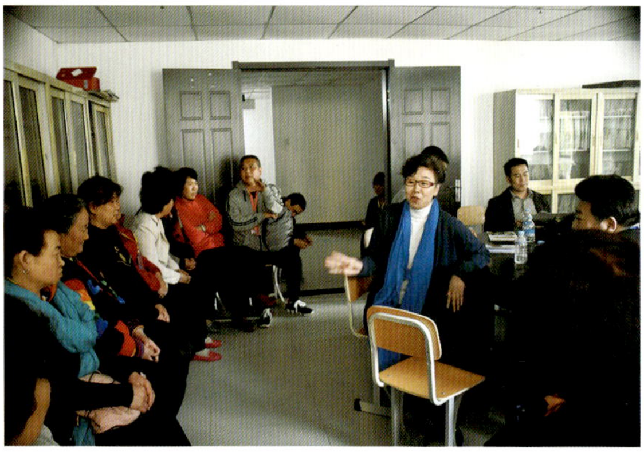

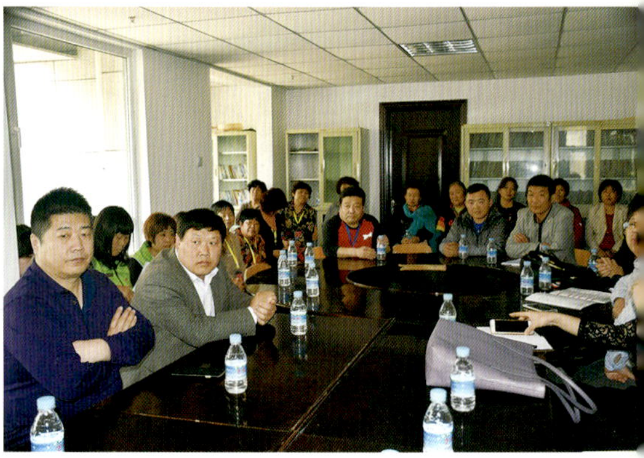

①② 舞蹈演出　　　　　　⑥ 村民健身活动剪影

③周长庆乒乓球训练　　　⑦ 太极拳演练

④⑤ "以孝治家"活动剪影

又一家

饮食服务有限责任公司

又一家 中国驰名商标

总经理张俊堂

又一家 生态园

企业负责人周东升

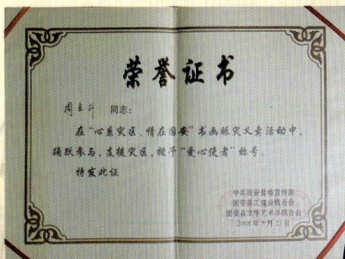

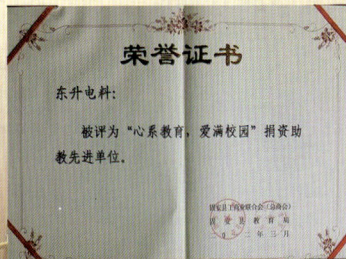

廊坊春晖房地产开发有限公司

开发项目

总经理 刘玉芬

副总经理 王志忠

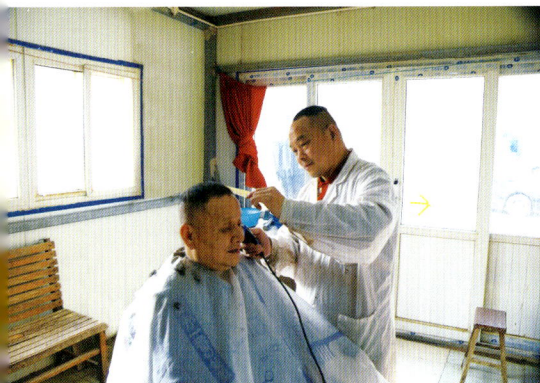

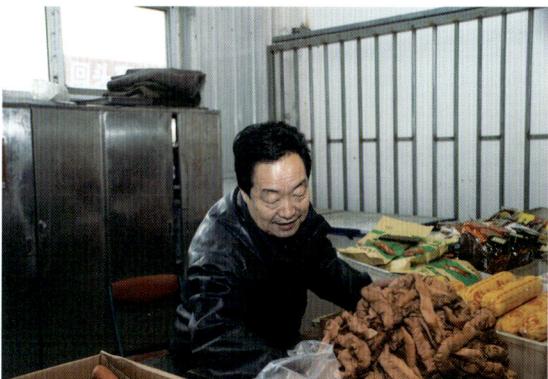

1999-2000年度
优秀五好农村党支部
中共固安县委员会
二〇〇〇年六月

2001-2002年度
先进基层党组织
中共固安县委
二〇〇二年六月

河北省宣传文化示范工程
示范村
中共河北省委宣传部
二〇〇二年十二月

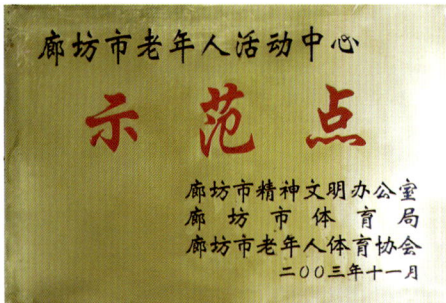

廊坊市老年人活动中心
示范点
廊坊市精神文明办公室
廊坊市体育局
廊坊市老年人体育协会
二〇〇三年十一月

2009年度河北
廊坊市

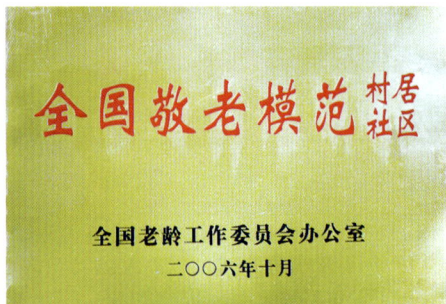

全国敬老模范村居社区
全国老龄工作委员会办公室
二〇〇六年十月

支援抗震救灾
先进基层党组织
中共廊坊市委
二〇〇八年六月

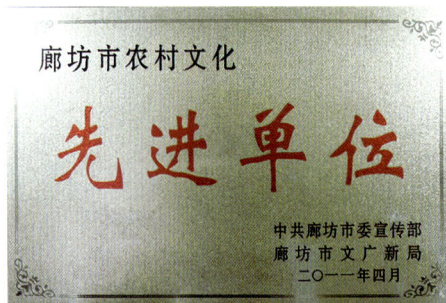

廊坊市农村文化
先进单位
中共廊坊市委宣传部
廊坊市文广新局
二〇一一年四月

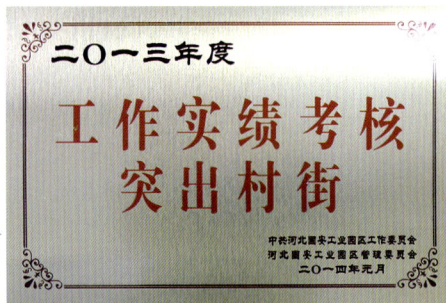

二〇一三年度
工作实绩考核
突出村街
中共河北固安工业园区工作委员会
河北固安工业园区管理委员会
二〇一四年元月

文明村
中共固安县委
固安县人民政府

农家书屋
NONG JIA SHU WU
河北省农家书屋工程建设领导小组办公室
制作

固安工业区广场舞比赛
最佳活力

荣誉证书
HONORARY CREDENTIAL

廊坊市固安工业园区北关村

为 2008 年度河北省一星级
无传销社区(村)

河北省打击传销领导小组(代章)
二00九年七月

荣誉证书

北关村:

被评为"固安县二00八—二00九年
度文明村街",特发此证,予以表彰。

中共固安县委
固安县人民政府
二〇一〇年一月

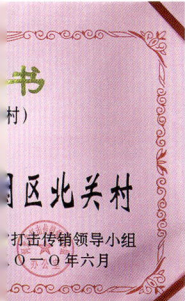

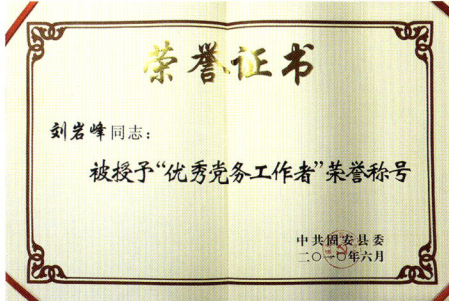

荣誉证书

刘岩峰 同志:

被授予"优秀党务工作者"荣誉称号

中共固安县委
二〇一〇年六月

证书

高清林 同志被评为全省民兵

学习《邓小平文选》先进个人

河北省军区
一九九五年十二月

授予

高清林同志
河北省农民劳动模范

部分荣誉

固安縣第二屆人民代表大会第一次会議全体代表

英子理发店

新建北關藥王廟碑記　前人

縣治之內諸神不載祀典者皆有專祠惟藥王廟獨無時有山右大賈陳廷冠客居縣之北關偕邑人鄭登雲劉大恭等結社修諸善緣衆議創王之祠遂易地鳩材起造殿宇三楹中坐藥王之像從者侍於兩旁邑人之仰瞻廟貌而奔走祈禳者感無不靈嗚呼王之神其亦靈驗也耶王蓋唐玄宗時人姓韋氏名慈藏或曰其號也業傳羲黃術衍岐伯治內經以窮息脈察五臟以療非常或視形望氣而知死生之由或起死回生而得靈福之旨醫道精絕可與秦漢時扁鵲倉公魏晉時華陀許胤陽並駕玄宗神其術重其行拜官不就死之日封之世仰為藥王云人亦有言達則為良相不達則為良醫兩人相去遠甚合而言之蓋以皆天地之好生司生人之命脈醫與相均此乃仁術今由王而觀醫果小道也耶禱有功德及民者祓之祀典羲黃岐伯開物成務稱聖稱神無論也自倉扁諸公而下施藥普濟於當時方書昭垂於後世謂非有及人之功德與宜乎祠宇遍域中而今之建廟以祀王信非濫觴也工始于萬歷二十七年四月逾年而完廟制恢閎貲牙壯麗巍然煥然大稱一邑崇事之心嗟夫世之崇事乎王非異其默相于冥冥使病者愈愈者不復病耶余竊有說焉人之病大應有兩端風寒暑濕時行疫作天之病人也[illegible]迷聲色[illegible]貪貨財諸如此類以其精散血損氣傷神人之自病也人之自病常什九天之病人僅什一什一者難必什九者當慎此之謂善守其身而能崇事乎王者也不然萬事憂其心百物勞其形復有如前所嘗酒色等欲日夕交攻本眞既喪病入膏肓縱岐伯再出倉扁復生將望色而驚走矣王且奈之何哉余因識歲月并考王之出處更示醫道之當重尤于慎疾者三致意云大明萬歷三十五年歲次丁未孟夏吉日立石

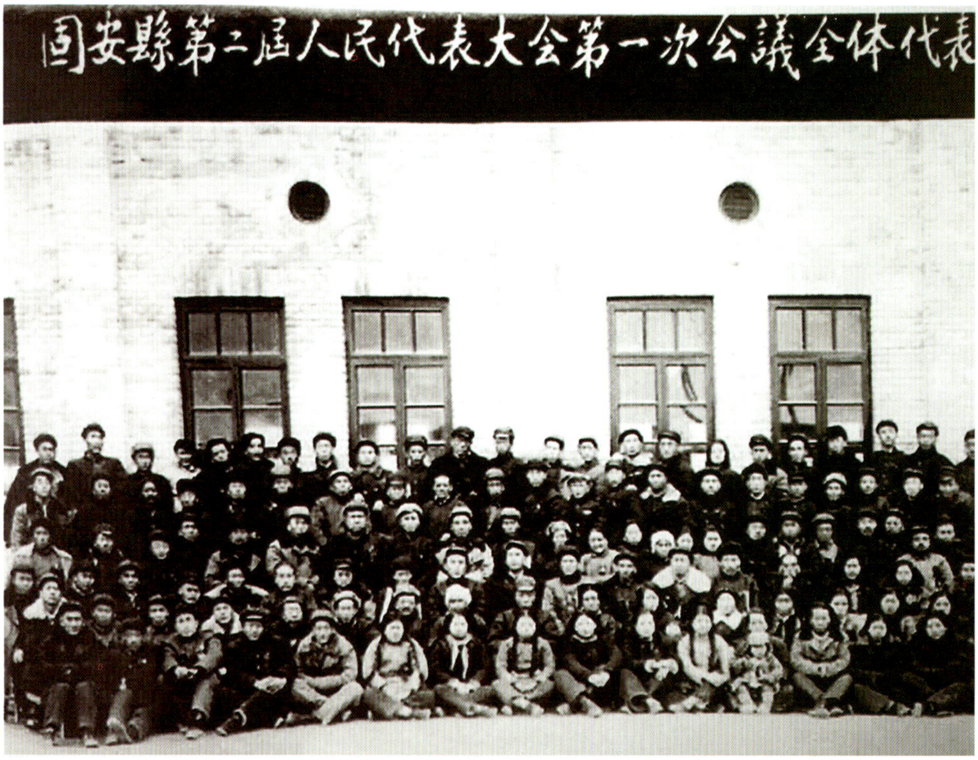

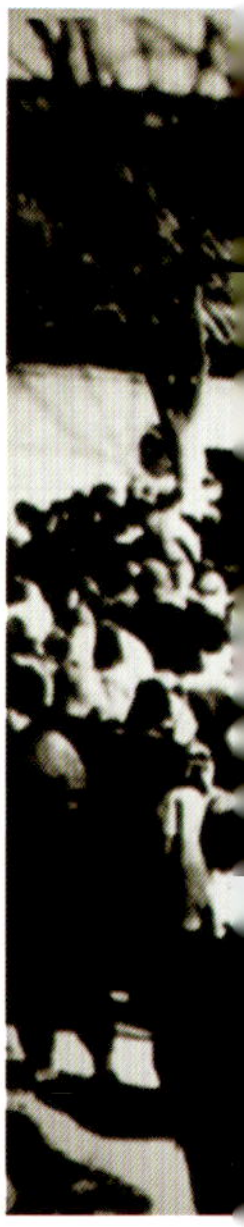

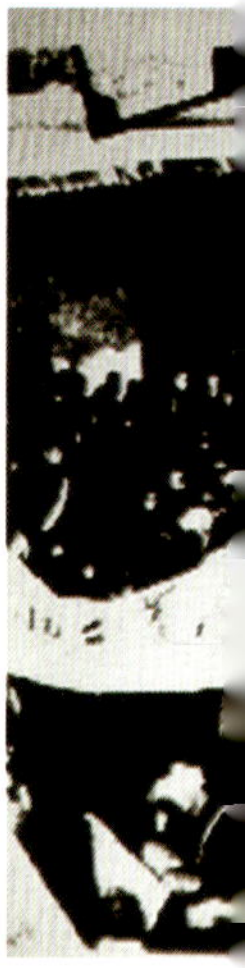

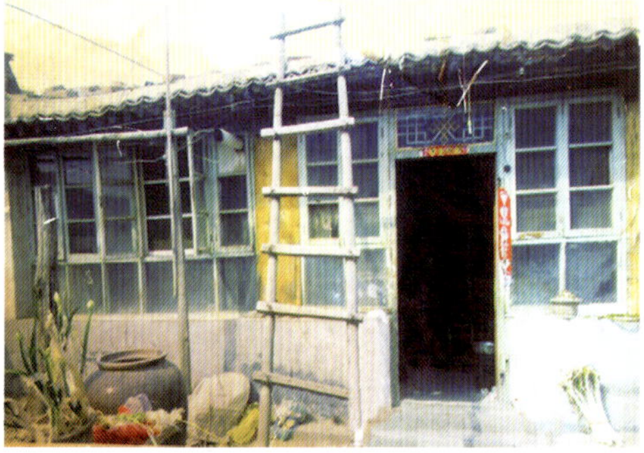

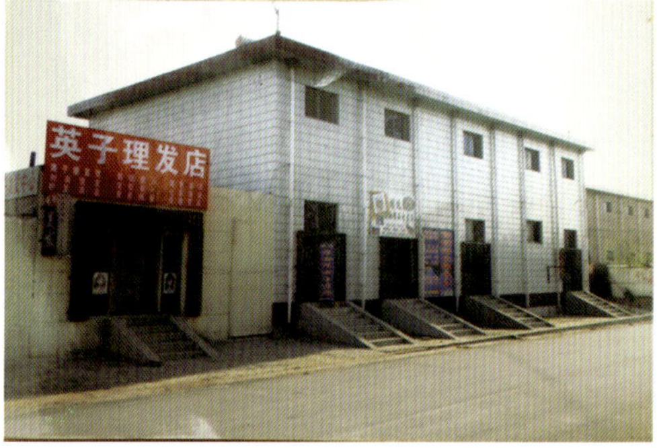

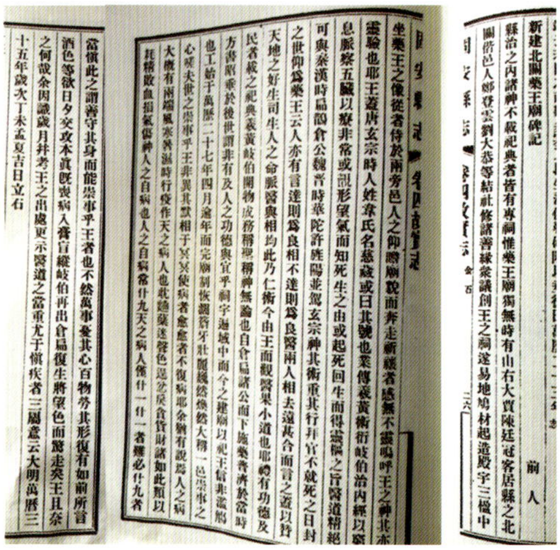

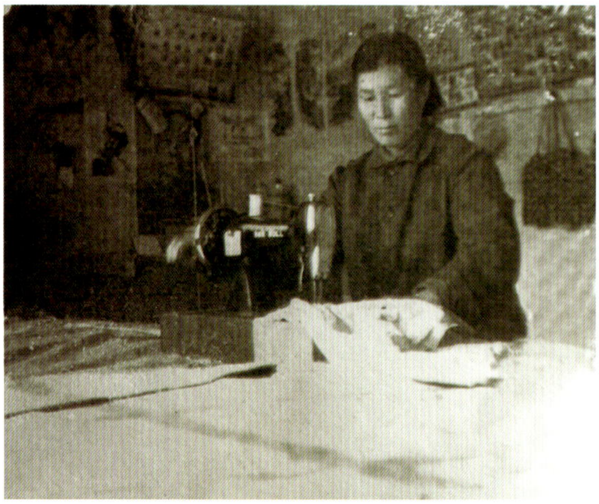

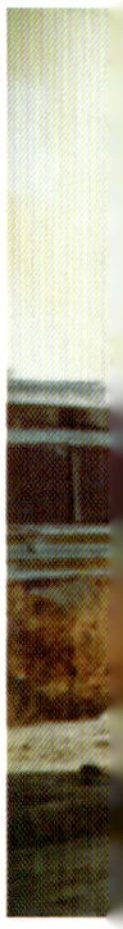

① ②
③ ④ ⑤ ⑥
⑦ ⑧ ⑨ ⑩

① 赵云清当选县人大代表

②⑤ "一二·九"平津学生南下扩大宣传团在北关

③ 20世纪60年代村民住房

④ 20世纪90年代村民住房

⑥ "文革"时期的宣传栏

⑦ 重修药王庙碑记

⑧ 20世纪60年代村民手摇缝纫机

⑨ 20世纪90年代汽车与孩子们

⑩ 20世纪80年代北关旧街

民兵连欢送新兵留念

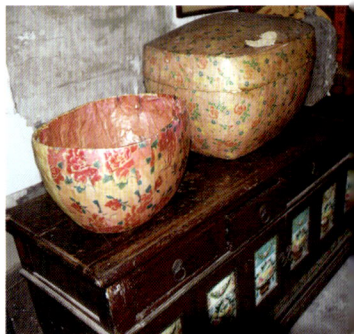

村领导研究工作。左起：杜文庆、董永利、高清林、李永安、毕建爽

村领导研究工作。左起：王建平、王艳、刘岩峰、杜国润

镇、村领导合影。前排左起：高清林、边坤元、董永利；后排左起：王德润、李永安、杜文庆、李茂增

园区领导、村"两委"与《北关村志》主编合影。前排左起：王建平、段军政、孙广华、尹亚静；后排左起：刘岩峰、王艳、杜国润

村务办公

村"两委"与物业
领导研究安保和环卫
工作

村"两委"与红白
理事会及部分村民合
影

《北关村志》编纂
委员会成员合影

村"两委"与《北关
村志》顾问、编辑人员
合影

园区、村"两委"领
导与《北关村志》编辑
人员合影

《北关村志》全体编辑人员合影

《北关村志》编辑、编审人员合影

《北关村志》启动工作会议

编委、编审、编辑人员研究工作照

《北关村志》编辑人员工作照

编辑人员研究调查资料

编辑人员、义工入户采访

编辑人员采访老军人焦伟

部分党员参观南泥湾旧址

参加《北关村志》付诸出版印刷工作人员合影

固安县行政区划图

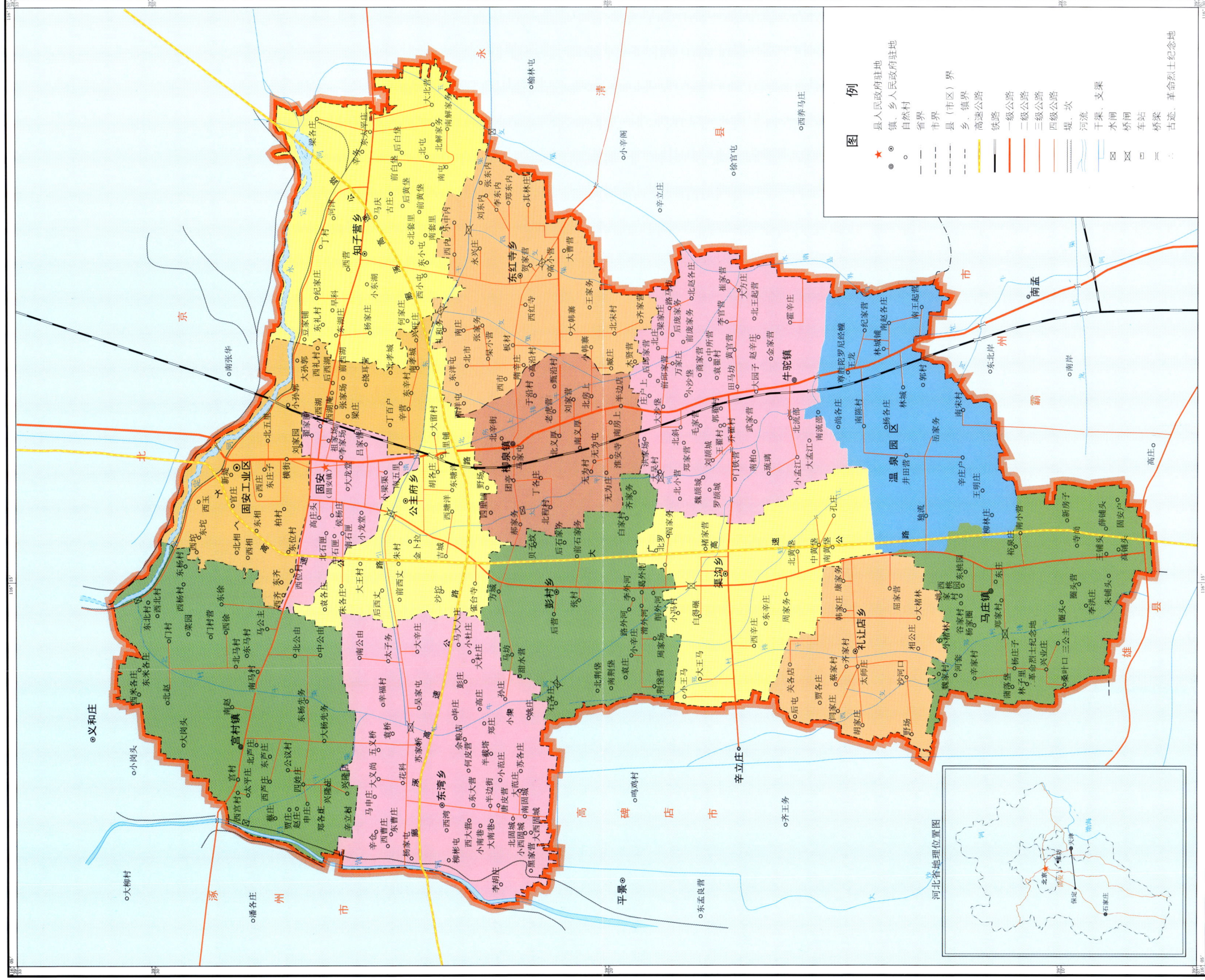

图 例

县人民政府驻地 镇、乡人民政府驻地 自然村 省界 市界 县(市区)界 乡(镇)界 高速公路 国道 一级公路 二级公路 三级公路 四级公路 堤、坝 河流 干渠 支渠 水闸 桥梁 车站 古迹 革命烈士纪念地

河北省地理位置图

主要乡镇：知子营乡 东红寺乡 牛驼镇 温泉园区 宫村镇 公主府乡 柳泉镇 渠沟乡 礼让店乡 马庄镇 彭村乡 东湾乡 固安 固安工业区

固安县城区图

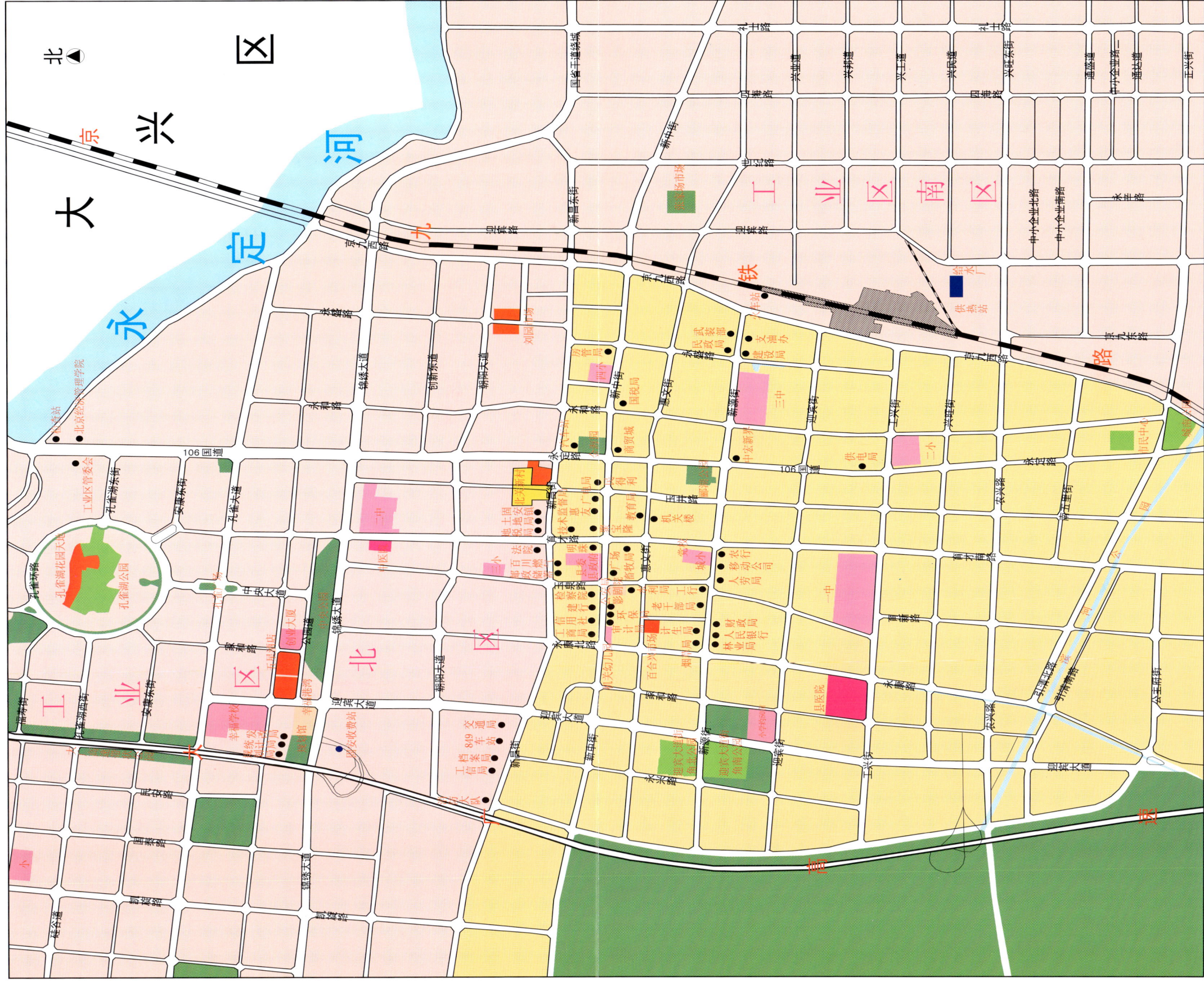

北

大 兴 区

京 大 兴 线

大 定 河

永 定 河

京 九 铁 路

工 业 区 南 区

工 业 区

北 区

新源阳市场

新昌东街

迎宾路

刘园市场

北京经济管理学院

工业区管委会

孔雀湖东街

孔雀湖花园天地

孔雀湖游乐园

孔雀环路

实幸东街

锦绣大道

创新东道

鄂州天道

中央大厦

锦绣大道

锦绣大道

中兴大道

公路路

迎宾大道

106国道

永和路

新中街

国税局

三中

二小

供电局

一中

县医院

新中街

定安街

西井路

106国道

农兴路

教育局

机关大楼

移动公司

人劳局

人民财政局银行

建设银行

县委

武装部

财政局

支油办

建设局

供热站

新昌路

工档案局849交通局

信访队

工信局

车福学校

系统发开

邮政局

京九东路

正兴街

正兴街

中小企业北路

中小企业南路

礼让北路

礼让路

英杰道

兴军道

兴邦道

兴民道

米粮东街

通达道

水丰路

明清时期北关区域图

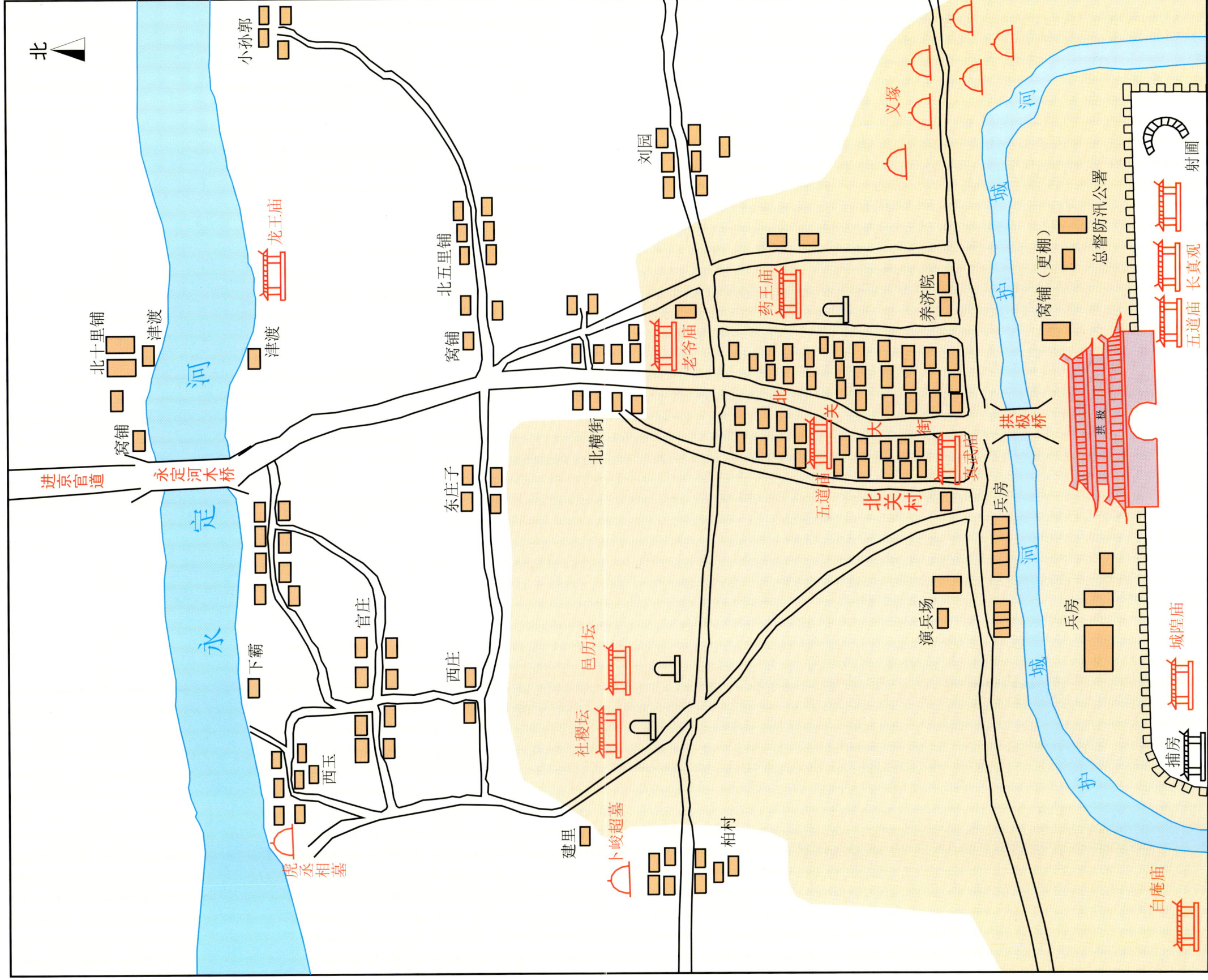

北

小孙郭

龙王庙

北十里铺

津渡

河

津渡

窝铺

进京官道

永定河木桥

永

定

河

下霸

官庄

西庄

西玉

建里

柏村

卜峻超墓

虎丞相墓

社稷坛

邑历坛

演兵场

北横街

东庄子

北五里铺

窝铺

刘园

义塚

药王庙

老爷庙

慈济院

北关街

五道庙

大

关

北关村

玄武庙

兵房

兵房

拱极桥

窝铺（更棚）

总督防汛公署

城

护河

城

护河

射圃

五道庙 长真观

城隍庙

捕房

白庵庙

FANLI
凡 例

一、本志运用辩证唯物主义和历史唯物主义的观点和方法，实事求是，全面客观地记述北关村历史和现状，以达资政、存史、教化之目的。

二、本志记述北关村建村以来的历史，本着详今略古的原则，重点记述中华人民共和国建立后北关村的活动历史。部分事件、人物历史追溯到唐代至清代。在记述事件、人物时，以北关籍人员活动为主体，辅以记述与北关村事件相关联的非北关籍人物。

三、本志采用规范的现代语文体，运用客观的记叙文体，以第三人称角度行文记事。不议论评说，坚持直书其事。

四、本志记述以现行北关村所辖地域为主。为保持历史的本来面目和事物的完整性，对涉及到周边村的事物采取佐证本村事物为主，不予详述。

五、本志力求贯通古今，全面反映北关村的历史和现状。上溯事物发端，下限 2016 年 12 月。为保全资料，另设附录。

六、本志卷首设概述，提纲挈领，领略全志。次为大事记，中为分志，末为附录。主要采用编年体，少量采用记事本末体，以时为经，以事为纬。结构为章、节、目、子目。

七、本志历史纪年，中华人民共和国建立前沿用旧纪年，并括注公元纪年。中华人民共和国成立后采用公元纪年。

八、本志采用述、记、志、传、图、表、录等体裁，志为主体，图表随文而设。

九、本志人物，既厚今人，又重前人，力求以对社会、对本村的影响为尺度择优选录。坚持生不立传的原则，已故者以传略入志，健在者以简介入志，并列有表录。

十、本志计量单位使用国家公布的法定计量单位。个别为世人熟知、本地仍然普遍使用的非法定计量单位，继续沿用，以如实反映时代气息。

十一、本志资料来自各级档案馆、图书馆、史志书籍、报刊、网络、经过考证的口碑资料等。

目　　录

第三章 人口 姓氏 宗族

第四章 村庄建设

第五章　村务管理与服务

第六章　政　治

第七章　重大政事

第八章　经　济

第九章　教育　文化

第十章　卫生　体育

第十四章 人 物

附 录

概　述

北关，因唐代建城池而得名，是历代县城政治、经济、文化中心的组成部分，文化灿烂，人杰地灵。

北关村位于河北省中部地区，固安县城北部玉井路北段。地理坐标：北纬39°44′，东经116°30′。南临新昌街，街南为北街村，隔106国道东南为东关村、翟家圈村。隔育才路西南为西关村、高庄头村。北接北横街村、东庄子村。东隔106国道为刘园村。东北与北五里铺村隔106国道相望。西侧为柏村。（1983年前均与上述村街接壤。）

北关村坐落于北京市、天津市、保定市三角腹地。京九铁路与村东106国道平行纵贯南北。大广高速（G45）西隔柏村与北关西侧育才路平行纵贯南北。北距首都北京50公里，距北京市与河北省的永定河界河4公里，东距廊坊市45公里，距天津市110公里，南距霸州市40公里，距保定市120公里，距省会石家庄市210公里，西距涿州市26.6公里。2013年前北关村，南北长800米，东西宽218.5米，村街总面积为17.5平方公里。总户数291户（2016年6月姓氏宗族调查数，家庭分户为326户），姓氏宗族41个，总人口1450人。

一

北关历史悠久，早在唐贞观元年（627）建城池设县治，拱极门（北门）外即北关村。北关随县城至宋朝为4年，属辽时186年，属金时90年。元、明、清三朝共640年。时为三朝京畿重地，京南第一城、第一关。五代十国和宋、辽、金300年间，为边关要地，县城为兵家必争之地，战争频繁，民不聊生。宋辽对峙，县城为边镇，辽军曾于固安以青牛白马祭天地，以宋人射鬼箭。明崇祯二年（1629），后金（清前身）兵袭固安，屠戮居民约万人。明崇祯九年（1636），清军再袭固安县城。明末清初，村民在改朝换代、兵荒马乱之年，不忘勤劳耕作，不忘读书励志。村民卜家、高家、杜家、李家等多户人家子弟，刻苦求学，考取功名，成为朝廷命官。其中村民卜家"祖孙父子兄弟皆进士"。卜兆麟主政多地，官至少仆；村民高际可为本县增广生员，知县常委以重任，一子三孙皆为

县内庠生。清光绪二十六年（1900），八国联军入侵，固安县城遍遭践
踏，村内青壮年聚集药王庙，投身义和团习武练拳，参加反洋抗清运动。
清宣统三年（1911），辛亥革命，村民历经反清、反帝运动的变革。时半
封建半殖民地矛盾异常尖锐的形势下，新旧军阀在帝国主义的怂恿之下，
进行疯狂地战争和军事割据。民国九年（1920）7 月，直皖战争爆发，县
城周边地域为两军交战的中路战场，后以皖军失败告终。民国十一年
（1922）4 月，直、奉两大军阀会战，县城县域炮火连天，后奉军告败。
民国十五年（1926）1 月至 7 月，国民军甘军、直鲁联军、热蒙联军、鲁
军各路军队先后多次袭扰县境、县域，村民惨遭烧杀抢劫，时就连县教育
局所存图书亦被各路军队运走变卖。民国十六年（1927）10 月，奉军第
8 师被晋军傅作义部队击溃，其间奉军在县城、宫村一带，到处哄抢商铺
和民财。民国十七年（1928）3 月，国民军"北伐"，奉军万福麟、于芷
山、戢翼翘相继败退固安，国民军第三集团军前敌总指挥韩复榘入境固
安，后其下属武庭麟师驻固安年余，其间，县城设支应局，在县域、县城
搜刮民财几十万元。在军阀混战，兵匪肆虐之年，民国十四年（1925），
北关白汉臣（中共党员）在县城开设了"善德书局"，以此为掩护，开展
党的地下活动，宣传新文化、新思想。民国二十四年（1935）12 月，北
平爆发"反对华北自治""抗击日本帝国主义武装侵略"的学生运动。次
年初，"平津学生南下扩大宣传团"，南下开展抗日宣传活动，途经固安
受阻，被迫在北关药王庙、大车店、小学校就地开展抗日宣传活动。北关
地下党员、村民支持并参加了学生们的抗日宣传活动。

二

　　民国二十六年（1937）9 月 14 日，日军土肥原贤二师团突破永定河
国民党守军第 53 军防线，16 日由北向南攻打固安县城，时北关惨遭烧杀
掠夺，村民四处逃难，日军在村内杀害村民 15 人。八年抗战期间，北关
党员、村民同仇敌忾，开展了各种形式的抗击日本帝国主义的侵略战争。
青年卜长山、王嘉弟、王吉祥、王呈瑞等人参加了八路军，在县内外开展

游击战争。村民团结一心，抵制日伪政权统治，抗丁抗粮，为八路军传递情报，掩护伤病员。地下党员白汉臣、白德恒父子，车进先在日伪政权施行"囚笼政策"的环境中，坚持在县内秘密开展抗日工作。民国二十七年（1938）8月，八路军三次攻打县城，北关村民为攻城部队准备料草、门板、梯子，并帮助部队送饭送水。民国三十四年（1945）8月2日，八路军收复固安县城，北关村民和全县人民一起欢庆抗日战争的伟大胜利。9月，北关村郑光前、邓鲍氏、刘坤、崔春青等人先后加入中国共产党。同月，成立北关村第一个党支部。同月，北关第一个民主政权村公所建立。在党支部、村干部的带领下，北关村开始了减租减息、土地改革运动。10月21日，美军飞机向固安县城投放炸弹、宣传弹，公然支持国民党政府发动内战。民国三十五年（1946），12月9日至15日，国民党军纠集万余兵力，向固安县城八路军守城部队发动进攻（史称固安保卫战），激战七天六夜，后守城部队主动撤至外围作战。其间，北关村民参加了保卫战，战前备战工作。青壮年参加修工事、挖战壕、掏地道、运送装备弹药，妇女赶制军鞋、慰问袋，儿童团开展房顶广播、街头宣传，老人小孩负责送饭送水。保卫战打响后，村自卫队配合八路军主力部队，参加了外围作战和战前保卫任务。民国三十六年（1947），国民党军占领固安县城后，大肆搜捕中共党员、村干部和抗日军人家属，时北关村12名党员干部、军属被捕关押。中共党员白汉臣父子2人惨遭杀害。民国三十七年（1948）12月，平津战役开始，区政委李抗、区助理员曹中到北关领导组织支前工作。在村干部的带领下，北关村组成4个担架队、2辆大车投入平津战役支前工作。

三

1949年10月1日，中华人民共和国成立，当日北关村男女老少参加县城万人庆祝大会。1950年1月25日，美帝国主义发动侵朝战争，北关村民参加了支援抗美援朝运动，青年卜长山、徐永兴先后参加志愿军赴朝作战，在中国人民解放军各部队服役的10多名北关籍战士也先后随所在部队赴朝作战。村民在生活极度困苦的情况下，踊跃参加国家支援抗美援朝战争购买飞机大炮运动。1953 年，北关村第一个党支部建立。同年，北关村先后组织了 8 个生产互助组，次年成立了 2 个农业生产合作社（简称初级社），北关村第一次走上了合作化生产道路。1956 年在初级社的基础上成立了高级社。1958 年 5 月，成立人民公社。时北关隶属城关公社管辖，称北关大队。其间，全村社员大力开展了兴修水利，种植水稻农业生产，获得了大丰收。同年，在大跃进的口号下，北关村建立了 2 个集体食堂，全村社员到食堂就餐，家庭铁类工具、用具上交用于大炼钢铁。1959 年至 1961 年，北关村和全国人民一样，进入三年困难时期，时全体社员靠每天每人几两粮食果腹，用野菜、野草、树皮、树叶、棒子骨头等充饥，每月都有村民病饿而死。1962 年，按照上级要求，北关大队分成 7 个生产队（后数次调整），实行"三级所有，队为基础"，第一次实行了以生产小队为基本核算单位。同时，第一次在集体生产组织之外，社员家庭划拨生产自留地。1964 年底至 1965 年初，北关大队开展社会主义教育运动（四清），初期为清账目、清工分、清财务、清管理制度，后规定为清政治、清组织、清经济、清思想。时村里进驻两批"四清"工作队，指导全村开展"四清"运动。运动中，北关社员尽管占用相当时间开展运动，干部参加集中教育（上楼），仍把坚持发展生产作为第一大事，1964、1965 年连续两年获得粮食大丰收。在农田基本建设方面，打井办电，基本没有受到影响，在运动后期，对全村 178 户社员家庭，再次划分审定了阶级成分。1966 年"文化大革命"（简称"文革"）开始，村里先后成立了 8 个红卫兵组织，1968 年成立了北关村文化大革命委员会（简称革委会），并以此取代了党支部工作。运动中，由开始的破"四旧"（旧思想、旧文化、旧风俗、旧习惯），立"四新"，对村内一切属于不符合"四新"的文物、出版物、用具进行逐户收缴销毁。到开展大规模的大批判（批判走资本主义道路的当权派，矛头直指刘少奇、邓小平等中央领导），后运动发展成阶级斗争扩大化，村内家庭成分高的、新中国成立前在旧政府、旧军队任职的、语言过激的、对某项政策不满的，均被揪出，进行批斗，并戴上"四类分子"（地、富、反、坏）帽子，实行监督改造。在"抓革命、促生产""农业学大寨"的口号下，北关大队开展平整土地，改变全村低洼盐碱地农业生产劳动，使北关粮食产量呈上升趋势。整个运动期间，没有发生派性、武斗、打砸抢行为。1971 年村党支部恢复工作，全村社员齐心协力，坚持勤劳苦干，一心通过努力改变全村贫穷落后面貌。同时，努力发展集体经济，在村内办起了酱醋厂、自行车修理、马车运输、理发等集体创收项目。在村西北沙荒地上发展果树种植，在大田作物上引进高产抗灾优良品种，实行水利化、化肥化、电力化、科学化管理，使北关粮食生产获得年年大丰收，逐步解决社员苦干一年吃不饱饭的问题。

四

1978 年党的十一届三中全会召开，后中央提出社会主义农村经济改革，在全国广泛实施农村土地承包责任制。在以后的几年里，中央连续下发关于农村经济改革的 1 号文件，不断深化农村经济改革和方向。1983 年，北关村在上级党委、政府的领导下，经过党员干部、社员自下而上的教育学习讨论，解放思想，形成共识。同年 3 月，北关村开始对 4 个生产队集体所有管理使用的土地、林木、农机具、牲畜统一作价分给社员，实行了土地大包干。自 1958 年人民公社以来，北关村第一次实现土地由家庭生产经营。同时，对原大队办公用房、企业用房、大型农机具、电力水利设施、原 4 个生产小队队部用房和房基地仍由大队统一管理使用，不做分配。大队行政职能由原来管理型逐步发展成服务型。土地承包以后，党支部、村委会面对北关村日益人多地少的状况，在改革开放的新形势下，组织发动全体村民学文件、学科学、学管理、学外地经验，努力在有限土地上，开展蔬菜、大棚菜、花卉、果树、养猪、养鸡等多种形式的种植养殖的同时，瞄准县城经济市场，刘园副食蔬菜批发市场的需求，大力发展建筑、运输、副食品加工、商业、餐饮等。北关村由原来的农业型逐步转变为农业为辅，集运输、建筑、商业、餐饮、食品加工等各业并举的经济发展模式，村民勤劳致富，衣食住行发生了巨大变化。北关村率先进入省级小康村建设先进行列。

2009 年 9 月，按照固安县《关于推进农村新民居建设工作的有关规定》，北关村在党支部、村委会的领导下，通过大量宣传发动工作，坚定了北关村民坚决走小城镇化道路的决心，全体党员干部、村民齐心协力，通过大量具体的协商工作顺利完成拆迁置换工作。2013 年 9 月，北关村居民住宅楼交付使用，形成了集党支部村委会办公楼、居民住宅楼、物业管理办公楼、健身场、地下车库、花园、幼儿园、卫生室、老年服务中心、购物中心等商业店铺为一体的新型现代化生活社区，北关人过上了梦寐以求的城里人的幸福生活。

回望征程团结同心求跨越，展望美景创新争优谱新篇。我们坚信，在党支部、村委会的坚强领导下，在勤劳智慧的北关人民的共同努力下，京南第一关必将绽放出更加灿烂夺目的光彩！

大事记

唐至清代

唐贞观元年（627）

固安县治所由章信堡迁至今固安县城，作为县城北面的门户——北关村随之建立。

后晋天福元年　契丹天显十一年（936）

石敬瑭割让燕云16州，北关随固安并入契丹。

宋、辽时期（960 – 1125）

本地属宋辽"拉锯"战场，宋、辽间或属之。

宋宣和七年　金天会三年（1125）

宋燕山守将郭药师降金，本地入金境。

蒙古太祖十年　金贞祐三年　宋嘉定八年（1215）

蒙古兵占领本地。

明正德十四年（1519）

知县王宇征集固安、永清、霸县等地民夫3000人，营造固安土城。城四面居中各开一门，正对北关的北门曰"拱极"。

清康熙五十四年（1715）

清廷命直隶村庄开办义学，延师教读。是年，县建立义学5所，分设在北关、柳泉、牛堝（现牛驼）、马庄、知子营。

清乾隆四十九年（1784）

清廷拨银重建砖城，各门依原样重修，沿用旧名。

中华民国时期

民国三年（1914）

"北关村吵子会"正式成立。

民国十四年（1925）

北关村白汉臣在县城内开办"善德书局"，订阅发行进步书籍，并以此为掩护，秘密开展党的地下工作。

民国二十五年（1936）

1月　平津学生南下扩大宣传团约500人到达北关，宣传团、简易师范爱国师生及部分群众，在北关泰和店（卜家店）召开誓师大会，并为宣传团捐款捐物。

民国二十六年（1937）

夏　北关村药王庙、老爷庙重修开光。村民孙桂三、侯占春参加重修老爷庙事宜并组织了全县及周边各县66道花会前来参加祭奠活动。此后每年的4月28日为药王庙祭典日，5月23日为老爷庙祭奠日。

9月　日军轰炸固安县城并侵入北关村，村民周长安、冯长寿、谷坤、史福、范德成夫妇等15人被日军杀害。

同年　以宋吉祥为团长的第29军大刀队进驻北关村，团部设在小学校院内，营部设在村民李茂财家。

民国三十四年（1945）

秋　北关村建立第一个中共党支部，郑光前任第一任党支部书记。党员有郑光前、刘坤、孙振东、王德启、崔春青、邓鲍氏6人。

同年　北关村青年卜长山、王吉祥、王嘉弟、王呈瑞光荣加入了八路军。不久，王呈瑞在所在部队中牺牲。

民国三十五年 （1946）

12 月　在固安保卫战打响前，北关村全体村民积极参与修建城墙、挖交通沟和破坏公路等备战活动。

民国三十六年 （1947）

秋　北关村第一所小学成立，校址设在药王庙内。

同年　北关村共产党员白汉臣及长子白德恒被国民党保警大队杀害（后被追认为革命烈士）。

民国三十八年 （1949）

2 月　中国人民解放军第四野战军驻防北关村休整，和北关村民一起欢度新春佳节，后南下作战。

中华人民共和国时期

1949 年

10 月 1 日　中华人民共和国成立，村长邢进福、农会主席鲍玉山带领全体村民参加了县里召开的全县万人庆祝大会。会后，北关村吵子会、龙灯会参加了大会的庆祝演出。

1950 年

抗美援朝运动开始，北关村民卜殿中、徐永兴、刘汉元、何善章、曹永兴、焦伟、卜长山、焦培、庞树勋、董永年、刘顺等先后参加了中国人民志愿军，赴朝参战。

1951 年

4 月　全县出动3000民工对永定河北村至梁各庄段大堤进行复堤和

北村大闸兴建工程。北关村民赵福、周宝山、王志同参加了北村大闸兴建工程。

7月　本地发生严重的蝗虫灾害,庄稼被虫吃光,造成粮食绝收。

9月　固安连降30分钟冰雹,大的如同核桃,北关村受灾最严重。地里庄稼被砸烂,树叶被砸光,村民只好到地里扫粮食粒苦度灾年。

秋　北关村业余评剧团成立,团长陈泽民,副团长高德山、董振生,导演张润生。为了配合宣传新《婚姻法》,排演了《刘巧儿》《柳树井》《小二黑结婚》等新编剧目,在全县文艺汇演中获得了表演优秀奖。

本月　新中国成立后北关村第一个妇女联合会成立,主任胡秀荣。

1952 年

3月20日　北关村赵云清当选为固安县第二届人民代表大会第一次会议代表。

7月　村民张殿奎、周玉田、周玉林、卜长海、王群巨、周凤岐、庞树仁等10名瓦工参加了北京火车站、人民大会堂等国家建设工程。

1953 年

3月　北关村建立8个生产互助组。

春　北关村村民张殿奎、崇尚义参加了石家庄高级步校、第二高级步校、西安坝桥五六二工地及天津拖拉机厂等国家重点工程建设。

11月　永定河官厅水库水利工程开始,北关村唐万祥、焦旺刚、王群来等24人出工参加会战,并获得奖旗一面。旗面上写着"禾苗非水不生,水非治理无功,年年勤勤治理,五谷穗穗丰登"。

1954 年

3月　北关村成立初级社2个:民强社,社长董振生;先锋社,社长高德山。

8月　本地连降大暴雨,造成永定河、大清河决口,庄稼被大水淹没,部分房屋倒塌。

1955 年

1 月　北关村第一个团支部成立。书记焦旺元，宣传委员焦伟，团员王国兰、王维如等人。

同月　国家进行了币制改革，旧人民币 1 万元兑换新人民币 1 元。

1956 年

夏　四关四街及北横街成立 1 个高级农业生产合作社，社长温国贵。北关村为 1 个中队，隶属南关大队。

8 月　北关村赵克功赴德国留学。

同月　北关境内连降暴雨，沥涝成灾，大秋作物严重减产；部分房屋倒塌。

同年　北关村水柜工程开挖，中队长陈泽民、孙志和带领民兵突击队和群众 100 多人，日夜奋战在工地上。

1957 年

中国人民解放军空军探照兵某部驻防北关村。（1962 年 11 月移防北京市。）

同年　北关村青年徐永安去包头参加了支援包头钢铁厂的建设工程。

1958 年

夏　北关村"大跃进"运动开始。

9 月　村民邢进福、孙殿臣、王国柱、陈泽民、孙国良等 20 多人参加了密云水库的建设工程。

10 月　固安县建制撤销，永固霸三县合并为大霸县，下设 5 个公社，北关村隶属固安城关公社。

秋　北关中队妇女干部产生，成员有：亢秀荣、张玉平、杨秀芹、邓桂春、赵珍、史炳云、肖玉珍。亢秀荣任妇女主任。

同年　北关村建立大食堂 2 个。

1959 年

1 月　中国人民解放军某通信部维护站来北关村驻防。后移驻霸县。

同年　北关村村民徐永祥在北京建筑公司参加了北京人民大会堂的建设。

1960 年

国民经济严重困难时期。人们缺吃少穿，只好利用蒲棒根、茅草根、玉米骨头等磨碎来充饥。

1961 年

北关中队干部调整。书记董永利，中队长项友义、陈泽民，治保主任王呈志，妇女主任亢秀荣。

8 月 1 日　恢复固安县建制，全县划为 16 个公社，北关村隶属城关公社。

1962 年

北关村农村人民公社基本核算单位改变，由以大队为基本核算单位改为以生产小队为基本核算单位，把原有大队的生产资料全部下放到生产小队。

8 月 8 日　全县突降暴雨，土地粮田积水成灾，房屋倒塌，北关村也遭受到不同程度的损失。灾后，北关村对本村烈军属、五保户、困难户发放救济粮款。

同年　北关村村民徐永录在县 11 区工作时，带队参加了岳城水库工程的建设。人员有孙广泰、项友义、刘汉文等。

1963 年

北关村对本村烈军属、五保户、困难户发放救急粮款。

1964 年

7 月 1 日　全国第二次人口普查开始，全村共有 192 户，682 人。

10 月　北关村第一眼机井打成，井深 73 米。

1965 年

2 月　北关村"四清"运动开始（至 10 月结束）。

同月　北关村高清林、何庆生、陈建华、杜文庆等人参加安次县"四清"工作队工作。

3 月　固安县永定河大桥兴建工程开始。北关村村民李宝平、郑书田、陈泽祥、蒋树林、李志华、史文才参加了大桥的兴建工程。

4 月　北关村选出贫下中农协会，周焕章任主席，王嘉祥任副主席，委员有何秀荣、王国兰、王德福、赵福、王群来。

秋　北关村植树造林 60 亩，挖排水沟 3 条，全长 2400 米，动土 9450 立方米。

10 月　北关村西打成机井 2 眼，井深各 73 米。

1966 年

5 月　北关村"文化大革命"运动开始。

8 月　北关村组建了一个 30 多人的建筑队，由大队统一管理。

10 月　大队自筹资金、原料，建起了粉坊 1 个、醋酱加工厂 1 个、豆腐坊 2 个、机磨加工坊 2 个。

1967 年

7 月　北关村新安装变压器 1 台，打机井 1 眼。

12 月　北关村入伍战士李宝平、徐永清在部队先后参加了抗美援越战争。

1968 年

2 月　北关村革命委员会成立，主任李国旺，副主任徐永兴，民兵连长项友义。

3 月　固安县严重干旱，一冬无雪，土地干裂，庄稼苗干死，当年粮食产量受到严重损失。

1969 年

5 月　为了更好地宣传毛泽东思想，学习毛主席的最新指示，大队为全村家家安上了小喇叭，随时可以听到党中央和上级的指示精神。

9 月 20 日　在北关村西北成功打成大锅锥井 1 眼。

1970 年

8 月　党支部、村委会带领群众平整沙荒地 40 亩，打大锅锥井 3 眼。

9 月　北关村革命委员会调整。李国旺任革委会主任，副主任高清林、徐永兴，常委焦培、周玉书、孙淑娟、王德福，委员焦信、史凤祥、董永利、徐永利。

同年　北关村所有耕地基本实现了畦田化、水利化。全村播种各种农作物 1573 亩，全年粮食产量达到了 37.75 万斤。

1971 年

1 月　北关村党支部恢复工作。

2 月　北关村党支部、革委会对本村村民人口进行统计，全村 193 户，800 人，男性 425 人，女性 375 人。

3 月　固安县组建 340 人的民兵组织，配合中国人民解放军铁道兵 8737 部队修建京源铁路。北关村民兵徐福来、邢玉林参加了修建铁路工程。

5 月　北关村固中学生孙广华，参加天津地区田径运动会获得 110 米栏、200 米栏两个第一名，后被选入河北省体工大队训练。

8 月　全国农业学大寨运动掀起高潮，村党支部、革委会带领基干民兵和广大群众，在大龙堂村南大搞农田基本建设，平整土地 120 亩，打机井 4 眼。

9 月 27 日　经上级团组织批准，北关村团支部改建，团支书李志华，副支书马素荣、杜文庆。

1972 年

7 月　本地遇大旱天气，连续 300 天无雨，庄稼多数被旱死，秋季粮食基本绝收。

9 月　党支部、革委会带领群众在村西北打大锅锥井 4 眼。

1973 年

北关村种植粮食作物 1645 亩，全年粮食总产量 39.63 万斤，比大旱灾的 1972 年增产了 14 万斤。

1974 年

9 月　北关村中学生陈书元，在河北省召开的田径运动会上获得三级跳远第三名。后初选进河北省运动队。

冬　北关村出动 60 人的民工团赴文安参加了东淀河工程。

1975 年

6 月　固安县部分地区遭受雹灾，城关公社受灾最严重，北关村粮食产量遭受严重损失。

1976 年

1 月 8 日　周恩来总理逝世，北关村和全国人民一道沉痛悼念。

7 月 28 日　唐山丰南一带发生强烈地震，波及天津、北京、廊坊等地。固安境内毁坏房屋 52402 间，受灾居民 73425 人。北关村也有不同程度的损失。

9 月 9 日　伟大领袖毛主席逝世后，全体村民胸戴白花、臂戴黑纱，在北关村大队部举行了追悼大会，沉痛悼念伟大领袖毛主席。

10 月 14 日　中共中央公布了粉碎"四人帮"反党集团的消息，北关村全体村民和全县人民一起上街游行，庆祝这一历史性的胜利。

年末　北关村村干部调整，党支部书记董永利、副书记高清林、宋泽元、治保主任徐永录、民兵连长王国岐。

同年　固安县农机公司赠给北关村扶农小拖拉机（河北 12 型）2 辆。

1977 年

6 月中旬　固安县受严重阴雨天气影响，小麦收割后无法打碾、晾晒，多数小麦发霉，造成夏季小麦减产，损失严重。

9 月　固安县组织 100 余人的排水大队，由县领导带队，赴文安县滩里乡参加排水会战，北关村村民王景太参加了会战。

同年　北关村购置了大型 55 马力拖拉机 1 辆。

1978 年

大队革命委员会改制为大队管理委员会，书记高清林，村主任董永利，治保主任徐永录，民兵连长王国岐，妇女主任白文英，大队会计杜文庆。

1979 年

3 月 12 日　国家植树节确定。北关村干部群众积极参加义务植树活动，在田间、路两侧共植树 1.2 万棵。

1980 年

年初　北关村初步落实生产责任制，实行了小段包工、联产到劳、定额管理和专业承包、联产计酬的生产形式。

1982 年

7 月 1 日零时　全国第三次人口普查开始，北关村共有 210 户，803 人，男性 504 人，女性 299 人。

1983 年

1 月　河北省政府批准建立固安县城关镇，北关村隶属城关镇管辖。

同月　北关村村民家家接通了自来水，改善了村民的吃水条件。

3 月　北关村全面落实生产责任制，撤销了原有的 4 个生产小队，土地及部分的农机具、牲畜等全部分放到户。大队改名为村民委员会。

1984 年

9 月　全县开展了建设文明县城和文明村街活动。县直机关 6 个单位与北关村共同对京开公路、北环路和西环路等十几处路段，实行了门前三包、分段管理责任制。

12 月　北关村村民发放了农民土地承包使用证。

1985 年

3 月　北关村被城关镇政府评为小康建设先进村。

4 月　北关村党支部、村委会制定了村民治安守则和村规民约。

9 月 10 日　全国第一个教师节，北关村党支部、村委会及村民代表，到北关中心小学和师生们一起共度节日。

1986 年

4 月　村委会对村民宅基地进行了统一丈量和登记，并换发了新证。

7 月　城关镇政府开始推广种植大棚菜生产，村民高素梅在自家院内建日光温室 2 个，种植了芹菜、西红柿、黄瓜等，被城关镇政府推荐为先进典型。

1987 年

4 月　北关村全面开展了精神文明建设和十星级家庭文明户的评选活动，全村共评选出十星级文明户 57 户。

1989 年

7 月　北关村开展了评选遵纪守法、五好家庭的活动，全村评选出遵纪守法文明户 12 户、五好家庭 15 户、五好媳妇 12 人。

1990 年

3 月　北关村发放了第一代居民身份证。

7 月 1 日零时　全国第四次人口普查开始，北关村 213 户，816 人，男性 418 人，女性 398 人。

1991 年

8 月　我国南方遭受水灾，村民们积极捐款支援受灾群众，一天捐款

1031 元。

1992 年

1 月　经村党支部决定，选举产生了北关村团支部。团支部书记冯庆龙，团委杜智慧、鲍广芹、徐伟。

5 月　北关村购置中型小麦脱粒机 4 台。

1995 年

北关村成立了村民群艺会和老年体育协会，组建了 80 多人的秧歌队、40 多人的吵子会和 60 多人的男女舞龙队。

8 月 17 日　本县境内连降大暴雨，总降水量为 660 毫米，造成全县经济损失共计 3582.7 万元。北关村也遭受了不同程度的经济损失。

1996 年

春　村委会决定，在全村低压线路进行改造，各家各户安装了新的电线、电表、保安器等。

1997 年

3 月　北关村投资 130 万元建起了北关中心小学教学楼。

6 月　北关村党支部、村委会为全体村民投保了短期人身保险（投保人数 1029 人）。

12 月　廊坊市人大常委会副主任佟淑云，在固安县人大常委会主任于永田、副主任李永久的陪同下，到北关村视察基层民主选举情况。

1998 年

4 月　北关村村委会主任董永利主持召开村民代表会议，贯彻落实计划生育政策，照顾一胎生育，计划生育二胎落实到人工作。

7 月　党支部、村委会为全村 253 户家庭的家用电器，投保了家庭财产保险。

同年　北关村被河北省委、省政府命名为全省农村基层民主政治建设先进单位。

1999 年

4 月　村党支部、村委会对 1997 年前执行的土地承包合同作了调整，对新一轮的土地承包合同延期到 30 年不变。

9 月 14 日　中共廊坊市委副书记、人大常委会主任常则民，在县委书记杜兆瑜、副书记赵光安的陪同下，到北关村进行双基建设的调研。

9 月　北关村建立了老年门球活动中心，成立了老年门球队。

11 月 26 日　中共廊坊市委常委、宣传部长杨讷，常委、副部长刘润通，县领导杜兆瑜、于永田、邸秀峰、郭增文、李克俭、白玉江到北关调研开展读书兴农活动的情况。

同年　北关村民事调解委员会被河北省司法厅命名为优秀人民调解委员会。

同年　村民郑书田因孩子得重病，家庭经济困难。村党支部、村委会及全体村民积极捐款，帮他家克服困难，仅 2 天时间，村民就捐款 3058 元。

2000 年

春　村党支部、村委会决定，在北关村东西后街全部安装了新的路灯照明。

6 月　北关村党支部被中共固安县委评为"优秀五好农村党支部"。

10 月　在全县农民运动会上，北关村村民拔河队在全县拔河比赛中获第一名，篮球队获篮球比赛第二名。

11 月 1 日零时　全国第五次人口普查开始，北关村 265 户，1045 人。

2001 年

1 月 17 日　参加工业园区"为困难党员献爱心"捐款活动，北关村 28 名党员参加捐款，共捐款 360 元。

7 月　北关村投资 3000 多元对村内门球场地进行了扩建。当月，北关村老年门球队在全县门球比赛中获得第一名。

8月22日　全村229户、1051人全部换发了新户口簿。

9月　河北省吴桥杂技团来北关村演出。

同年　村党支部、村委会对本村东后街和西后街路进行修建，共扎砖路面长1000多米。

同年　北关村红白理事会成立。为满足广大群众的需要，村购置了大棚、灶具、桌凳等用具，方便村民使用。

2002 年

5月　村投资30万元对村内主街道进行了改造，铺设排水管道800多米，修筑高标准水泥路面782米（宽5米）。

8月　文化部部长高占祥，在廊坊市领导任联飞的陪同下，到北关村视察指导工作。

11月　河北省省委宣传部命名北关村为"河北省宣传文化示范工程示范村"。

同年　大队投资8000多元扩建了北关村篮球场。

2003 年

春末夏初　北关村和全国一样，开展了预防"非典"工作。

2004 年

年内　北关村被中共廊坊市委评选为市级文明村街。北关村党支部先后连续13年被固安县委、县政府授予先进基层党支部。党支部书记高清林被授予河北省劳动模范光荣称号，先后被选为第七、第八届固安县党代会代表和第十三、十四、十五届县人大代表。

2005 年

3月12日　村党支部、村委会与廊坊市中级人民法院在北关村北共建党员林25亩。

9月　北关村投资64万多元，对原村西四号路进行了改建，工程铺设柏油路面550米，宽8米，两边路肩各1米。

同年　北关村被县委、县政府授予三个文明建设先进村，被廊坊市委、市政府评为依法治理模范村，被廊坊市人大常委会评为先进单位。北关村妇联会被河北省委、省政府、省妇联评为达标先进妇代会。北关村民兵连被廊坊军分区评为先进基层民兵连。

2006 年

2 月 14 日　廊坊市委副书记杨新建就先进性教育、农村基层组织建设、村委会换届选举工作到北关村进行实地调研。县领导毕晓明、赵光安、张振芳等陪同调研。

3 月 13 日　河北省委先进性教育巡回督导组到固安县检查指导先进性教育工作，实地检查指导了北关村第三批先进性教育活动开展工作。

5 月 26 日　村民李秀林家因妻子患癌症，造成经济困难，党支部、村委会成员与全体村民为其捐款 4475 元、白面 1 袋。

8 月 1 日　北关村由固安县固安镇划归固安县工业园区管辖。

10 月 17 日　廊坊市农村基层党风廉政建设座谈会在固安县召开。会议期间，市县纪委书记到北关村实地参观了农村"三资"管理及运行情况。

11 月 27 日　中共中央书记处书记、中央纪委副书记何勇，在省、市、县领导陪同下，到固安县就党风廉政建设和反腐败工作进行考察调研。对北关村党风廉政和村务公开工作给予肯定和表扬。

2007 年

10 月　北关村党支部改选，党支部书记刘岩峰、支部委员焦金录、李永安。党支部代行主持北关村村民委员会的工作。

11 月　村催债小组经 2 个月工作，将所欠村集体承包土地、房屋欠款收齐。并按每人 3000 元分给村民。

2008 年

春　全村统一规划土地，村民平均每人分得口粮地 0.4 亩，门店地 34.15 平方米。

5月12日　四川省汶川地区发生强烈地震后，北关村村民心系灾区民众，积极捐款支援灾区，两天捐款10112.5元。

同月　村委会与村民重新签订土地承包合同。

7月初至8月底　北京奥运会期间，持续2个月时间担负安保工作，受到县委、县政府的表彰。

同年　修工作路2条。

2009 年

北关村城中村改造工作启动，106国道（西侧46户）拆迁置换工作先行开始。

2010 年

9月　村"两委"研究决定，将村公产楼房10套，公开拍卖。

11月1日零时　全国第六次人口普查开始，北关村293户，1232人。

2011 年

年初至年底　全村统一拆迁，历时1年。

年内　6号路两侧承包到期，村委会主持重新发包。

春末夏初　村"两委"为全村16周岁以上村民出资投保人身意外保险。

春　北关吵子会被廊坊市列入非物质文化遗产项目。

秋　村"两委"办公场所及文体设施，随着拆迁的实施全部拆除。

2012 年

6月24日　为响应固安县"为困难党员献爱心"捐款活动，我村27名党员参加捐款活动，共捐款3380元。其中党员杨云鹏、刘岩峰各捐款1000元。

同日　我村24名党员为村内回民老党员王国兰捐款3320元，以帮助她解决家庭困难。其中党员刘岩峰捐款1000元。

7月21日至22日凌晨　固安县遭受特大暴风雨，街面四处积水成河，北关村部分村民的临街房屋被淹，汽车、电动车等群众财产受到严重损坏。

8月北关村与本县北孝城结成友好村街。

12月 北关村集体公墓开工建设。墓地占地总面积27亩，栽各种树木花草3000余株。

同年 杜国润任北关村村主任，王建平、王艳任副主任。

2013 年

初春 在村委会主持下，将"137"地块内所有土坟全部迁往村公墓。

3月 成立"富民房地产开发有限公司"，承办四号路门店地和六号路土地置换等相关事宜。

9月 先期14栋住宅楼竣工，同时完成置换分配，村民陆续搬进新建住宅楼。

11月19日 为响应廊坊市无偿献血活动号召，村民14人参加无偿献血活动。

同年 北关村更名为"北关新村"。

2014 年

8月 村民兵应急分队13人，代表工业园区参加县人武部民兵应急分队步枪实弹射击考核，总评成绩优秀。

2015 年

1月 村"两委"决定将5128平方米公产楼房公开拍卖。

7月8日 村"两委"决定将公主府中学北侧原承包土地重新划分给村民，平均每人21平方米。

10月 北关舞蹈队作品《江南梦》获固安县首届全民舞蹈大赛最佳创意奖和固安县首届全民舞蹈大赛广场舞三等奖。

11月 北关新村建设二期3栋住宅楼竣工，并交付使用。

2016 年

1 月 30 日 副县长白金雁、全国以孝治家发起人吴红等领导到北关村看望老革命军人和少数民族老党员。

3 月 历时 2 年修改 9 次的育才北路商业街规划图通过县规划委审定。

5 月 31 日 《北关村志》编纂工作会议召开。北关村领导、《北关村志》主编、顾问、编辑及《固安县志》主编、副主编、编辑出席会议。自此,《北关村志》编纂工作正式启动。

6 月 完成新村东区地下车库车位分配。

7 月 北关新村建立北关社区居民委员会。

9 月 完成住宅楼二期西区 57 个地上车位扩建工程。

12 月 《北关村志》正式交付印刷出版。

第一章 ZIRANDILI
① 自然地理

第一节　地理位置

北关村位于河北省中部地区，固安县县域北部，固安县县城玉井路北段。地理坐标：北纬 39°44′，东经 116°30′。南隔新昌街为北街；东南隔 106 国道为东关、翟家圈村，东隔 106 国道为刘园村且接壤；西

北关新村前省道

南隔育才路为西关村、高庄头村；西与柏村接壤；北与北横街村接壤，隔横街村与东庄子村接壤；东北隔 106 国道与北五里铺村相望。北关村街区南北长 800 米，东西宽 218.5 米，街区面积为 17.5 平方千米。

北关村坐落于北京市、天津市、河北省保定市三角腹地。京九铁路隔刘园、翟家圈村与沿北关村东侧 106 国道平行纵贯南北，大广高速（G45）西隔柏村与北关村西侧育才路平行贯通南北，省道廊涿路从村南由东向西而过。北距

北关新村东侧 106 国道

首都北京 50 千米，距北京市与河北省交界的永定河界河 4 千米；东距廊坊市 35 千米，天津市 110 千米；南距霸州市 40 千米；西南距保定市 120 千米，距省会石家庄市 210 千米；西距涿州市

26.6 千米。

第二节　自然环境

北关村属华北地区大区，华北平原分区，冀中小区，全境属永定河洪积、冲积平原。1983 年以前，地势自西北向东倾斜，大致平坦，西北部有局部缓岗沙丘，北部、中南部、东部有小部分低平洼地，坡比一般在 1/2000 以下，海拔高度在 10～15 米之间。1983 年后，地势仍是西高东低，呈缓坡状，大致平坦。地表土以二性土（亚黏土）、沙土为主。地下油气资源存在。

中华人民共和国成立前，北关村村中心路、东西沿城路（柏村道）、村东路（至永定河路）都为低洼路，雨天泥泞。遇沥涝、永定河洪水，道路断行。

中华人民共和国成立后，道路状况发生巨大变化，路基陆续增高，路面逐渐加宽。到 80 年代以后，村东路（京开路，又称永定路）成为国道，村南东西路新昌街成为省道，村街中心路也增高加宽，先是柏油路，后又变为混凝土水泥路。现在成为县城玉井北路，为平坦的居民楼区生活路。

1983 年以前，北关村有坑塘 6 个：村东、东南各 1 个，村南县城北城墙下 1 个，村北 3 个，遇大雨坑内均有积水。6 个坑塘只有村东 2 个相连，其余水大时，通过村北和村东排水沟渠排水才能沟通。1986 年后，6 个坑塘先后由村划拨房基地时，全部填土成为村民和石油公司职工建房房基地。至北关新村建设后，整个境域仍呈西高东低缓坡平坦地势。

第三节　气　候

一、气候类型

北关村位于华北平原北部，属于暖温带半干旱半湿润大陆性季风气候,其气候特征为:干寒同期,雨热同季,四季分明,光照充足,温差较大,常年雨量偏小而集中,一般在 7 月,雨量时大时小。全年无霜期达 188 天。

春季,气温回升较快,有利于春播,但常多风少雨,给农作物带来灾害。气温一般从 3 月份开始,稳定升到 0℃,到 5 月底可持续达到 20℃。按月平均温度计算,3 个月时间升温 22.8℃,合平均每 4 天升温 1℃。全季日照总时数为 737.7 小时,占全年总照时数的 28%。全季大风(≧ 17 米/秒)日数多年平均在 10 天左右,占全年的 48% 左右。每逢春季,北关村村民感受到光照、大风为特有的春季气候。一般降雨稀少,蒸发极大,完全靠地下水维持农业生产。

夏季,由于副热带高压西伸北上,受暖湿气流的控制,形成高湿、高温多雨的气候特点,季平均气温为 24.9℃,极端高温可达 40.2℃。近年,由于生态环境的破坏,地面硬化面积增大,有时可突破 40.2℃。季相对湿度平均为 74%,7 至 8 月雨量增大,两个月的湿度可达 80%。季降水平均为 412.0mm,占年降水的 73.3%,近年最多达 759mm(1994 年),其中,全年降水量和暴雨日的 77.1% 都集中在 7、8 两个月。2016 年夏季降雨量高于往年。

秋季,副热带高压减弱南撤,逐渐受蒙古高压控制,温度急剧下降,随之,降水明显减少,光照条件得到改善,季降水 78.7mm,占全年降水 14.0%,日照百分率平均达 62.27%,是四季最高的时期。正像村民所说是庄稼晒粮食时期。秋季一般呈现秋高气爽的气候特点。

冬季,寒冷干燥。近年,降水量极小,常出现冬春无雪天气。各月气温一般为:12 月 - 3.2℃,1 月 - 5.2℃,2 月 - 2.4℃。极端气温出现在 1966 年,为 - 28.2℃,其次为 2000 年 - 20℃。季降水仅为 8.4mm,只占全年降水量的 1.5%。

二、气温

北关境域年平均气温 11.5℃,最热月为 7 月份,全月平均气温可达 25.8℃。最冷月为 1 月份,平均气温为 - 5.2℃。全年各月平均气温除最热月(7 月)和最冷月(1 月)外,其余 10 个月可分为 5 对近似月,如:

2 月和 12 月平均气温在 - 2.24℃至 - 3.2℃左右，3 月和 11 月平均气温在 3.7℃和 4.8℃之间，4 月和 10 月平均气温在 13℃左右，5 月和 9 月平均气温在 19.5℃以上，6 月和 8 月平均气温在 24.3℃以上。

霜冻出现日期，最早为 9 月 28 日，最晚为 11 月 6 日，最早最晚相差 40 天左右。

冻土，一般在 12 月初，地面冻结最早在 11 月 18 日，最晚在 12 月 22 日。冻土解冻一般在 2 月 19 日，最早在 2 月 1 日，最晚在 3 月 3 日。土壤化通日期一般在 3 月 17 日，最早在 2 月 27 日，最晚在 3 月 31 日。冻土层一般在 70cm 深，最深曾出现在 1977 年 2 月份，为 76cm。

第四节　自然资源

一、野生植物

北关村境域内野生植物主要为树木、野草、野菜，种类很多，有的无法叫出它的学名，只能以本村的土名命名，史上和当今发现的野生植物有：桑、枣、杜、梨、槐、杨、柳、榆、椿、三杈柳（红柳）、草藤、野桐、水稗子草、蔓蔓草、敏墩子草、谷妞儿草、芦草、茅草、星星草、蓖麻、千穗谷、节节草、臭蒿子、马蔬菜（马齿苋）、刺儿菜、三棱子草、秃芽子棵、水蓬花、落（lào）了儿菜、燕菜苗、地黄菜、茶叶棵、燕舌头、扫帚苗、打盆打碗、醋儿溜、苍耳棵、拉巴秧、

蓖麻

蒺藜

车前子

老瓢儿秧、巧瓜儿秧、蒺藜秧、扎蓬棵、车轱辘圆（车前子）、苦麻儿、苣荬菜妈、苣荬菜、蘑菇丁、红兜兜、马绊草、羊胡子草、碱蓬棵、牵牛秧（喇叭花）、白花儿菜（荠菜）、地娄儿菜、野苜蓿、掐不齐、野枸杞子、山大麻子（杨金花）、野豆子秧等。

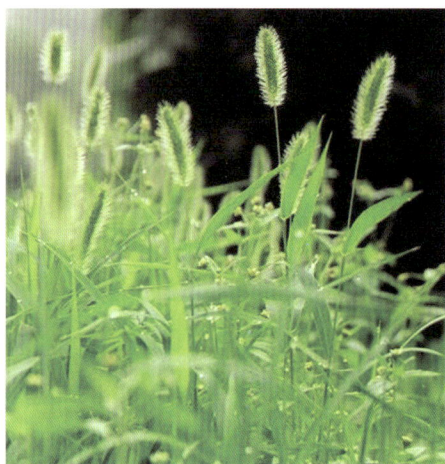

毛毛草

二、野生动物

野生动物主要有哺乳类、飞禽类、鱼类、两栖类、节肢爬行类、昆虫类等。其繁衍、生存与环境和气候的变化有十分密切的关系。先前，在北关村周边各类野生动物很多，常见、多见。近年，有的还能经常见到，有的见得少了，还有的已经消失了。

哺乳类有：野兔子、黄

蝙蝠

鼬、刺猬、耗子、仓官儿、大眼贼儿、燕蝙蝠、地巴狗儿、地里排子（地羊）、獾、狐狸等。

飞禽类主要有：老家（麻雀）、燕

麻雀

巧鹰子

子、喜鹊、灰喜鹊、野鸽子（鹁鸪）、鹰、巧鹰子（隼）、老鸹（乌鸦）、锛得木（啄木鸟）、谷鸟子（猫头鹰）、歌谷（布谷鸟）、黄老闷（鹌鹑）、黄雀儿、苇咋子、傻噶、树叶、咕咕沙、花和尚、白眼儿、串地鹞子、红山麻、黄山麻、红嗑儿、画眉、白头翁、撅三撅、吱吱黑儿、野鸡、野鸭、水鸟儿、白鹳、白鹭、大雁、天鹅等。

鱼类有：鲫瓜子（鲫鱼）、鲤鱼、鲢子、鲇鱼、草鱼、黑鱼、鳝鱼、嘎鱼、猴儿鱼、石榴儿、泥鳅、麦穗儿。

泥鳅

啜嘴鲢子

嘎鱼

35

两栖类主要有：蛤蟆、疥蛤蟆。

节肢爬行类主要有：虾、螃蟹、蚯蚓、油蚰、土鳖虫、钱串子、蝎子、蝎了虎子、长虫、蚂蚁、蛛蛛、王八、鳖、蜗牛、潮虫子、豆虫、毛毛虫、吊死鬼儿、混混儿、蝇蛆。

昆虫类主要有：蚂螂、蝴帖儿、知了（唧溜儿）、蚂蚱、蝈蝈儿、驴驹、担挣、蛐蛐儿、蚂螂狗儿、水牛、磕头虫、刀螂、蛴螬（白地蚕）、蝲蝲蛄、蜜蜂、马蜂、蝴了婆（蛾子）、花花儿轿（瓢虫）、臭大姐、蚊子、小咬儿、蝇子、臭虫、虱子、跳蚤、热日儿等。

第五节　自然灾害

发生在北关村的自然灾害主要有：水灾、旱灾、雹灾、虫灾和雾灾等。

一、水灾

北关村遭受水灾的原因主要是连日降雨及永定河溃堤所致，以中华人民共和国成立后至"文化大革命"前这一时期较为频繁。重大的水灾有6次。

1954年8月，本地连降大暴雨，造成永定河、大清河决口，庄稼被大水淹没，部分房屋倒塌。

1956 年 8 月，北关境内连降暴雨，沥涝成灾，大秋作物严重减产。在大雨降落的同时，还造成部分房屋倒塌。

1962 年 8 月 8 日，全县突降暴雨，土地粮田积水成灾，房屋倒塌，北关村遭受到不同程度的损失。

1977 年 6 月中旬，本地受严重阴雨天气影响，小麦收割后无法打碾、晾晒，多数小麦发霉，造成夏季小麦减产，损失严重。

1995 年 8 月 17 日，本县境内连降大暴雨，总降水量为 660 毫米，造成全县经济损失共计 3582.7 万元。北关村也遭受了不同程度的经济损失。

2012 年 7 月 21 日至 22 日凌晨，固安县遭受特大暴风雨，街面四处积水成河，北关村部分村民的临街房屋被淹，汽车、电动车等群众财产受到严重损坏。

二、旱灾

北关村旱灾以春旱、初夏旱为主，且有连续发生的特性。特别是 80 年代以后，连续多年干旱，造成河坑水干枯，地下水位下降；幸有水利事业的发展，使得干旱对农作物的生长影响不大。重大的旱灾有 3 次。

民国三十一年（1942），本地大旱，庄稼无收。

1968 年春，本地严重干旱，一冬无雪，土地干裂，庄稼苗干死，粮食产量受到严重损失。

1972 年 7 月，本地遇大旱天气，连续 300 天无雨，庄稼多数被旱死，秋季粮食基本绝收。

三、雹灾

雹灾多发生在 6 月至 9 月，且多在夜间发生。一般降雹时间为几分钟，最多半小时。本地降雹一般较小，且时间较短，对庄稼危害不大。危害较大的雹灾有 2 次。

1951 年 9 月，固安连降 30 分钟冰雹，大的如同核桃，北关村受灾最严重，地里庄稼被砸烂，树叶被砸光。

1975 年 6 月，固安县部分地区遭受雹灾，城关公社受灾最严重，北关村粮食产量遭受严重损失。

四、虫灾

本地的虫害主要有蝗虫、蚜虫、黏虫、棉铃虫和地下害虫等，其中以蝗虫、黏虫危害最大。重大的虫灾有 2 次。

蝗虫

1951 年 4 月，本地发生严重的蝗虫灾害，庄稼被虫吃光，造成粮食减产。

1957 年 8 月，本地发生严重的蝗虫灾害，蝗虫铺天盖地而来，庄稼瞬间被吃成光杆儿。北关村男女老少纷纷出动，采用捕捉和挖坑填埋等方法，将蝗虫消灭。

五、雾灾

大雾不但影响交通安全，而且对农业、电力、人身健康、环境等造成的危害也不容忽视。进入 21 世纪以来，北关村也和大部分地区一样，雾灾越来越严重，由过去只有秋冬季才出现，变为一年四季都能见到。再加上雾霾，全年四分之一的日子几乎都有雾霾，对农作物的生长和人们的身体健康都有很大危害。

公元 521－2012 年北关发生自然灾害年份统计表

水		灾		旱灾	蝗虫	地震	霜冻	风雹
1068	1409	1655	1890	521	1071	1057	1713	1525
1098	1429	1656	1895	1527	1081	1511	1916	1918
1188	1431	1685	1911	1539	1101	1632	1966	1951
1309	1441	1692	1913	1630	1297	1668		1954
1312	1443	1695	1925	1711	1330	1679		1962
1313	1457	1737	1950	1817	1527	1966		1968

续表

水	灾			旱灾	蝗虫	地震	霜冻	风雹
1316	1530	1749	1954	1867	1620	1976		1969
1321	1553	1750	1955	1920	1625			1975
1324	1559	1759	1956	1942	1626			1977
1327	1578	1761	1962	1943	1712			1990
1331	1583	1801	1963	1952	1713			1991
1337	1611	1819	1977	1972	1821			1996
1351	1613	1823	1995		1854			
1382	1626	1853	2012		1951			
1405	1654	1873			1957			

第二章 JIANZHI

② 建　置

第一节　建村溯源

北关村历史悠久，因固安城得名——北关，距今已有 1389 年。

一、固安城的历史

固安城作为固安县的治所，始于唐贞观元年（627），时城墙、城楼、外护城河、吊桥等设施极具完备。此前的固安县城池始建年代尚无历史资料佐证。《辽史》载：辽、宋时期固安县治即有城池可供守备。元末时，原有的土城因战乱、年久失修而颓圮，护城壕也湮塞。明正德年间，刘六、刘七率领农民起义军轻而易举地攻占固安城，震撼了朝廷。明正德十四年（1519），知县王宇在廷臣芦雍的督促下，征集固安、永清、霸县等地民夫 3000 人，营造固安土城（以鲎坯堆砌）。工程历时 9 个月，耗官银 7 万余两。时城池呈长方形，南北长 708 步，东西距 380 步，周方计 5 里又 269 步，墙高（含"女儿墙"）2 丈 3 尺，下宽与高相等，上宽 7 尺

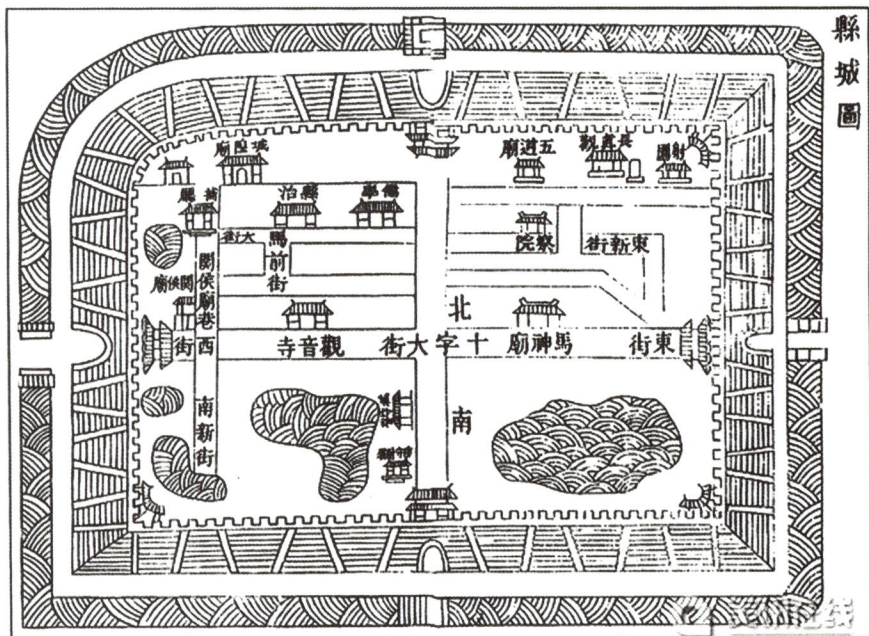

明清固安县城规划图

5寸。城四面居中各开一门，各门之上各建层楼3楹。时东门命名"宁远"，西门称之"丰乐"，南门曰"薰门"，北门为"拱极"。明嘉靖六年（1527），知县李玦主持，沿外墙掘护城壕沟一道，沟深15尺，宽2丈余。二十九年（1550），知县苏继在任时，于土城外表覆砌青砖一层，并扩护城沟至3丈余。四十四年（1565），何永庆任知县时，增高城墙至2丈9尺，墙下宽3丈3尺，上宽9尺，砌垛口1211个。崇祯二年（1629），又进行一次较大修葺，增炮眼600余孔。将护城沟扩至深3丈，宽4丈，沟两侧各筑一道高7尺、宽5尺的土围。城门前分设吊桥（1963年时北门外为砖桥，被大水冲毁）。明代城内街衢，分为东、西、南、北街，交汇处称十字大街，另有县前街、东新街、北新街、南新街，四门外称东、南、西、北关街（即后来的北关村、北关新村）。清康熙十八年（1679），地震致城墙坍塌。清康熙三十四年（1695），大雨成灾，城墙尽溃。乾隆四十九年（1784），清廷拨银重建砖城。城周方959.9丈，城高1丈9尺，下宽1丈6尺，上宽1丈2尺。其中包砖上宽1丈8尺，下宽3丈，各门依原样重修，沿用旧名。后几经修补，至民国初年时，整个城墙保存完好。经军阀混战和抗日战争、解放战争，县城迭遭破坏，城墙千疮百孔，弹痕累累。民国三十五年（1946），国民党军万余人进攻固安城，中国共产党领导的人民武装依托残城进行7昼6夜的保卫战，固安城再遭破坏。1958年，县城残墙被拆，充作水利材料。1956年、1963年两次洪水，县政府发动群众于旧城基上筑堤防洪。1975年旧城改造，原城墙基础彻底拆除。至此，古老的固安城垣已荡然无存。

二、固安城道路的历史

从唐贞观元年（627）设治所于固安城始，后历经辽、宋、金、元、明、清、中华民国各朝各代，固安城形成了政治经济文化中心。唐时固安城通往各郡县均有大道相通，形成以固安城为中心的道路交通网。其中，固安城出北门向东北至蓟120里有道，固安城出北门西行至涿县有道。明永乐十九年（1421），明成祖迁都京师，时固安县属京师顺天府辖制，在明王朝统治长达276年期间，由于明推行垦荒、屯田、修水利、兴工商，使固安城渐成京畿重镇、京南锁钥。时为政治、军事、经济的需要，开通道路并在道路上设站建铺。官马大道有7条，其中南北途经固安城的1.京师至南京大道，经由本县主要村镇是：由北十里铺渡永定河，经固安驿（过北关）、南十里铺、柳泉店、南房上、半边店、沙垡店、牛埚（今牛驼）、林城铺至霸州。2.固安城—卢沟桥路，由固安城（过北关）西北行，经柏村、东相、北相、西杨村、西北村、长安城、南蔡村，穿良乡至卢沟桥。3.固安城—武清路，由固安城（过北关）北行沿永定河南岸经豆家铺、曹家务至武清。4.固安城—涿州路，由固安城出北门西北行经高庄头村北、东位村、齐庄头、马公庄、北马村、南赵、宫村至涿州。5.固安城—东安县（安次），由固安城经北关北行至北五里铺、北十里铺、南各庄、旧州至东安县。时站、铺有：固安站（驿站时设在北关）、南、北五里铺、南、北十里铺、林城铺、豆家铺、马庄铺等巡防、急递设置。清朝固安城内道路分为御道、官马驿站和官方堤路。御道3条。其中1条由北京—北十里铺—固安城（穿北关）—南十里铺—柳泉店—南房上—半边店—沙垡店—田马房—牛埚—林城铺—南王起营—霸州。此路是通往南京兵马的南路，是清皇帝"南幸"銮驾行走道路。官马驿路，据固安民国志载："固邑为东路冲途，接壤涿州、新城、良乡、霸州、永清、通州、昌平逐路，又霸、保、文、东（安次）、永五处，一应申递霸昌本道公文俱由固邑直送昌平，日必数次，差独繁、而路尤邈、奉委查河官役络绎不绝，沿河而驰"。清代官马驿路共12条，其中南北方向途经固安城的有4条。1.固昌驿路：由固安城经北关—北五里—黄垡铺—庞各庄铺—天宫铺—黄村—南苑—北京—昌平。2.固通驿站路：由固安城经北关—北十里铺—南张华—北张华—朱家务—南各庄—团城—南定—通县。3.固良驿站：由固安城出北门—柏村—东相—北相—西杨村—西北村—长安城—良乡。4.固东驿路：由固安城经北关—北十里铺—南各庄—旧州—东安县（安次）。

自唐代至中华民国，南北方向、东北方向、西北方向道路，均需进出固安城北门，据《北关村史》（1965年编写）载：远在民国二十六年（1937）以前，北关大街的南尽头，往西有一条通往柏村的大道，往东是一条通往刘园等地的大道，两边连接起来形成一条面南顺城的东西向街道，出北门顺大街向北走去，是北关南北中心大街。出北门，顺城东西有大道，出固安城北门南北穿行北关街。正是史上历代通邮、通商、兵马南来北往必经之路。1975 年固安县城旧城改造，将北关区域东西大道建成新昌街，为廊涿公路县城段。

三、北关建村历史

北关，作为街（村），始建虽无重要史料明确记载，仅凭县城北关的称谓，北关人世代传说的由来，就可以说明北关作为村街的历史渊源。据《固安县志》载："固安县治所由章信堡（621 年移入）迁至今固安城。"又据历代道路设施的设置、走向、作用等方面印证，足以说明，北关街的由来应与固安城同在。至明朝，在苏志皋所撰《固安县志》上记述人物事件时才出现"北关"文字记载，而且作为记述事物的明确地名和位置。同时，将北关当时建有的庙宇、设施记述地清清楚楚。后来，《北关村史》描述："远在民国二十六年（1937）前，固安城北一个南北狭长的大街，一条大路贯穿在大街中央，住户多是临路而居，除几个较大的买卖家外，多是小贩的叫卖声和花子的乞讨声，来来往往，终年凄凄惨惨，大街的南尽头，往西有一条通往柏村大道，路北是坐北朝南的一座真武庙，往东是一条通往刘园等地的大道，两边连接起来形成一条面南顺城的街道，住户面城而居，顺大道往北走去，两边有私人经营的饭馆两家、杂货店一家、大车店七家。再往北走是一座坐西朝东的五道庙，庙门正对一个东去的小胡同，穿过小胡同北望是一座古庙即药王庙，当时，小学校就设置在这座庙里。正街北头是一堆砖瓦块，即关帝庙的庙迹，早已破烂不堪。南边多是穷苦人所居。当时，全村居民有 165 户左右，人数达 500 人。"固安城自唐太宗时期作为县治所以来，迄今已 1389 年，当时城防、通行、商贸都是盛世之时，在战乱年代，官、商、农、兵离不开作为政治、军事、经济中心的固安城，南来北往必经北关，遇有宵禁，城门关闭，客商出入京城，都会留驻北门外，逐渐形成了店铺街道，积累了各地游民、移民定居繁衍，形成了固安城北门外单独村（街）落——北关。据中华民国时期和中华人民共和国成立后的大量史料记载，固安城自唐贞观元年至 2016 年，名称基本未发生改变。2013 年，北关街（村）在开展小城镇化建设中，建成现代化新型住宅区，更名"北关新村"。2016 年更名"北关社区"。

第二节　建制沿革

北关村从唐朝算起，历经唐、五代、辽（契丹）、宋、金、元、明、清、中华民国、中华人民共和国十个朝代时期，作为历史上亦农亦商的城厢村街，上属建置多次发生变化，县域村庄也多次发生辖制变化，唯北关作为城厢村街始终属于县城城厢建置辖制，一直延续到2006年8月方划归固安县工业园区管辖。

（一）唐周如意元年（692），复析固安、安次地置武隆县（今永清、霸州地），北关隶属固安城。

大历四年（769），析固安西南境置新昌县（832年改为新城县）。北关隶属固安城。

（二）五代固安先后属后梁、后唐治下之涿州辖制。后晋天福元年（936），固安随涿州入契丹。后周显德六年（959），世宗柴荣率军攻辽，下固安。此间，北关属固安城辖制。

（三）辽、宋、金代固安先为辽南境地，初属涿州，开泰元年（1012）改属析津府。北宋宣和四年（1122），固安随燕京及涿、易6州归宋，属燕山府路涿州。宣和七年（1125）十二月入金境，属中都路涿州。北关属固安城辖制。

（四）元代固安属大都路，蒙古太宗十年（1238），固安为蒙古占领，时为县，中统四年（1263）升为固安州，州治及辖境如县，属大都路（先为燕京路，中通九年改为大都，二十一年始称大都路）。其间，时为县时为州，北关仍属固安城辖制。

（五）明代明洪武元年（1368）十二月，降固安州为县，先属北平府，永乐元年（1403）改隶顺天府。北关属顺天府固安县县城辖制。

（六）清代固安县属京师顺天府南路厅。北关属固安城辖制。

（七）中华民国初年沿袭清制，三年（1914），改隶京兆特区。十七年（1928）属河北省，二十六年（1937）春，划归河北省第五督察区。

其间，北关仍属固安县县城辖制，为第一区。

是年9月，固安县县城沦为日伪政权统治。

民国二十八年（1939）固安县民主政府建立11个行政区，北关等48个村隶属固安县第一区（城关）。

民国三十年（1941）9月，为适应抗日战争形势需要，冀中第十地委、第十一专署将所辖区域划分为3个联合县，固安县以平大公路（今106国道）为界，以西被编为第二联合县（简称二联县），以东被编为第三联合县（简称三联县），3个联合县相继成立抗日民主政府。时北关隶属二联县第五联区管辖。在民国三十年（1941）9月—民国三十四年（1945）8月间，3个联合县历经3次调整，北关的隶属关系未发生大的变化。

民国三十一年（1942），固安县处于日伪政权统治时期。同时，日伪政权将固安县城划为1个镇（中山镇）、11个区、30个乡，北关等城关四关四街划为中山镇。

民国三十四年（1945），抗日战争胜利后，二联县撤销，恢复固安县建制。固安县划为8个区，北关隶属第一区（城关区）。

民国三十六年（1947）11月，冀中第十地委在大清河南任丘县楼子村召开土改整党会议，宣布固安县与新城县合并为新固县。北关隶属关系未变，属新固县固安第一区（城关区）。

民国三十七年（1948）11月，新固县撤销，固安县恢复建制。将县域划为8个区（后为9个区），时北关等四关四街及城厢18个村划为固安县第一区。

（八）中华人民共和国1949年10月1日，中华人民共和国建立。固安县全域划分成9个区，北关和20个村（街）划为固安县第一区（城关区）。

1950年6月（时为保定专区），固安县将原来的8个区（原为9个区，1950年3月将杨庄子区改称知子营区）调整为6个区，时北关仍属固安县第一区。

1953年3月至1954年6月（1954年6月，时为通县专区），固安县根据河北省人民政府指示，本着有利于领导发展生产精神，在原有6个区下设 62 个小乡（后调整为 59 个小乡），小乡下设大队，大队下设中队。1954 年 6 月至 1956 年 7 月，北关、南关、西关、东关、北街、南街、西街、东街、北横街等 9 个关（街）划为固安县第一区（城关）公所，城关小乡，时北关隶属固安县第一区公所，城关小乡南关大队，称北关中队。

1956 年 7 月，根据通县地委、专署指示，固安县开始撤区并乡，撤销原有 6 个区的建制，将区下设的 59 个小乡合并为 27 个大乡。时北关等 22 村隶属固安县城关乡人民政府。

1958 年 2 月（1958 年 4 月为天津专区），固安县根据河北省人委关于并乡撤区工作中几个问题的通知》，将原有 27 个乡再次合并为 17 个大乡。时北关等 48 个村隶属城关人民政府。9 月，随着全国人民公社化运动的发展，城关乡人民政府改为城关人民公社（简称城关公社），实行政社合一，北关隶属关系未变，称北关大队。10 月，固安县建制撤销，固安县、永清县、霸县合并为霸县。原固安县固安、宫村、柳泉、牛驼、马庄建立 5 个人民公社管理委员会。时北关等 100 个大队隶属固安人民公社管理委员会。

1961 年 8 月，恢复固安县建制，原固安县地域 5 个人民公社划为 16 个人民公社，北关等 49 个大队属城关人民公社管理委员会。

1966 年 5 月，"文革"运动在固安县兴起，1967 年春公社领导人被非法夺权。1968 年 2 月城关人民公社革命委员会成立。同年，北关大队革委会成立，隶属城关公社革命委员会管辖。

1974 年 1 月，固安县隶属廊坊地区，北关村仍属城关公社管辖。

1984 年 4 月，根据固安县第八届人民代表大会会议决定：固安县 16 个人民公社革命委员会管理委员会撤销，改设乡、镇建制，县域设 1 个镇（固安镇）15 个乡，时北关隶属固安镇人民政府，称北关村村民委员会。

1989 年 4 月，建立地级廊坊市，北关属廊坊市固安县固安镇管辖。

1996 年 4 月，根据中共固安县委、县政府关于落实并乡扩镇实施方案，固安县将原有 16 个乡（镇）调整为 9 个乡（镇）。北关隶属新组建的固安镇人民政府管辖。

2006 年 8 月 1 日，北关由原来的固安县固安镇划归固安县工业园区管辖至今。

2013 年北关村更名北关新村，隶属固安县工业园区。

2016 年 7 月更名北关社区居民委员会，隶属固安县工业园区。

第三节　行政区划

民国三十四年（1945）9 月，北关村第一个民主政权建立，为北关村村公所，以户为单位。

1949 年 10 月，北关村仍为村，以户为单位。

1953 年 4 月，北关村建立 8 个互助组。

1954 年，北关村建立了"民强社""先锋社" 2 个农业生产合作社（初级社）。

1956 年，北关村 2 个初级社与四关四街及北横街成立高级农业生产合作社。北关村为 1 个中队，下分 2 个生产队。

1958 年 10 月，北关村为 1 个大队，仍分 2 个生产队。

1962 年，北关村为 1 个大队，时下分 5 个和 7 个生产队。

1963 年 12 月，北关村为 1 个大队，下分 8 个生产队。

1965 年 1 月，北关村为 1 个大队，下分 4 个生产队。

1983 年 1 月，北关村撤销大队，改为北关村村民委员会。同时撤销 4 个生产队。

2013 年，北关村更名北关新村，仍为 1 个村民组织。

2016 年 7 月，北关村建立北关社区居民委员会。

北关村志
BEIGUAN
CUNZHI

第三章 RENKOU XINGSHI ZONGZU
③ 人口 姓氏 宗族

第一节　人口
第二节　姓氏宗族

第一节 人 口

根据资料显示和走访调查，北关村人口发展状况总体呈逐年上升趋势，个别年份由于迁出迁入、出生死亡等原因，造成人口数量同比略降，但变化并不明显。2016 年统计，在性别上，女性人数明显多于男性，男女性别比为 1: 1.12；年龄构成上，19 岁至 60 岁人口占优势；在文化构成上，初中以上（含在校生）文化程度 921 人，占全村人口的 63.5%，明显体现出文化教育程度的提高。

一、人口概况

根据北关村村史资料记载，民国二十六年（1937），北关村共 165户，500 人。

民国三十一年（1942）至民国三十三年（1944），全村 178 户，人口总数 887 人。

1949 年后，全村 176 户，总人口 978 人。此后几年全村户数人口无太大变化。

新中国成立后，北关村与全国同步，共进行了 6 次人口普查。

1953 年 6 月 30 日零时，全国第一次人口普查，北关村 186 户，总人口 664 人。

1964 年 6 月 30 日零时，全国第二次人口普查，全村 192 户，总人口 678 人。

1971 年 2 月，北关大队对本村人口进行了统计，人口户数 193 户，人口 800 人。

1982 年 7 月 1 日零时，全国第三次人口普查开始，北关村 210 户，人口总数 803 人。

1990 年 7 月 1 日零时，全国第四次人口普查，北关村 213 户，人口总数 813 人，比 1982 年第三次人口普查增加 3 户，10 人。

1997 年，北关村人口有了大幅度增加，全村 226 户，1029 人，首次突破千人。

2000 年 11 月 1 日零时，全国第五次人口普查，北关村 265 户，人口总数 1045 人，比 1990 年第四次人口普查时增加了 52 户，232 人。

2010 年 11 月 1 日零时，全国第六次人口普查开始，北关村 293 户，人口总数 1232 人。

至 2016 年，北关村 291 户（按姓宗族统计），人口总数 1450 人，比第六次全国人口普查时的 2010 年户数减少了 2 户，人口增加了 218 人。

1962－2016 年北关村人口统计表

年份	户数	人口数	年份	户数	人口数	年份	户数	人口数	年份	户数	人口数
1962	190	607	1976	191	777	1990	213	813	2004	294	1045
1963	189	674	1977	197	793	1991	213	810	2005	271	1057
1964	192	682	1978	204	780	1992	215	817	2006	275	1068
1965	190	706	1979	199	762	1993	225	817	2007	278	1101
1966	189	738	1980	199	765	1994	227	817	2008	279	1127
1967	191	764	1981	199	760	1995	225	808	2009	298	1186
1968	191	765	1982	210	803	1996	205	782	2010	293	1232
1969	196	789	1983	207	762	1997	226	1029	2011	318	1331
1970	199	801	1984	208	774	1998	272	1045	2012	315	1315
1971	193	800	1985	207	788	1999	268	1016	2013	318	1331
1972	191	799	1986	209	803	2000	265	1045	2014	321	1389
1973	194	797	1987	208	921	2001	269	1056	2015	325	1410
1974	195	791	1988	210	841	2002	270	1046	2016	291	1450
1975	194	798	1989	201	762	2003	294	1045			

二、人口分布情况

据现有资料考证，1962 年北关村共划分 7 个生产队，每个生产队一般有 20 户到 27 户、76 人到 81 人，只有第五生产队人口较多，有 40 户、135 人。1963 年，7 个生产队划分成 8 个生产队，每个生产队最多的（第 7 生产队）27 户、100 人，最少的（第 8 生产队）17 户、71 人。1965 年，原来的 8 个生产队合并成 4 个生产队，一直到 1981 年底没有变化。这期间，各生产队的户数和人口有所变化，户数一般在 40 户到 56 户之间、人数在 171 人到 225 人之间。从 1982 年起，农村实行联产承包责任制，原来的生产队生产形式被打破，农户开始联户生产经营。

1962－1981年北关大队各生产队人口分布表

年份	户数	人口			其中:																备注
		总数	男性	女性	第一生产队		第二生产队		第三生产队		第四生产队		第五生产队		第六生产队		第七生产队		第八生产队		
					户数	人口	户数	人口	户数	人口	户数	人口	户数	人口	户数	人口	户数	人口	户数	人口	
1962	190	607			24	77	26	81	20	82	27	80	40	135	27	76	26	76			
1963	189	674			23	81	25	77	21	89	27	91	23	81	26	84	27	100	17	71	
1964	192	682			23	83	25	77	23	93	27	90	23	83	26	84	28	100	17	72	
1965	190	706	366	340																	
1966	189	738			49	176	50	193	40	169	50	200									
1967	191	764	369	395	51	187	50	204	40	171	50	202									
1968	191	765			51	187	50	201	40	171	50	205									
1969	196	789	398	391	50	194	50	205	45	176	51	214									
1970	199	801	425	376	51	200	49	207	48	178	51	216									
1971	193	800	425	375	47	196	47	208	47	174	52	222									
1972	191	799	420	379	45	194	47	207	47	171	52	227									
1973	194	797	412	385	41	195	46	201	46	174	55	227									
1974	195	791	408	383	47	195	43	196	47	178	55	222									
1975	194	798	410	388	50	196	44	196	46	184	54	222									
1976	191	777	402	375	49	190	43	188	46	179	53	220									
1977	197	793	407	386	49	196	45	489	48	183	55	225									

续表

| 年份 | 户数 | 人口 | | | 其中: | | | | | | | | | | | | | | | 备注 |
		总数	其中:男性	女性	第一生产队 户数	人口	第二生产队 户数	人口	第三生产队 户数	人口	第四生产队 户数	人口	第五生产队 户数	人口	第六生产队 户数	人口	第七生产队 户数	人口	第八生产队 户数	人口	
1978	204	780	401	379	53	192	41	184	48	181	56	223									
1979	199	762	392	370	53	187	44	173	47	181	55	221									
1980	199	765			53	194	45	176	47	176	54	219									
1981	199	760			53	191	45	176	47	176	54	217									

三、人口构成

2016 年 6 月，北关村选派人员对全村人口构成情况进行了调查统计分析，全村共有农业家庭户 291 户，1450 人。人员构成情况如下。

民族构成：少数民族，回族，4 户，22 人，占全村人口总数的 0.015%，其余均为汉族。

性别构成：全村人口中，男性 683 人，占 47.1%，女性 767 人，占 52.9%。

年龄构成：18 周岁以下未成年人（含在校生）306 人，占全村总人口的 21.1%。19 至 60 周岁，944 人，占总人口的 65.1%。61 岁至 80 岁，180 人，占总数的

人口普查登记表

12.4%。81 岁以上 19 人，占总人数的 0.013%，94 岁老人 1 人。

文化构成：总人口中，半文盲 19 人，占 0.013%。小学文化（含在校生）186 人，占 12.8%。初中文化（含在校生）494 人，占 34.1%。高中文化（含在校生）214 人，占 14.8%，中专 42 人，占 0.29%，大专以上学历（含在校生）171 人，占人口总数的 14.7%。此外，学龄前儿童 324 人，占总人口数的 22.3%。

近年来，随着城镇化建设的发展，外来流动人口和暂住人口逐年增加，有的还到村里购买了楼房，到固安入住、经商等。目前暂未对外来人口进行统计。

第二节　姓氏宗族

一、姓氏人口

北关村始建于唐朝贞观元年（627），为多姓氏居住村。历经多个朝代，因不断遭遇战乱、灾害、饥荒、迁徙，时有民户迁出迁入，故姓氏宗族时有变化。据北关村史记载，民国二十六年（1937），北关村有 165户，500 口人。又据 1965 年资料记载，全村有 190 户，706 人。两数据与2016 年 6 月进行的姓氏人口调查比对，因谋生外迁和其他原因，先后有31 户村民在北关村籍册上消失。至 2016 年 6 月调查统计，全村共有农业家庭户 291 户，1450 人；加上在北关村常年居住的北关村籍非农业家庭人口以及在外地定居的原北关村籍部分家庭共计 300 户，1703 人。

据北关村民提供，以前在北关村中流传的姓氏宗族顺口溜（1983 年前）："赵钱孙李贾董杨，徐杜靳曹崇宋王，史侯焦马项何蒋，谢卜周刘鲍范张，邢郑谷郭高冯邓，申庞陈唐在末行。"历经时代的变迁，到 2016年 6 月统计，全村人口共涉及 41 个姓氏宗族，这些宗族有的同姓不同族，有的同姓同族不同住，有的同姓同族又分若干支脉。

姓氏人口在百人以上的有王姓，共 44 户、288 人，为北关村第一大姓氏，分别占全村总户数和总人口的 14.7% 和 17%；李姓为北关村的第二大姓氏，共 35 户、177 人，分别占全村总户数和总人口的 11.7% 和10.4%；徐姓为北关村的第三大姓氏，共 29 户、139 人，分别占全村总户数和总人口的 9.7% 和 8.2%；张姓为北关村的第四大姓氏，共 24 户、118 人，分别占全村总户数和总人口的 8% 和 7%；焦姓为北关村的第五大姓氏，共 24 户、114 人，分别占全村总户数和总人口的 8% 和 6.7%。这五大姓氏共占北关村总户数和总人口的 52% 和 49%。

除上述五大姓氏外，人口在 50 人以上的姓氏为：侯、孙、高、杜、刘、周、杨等 7 个姓氏，共 71 户、431 人，分别占全村总户数和总人口的 23.7% 和 25.3%。其他各姓氏冯、陈、郭、崇、马、邢、董、郑、鲍、赵、申、谷、钱、蒋、贾、宋、项、何、翟、史、范、谢、程、田、朱、邓、曹、于、时等29个姓氏宗族家庭占北关村籍姓氏宗族人口不足三分之一。

北关村2016年6月姓氏人口统计表

序号	姓氏	宗族支脉	人口
1	王	12	288
2	李	14	177
3	徐	1	139
4	张	3	118
5	焦	3	114
6	侯	2	69
7	孙	2	68
8	周	1	68
9	高	4	69
10	刘	4	53
11	冯	1	49
12	陈	3	38
13	杜	1	54
14	郭	5	38
15	崇	1	29
16	杨	2	50
17	马	1	27
18	邢	1	19
19	董	1	20
20	郑	2	20

续表

序号	姓氏	宗族支脉	人口
21	鲍	1	19
22	赵	2	21
23	申	1	12
24	谷	1	19
25	钱	1	21
26	蒋	1	11
27	贾	1	11
28	宋	1	10
29	项	1	10
30	何	1	9
31	翟	1	4
32	史	2	13
33	范	1	6
34	谢	1	5
35	程	1	4
36	田	1	4
37	朱	1	3
38	邓	1	4
39	曹	1	2
40	于	1	5
41	时	1	3

二、姓氏溯源

北关村坐落于固安县城城厢位置，史上居民会聚成村，村民姓氏来源因年代久远，亦比较复杂。在封建王朝统治时期，本村的情况因无据可查，故无法确定何姓为原住村民，何姓为迁入村民。仅凭当代部分资料和调查、回忆，只有部分姓氏宗族可以追溯到近代情况，大部分姓氏宗族只凭传说来源于山西洪洞，且具体族脉和发端尚不清楚。本节仅将各姓氏宗族族脉传承情况和部分姓氏宗族来源情况记述如下。

王姓

王姓一宗族来源于河北霸县（今霸州市）三间房，至今可考共七代。高祖：王起。曾祖：王百合。祖父：王桂生。王桂生生有三子，长子王嘉祥、次子王嘉弟、三子王嘉兴，兄弟三人均已故。王嘉祥一支现健在代表人为王国政、王国新、王国岐、王国辉、王国庆；王嘉弟一支在天津落户，现健在代表人为王立军；王嘉兴现健在代表人为王志义、王志强、王志勇、王志忠。

王姓另一宗族源于涿县（今涿州市）柳河营，至今可考共五代。祖父辈王绍德、王绍军。王绍德生子王志学（已故）。现健在代表人王景华、王景芳、王景芬迁居北京。王绍军生子王志同，王志同生三子，长子王景源（已故），现健在代表人王景春、王景太。

王姓另一宗族来源无考，至今共可考五代。祖父王德财，父辈王呈瑞、王呈志（均已故）。现健在代表人为王会生、王会文。

王姓另一宗族来源无考，至今可考共六代。曾祖王荣。祖父王敏芝。父辈王吉祥、王吉庆（均已故）。王吉庆生三子，现健在代表人王玉杰。王玉春弟兄二人已迁出。

王姓另一宗族来源无考，至今可考共六代。曾祖王志和。祖父王殿祥。父亲王义臣生四子，王信、王芝、王艳、王新。现健在长一辈代表人王芝、王艳、王新。王信（已故）下辈健在代表人王建永、王建波。

王姓另一宗族来源无考，至今可考共五代。祖父王英财。父辈王群来、王群巨（均已故）。王群来一支现健在代表人王东升、王东岐、王东旺。王群巨一支已迁至天津塘沽。

王姓另一宗族来源无考，至今可考共五代。祖父王德财。父亲王学敏生有四子，王凤明、王凤祥、杨凤山（幼年送给西相村，现回北关村原籍）、王凤阁。现健在长一辈代表人王凤明、杨凤山、王凤阁。王凤祥

（已故）下辈健在代表人王艳峰。

王姓另一宗族来源于山东，至今可考共四代。父亲王增文生有三子王德祥、王德福、王德润。现健在长一辈代表人王德润。王德祥、王德福（均已故），王德福下辈健在代表人王海涛、王海潮。

王姓另一宗族来源于河间县，至今可考共六代。祖父王振邦。父辈王广德、王广友（均已故）。王广德生子王福廷（已故），王福廷生子王泽民为现健在代表人。王广友生有二子，长子王福田、次子王福生。王福田（已故）下辈代表人王建国、王建民、王建中、王建平。王广友次子王福生为长一辈健在代表人。

王姓另一宗族来源于河北河间县，至今可考共五代。祖父王永顺。父辈王玉林、王玉琪（均已故）。王玉林生四子王洪义、王洪仁、王洪礼、王洪志。王洪义、王洪礼已故，健在长一辈代表人王洪仁、王洪志。王洪礼下辈健在代表人王立涛。王玉琪下辈健在代表人王洪信、王洪文。

王姓另一宗族来源于山西洪洞县，至今可考共五代。祖父王国友生二子，长子王进福，次子王进山。王进福生二子，长子王占和迁涿州，次子王占林（已故）下辈健在代表人王树春、王景春。王近山已故，现健在长一辈代表人王占军。

王姓另一宗族来源无考，至今可考共五代。祖父：王连堂；父亲：王福生（已故）。现健在代表人王志强。

李姓

李姓一宗族来源无据可考，至今可考共五代。祖父李金城。父李振东。李振东生有三子李宝平、李宝红、李宝岐，现健在长一辈代表人李宝平、李宝红。李宝岐（已故）下辈现健在代表人李兆乾（蒙古族）。

李姓另一宗族来源海参崴，至今可考共五代。父辈李化章，李化章生有二子，长子李砚田，次子李砚芝。长子李砚田（已故）下辈健在代表人为李永利。次子李砚芝现为健在长一辈代表人。

李姓另一宗族来源无据可考，至今可考共六代。曾祖李泰。祖父李省三。父李振华。李振华生有三子，长子李和平（已故），次子李宝平、三子李春平。现健在代表人李宝平、李春平。

李姓另一宗族来源无据可考，至今可考共五代。祖父李金亭。父李全香。李全香生有三子李振功、李振成、李振远。现健在代表人李振功、李振成。三子李振远（已故）下辈健在代表人李杨。

李姓另一宗族来源于涿州市桐村，至今可考共五代。祖父李红恩。父辈李福、李祥（均已故）。李福生有三子，长子李子平，次子李玉平，三子李金平。现健在代表人李玉平、李金平，长子李子平（已故）下辈健在代表人李江凯。

李姓另一宗族来源无据可考，至今可考五代。祖父李发生二子，长子李永太、次子李永江（均已故）。李永江生二子，长子李国强（已故），次子李国旺为现健在长一辈代表人。李国强生三子，长子李凤岐、次子李凤明、三子李凤山（已故）。现健在代表人李凤岐、李凤明。李凤山下辈健在代表人李宁、李静。

其另一支至今可考共六代。祖父李国祥。父李茂财。现健在代表人李志华。

其另一支至今可考共五代。祖父李国安。父李茂申。现健在代表人李占忠。

李姓又一支至今可考五代，祖父辈兄弟三人，李国春、李国彬、李国平（均已故）。李国彬生二子，长子李茂芝（已故），现健在代表人李树岐。次子李茂荣（已故）过继给堂叔李国瑞，现健在代表人李树峰。李国平现健在长一辈代表人李茂林。

其另一支至今可考共五代。祖父李树春。父李茂增（已故）。现健在代表人曹永军。

其另一支至今可考共七代。高祖李怀仁。曾祖李国兴。祖父李玖龄。父李志鹏。现健在代表人李建明、李建华、李建光，已迁北街村。

李姓另一宗族来源于固安南关村，至今可考共四代。祖父李焕田。父李玉明（已故）生二子，长子李志远，次子李志强。现健在代表人李志强。李志远（已故），下辈健在代表人李洪涛、李洪波。

李姓另一宗族来源无据可考，至今可考共五代。祖父李焕林。父李宝奇（已故），下一辈现健在代表人李雪峰。

李姓另一宗族来源本县东徐村，至今可考共五代。祖父李财。父李友先（已故）。现健在代表人李秀林。

李姓另一宗族来源于唐山，至今可考共三代。父辈李学轩。现健在代表人李永辉。

李姓另一宗族来源于饶阳，至今可考三代。父李万胜。现健在代表人李建邦。

徐姓

徐姓宗族来源于山西洪洞县。一支至今可考共六代。曾祖徐建海。祖父徐万喜。父徐雨臣生有二子，长子徐永录、次子徐永清。现健在长一辈代表人徐永清。徐永录（已故）生三子，长子徐景会、次子徐景龙、三子徐景艳。徐景会、徐景艳为现健在代表人。徐景龙（已故）现健在代表人徐满存。

其另一支可考共七代。祖父徐万贵，生有三子徐雨珍、徐雨顺、徐雨财。徐雨珍下一辈兄弟四人徐永善、徐福印、徐永乐、徐永东（均已故）。徐永善下辈健在代表人徐景贺；徐永乐下一辈健在代表人为徐景波、徐长征；徐永东下一辈健在代表人为徐景明。徐雨顺一支生二子，长子徐永安、次子徐永丰（均已故），徐永安生有三子，长子徐云刚、次子徐云田、三子徐云喜。现健在代表人徐云刚、徐云田、徐云喜，现已迁居内蒙古包头市。徐永丰生有二子，长子徐广、次子徐博，现健在代表人为徐广、徐博。徐雨财一支现长一辈健在代表人徐永利、徐永亮。

其另一支可考共七代。曾祖徐建山。祖父徐万江，生有二子徐雨德、徐雨泽（均已故）。徐雨德一支下一辈徐永山、徐永祥、徐永兴、徐永旺、徐永太五兄弟。徐永山（已故）下辈健在代表人徐景泉、徐景强。徐永祥（已故）现健在代表人徐双喜、徐双艳，现迁居北京。徐永兴（已故）现健在代表人徐海龙、徐海英。徐永旺（已故）现健在代表人徐海良。徐永太为长辈健在代表人。徐雨泽（已故），生有五子，长子徐福来（已故），次子徐福顺、三子徐福巨、四子徐福东、五子徐福增。现健在长一辈代表人徐福顺、徐福巨、徐福东、徐福增。徐福来下一辈健在代表人为徐建军、徐建辉。

侯姓

侯姓宗族来源于山东，至今可考共七代。高祖侯振庸、曾祖侯国珍。祖父侯连如生二子，长子侯景山、次子侯景林（均已故），长子后辈侯四新现在黑龙江省齐齐哈尔市甘兰县落户。次子侯景林生三子，长子侯玉峰（已故），现健在代表人侯艳鹏、侯艳会。次子侯玉波、三子侯玉清为现健在长一辈代表人。

侯姓另一宗族来源于山东，至今可考共六代。祖父侯振江。父辈侯文才、侯文明（均已故）。侯文明长子侯维清过继给侯文才，侯维清（已故）下辈现健在代表人侯俊岐、侯俊峰、侯俊杰。侯文明次子侯维胜（已故）现健在代表人侯俊涛、侯俊波。侯文明三子侯维红为长一辈健在代表人。

侯姓另一支可考共五代。父侯占春。现健在代表人侯维富。

侯姓另一支至今可考共六代。曾祖侯文桐。祖父侯维成生二子，长子侯玉生、次子侯玉山。侯玉生生二子，长子侯占德（已故），次子侯占岭。现健在代表人侯占岭。侯玉山一支迁居北京丰台。

焦姓

焦姓一宗族来源于山东。一支至今可考已六代。祖父焦林。父焦通敏。焦通敏生有三子长子焦伟，次子焦培（已故），三子焦信（已故）。现健在长辈代表人焦伟。次子焦培后人迁居北京、县城各地。焦信下辈现健在代表人焦永明、焦永亮。

焦姓另一支至今可考共六代。曾祖焦凤玉。祖父焦云。父焦通德。现健在代表人焦义、焦杰。

焦姓另一支至今可考共五代。曾祖焦秀。祖父焦占元生有二子焦天福、焦天祥。焦天福生三子，其长子焦德俊迁居北京，现健在代表人次子焦德芳、三子焦德雄。焦天祥生二子，长子焦旺贤（已故）现健在代表人于洪涛，次子焦旺山为现健在代表人。

焦姓另一支至今共可考五代。祖父焦静臣。父辈弟兄三人：长子焦旺刚（已故），现健在代表人焦金龙；次子焦旺元（已故），现健在代表人焦金录、焦金生。焦金海；三子焦旺高（已故），早年迁廊坊。

焦姓另一支至今共可考六代。曾祖焦凤启。祖父焦路。父辈焦通文、焦通礼（均已故）。焦通礼生子焦德元（已故），焦德元生三子，焦永旺、焦永存、焦永生。焦通文后人焦永旺为现健在代表人。焦通礼一支现健在代表人为焦永存、焦永生。

焦姓另一支至今可考共六代。曾祖焦殿元。祖父焦文才。父焦启福（已故）。现健在代表人焦志民。

张姓

张姓一宗族源于固安县东庄村。至今可考共五代。父张树林。下一辈弟兄三人张永利（已故）、张永财、张永祥（已故）。现健在代表人张永财。

张姓另一宗族来源无据可考。至今可考共六代。曾祖张玉恒生有二子张连元、张连奎（均已故）。张连元生子张润生（已故），现健在代表人张建国、张建民、张建新、张建军。张连奎（已故）现健在长一辈代表人张伯明。

张姓另一宗族来源山东，至今可考共六代。祖父张德。父张万友生有四子，长子张启祥、次子张启录、三子张启芳、四子张启元。张启祥生长子张殿荣、张殿奎，现健在长一辈代表人为张殿奎。张殿荣（已故）下辈健在代表人张自成、张自峰。张启录下有二子张殿如、张殿生，现健在代表人张殿如，张殿生（已故）下辈健在代表人张志文、张志民、张志齐。张启芳（已故），现健在代表人张殿忠、张殿华。张启元（已故），现健在代表人张殿福。

孙姓

孙姓一宗族至今可考共六代。祖父孙启珍生三子，长子孙殿臣、次子孙振亭、三子孙振生（均已故）。孙殿臣下辈健在长一辈代表人孙广泰、孙广华。孙振亭生三子，孙国良（已故）、孙国玉（过继孙振生）、孙国华。孙国良生三子孙占岭、孙占曾、孙占勇为下一辈健在代表人。孙国玉、孙国华为长一辈健在代表人。

孙姓又一支孙树清迁居石家庄；又一支孙树怀迁居本县北公由村；又一支迁北石匣，下辈健在代表人孙书阁、孙书亮。

孙姓又一支，至今可考共五代。祖父孙启录。父孙振东生二子，长子孙满堂、次子孙满忠。现健在长一辈代表人孙满堂。孙满忠（已故）下辈健在代表人孙永亮。

孙姓又一支孙启福（已故）。后人迁居西杨村。

孙姓又一支孙贵三生子孙跃亭（已故），迁居东坨村。

另一孙姓宗族来源已无据可考。至今可考共四代。祖父孙宝山。父辈兄弟二人，长子孙志和，次子孙志清。现健在长一辈代表人孙志和，已迁往天津。孙志清（已故）下一辈健在代表人孙建军。

刘姓

刘姓一宗族来源无据可考。至今可考共五代。祖父刘玉田。父辈兄弟二人，长子刘振铎、次子刘振义（均已故）。刘振铎生五子现健在代表人刘汉泉、刘汉清。另三支刘海源、刘兆源、刘汉章及后人在黑龙江省安达县落户。

刘姓另一宗族至今可考共六代。曾祖刘仲奎。祖父刘来香。父辈弟兄三人刘顺、刘昆、刘树（均已故）。刘顺生二子，长子刘士海（已故），次子刘士河为现健在代表人。刘树下辈健在代表人刘士江。

刘姓另一宗族来源于霸县，至今可考共五代。祖父刘太恒，父辈刘文鹤、刘宝祥。刘文鹤生二子，长子刘俊明、次子刘春明，现健在长一辈代表人刘春明。刘俊明（已故）下辈健在代表人郑健雄。刘宝祥生子刘克明。刘克明（已故）生二子刘丙申、刘丙军，现健在代表人刘丙申、刘丙军。

刘姓另一宗族来于永清县，至今可考四代，现健在代表人刘岩峰。

刘姓另一宗族来源无据可考，至今可考共三代，现健在代表人刘建平。

高姓

高姓一宗族来源于本县郝家务村，至今可考共五代。祖父高四。父高德山。现健在代表人高清林、高会林。

高姓另一宗族来源于本县柳泉村。至今可考共六代。曾祖高志生，祖父高万海。父高树森（已故）。现健在代表人高长生、高长安、高长林。

高姓另一宗族来源无据可考。至今可考共五代。祖父高清甫。父高培顺（已故）。现健在代表人高国柱。

高姓另一宗族来源无据可考。至今可考共四代。父高建忠。现健在代表人高印昌、高印青。同宗另一支在本县横街村。

高姓又一支，至今可考共四代。祖父高凤明生二子高元恒、高元良（均已故）。高元恒一支现健在代表人高士中、高万中。高元良生子高永忠（已故）。

陈姓

陈姓宗族来源于本县知子营村。至今可考共四代。父陈宝勋。现健在长一辈代表人为次子陈秀瑞、三子陈秀龙。长子陈秀林（已故）下辈健在代表人陈东明、陈东生。

陈姓另一宗族来源无据可考。至今可考共五代。祖父陈友生三子，长子陈子厚、次子陈德林、三子陈德贵（均已故）。陈子厚生四子，长子陈泽民、次子陈泽普、三子陈泽波、四子陈泽江。陈泽民（已故）下辈健在代表人陈书元。陈泽普、陈泽波、陈泽江迁居本县大龙堂村。陈德贵之子陈泽祥（已故），后人迁居本县北五里铺村。

陈姓另一宗族来源于河北饶阳县。至今可考共五代。父陈继明（已故）。现健在代表人陈建华、陈建军。

周姓

周姓一宗族来源无据可考，至今可考共五代。父周焕章。周焕章生四子周玉林、周玉田、周玉书、周玉德。周玉书、周玉德为长辈健在代表人。周玉林（已故）有子周建设、周建立、周建军，健在代表人周建设、周建立。周建军（已故）下辈健在代表人周承谨。周玉田（已故）下辈健在代表人周建新、周建强。

周姓另一宗族来源无据可考。至今可考共六代。曾祖周尚贵生有二子周宝祥、周宝山。周宝祥一支生有长子周凤伟（已故），现健在代表人周东升；次子周凤奇（已故），现健在代表人周长庆；周宝山一支生有二子周凤桐、周凤举。周凤桐（已故）现健在代表人周艳波、周建波。周凤举（已故）现健在代表人周志树。

杜姓

杜姓宗族来源于山西省洪洞县，至今可考共六代。祖父杜明三生四子，长子多年失联，次子杜九经、三子杜九功、四子杜九锡（均已故）。杜九经生子杜文祥（均已故），现健在代表人杜志伟；杜九功生三子，长子杜凤岐（已故），后辈现健在代表人杜德润、杜炳润、杜国润、杜景润。次子杜凤山（已故）早年迁北京市，后辈杜百龄、杜贺龄为健在代表人。三子杜凤才迁北京市；四子杜九锡（已故）现健在长一辈代表人杜文庆。

冯姓

冯姓宗族来源于山东。至今可考共五代。祖父冯文明生四子，长子冯忠、次子冯孝、三子冯节、四子冯义。冯忠生四子，长子冯庆元、次子冯庆军（已故）、三子冯庆荣、四子冯庆龙。现健在代表人冯庆元、冯庆荣、冯庆龙。冯孝、冯义迁本县东徐村。冯节迁东北。

冯姓又一支来源无考。至今可考共六代。曾祖冯国太。祖父冯文士。父辈冯喜、冯礼、冯泽。冯喜一支现健在代表人冯庆余。冯礼一支现健在代表人冯庆海。冯泽为长辈健在代表人。

冯姓另一支来源无考。至今可考共五代。曾祖冯国安。祖父冯文林。父冯春。现健在代表人冯庆才。

冯姓另两支，冯敏、冯玉，早年均迁居外地。

钱姓

钱姓宗族来源于浙江绍兴，至今可考共四代。父辈钱士如（已故），现健在代表人钱继臣、钱继云、钱继刚。

杨姓

杨姓一宗族来源于山西洪洞县，至今可考共五代。祖父杨桂清。父杨巨武生五子，长子杨从仁、次子杨从义、三子杨从礼、四子杨从志、五子杨从信。现健在长一辈代表人杨从信。杨从仁（已故）下一辈健在代表人为杨培新、杨建新、杨培英。杨从义（已故）下一辈代表人为杨大鹏、杨云鹏。杨从礼、杨从志（均已故）迁本县大留村。

杨姓另一宗族来源无考，至今可考共五代。祖父杨泽昆。父杨蕴华。现健在代表人杨景龙、杨景蛟、杨景泉、杨景元、杨景林。

郭姓

郭姓一宗族来源无考，至今可考共五代。祖父辈郭跃林、郭跃先。父郭连弼（均已故）。现健在代表人郭文祥、郭文喜、郭文生。另一支郭跃先早年迁往北京市大兴区黄各庄村。

郭姓另一宗族来源于本县前西丈，至今可考共四代。祖父辈郭江、郭树。郭树及后人迁外地。郭江生二子，长子郭维新迁北京市大兴区西红门。次子郭庆辉（已故）。现健在代表人郭爱军。

郭姓另一宗族来源于北京通州，至今可考共四代。父郭启民（已故），现健在代表人郭乃江。

郭姓另一宗族来源于北京琉璃河，至今可考共四代。父郭中伯，现健在代表人郭其中。

崇姓

崇姓宗族来源无据可考，至今可考共六代。曾祖崇德录。祖父崇文贵生有二子崇奎祥、崇奎山。崇奎祥生二子，长子崇尚礼（已故），次子崇尚义为长辈现健在代表人。崇尚礼现健在代表人崇福来。崇奎山（已故）生子崇尚信（已故），现健在代表人崇秋生。

崇姓宗族另一支来源无据可考，至今可考共四代。父崇文才。现健在代表人崇连启。

马姓（回族）

马姓宗族来源于永清县，至今可考共五代。祖父马凯生有二子马进才、马进宝。马进才有子马云龙，马云龙生子马义民、马瑞清。马义民（已故）下辈现健在代表人马强、马震。马瑞清为长一辈健在代表人。马进宝有三子，长子马云祥、次子马云录、三子马云林。现健在长一辈代表人马云祥、马云林。次子马云录（已故），下一辈健在代表人马长华。

邢姓

邢姓宗族来源无据可考，至今可考共五代。祖父邢友。父辈长子邢进福、次子邢进宝、三子邢进德（均已故）。邢进宝现健在代表人邢会军、邢纪亭。邢进德后人迁居张家口。

邢姓另一支至今可考共五代。祖父邢进财。父邢福顺生三子邢玉林（已故）、邢玉田、邢玉森。现健在代表人邢玉田、邢玉森。

谷姓

谷姓宗族来源于山西洪洞县，至今共六代。曾祖谷桂芬。生子谷秀、谷玉。谷秀生子谷中信（已故）、谷敬信。谷中信一支现健在代表人谷洪波。谷敬信迁居北京。谷士清、谷士恒迁居北京。

谷玉生子谷有信、谷成信（均已故）。现健在代表人谷彩生。

鲍姓

鲍姓宗族源于山东省济南市德平县（今临邑县，为镇）鲍家庄。至今可考共五代。祖父鲍怀才生三子，长子鲍玉山、次子鲍玉章、三子鲍玉贵。鲍玉章生三子，长子鲍明福迁居北京，次子鲍明祥（已故）下一辈健在代表人鲍广勇、鲍广学。鲍明岐为长一辈健在代表人。鲍玉贵一支现健在长一辈代表人鲍明禄、鲍明祯。

赵姓

赵姓一宗族来源于河北保定，至今可考共四代。父辈赵云峰、赵云清。赵云峰生子赵克俭。现健在代表人赵克俭。赵云清生子赵克功，现健在代表人赵克功迁居北京市。

赵姓另一宗族来源于山东，至今可考共五代。祖父赵清明。父赵福。现健在代表人赵志江。另二子赵志海、赵志河迁北京。

董姓

董姓宗族来源于霸州，至今可考共五代。祖父辈董振生、董振清。董振生生子董永年、董永利。董永年迁居霸州。董永利（已故）现健在代表人董玉珠。董振清生子董永丰（已故）。现健在代表人董金波、董金平。

贾姓

贾姓宗族来源于北京大兴县，至今可考五代。祖父贾永庆生二子，长子贾恩普，次子贾恩禄（均已故），贾恩普生贾玉书、贾玉春等五子，现健在代表人为贾玉书。贾玉春等兄弟四人迁北京。

申姓

申姓家族来源于本县宫村镇申庄，至今可考共六代。曾祖申昶。祖父申玉山。父辈申廷弼、申廷瑞（均已故）。申廷瑞下辈现健在代表人申志刚、申志强。

项姓

项姓家族来源无据可考，至今可考共六代。曾祖项凤楼。祖父辈项臣、项宽（均已故）。项臣生子项友义、项友财。项友义（已故）现健在代表人项建国、项国强。项友财为长一辈健在代表人。

蒋姓

蒋姓家族来源于北京通州东海子，至今可考共四代。父蒋敏成。现健在代表人蒋树林。

宋姓

宋姓家族来源无据可考，至今可考共六代。曾祖宋其林。祖父宋殿臣。父宋宝树（已故）。现健在代表人宋哲元、宋洪利。

何姓

何姓家族来源无据可考，至今可考共五代。祖父何少宗。父辈何树仁、何树义（均已故）。何树仁生三子，长子何庆余（又名何善章、烈士）、次子过继给张姓，名为张金启，迁居北京西红门。三子何庆生为现健在代表人。

郑姓

郑姓家族来源山东，至今可考共五代。祖父郑祥文。父辈郑殿奎、郑殿臣（均已故）。郑殿奎生三子，长子郑永和、次子郑永芳、三子郑永生。现健在长一辈代表人郑永芳、郑永生。长子郑永和迁居廊坊，其下辈健在代表人郑军。郑冬。

郑姓另一宗族来源于本县郑东内村。至今可考共五代。曾祖郑海友。祖父郑光前。父郑书田（已故）。现健在代表人郑伟新。

翟姓

翟姓家族来源于本县翟家圈，至今可考共五代。曾祖翟殿奎。祖父翟德山。父翟洪文。现健在代表人翟高升。

史姓

史姓一支宗族来源无据可考，至今可考共六代。曾祖史文平。祖父史宝珍。父史风祥（已故）。现健在代表人史建国。

史姓另一宗族来源无考。至今可考共五代曾祖史福。祖父辈史文才、史文祥、李敬贤（过继东庄李姓亲属）。父史玉东迁居永清县。现健在代表人史春芳。

曹姓

曹姓家族来源无据可考，至今可考共五代。祖父曹国忠。父曹启发。现健在代表人曹永兴。

范姓

范姓家族来源无据可考，至今可考共六代。曾祖范德成。祖父范文明。父范有财（已故）。现健在代表人范克俭。

谢姓

谢姓家族来源于河北深县，父谢丙银至今可考共四代。现健在代表人谢群英。

邓姓

邓姓家族来源于本县西玉村，至今可考共四代。祖父邓西宽。父邓善良（已故）。现健在代表人邓景辉。

时姓

时姓家族来源无据可考，至今可考共二代。现健在代表人时俊玲。

程姓

程姓宗族来源于本县北赵村，至今可考共四代。现健在代表人程民。

田姓

田姓宗族来源于保定市清苑县。至今可考共四代。父田智生二子，长子田向前、次子田向东。现健在代表人田向前、田向东。田向前迁外地。

村民家谱

朱姓

朱姓宗族来源于承德市。至今可考共四代。祖父朱德喜。父朱汉文。现健在代表人朱长柏。

于姓

于姓宗族来源于本县知子营乡辛务村。至今可考共四代。父于光。现健在代表人于志坚。

附：

徐氏家训

　　仁者无不爱也，亲疏内外，有本末焉。一家之亲，近之为兄弟，远之为亲族，同一族矣。若夫娣姒姑姨妹，亲之至今矣，宜无所不用其情。夫木不荣于干，不能以达之；火不灼乎中，不能以照外。是以施人必以先睦亲，睦亲之务，必有内助……不忘小善，不计小过。录小善则大义明，略小过则馋慝息。馋慝息则亲爱全。亲爱全则恩义备矣。疏戚之之际，荡然和乐。由是推认，内和而外和，一家和而一国和，一国和而天下和矣，不可不重欤。

　　　　　　　　以祖坟故地（柏村西）
　　　　　　　　排列状况而推算的老祖：
　　　　　　　　应是清朝嘉庆末年—道光初年
　　　　一八二〇年徐氏老祖

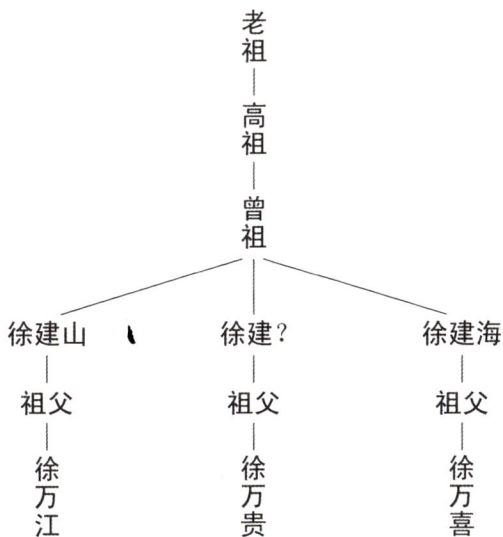

　　　　　　　　　　　　老祖
　　　　　　　　　　　　—
　　　　　　　　　　　　高祖
　　　　　　　　　　　　—
　　　　　　　　　　　　曾祖

　　徐建山　　　　　徐建？　　　　　徐建海
　　　—　　　　　　　—　　　　　　　—
　　祖父　　　　　　祖父　　　　　　祖父
　　—　　　　　　　—　　　　　　　—
　　徐万江　　　　　徐万贵　　　　　徐万喜

第四章 CUNZHUANG JIANSHE
④ 村庄建设

第一节　北关村街的形成

北关村形成历史久远，应属古代、近代之间。固安隋代设固安县名，自唐贞观元年（627）在现在的固安县城址，建县城池，设县治所，即先形成东西南北十字大街。后来，到唐贞观十三年（640）为唐盛世，固安县城日益繁荣，南北商家陆续迁来固安城内开展商贸活动。县城北门外南北通道与城内直接相连贯通，道路

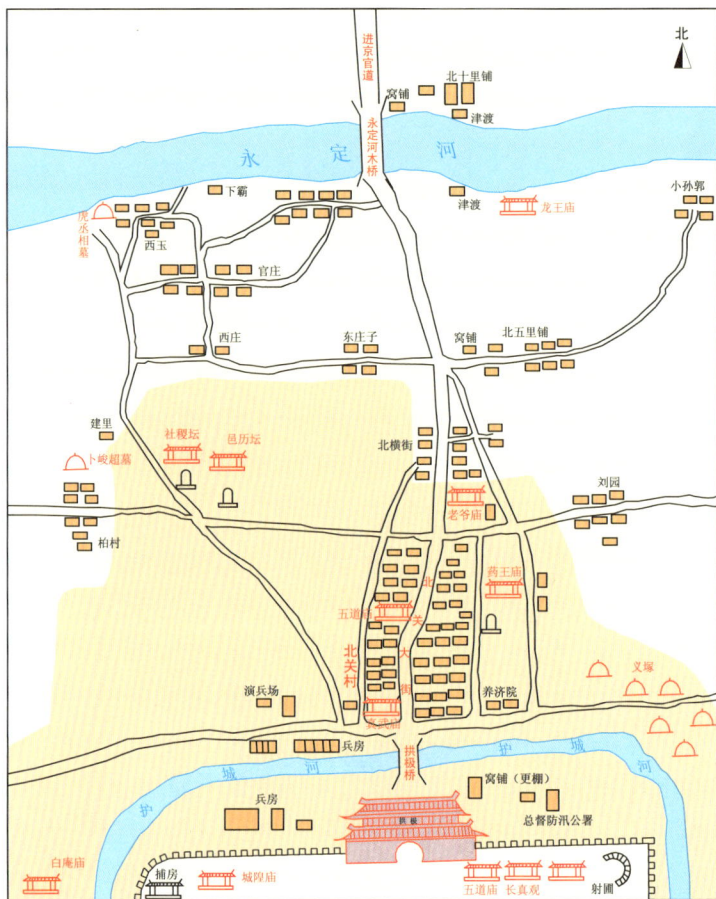

明清时期北关区域图

两侧有7家大车店，另有一些商铺和民居住户；加上些许外地人流落此地安家落户。于是村街已具雏形，随着时间推移，人员不断增多，北关村开始形成。随着社会的安定，数代人的繁衍生息，人口逐渐增多，范围不断扩大，北关已经发展成为县城附近较大村落。

第二节　村街旧貌

北关村位于县城北部，村街为长方形。南北长 800 米，东西宽 218.5 米，总面积 174.754 平方米，占地 262 亩。（历史上因民居较为分散，村街范围还大，准确面积无从考证）村街东接 106 国道（京开公路），南至廊涿省道（县城新昌街中段），西接北关村耕地，北临北横街村。村街心路南端较弯曲，北端街道稍向东偏，村北头街道与 106 国道连接成为裤裆角。村内有东后街路、西后街路、大队部南胡同路、村中间路东胡同路、村北部原老爷庙前路（四号路东段）。

此外，另有买卖、商铺、旅店、古迹、军事设施等分布村内。

据村民孙启福（1881－1974.2）传后人说：明朝时期村北建有关帝庙（老爷庙），庙址在村街心路与 106 国道连接夹角处。人们为祈求关老爷保佑平安，新中国成立的 1949 年以前，香火一直很旺。新中国成立初期，村人郭江、郭树两兄弟曾在此庙西侧开过小店。村东有药王庙，此庙曾当过小学校。清康熙五十四年（1715）清廷命直隶村庄设立义学，开展教学活动。是年，全县建立义学 5 所，分设北关、柳泉、牛蜗（牛驼）、马庄、知子营。此时建在北关的义学校址即是药王庙。1951 年，北关小学重建，迁址到李文清家后院建立新学校，因用其砖瓦木料，药王庙遂被拆除。村街及周边先后建有多处庙宇和官府设施。村南头路西原王群来住房东边有真武庙，村中部路西临街有五道庙（在张家店、高家店中间）。明代《固安县志》记载：明洪武元年北关村建社稷坛，明洪武年间建邑历坛，坛址在北关"园区浴池"西南附近。上世纪 40 年代抗日战争时期，日本军队在北关村驻防，在村北头原郑家（郑永森）大坑西边设岗楼。

新中国成立前到新中国成立后，村南部路东有王增文父子经营的王家店，焦殿元、焦殿芳兄弟经营的焦家店，卜家经营的卜家店（亦称泰和店、山东店），赵云峰、赵云清兄弟二人经营的商业门店（二合义），还有王桂生家开的王家饭铺。村南部路西有贾永庆经营的贾家老店，王德才、王呈志父子经营的王家店（也称梁家店），村中间路西临街有张万友、张启祥父子经营的张家店，高清甫、高培顺父子经营的高家店。

新中国成立后北关村村公所、人民公社初期的北关村大队部都设在申家大院。后在路东原焦家店处重建大队部，村卫生室设在大队部院内。（2002年村委会南边建有灯光篮球场，场内设有健身活动场所并配有健身器材。）1978年12月中国共产党十一届三中全会实行改革开放后，有赵志江、王景太、侯维富等12家旅店旅馆应运而生。在村南头临固涿路边有申志强、焦永旺两家饭店和杜德润的"九龙饭店"、李永波的"永胜饭店"、谷彩生的"永顺饭店"和张永才父子的"又一家饭店"相继建成开业。后李元（牛驼人）租赁村公产房亦开办了"李元饭店"。

第三节　街道规划与改造

新中国成立前，北关村原有中心主街一条和村南东西沿城街。

多年来，随着住户不断增多，分布面越来越大，遂形成东后街和西后街。村中间和南部路东有2条大胡同，住户前后排之间大部分都有胡同走道。新中国成立前到新中国成立后初期，全村街道、胡同都是泥土路面，且坑洼不平。村内没有排水设施，每年雨季，赶上大雨连绵，住户院内、街道、胡同积水严重，不少民房由于雨水浸泡墙倒屋塌，村民出行更是受到很大影响。

20世纪60年代，村里开始着手路面硬化。在上级政府和有关部门的支持帮助下，街心主路重新平整，夯实路基，铺设了石渣路面。70年代，按照县交通部门的统一安排，街心主路进行拓宽改造，铺设了4米宽的柏油路面，人们的生产生活和出行条件得到极大改善。

2002年，北关村党支部、村委会决定进一步提高街心主路质量，增设排水设施，改柏油路面为水泥路面，投资30余万元，从当年5月份开始设计施工，历时4个月。改造后的街心主路，水泥罩面，长782米，宽5米。并铺设了地下管道等排水设施。街心主路在设计施工过程中，针对村街南北长，不易排水的实际情况，把路面和地下管道都做成中间高两头低，以原三队部为高点，形成路面、地下两头排水格局。村南头与廊涿路地下管道相连接，北头在原老爷庙前路北侧铺地下管道与106国道地下管道相连接。村主路两侧按照胡同设进水口，村民每家每户联合铺装胡同分管道与进水口连接。村街道路的拓宽，排水设施的安装，进一步改善了村民的出行条件，也使北关村历史上排水难的问题得到根本解决。

2005年，在村北部原耕作路的基础上，修建了长550米，宽8米的柏油路，即四号路。四号路总投资64万元，上级政府按村村通公路建设补贴，时值小康村建设对口帮扶单位廊坊市中级人民法院帮扶资金10万元。四号路东接106国道，西连六号路（育才北路），形成了国道、县道村道连接贯通。

第四节　民居建筑

历史上，北关村民居住房建筑形式多种多样，大致可分为四类八种。一类是土木结构。这类房就是用土"板打墙"或大坯、小坯做墙体，用花秸泥抹墙皮。房顶用的柁檩等件大多是杨木、柳木、榆木等杂木，柱子多数是用枣木。花架、檐椽用杨木杆子，上面铺苇箔，上土后抹泥或清、白灰。房上檐椽出沿较长，以遮盖墙体，防止雨淋冲刷窗户。这类房子很矮，有的没有地基，屋里比屋外低，进屋像跳坑。另一类是砖土混合木结构（也称为外硬里软），这类房子有四种建筑形式。一是外墙皮用"用半头砖"，里皮用土坯；二是"四角硬"，房子东西两山后沿四个角用砖垒、墙中间和里皮用土坯；三是外墙皮用卧砖或陡砖垒，里皮用土坯。陡砖房子的垒法有的是一陡一卧，有的是垒"三七缝"；四是"四不露"，外墙皮大多是卧砖或陡砖到顶，里皮用土坯。就是前后沿不出椽子头，两山不出沿子。这几种房子的木架结构大体相同，盖五间房没有靠山柁，是四梁八柱。

20世纪80年代前，北关村大多都是碱地，盖好房子没有几年墙体就被碱掉几厘米，墙体损坏严重。因此，人们盖房时大多数都做截碱，在地基上面铺垫5厘米左右的苇子把或油毡，把碱截在下面，以防止损坏上部墙体，有的还在抽节上再做一次截碱增加防碱效果。

90年代前后，村民住房建筑形式有了明显变化，瓦房开始在村里流行。这类房子地基高，跨度大，质量也讲究，多数是水泥砂浆砌墙，松木杋檩，方、圆双层檐椽，椽头直径一般在8至10厘米左右。起初是用水泥瓦铺房顶，后来陆续改铺红瓦顶。沿檩、方子上画山水彩画，前脸坎墙贴带图案的瓷砖，铝合金满天红的窗户。屋内装修刷墙吊顶子铺地板砖。房屋宽敞明亮，居住舒适。

2000年前后，村民住房进入新时期，钢筋水泥结构的楼板房开始出现，并逐年增多。村内，临106国道西侧和廊涿公路北面有20多户建起了两层和三层小楼。

2010年，北关村有16户在柏村村东建起前后两排（每排8户）两层小楼。

2013年9月，北关城中村改造建设一期住宅楼工程竣工交付使用，楼房分到各户，年底村民整体回迁入住新村小区。一期楼房为16层、18层高，三居和两居室住宅楼。小区楼房共14栋，其中5栋为双单元、三居和两居室混建，9栋为单楼门两居室单建。居室格局为朝阳和通透两种户型。

2015年11月，北关新村二期住宅楼竣工交付使用，三栋楼房全部都是三居室。

第五节　民居住房与改造

据村档案资料记载，民国三十一年（1942）至民国三十三年（1944），北关村民居住房836间，全村人口887人，人均住房0.94间。民国三十四年（1945）至民国三十八年（1949），民居住房766.5间，人口886人，人均住房0.86间。新中国成立后，1950年至1956年，民居住房787间，人口850人，人均住房0.92间。1956年至1957年高级社时，民居住房711.5间，人口886人，人均住房0.8间。新中国成立以前，由于处于战乱时期，土地私有，民居住房都是自行安排，没有统一管理，且

2007年北关村住房分布图

布局分散，建筑方式随意，房子高矮各异，跨度长短不一，较为散乱。这种状况一直持续到20世纪50年代。1965年时，民居住房576间，人口785人，人均住房0.73间。北关大队1966年至1967年规划提纲规定："社员排房，中间大道，道东道西每排10间，房距南北10弓，东西5弓。大队统一规划安排。建立建筑队，砖瓦木料自备，大队出工"。按照规划，大队以及各生产小队先后组建了瓦木工建筑队，以王志同、郭连弼、周宝祥、周宝山父子、孙振生、王群来、张殿生等瓦木工为技术骨干，陆续培养了郭乃江、陈建华、崇连启、刘汉全、高印昌、焦仪、王洪礼等包括一些"门里出身"的一批年轻的技术力量，一边外出包活，一边为社员建房服务。

1986年《固安县农村建房用地清理丈量综合报表》记载：北关全村共266户，实际丈量266户（266处），其中非农业2户。总占地面积116.73亩，平均每户占房基地0.456亩。每户一份表格，登记村民各户实际占房基地面积、占地亩数、旧宅和新建房分类，使用时间等情况。每户一张房基地平面图，标明各户所在位置和四至，为村民住房建设和管理提供了依据。

为了解决建筑材料紧缺问题，北关村四队王洪仁、王洪礼兄弟在大场西南角自建土砖窑（北关第一座砖窑）为自家和本队社员烧砖。侯玉生当烧窑把式，王洪仁、李秀林、侯维红、焦旺山等青壮年负责脱坯装窑。因烧砖缺乏经验，遂请来南街村的郎约汉当师傅，北关人自己则边干边摸索，烧出的砖大部分都成功，有些质量不太好。

村里规划建排房，主要是以各户原住房排列为基础，原来没有住房的或兄弟多，需要安排新房基地的在原住户前后排之间较宽敞处加排。不论是拆旧重建，还是新建房户，都一律按规划安排实行。房基地、房子高度、跨度全部一致。由此北关村的排房基本形成。

20 世纪 90 年代后，随着村里人口逐年增多，村里所用宅基地日趋紧张。针对这种情况，1990 年，村党支部、村委会适时做出决定，利用原四个生产队的大场作房基地。规定：一队场设 3 排房，每排南北宽 14 米，每排设 5 户，每户房基地南北宽 14 米，东西长 14.5 米，占地 0.3043 亩。二队场设 5 排房，每排南北宽 14 米，每排设 3 户，每户房基地 14 米见方，占地 0.294 亩，每排一条走道，道宽 2.5 米。三队场设 4 排房，每排南北宽 14 米，每排设 3 户，每户房基地 14 米见方，占地 0.294 亩。四队场设 4 排房，每排南北宽 14 米，每排设 3 户，每户房基地 14 米见方，占地 0.294 亩，设南北两条走道，道宽 3 米。之后，村里又把四队场西边废弃的养鱼塘填平供村民建房，实行有偿使用。

第六节　新村建设

2009 年 9 月北关新村拆迁改造建设开始，历经动员、签订协议、工程建设、回迁四个阶段。

第一阶段从 2009 年 9 月开始，106 国道西侧住户动员签订协议。工业园区工作人员首先召开临路几十户村民动员会，讲解拆迁改造建设目的意义和房屋拆迁补偿，楼房建筑形式和置换方法，然后由村干部和园区工作人员入户协商有关事宜，签订协议。第一阶段用 10 天时间完成。

第二阶段从 2010 年初开始，接续第一阶段工作召开了全村各户动员会，园区领导进一步讲解新村建设的重要意义。明确房屋拆迁楼房置换的标准和办法，深入村民各户协商签订协议。第二阶段实行房屋拆迁和土地征用"捆绑"式的方法，房屋拆迁和土地征用一并同时进行，2010 年 10 月完成全村签订协议工作。

旧房改造拆迁情况

北关村的楼房置换是按村民各户原有房基地面积 1：1 的比例计算，土地征用每亩地（含地上物）补偿 4.2 万元和 400 公斤小麦（补偿 13 年小麦）。

第三阶段从 2010

年开始，建设施工陆续启动。北关新村建设工程由华夏幸福基业三浦威特有限责任公司承揽开发，一期工程建设施工单位是：建设单位为廊坊京御房地产开发有限公司，设计单位为廊坊市雅泰建筑设计有限公司，施工单位为江苏同济建设有限公司，勘察单位为廊坊市兴业岩土工程有限公司，监理单位为廊坊市瑞池工程建设监理有限公司。二期工程建设施工单位是：建设单位为廊坊京御房地产开发有限公司，设计单位为廊坊市雅泰建筑设计有限公司，施工单位为金坛建工集团有限公司，勘察单位为河北裕融地球物理勘察有限公司，监理单位为廊坊市瑞池工程建设监理有限公司。

第四阶段工程竣工，交付使用。2013年9月，一期住宅楼工程竣工交付使用，楼房分至各户，年底村民整体回迁新村小区。小区物业管理由幸福基业廊坊物业有限公司承接负责，物业管理机构名称为"幸福基业北关新村服务中心"（物业管理见第五章社区管理与服务）。二期住宅楼工程于2015年11月竣工交付使用。新村小区内建有地下车库、露天车位、休闲座椅、凉亭、健身器材等休闲、健身设施，植有草坪绿地，花草树木，为村民提供了洁净舒适的生活环境。

第七节 水利（生活用水）电力

一、水利

新中国成立前各个历史时期至20世纪70年代，北关村村民生活用水一直是用砖井水。北关村原有砖井9眼。村东南角焦家园子1辘轳眼，村北头路东靠道边 1 眼。这 2 眼井是古井，有很长的历史。村西刘家（刘文贺）后门西边地里 1 眼。这 3 眼井是甜水井，水质很好，多少年来，北关村人就靠这几眼井吃水。使用井水是靠人们用一条扁担，两个水桶肩膀挑。大多数人家是用铁桶，有的用木桶，还有的少数老年人俩人合抬一个水桶，很是辛苦。菜园子里浇菜是用辘轳提水。人们吃水用的井，井台一般高出地面一米左右，有的还有井影壁，防止脏水污物进入井内，隔几年还要淘一次井，清除淤泥杂物，以保水质。此外，村里还有原小学校前院、邓家园子（邓忠）、赵克俭房东边等几眼苦水井。这些井水不能食用，只做涮洗、建筑和生产用水。

20 世纪 70 年代后，人们开始陆续使用压水井。当时地下水位较浅，一般 12 至 14 米深就能打出水。北关村第一户打压水井的人家为周凤伟家，在外请来打井师傅指导，老乡亲帮工。打井的方法是用两根木杠子横绑在打井管上，四人或多人按住木杠合力往下撖，撖到一定深度凭感觉或取土样确定砂层水道，然后在塑料井管花管部分绑上棕片，以做通水道过滤，把井管下到撖好的井孔内，井管上头安上压水机头，机头里灌上点儿水用手按压水机头把儿，就出水了。北关村头一眼井打成了，人们随后都开始打，逐渐打的多了，看的多了，人们掌握了这门技术，有了经验，就不再请外村师傅了，就是老乡亲们互相帮忙自己打。那些年，全村各户普遍用上了压水井。一方面提高了饮用水质量，同时大大减轻了人们的劳动负担。

压水井

后来，年长日久，随着地下水位逐年下降，压水井取水越来越难。为了解决用水问题，有的把原来的井下座加深，有的用微型水泵抽水，想方设法将就维持，压水井一直延续使用多年。

1982 年，北关村

开始实施自来水工程。大队投资近两万元，先后在原大队部东院和三队队部后院，打138米钢管深井，安装高压水泵，配备7.5千瓦电动机。由村民各户出劳动力挖沟铺设街心路两侧输水主管道。第一阶段主管道铺到徐永兴门口，之后又铺到村北头。胡同分管道由各户联合负责施工。经过全村干部群众的共同努力，顺利完成全部工程，实现了自来水入户。至此北关村结束了压水井时代。

2013年9月底，北关村拆迁改造工程完成，村民回迁新村小区后，生活用水由县自来水公司统一供应，物业代售，除洗浴用水外，村民生活用水大部分使用纯净水，生活用水条件得到了进一步改善。

二、电力

北关村办电从1962年开始，高压线从县城内北街引入北关村。架线用的是油浸松木电线杆。起初办电主要是供应全村照明，第一台变压器30千伏安，安装在原大队部门口北边。村里办了电，村民陆续安灯。到1969年底，全村有185户用上了电灯。当时按电表使用数量缴纳电费，缴纳电费采用就近联户的方法，一般是一排房的住户用一块电表，这些户推举出一个人负责收本排房各户的电费，然后上缴大队。

变压器

村里办电之后，大队以及各生产队相继办起了机磨加工、弹簧加工、刀具加工、豆腐坊等副业。为了适应副业生产发展和农田水利基本建设的需要，70年代以后，村里向县供电部门申请增容，先后增置大容量50、80、110千伏安变压器4台，分别安装在高家后门（高士中）、陈秀林院东边、一队队部和三队队部院内，沿本村耕地从南向北架设高压线1800米，保证农田灌溉用电。

1982年，北关村用电线路进行第一次改造，木杆换成10米高的水泥

配电房

杆，高压线重新架设，村民各户进院以及室内线路整修更换、室内明线全部安上护线装置，用电条件得到进一步改善。

1995 年后，北关村街心路、村北部东西路段、东后街、西后街先后安装了路灯，人们早晚出行不再摸黑走路。

按照上级和县供电部门的统一安排，2000 年村内低压线路进行了大规模改造，历时一个多月完成改造工程。全村所有低压干线、入室引线、室内用线全部更新，改原来的杆架低压线为部分地埋线，入户引线从原来的房前明线改为房后墙管套线，各户的电表、保安器等也全部更新增加了容量。

1962 年以后至 2016 年，北关村先后担任村电工的是：侯玉峰、李树岐、郑永生、谷彩生。

第五章 CUNWUGUANLIYUFUWU

⑤ 村务管理与服务

第一节　管理与服务机构

新中国成立前，北关村村务管理沿袭封建社会的"保甲制"。民国三十四年（1945）9月，中国共产党在北关村建立了村公所，马福增（上级指定）、鲍玉山任村长，孙振东任民政干事，武委会主任由郑殿奎、何树义担任。当时主要任务是领导全村建立群众组织，开展土地改革和减租减息活动。民国三十五年（1946）冬，国民党军第95旅整编第8军一部攻占固安，次年2月村公所遭到破坏。解放战争期间，由于国、共两党政权及武装在此"拉锯"，村干部更换频繁，受"两面政权"指派，为其办公、服务。

民国三十七年（1948）底，在中国共产党领导下，北关村重建村公所，邢进福、鲍玉山任村长。民国三十八年（1949）春，我党区委书记兼政委李抗率工作组进驻北关村开展土地改革运动，同时建立健全村政权组织。选举邢进福为村长，鲍玉山任农会主席，治安员王福生（原二队），农会干事孙振东、邢进宝、崇奎元，文书焦旺刚。村政权当时主要工作是传达、宣传党的政策与主张，教育群众树立当家做主人的思想和爱党爱国精神，指导人们搞好生产、生活，依法征粮纳税，破除封建迷信，实行男女平等，管制不法分子，维护社会治安等。

1953年，选举鲍明福任村长，王吉祥为副村长。同年4月，按照中共中央《关于农业生产互助合作的决议》，北关村先后建立起8个农业生产互助组，开展生产互助。翌年4月，在这8个互助组基础上又动员吸收了部分农户成立了两个农业生产合作社（时称"初级社"）。以村中部东西大胡同为界划分，胡同北部为"民强社"，社长由何树仁、董振生担任；南部为"先锋社"，社长由孙志和、高德山担任，后为刘顺、王德启。

1956年，根据上级指示，"四关四街"、北横街成立一个高级社，社长由温国贵担任（西关村人）。北关属南关大队管辖，大队长项义友，北关为中队，陈泽民、孙志和为中队长，会计是郭其昌。

1957 年，北关中队下分为两个小队。以村街中东西大胡同为界，南部为一队，队长郑光前、焦只瑞、刘振生；北部为二队，队长董永利、郑殿奎、王福廷。年底，陈泽民任中队长，董永利、孙志和为副中队长，会计刘国忠、张永才。

1958 年，"人民公社"成立后，固安、永清、霸县合并为霸县（时称"大霸县"），固安为"大公社"。北关"中队"改为北关"大队"，属城关公社管辖。北关"大队"设大队党支部书记、大队长、会计、治保主任等职务。下设"生产队"。生产队设队长、会计、保管员等职务，村民称为"社员"，社员以家庭为单位划分到各个生产队。平日，社员都要到生产队参加劳动，挣取"工分"。社员的"工分"作为生产队结算的凭据，平时或年终一般按"工分"和人口分配农产品。"社员"各家的大事小情（如：盖房、婚丧嫁娶等）都由大队或生产队派专人负责操办。当时北关大队下设 5 个生产队。

1961 年 8 月，固安恢复原建制，北关大队仍属城关公社管辖。选举董永利为大队长，刘克明为副大队长，后王呈志，治保主任庞树春，后为王呈志，大队会计张永才、侯景林，妇联主任亢秀荣。

1962 年，王德启任大队长，李砚芝任副大队长，庞树春、焦旺元为正副治保主任，徐永兴任民兵连长，刘瑞伍任妇联主任，张永才、翟洪文任大队会计。大队下设 5 个（后 7 个）生产小队。1963 年周玉德任治保主任，年底，7 个队分成了 8 个队。

1965 年，北关大队干部经过选举调整为：大队长王德启，后为王呈志；副大队长徐永禄，治保主任王群来，后为王德福；妇联主任王国兰；大队会计李国旺、高永忠。

1966 年，"文化大革命"运动开始，1968 年，成立北关大队革命委员会（简称"革委会"），领导运动和农业生产。李国旺任革委会主任，徐永兴任副主任，民兵连长项友义、高清林，治保主任王德福，大队会计徐永利、杜文庆。

1978 年，北关村建立生产管理委员会（简称"管委会"），管委会主任董永利，治保主任徐永禄，民兵连长王国岐，妇联主任白文英，会计杜文庆、李茂增。

1984 年 4 月，原城关公社撤销改为固安镇，原大队党支部改为村党支部，建立村民委员会，与村党支部合称村"两委班子"，下设妇联会、治保会等管理机构。村级主要领导干部有村党支部书记、村主任、会计、治保主任、计生员、妇联主任等。北关大队改为北关村民委员会（简称"村委会"），村主任董永利，民兵连长王国岐，会计杜文庆、李茂增。

1994 年村干部调整，李永安任代理村主任，1999 年任村主任。2000 年王占军任村现金会计。之前，1992 年毕建爽任妇联主任。

2007 年，刘岩峰任村党支部书记兼村委会主任，党支部委员焦金录、李永安协助主持村务工作，杜文庆、王占军任会计。

2012 年，北关村委会选举，杜国润任村主任，王建平、王艳任副主任。

2013 年，北关村民回迁北关新村小区，原北关村委会更名为北关新村村委会。杜国润任主任，王建平、王艳任副主任。

2016 年 8 月，北关新村改为北关社区，建立社区居委会。杜国润任社区居委会主任，王建平、王艳任副主任，会计杜文庆、王占军。根据新时期社区工作特点需要，设置了社区便民服务站，养老服务中心、社区卫生室、调解室、娱乐室、社区文化讲堂、未成年人文体活动中心等服务机构与相应服务设施。

北关村村组织机构领导人名表

村组织名称	职　务	姓　名	任职时间	备注
农民协会（村公所）	主　席（村长）	鲍玉山 王　勤 马福增	1945 – 1947	1947 年遭国民党破坏
	民政干事	孙振东	1945 – 1947	
武委会	主　任	郑殿奎	1945 – 1947	
	副主任	何树义	1945 – 1947	

续表1

村组织名称		职务	姓名	任职时间	备注
		村长	邢进福	1949－1953	
		主席	鲍玉山	1949－1953	
		村干部（副村长、农会副主席、武委会主任、妇女主任、农会干事、文书）	董振生、孙振东、郑殿奎、何树义、焦旺刚、邢进宝、邓鲍氏、胡秀荣、崔春青、董振清、李茂芝		
村政府		村长	鲍明福	1953－1954	
		副村长	王吉祥	1953－1954	
		村长	陈泽民	1954－1954	不满1年
农业生产合作社（初级社）	民强社	社长	何树仁		
			董振生	1954－1956	
			孙志和		
	先锋社		王德启		
			高德山		
			刘顺		
农业生产合作社（高级社时期）		中队长	陈泽民	1956－1957	
			孙志和		
			项友义		
			董永利		
		会计	刘国忠		
			张永财		
中队、大队		大队长	陈泽民	1957－1961	

续表2

村组织名称	职务	姓名	任职时间	备注
大队、管委会、革委会、村委会	大队长 主 任	董永利	1961－1962	
		王德启	1962－1965	
		徐永兴	1965－1968	
		李国旺	1968－1976	1971年支书兼
		董永利	1976－1999	
		李永安	1999－2007	
		刘岩峰	2007－2012	支书兼
		杜国润	2012－	
	村干部（副大队长、副主任、治安员、治保主任、会计、民兵连长、副连长、妇联主任、青年团书记）	庞树春、王福生、张永财、刘克明、唐万祥、周玉书、刘瑞伍、何庆生、徐永禄、侯景林、翟洪文、李砚芝、高永忠、焦旺元、亢秀荣、王呈志、孙淑娟、王群来、王德福、王国兰、徐永利、杜文庆、李茂增、王占军、邓书英、白文英、王国岐、李志华、邢玉田、李占中、鲍明荣、毕建爽、焦金录、王建平、王艳、何秀荣、郑书田、冯庆龙、马素荣、郭淑文、杜文花、高素霞、何庆花、王洪霞		

北关村小队干部人名录

队别	正副队长生产班子成员	会　计
一队（曾为一、二队）	郑光前、焦只瑞、刘振生、马进宝、刘顺、卜长山、曹永兴、亢秀荣、朱素英、焦伟、翟洪文、杨从义、焦信、郑书田、陈秀瑞、钱士如、李占忠、王国政、赵克俭、王国岐、刘士河、钱继臣、王景春	杨俊生、杨从义、郑书田、赵克俭、白秀玲、王志强
二队（曾为三、四队）	王学敏、李国强、王义臣、谷友信、焦通礼、杨秀琴、李砚芝、谷呈信、史凤祥、冯礼、高树森、郭其忠、谷彩生、侯玉清、王信	张伯明、高清林、焦德元、侯景林、马荣、王凤祥、杨景蛟

续表

队别	正副队长生产班子成员	会　计
三队（曾为五、六队）	董振生、郑殿奎、何树仁、董永利、李茂才、鲍玉贵、郑殿臣、何庆生、高秀兰、周玉书、陈泽祥、李树岐、邢玉田、刘春明、李茂林、赵珍、石丙云	刘文贺、高素花、邓善良、周玉德、张素珍
四队（曾为七、八队）	王福廷、王广友、崇文才、徐雨才、邢进宝、侯维清、徐福印、徐永东、徐永乐、肖玉珍、孙国良、焦启福、孙振东、焦旺贤、侯维胜、徐永旺、王福生、孙满堂、李志强、李秀林、王洪仁、王建国	王国柱、李玉明、孙淑娟、王福生、陈建华、王洪智、王建国、徐福巨、王占军

附1：

北关大队管理委员会工作制度

一、会议制度：

1. 社员大会每年 4 次，每季 1 次。管理委员会向社员大会报告 1 季度的全面工作，肯定成绩，找出问题，检查各项计划完成情况、财务收支情况。制定分配办法，制定分配方案，公布于众。制定明年生产规划和增产措施。

2. 社员代表大会每年 2 次，在夏秋两次分配各召开一次。管委会向社员代表报告半年来的工作情况，民主讨论，全面总结。根据上级指示讨论决定粮食分配和生产计划等。

3. 大队管理委员会每月召开 3 次，每月 3 号、13 号、23 号。每月 3 号根据上级和支部意见安排各项工作任务，总结前月工作，找差距，布置本月工作任务。每月 13 号检查各项工作执行情况，听取各位委员汇报，研究工作。每月 23 号以生活会形式展开批评与自我批评，解决各委员之间的问题。

4. 学习制度，每月 24 号学习毛主席著作，六十条、四十条有关章节，文件，指示，报纸和外地先进经验。

5. 每个大队包队干部，每 3 天碰头一次。汇报各队工作、生产、制度执行情况。

6. 每月大队管理委员会向上级管理委员会书面汇报一次。

附2：

北关大队财务工作制度

1. 每年要进行两次四清，夏、秋两季各一次，对账目、工分、仓库、财务要认真清理，将清理结果公布于众，解决存在问题。

2. 严格财务工作的管理。现金、账目、仓库均设专人管理，并建立交接手续。

3. 制定收支计划、开支范围与审批制度。遵守会计手续规定，对违反制度不合理的开支，会计有权提出拒绝意见。

4. 账目要做到日清月结，每月底公布一次，并对财务工作执行情况，每月进行一次检查总结，改进工作，做到财务公开，民主管理财务，接受贫协、社员群众的监督。

5. 认真执行人委、县委印发的"农村人民公社财务管理制度的规定"。

第二节　群众组织

一、共青团组织

新中国成立初，按照上级团委的指示，北关村开始陆续发展青年团员。1955 年，建立了第一个共青团支部，焦旺元任支部书记，到 1959 年，又有张建国、徐永东、侯淑英、郭淑文、王国兰、王介芳、王炳芝、张永才、孙国良等青年积极分子加入共青团组织。在上级团委和村党支部领导下，团支部组织带领全体团员及广大青年积极投入到"农业合作化""大跃进""人民公社""农业学大寨"和农田基本建设运动中，发挥了先锋骨干和主力军作用。

1964年后，"四清运动"（即"清政治、清经济、清思想、清组织"）和"文化大革命"运动先后开始，运动中涌现出一批青年积极分子被吸收入团。在组织领导下，团员青年积极向上，工作热情高，干劲足，白天参加集体劳动，晚上利用广播、办学习班等形式学习宣传党的方针政策和毛主席最新指示，参与配合上级组织的各项活动，组织发动广大贫下中农开展忆苦思甜、与旧社会决裂活动，教育人民树立爱党、爱祖国、爱人民思想，排演节目，宣传参军光荣，保卫祖国的重要意义。广大青年和群众得到社会主义教育，培养了优良品格，为人民服务，大公无私，艰苦奋斗，建设共产主义成为青年追求目标和时代主旋律。这期间，孙淑娟、李志华、高素霞、马素荣、杜文庆、宋泽元（后兼）先后担任团支部书记和支部领导成员。

改革开放后，农村实行土地承包制，集体生产组织解散，精力转移到抓经济、抓建设上来，人们更多的精力投入到了生产与经营。共青团员大部分是从学校发展的，大部分走向工作岗位，只有少数回到农村，在各领域、各阶层都发挥了骨干和带头人作用。1992年，北关村新一届团支部建立，冯庆龙任团支部书记，杜智慧、鲍广琴、徐伟为支部委员。

二、妇女组织

民国三十四年（1945），北关村建立党支部时有崔春青、邓鲍氏两名妇女党员干部。当时主要工作是组织带领本村妇女参加土地改革和减租减息运动，支援解放战争，开展慰问支前活动。

新中国成立后，党和政府非常重视妇女组织建设，从互助组、合作社时期，北关村就建立了妇联会，主要任务是组织全村妇女投入生产劳动，参加生产互助组织，学习贯彻《婚姻法》，维护妇女的合法权益和正当利益。第一任妇联主任胡秀荣。为配合《婚姻法》宣传贯彻工作，1951年，北关村成立了业余评剧团，先后排演了《刘巧儿》《小二黑结婚》《柳树井》等剧目，青年妇女积极参加演出活动。张淑琴在《刘巧儿》《小二黑

妇女集会

结婚》剧目中扮演刘巧儿和小琴，郭淑珍在《刘巧儿》剧中扮演李大婶，受到群众热烈欢迎。在宣传、落实婚姻法活动中起到了重要推动作用。

1959年后，北关村妇女组织逐步健全。先后担任妇女干部的有妇联主任亢秀荣，委员张玉平，妇女队长邓桂春、赵珍、肖玉珍。他们在"大跃进""人民公社""四清"运动中组织动员妇女积极参加集体劳动，平整土地种稻田，宣传男女同工同酬新政策，帮助村干部放下包袱、轻装前进等活动中发挥了不可替代的半边天作用。

上世纪70年代末开始，计划生育工作全面推行。北关村妇联组织以此项工作为重点，积极宣传贯彻计划生育政策，使这一国策家喻户晓，人人明白。定期组织妇女普及生育政策和知识，做到优生、优育、计划生育。按照国家政策，对实行计划生育的独生子女和双女户给予奖励和照顾，村妇联干部认真做好登记、核查，确保政策准确落实到位。从1990年底起为独生子女、双女父母办理养老保险，到2016年，已为全村18户、25人办理了养老保险手续，使他们享受到优惠的养老待遇。

改革开放后，在妇联组织倡导下，北关村广大妇女学知识、学技术，积极参加生产经营，做生产带头人。

1985年，村民高素梅在种好承包土地的同时，在自家院内建了两个"海城式"日光温室蔬菜大棚，种植黄瓜、西红柿、韭菜等，她虚心好学，勤奋进取，克服困难，取得了很好的经济效益。她的做法和经验作为典型在全镇介绍推广。

2000年后，随着人们生活水平不断提高，娱乐、健身成为时尚，妇女们自发组织跳起了广场舞，既为锻炼、健康、快乐，又活跃了群众文化娱乐生活。2012 年，高双荣、邓文华等率先成立了十多人的广场舞表演队，早晨、晚上排练舞蹈。2015 年参加了固安县首届"舞丽绽放"广场舞比赛，荣获三等奖，参赛舞蹈"江南梦"获最佳创意奖。2016 年 9 月，参加了"工业园区"首届广场舞比赛，荣获第三名。

从 2015 年开始，北关村倡导开展了"以孝治家"活动，广大妇女积极响应，她们对自家老人行孝道、尽责任。从当年 10 月份起，陆续有 18 名妇女参加"义工"组织，义务为本村的孤寡、病残老人服务，排忧解难，还对参加抗美援朝的焦伟、曹永兴老人和老党员王国兰进行慰问，对全村 80 岁以上老人的身体健康状况进行问卷调查，针对不同情况进行照顾和帮扶。

1965 年至 2016 年担任过妇联主任的有刘瑞伍、王国兰（兼妇女大队长）、邓淑英、白文英、毕建爽。

2016 年，党支部、村委会在全村广泛开展"以孝治家"群众活动，全村妇女发挥了生力军作用。

附：北关村妇女义工名单

高双荣、邓文华、孙翠兰、郭俊荣、刘瑞霞、王迎新、李春丽、王新美、王美玲、肖素英、王素英、庞洪玲、孙丽萍、高文燕、高素梅、臧凤池、毕建爽、于素萍。

三、农会、贫协

农会 民国三十四年（1945），随着村民主政权的建立，北关村成立了农民协会（简称农会），鲍玉山任农会主席。农会的主要任务在党组织领导下，带领农民开展减租减息和土地改革运动。民国三十五年（1946）冬，国民党军一部攻占固安，农会组织被解散。民国三十八年（1949）北关村重建农会，选举鲍玉山为主席，农会干事孙振东、邢进宝、崇奎元，文书焦旺刚。在当时，农会工作主要配合工作组开展第二次"土改"运动和新中国成立初期的生产互助合作运动。

贫下中农协会 贫下中农协会（简称贫协）是在 1965 年农村"四

清"运动中产生的,"贫协"领导成员是由当时成分最低、有一定群众威望和组织能力的社员担任。"贫协"组织作为"四清"运动的骨干力量,组织发动广大贫下中农揭发检举违规违纪的村干部,监督村领导的行为,维护集体和群众利益,推动运动的开展,促进农业生产都起到了有益的作用。

北关村先后担任"贫协"主席及领导成员的有王群来、周焕章、何秀荣、王国兰、王德福、王嘉祥、赵福。

第三节　治安管理

北关村的治安管理大致经历了三个时期:新中国成立初期、人民公社时期、改革开放后。

北关村地处县城周边,自古治安状况较为复杂。新中国成立初期,村治安员主要任务是负责本村及周边村庄的治安联防工作,组织发动群众维护村内的社会治安秩序,协助公安机关调查处理本村的治安案件。

随着村政权的建立,北关村成立了以民兵骨干为主要力量的治安队伍,村治保负责人(时称治安员)负责日常村里的治安工作。为贯彻上级指示,适应当时形势需要,不断制定、完善治安防范制度、条例,实施保卫新中国人民民主政权,保卫人民胜利果实系列措施,站岗值班,护村护秋、反奸防特等。时村治安员是王福生(原二队)、唐万祥。

1958年至1983年"人民公社"时期,根据上级指示,大队充分发挥治保组织的作用,学习宣传国家政策和法律法规,制定治保工作管理规章制度,采取了一系列行之有效的措施,组织发动群众开展群防群治,实行治安保卫责任制,建立了外来人员报告制度、护秋制度等,使治保工作逐步得到加强,形成经常化、规范化。

1961年8月,固安县恢复原建制后,北关村选举了新的大队领导班子,同时建立了治保委员会(简称治保会)。

1966年至1976年"文化大革命"时期,在以"阶级斗争为纲"形势下,治安管理工作的任务是配合运动,对管理对象进行监督,实行劳动改造，防奸反特，防止一切刑事犯罪，维护社会治安。

1978年后，随着我国民主和法治制度的逐渐完善，地方的治安制度进一步贯彻落实。1985年8月，制定了《北关村民治安守则》，印发村民每户一份，成为村民行为准则。同时，实行治安组、村民双层治安工作承包责任制。治安组与村委会、村民治安工作承包人与村委会订立协议，明确各自的职责、负责区域、任务要求及奖罚办法，治保工作有声有色，效果显著，多次受到上级表彰。

实行治安保卫承包制，调动了治保组织、治保工作承包人和全体村民的积极性，增强了责任心，工作中尽职尽责，促进了村民团结、社会和谐，维护了集体和村民财产利益，减少、避免了治安案件的发生，为村民创造了安定、祥和的生产和生活环境。

1980年，国家制定颁布了新的《治安管理处罚条例》，成为指导北关村治安管理工作总方针，并在村街明显位置张贴了此《条例》。其后，修订了《治安保卫协议书》，将村民上缴"三提五统"款、计划生育、严禁赌博等纳入治安管理范畴，规范人们的日常行为，维护社会稳定，预防违法犯罪的发生。

2013年，村民搬入住宅楼区，安保工作由物业服务中心负责，实行24时监管监控，大大提高了住宅社区安全稳定局面。

附1：《治安保卫协议书》

立协议单位：甲方：固安县城关镇北关村

乙方：固安县城关镇北关村治安组

根据当前形势的需要，确保财产、人身的安全，建立治安保卫承包制，经甲乙双方共同协商，特立协议如下：

一、安全防范、防火防盗、保护集体财产。（大队、小队部房屋、财产）不受任何损失；保证房屋完整无缺，财产无丢失。

二、村民各户的财务保护。保证专业户、重点户财产不受损失，保证各户的牲畜、车辆、电视等财产安全。

三、保证村内、村外各条电力线路、设备、设施的安全，无损坏（高、低压线、变压器、电机、水泵等）。保证正常安全用电。保证林木、果树、庄稼不丢失。保障承包户的利益。

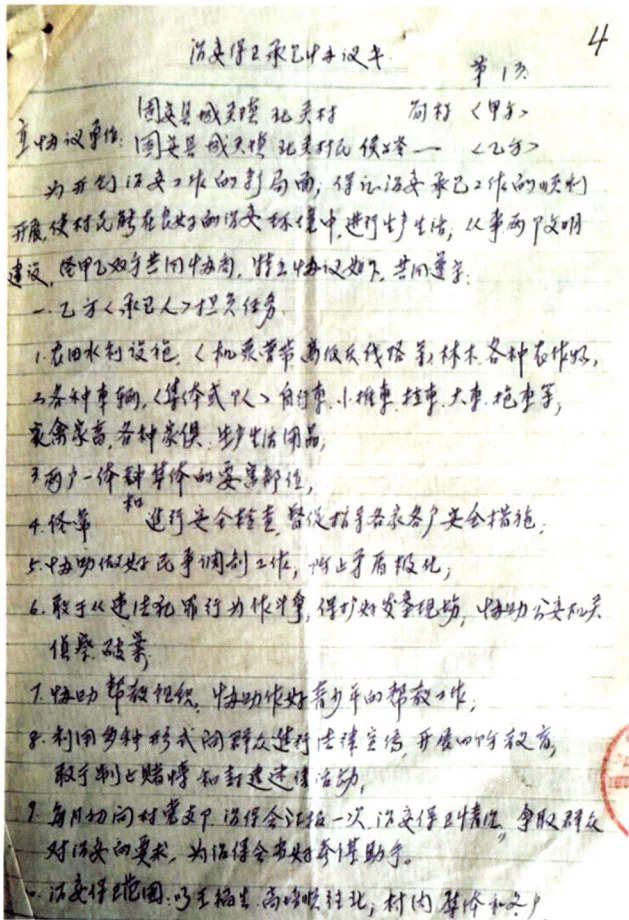

治安保卫协议书

四、根据本村的实际情况，治安组要随时随地向村委会提出合理化建议、意见，反映情况。

五、调节家庭纠纷、打架斗殴问题，达到各家庭和睦，治安秩序良好。

六、奖励：每半年评奖一次，达到以上各条，奖励50～70元。

七、对于达不到以上几项标准予以罚款。丢失情况按丢失财物价值罚款，100以下的罚款20元，500以下的罚款100元，1000以上的罚款150元。

八、本协议自一九八五年四月一日开始执行，甲乙双方共同遵守。

立协议单位：甲方：固安县城关镇北关村

乙方：北关村治保组徐永禄、唐万祥、王德润

一九八五年四月一日立

附2：《治安保卫承包协议书》

协议单位：固安县城关镇北关村，简称甲方 固安县城关镇北关村民王志强，简称乙方

为了开创治安工作的新局面，保证治安工作的顺利开展，使村民能在良好的治安环境中进行生产生活，从事两个文明建设，经甲乙双方共同协商，特立协议如下：

一、乙方（承包人）担负任务：

1. 农田水利设施。（机泵管带、高低压线路、林木、各种农作物）；

2. 各种车辆。（集体和个人）自行车、小推车、拉车、大车、拖车等。家禽家畜、各种家具、生产生活用品。

3. "两户一体"和集体的要害部位。

4. 经常进行安全检查，督促指导各户安全措施。

5. 协助做好民事调解工作，防止矛盾激化。

6. 敢于同违法犯罪行为做斗争，保护好发案现场，协助公安机关侦查破案。

7. 协助帮教组织做好青少年的帮教工作。

8. 利用多种形式向群众进行法律宣传，开展"四防"教育，敢于制止赌博和封建迷信活动。

9. 每月初向村党支部、治保会汇报一次治安保卫情况，征求群众对治安工作的意见，为治保会当好参谋助手。

10. 治安保卫范围：郭乃江、张启祥房以南、集体、各户（村内）。

二、乙方（承包人）的纪律

1. 坚守岗位，不擅离职守，认真履行承包合同。

认真执行政策法规，带头遵守村规民约，严格依法办事。

3. 坚持原则，办事公道，不怕得罪人，不徇私情，不侵害群众利益，不包庇坏人。

4. 服从领导听指挥，接受群众的监督，按公安机关布置认真完成各项任务；重大治安问题、急事要及时报告。

三、奖励标准

1. 所承包范围：（1）不发生任何案件，归一等奖，奖金180元。（2）所承包范围不发生刑事案件，治安事件发生两件以下归二等奖，奖金140元。（3）对于未完成以上两项任务，但日常工作辛辛苦苦、兢兢业业做了大量工作、群众认可的，可评为三等奖，奖金80元。（指全年、年终评）

2. 乙方（承包人每月基本工资为30元）。

四、乙方赔偿办法

1. 如发生被盗，丢失40～500元（包括物折款），承包人赔偿损失20%；丢失500～1000元的赔偿损失15%；丢失1000以上赔偿损失10%。一次性赔偿不超过200元（防止报假案，通过公安机关鉴定破案的不包赔损失）。

2. 承包人已告知村民各户贵重物品应自行保管明确放置位置、未按告知位置放置的物品丢失，承包人不予赔偿损失。各户隔夜存现金不超过40元，大额款项存入银行。

五、本协议自一九八五年八月一日开始至一九八五年十二月三十一日。

立协议人：甲方　北关村（代表）王国岐
　　　　　乙方　村民王志强

一九八五年七月三十日　立

第四节　社会事务

一、计划生育

1950年国家颁布了第一部《婚姻法》，提出国民应采取计划生育措施，提倡男女平等、少生优育。

上世纪60年代初，国家发出"计划生育"号召，北关村也和全国一样，积极宣传党的政策，召开村民大会，宣传一对夫妻只生一个孩子，提倡晚婚晚育。

1970年开始，在公社有关部门参与下，在村内开展计划生育上榜公开活动，少生的上红榜表扬，超生的上白榜批评。

1981年后，计划生育工作被提升到各级政府工作日程。在农村主要节育措施是为育龄妇女上节育环，村卫生所配置了节育药具，免费向村民发放。

实行改革开放后，计划生育被写入《宪法》，并定为国策，计划生育领导、组织、措施逐渐形成系列化、专业化、常态化，计划生育成为政府管理工作的重要内容，有效地控制了人口的过快增长，维护了自然生态的平衡。与此同时，新的《婚姻法》应运而生，对婚姻和人口生育素质提出了更高的要求，全社会"计划生育、优生优育"观念和认识不断提高，北关村民自觉遵守计划生育法律法规，认真落实各项计划生育政策。

早在新中国成立初期，中央就颁布了《婚姻法》，规定：男女结婚年龄为男20岁，女18岁为法定年龄。

20世纪60至70年代的"文化大革命"时期，由于政治运动频繁，集体活动较多，广大青年男女自觉推迟婚期，一般结婚年龄要在25岁左右，有的甚至推迟到30岁才结婚。

1978年国家颁布了《婚姻法》，规定了男年满22周岁，女年满20周岁为法定结婚年龄，并附带了计划生育政策及有关规定，要求党员干部带头实行晚婚和计划生育。北关村晚婚率达到90%。

1980年，国家颁布了新的《婚姻法》，调整了男女青年的法定结婚年龄，近年来，随着改革开放的深入，受西方社会观念和生活方式的影响，青年人对婚姻观念有了较大的转变，婚姻不再是单纯的、稳定的家庭结构纽带，成为青年人情感延续发展或停止、断绝的一种手段。在城市里不少青年人对婚姻的重视程度大大降低，结婚、离婚的随意性成为普遍现象，而且逐渐向农村蔓延，农村青年人的离婚率逐年上升，给家庭生活造成了不良影响，也给社会带来了不安定因素。北关村民受传统文化的影响，青年人多以事业、家庭为重，社会和谐、家庭和睦。

二、拥军优属

民国三十四年（1945）至2016年，全村服兵役的人员有92人。其中新中国成立前19人，新中国成立后73人。

新中国成立前，北关村一批热血青年响应党的号召，积极投身抗日战争和解放战争。村干部按照上级政策慰问抚恤军人家属，主要是开展"助耕"活动，军烈属凡是缺乏劳动力的，村里组织人员帮助他们耕田种地、收庄稼，解决生产中的实际困难。新中国成立后，北关村十分重视拥军优属工作，每当征兵工作开始，都积极深入宣传参军入伍、保家卫国、"一人参军全家光荣"的重要意义，动员适龄青年应征入伍，为部队输送优秀兵员。在新兵入伍出征时，村里为入伍青年披红戴花，组织人

烈属登记表

复员军人登记表

们进行欢送。在优抚工作方面，在"初级社""高级社"时期，利用互助合作的方式帮助军烈属耕种土地，发展生产。

1958年人民公社集体化后，村里实行工分补贴，对现役军人按村里同等劳动力每年一人份工分标准予以补贴，参加各种农产品分配。对军烈属，根据各家不同情况分别发放一定数额的优军款。每年春节前，大队都组织青年民兵、学生敲锣打鼓为军烈属挂光荣匾，送贺年画。1990年后，改为每年春节为军烈属送光荣奖状。

90年代后，政府逐步落实中央关于复转退军人优抚政策，对荣复转业军人给予政治、生活、教育、医疗等多方面的优先照顾，对服役期间参战、涉核和年满60岁及以上退伍军人实行政府发放生活补助。规定农村籍复员退伍军人按军龄长短计算发放优抚款数额，年满60周岁后每年按军龄发给10元，以后又有增长。参加抗美援朝、抗美援越等复员退伍军人优抚款数额较高。到2016年北关村有7名复员退伍军人享受了此项优抚待遇。

三、社会保险

1981年以前，村民保险属于认知阶段。进入21世纪后，随着保险行业社会化进程的加速和全民保险意识的增强，村民的参保投保率和保险份额大大增加。2000年后，各保险部门、保险业务迅速扩展到农村、农户，向着"行行有保险，人人有保单"、实现保险全民化方向发展。

（一）养老保险。养老保险分为政府投保和个人投保两种。政府行为投保是指由政府部门组织的特定人群的养老救济和保障制度的实施，政府出资，个人受益，直至被保险人终结生命为止的保险行为。北关村办理社会保险是从1997年开始的，当年为全村1012人办理了短期人身保险。1999年，为全村253户办理了一年期房屋普通保险和家用电器普通保险，保险费用由村里负担。

2008年，河北省农村养老实行新规定，新规定明确了全省参保企业或单位、职工个人、城镇个体工商户和灵活就业人员，统一养老保险待遇支付项目和标准。

2012年北关村开始办理村民养老保险。按规定，从16周岁至59周岁的村民参保。当年由村委会负担保险费用，每人每年保险费100元，为913人办理了养老保险手续。

2013年至2016年，养老保险费每人每年1000元。每年参保人数分别为：2013年883人，2014年872人，2015年879人，2016年859人。按上级规定年龄，村民参保率为100%。至2016年，全村已有188人享受了养老保险待遇，老年人的生活得到了基本保障。

个人行为投保是由个人按照保险条款规定为被保险人定期缴纳一定数额的资金，取得一定保险时效的行为。是一种商业性服务行为，保险面大，种类繁多，市场前景十分广阔。北关村民个人投保商业险种居多，保险份额也较大。

（二）医疗保险。自2007年，农村实行居民大病住院新型合作医疗保险（简称"新农合"），为农民解决了实际经济困难，深受农民欢迎。北关村2007年起村民每年按上级规定标准缴纳保费，至2016年，村民"新农合"参合率均为100%。

（三）机动车保险。改革开放以来，随着人们生活水平的提高和对生活质量的追求，机动车数量增速较快，家用小轿车走进了百姓家，村民买汽车便成了一种时尚。保险主管机构设在县城，村设立代办点或营业部。按照规定，车辆每年必须上"交强险"，有80%以上人家车辆上了"全险"，为自己和他人增加了交通安全保障。2012年，固安镇开始了机动车保险代办业务。一部分由各村会计担任代办员。北关村距县城近，各户的车辆保险业务直接到保险主管机构办理。到 2016 年，全村有汽车 393 辆，全部办理了"交强险"保险业务，大部分办理了车辆"全险"。

四、"五保户"救济

"五保户"是指《农村五保供养工作条例》中的五保供养对象，即：保吃、保穿、保住、保烧、保葬，其标准和救济对象有孤寡老人、残疾人、孤儿等。1959 年，北关村建立了"五保"供养制度，对缺乏劳动力和生活无靠的老人由村里保吃、保住、保穿、保医、保养。上世纪 60 年

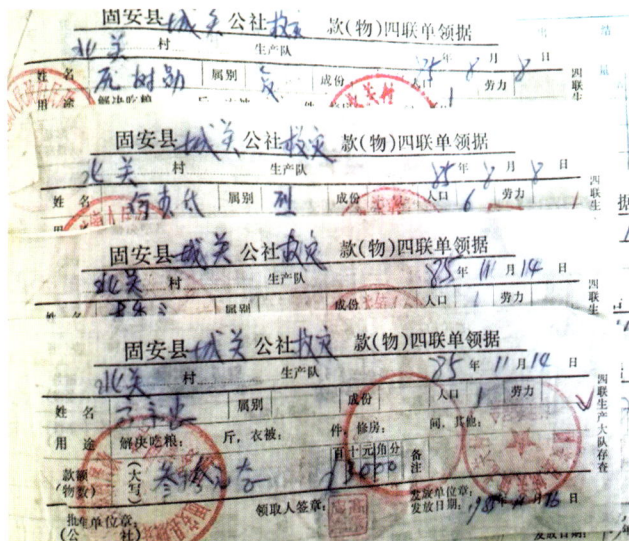
优抚款发放凭证

代至 2000 年前后，北关村"五保"老人有李尚德老夫妻、王勤老夫妻、周焕文、张玉平、刘振生、马进才、邓汉如、庞树勋和高永忠。"集体化生产"时期，分别由所在生产队负责供养，上级政府和民政部门定期为他们拨付救济款物。农村实行生产责任制后，集体生产组织解散，后来一部分"五保户"老人相继去世，当时健在的还有高永忠、邓汉如先后到县敬老院生活，村里给他们上缴生活费，生活得到妥善安置。庞树勋是退伍军人，被安置在石家庄荣军疗养院生活。至 2016 年这几位老人也先后去世。

五、残疾人救济

据村 1998 年、2000 年后两次登记，上世纪 50 年代至 2016 年北关村有残疾人 52 人，分别为视力、听力、精神、肢体创伤、老年人因病致残及先天性等类残疾。

按照国家对残疾人给予照顾救济的有关政策规定，北关村对重度残

疾、失去劳动能力、持有残疾证、生活确有实际困难的残疾人给予救济。由村级向上级有关部门申报残疾人生活状况，经上级批准一部分划为"低保户"，实行最低生活保障，按月拨发生活费，冬夏季节发取暖费和防暑费，逢年过节发米面油等慰问品。对有严重困难和特殊情况的给予特殊照顾。村民王德润幼年时因失火左臂烧伤失去劳动能力，村里安排他在大队负责后勤事务给予适当报酬，他家房屋年久失修，成为危房不能居住，2006年，县残联救济他家3万元建房款，解决了实际困难。

六、"低保户"救济

改革开放后，国家和地方政府为了救济农村生活困难家庭的生活，逐步出台了一些生活救济政策和措施，其中对低收入家庭实行生活补助，这是国家一项惠民好措施。

2004年中央一号文件提出"有条件的地方，要探索建立农民最低生活保障制度"，到2005年中央一号文件提出"有条件的地方，要积极探索建立农村最低生活保障制度"，再到十六届六中全会提出"逐步建立农村最低生活保障制度"，中央对农村低保制度的要求越来越高。

在全国范围建立农村最低生活保障制度，各地应根据当地经济发展水平和财力状况，确定低保对象范围、标准，鼓励已建立制度的地区完善制度，支持未建立制度的地区建立制度，中央财政对财政困难地区给予适当补助。这是继城市低保成功实施以后的又一项重大制度创新，是又一项惠及千百万贫困农民的新举措。

在建立农村低保制度的实践中探索出行之有效的做法：在工作机制上，形成了政府主导、民政主管、部门配合、乡村落实的工作机制；在低保管理方面，各地普遍实行较为严格的对象审批和动态管理制度，规定了"个人申请—村委会评议—乡镇审核—县级民政部门审批"的程序，完善了张榜公示、民主监督措施；在落实资金方面，普遍建立地方各级财政分级负责低保资金的投入机制，在各级财政投入的比例上，财政困难省份根据县乡财政薄弱的实际，普遍加大了省级财政的投入力度，经济发达地区则以市、县财政投入为主；在资金管理上，对低保资金实行专项管理，纳入社会救济资金支出科目和县级财政部门的社会保障资金专户，专款专用，严禁挤占挪用，保证了资金及时足额落实到人。

《中国农村扶贫开发纲要（2001－2010年)》向全国人民和国际社会承诺，要尽快解决少数贫困人口温饱问题。根据国家有关部门和一些国际组织多年的调查分析，

落实登统计工作

农村绝对贫困群体的成因主要有五种：一是因病，二是因残，三是年老体弱，四是缺乏劳动力或劳动能力低下，五是生存条件恶劣。根据国务院文件规定：凡共同生活的家庭成员年人均纯收入低于户籍所在地农村最低生活保障标准、持有本地居民常住户口的农村居民均属保障范围。而农村最低生活保障对象的具体资格条件由县（市、区）民政部门会同财政等有关部门制定，报同级政府批准。也就是说，农村居民年人均收入低于当地保障标准的，均可申请低保。

办理程序：1. 户主以书面形式，向所在村（居）委会提出申请，并提供家庭收入、家庭生活状况、成员身体状况等有关证明材料。2. 村（居）委会入户评估，调查核实，张榜公示，经村民会议或村民代表会讨论通过。3. 镇（街道办事处）政府审核。4. 市民政局审批。5. 农村低保金实行差额补助，通过银行每季度（月）发放最低生活保障金。保障标准各地标准不同。

北关村曾经享受政府"低保"的有王德润、孙翠兰、张江敏、李占忠、焦德芳、高士中、郑永芳、项友才、陈泽义、王凤明、李秀林、曹永兴、焦伟、邢会军、侯玉栋、陈淑芬、时俊玲、邢玉林、韩淑芳、徐福增、赵淑霞。2013年后，低保待遇停止。

七、红白理事会

北关村的红白理事会一直没有固定的组织和成文的章程和规定，管理操办村里红白喜事的就是一些热心的乡亲和一些乐于帮忙的人。管事的为"总理"，还有记账的、做饭的和打杂的。"集体化生产"时期，一般生产队长为"总理"，也有一些能张罗事儿的、有经验的热心人当"总理"。年长日久，老一辈帮工劳忙的岁数大了又有一批年轻的加入进来，继续为村里人们帮忙。无论什么时候，只要谁家有红白喜事，只要主家招呼一声，没有不应的，而且随叫随到，不辞辛苦，不计报酬，都尽力把乡亲的事情办得圆满顺利，让主家满意。

为了适应村民办事需要，2001年大队成立了红白理事会，购置了大棚、灶具、桌凳等用具，方便村民使用。在大队红白理事会为村民管理、操办红白喜事期间，提倡实行节约俭办，为村民减轻了一定的经济负担。

长期以来，村"两委"班子领导一直关注、重视村内红白事务，凡村民各户办红白喜事，"两委"领导都家家到，和管事的"总理"一起安排、料理各项事务，力主节俭办事、新事新办、协调解决办事场地等事宜，为村民办事提供方便。

北关村红白理事总理、账房、厨师、司仪、孝务人员名表

类别	年代	名　单
总理	60年代至2016年	焦信、王国政、郭乃江、王景春、冯礼、王信、高会林、张志文、何庆生、刘春明、董玉珠、周建新、焦旺贤、徐永旺、王建国、陈建华、侯维胜、徐永清、徐景龙、徐广
账房人员	60年代至2016年	王志同、焦永刚、张伯明、杜文庆、王德润、张柏强、刘文贺、李茂增、邢玉田、李玉明、王占军、孙广华、王建平、张建军、王建忠

续表

类别	年代	名　　单
厨师	60 年代至2016 年	张永利、王嘉祥、李振东、焦旺元、李占忠、王会生、王国岐、高德山、冯喜、冯春、冯忠、申志强、谷彩生、张志山、于志坚、侯维富、李志华、高万忠、侯玉良、王国柱、李玉明、陈继明、王福庭、孙满堂、侯俊岐、徐海良
司仪	60 年代至2016 年	钱士如、王东生、焦启福、焦旺山
孝务司理人员	60 年代至2016 年	康孝芹、翟淑敏、郑素珍、周凤芝、李素芹、刘瑞侠、刁素敏、王迎新、杨秀芹、马春荣、刘增梅、王颖、高素清、董玉荣、王淑亭、李文敏、范英芹、高双荣、张东英、张素萍、李春丽、王桂云、来宝义、王秀英、邢会文、刘艳芬、孙荷梅、张淑兰、邢会芬

八、公墓建设

为适应北关村整体规划建设新村的新形势、新情况，村"两委班子"经与村民代表商议决定，于 2012 年，在距新村西 4 公里处开始建设公墓。2013 年建成使用，占地 27 亩。

公墓设有管理室，村里派两人负责墓地管理和看护。墓地种有花草树木，道路全部硬化，为丧葬与祭祀活动提供了便利。公墓使用后，已有一部分原来散葬的土坟迁入公墓，之后去世的老人大部分葬入公墓。

九、暂住人口管理与服务

2013 年，北关村民回迁新村小区后，外来务工人员、办事搞业务人员在小区购买和租住房屋的越来越多，暂住人口迅速增多。对暂住人口的管理北关村坚持与本村村民一视同仁，在住宅安全、用电、燃气、消防、安保、环境卫生和公共秩序等方面，一律按物业管理的规章制度实行，严格遵守"北关新村临时管理规约"。利用各种形式随时宣传、告知小区内的各项临时规定，使居民共同维护小区的和谐与安宁，环境整洁、优美、祥和。

对外来人口，在加强管理的同时，也为他们提供方便和帮助。一是介绍房源信息，使求租者快捷租到满意的房屋；二是指导协助暂住人员与公安、房管等有关部门联系，尽快办理暂住证等有关证件。

十、劳动就业服务

北关村地处县城周边，发展民生有独特的优势。历史的传承、沿袭，使得村民在经营商贸、服务等行业上有着一定的资源与经验。特别是改革开放后，大量的劳动力从土地上解放出来，村民大多数开始从事个体经营。2010年全村土地被征用后，一部分从事个体经营，一部分面临待业求职。村"两委班子"利用与个体企业、单位接洽联系，为用人单位推荐劳动力资源，为村民介绍企业用人信息，为企业和求职双方牵线搭桥，为村民就业服务。

固安工业园区劳动部门每年都进行电气焊、电工和家政等技术业务免费培训，村里及时为村民提供培训信息，组织村民参加培训班学习，为求职者就业打好基础。到2016年，共组织20名村民参加各种培训，其中王志永（原四队）、李爱军等人通过培训取得了电工证书。

十一、社区管理与服务

2013年9月，北关村民回迁新村小区，小区物业管理工作由幸福基业物业服务有限公司承接负责。物业管理机构名称为"幸福基业北关新村服务中心"，管理面积17.56万平方米，户数1590户。其中，北关新村299户。公司下设客服部、工程部、安全部、环境部和人事行政部。管理服务人员68人，其中项目经理1人，客服6人，工程管理6人，安全保卫27人，人事行政5人，卫生保洁23人，绿化2人。

幸福基业物业管理公司本着及时、周到、快捷、安全服务理念，依据管理目标、任务，制定颁布了《北关新村临时管理规约》，对新村内业主装修、治安、消防、交通、环境卫生、电梯使用、商铺经营等作了全面具体的规定，同时出台了各部门管理服务的内容、任务、职责、要求及项目检查、反馈、整改、完善机制与制度。现代、完善的物业管理，为业主营

村"两委"领导研究"以孝治家"工作

造了和谐、安逸生活环境。在实际管理工作中,物业人员热情周到、主动帮扶、言行礼貌、助人为乐、为每位业主负责的态度与做法和全面做好治安防范和及时处置意外突发事件的能力得到广大居民肯定和拥护,3 年来共处置突发事件 35 起。其中,消防 5 起,治安 5 起,交通 10 起,工程抢修 15 起。另外,查找消除各类安全隐患 453 起,处理邻里纠纷 120 起,受理客户需求 1356 件,关怀孤寡老人 689 次,得到业主们的称赞,收到锦旗 25 面,感谢信 15 封。物业公司还负责代售水、电。

2016 年 8 月,北关新村村委会更名为北关社区居委会,北关社区"两委班子"随即建立。根据新时期社区工作的特点与需要,充实完善了社区便民服务站,设专职人员负责居民日常事物,设置了社区安全工作室、未成年文体活动中心、养老服务中心、儿童之家、家长学校、文化讲堂、文化活动室、科普活动室、图书阅览室、"以孝治家"活动室等服务机构和相应的服务设施,使社区管理更加规范化。社区"两委班子"领导任未成年文体活动中心组织领导成员,建立了工作安排和活动制度,为未成年人健康成长提供了保障,营造了一个和谐幸福的居民乐园。

十二、民事调解

调节人民内部矛盾,在"四清"和"文革"运动中是一项重要工作。按照区分两类不同性质的矛盾、做好人民内部矛盾调解工作的原则,北关村各级干部一直贯彻从团结的愿望出发,团结广大社员实现思想上、行动上的和谐统一的工作方针。这一时期,主要是配合运动,对村内出现的不利于团结、影响和谐的现象和苗头,通过学习政策、法律、法规,开展批评与自我批评的方式，帮助当事人提高思想认识，消除矛盾，使广大村民团结一致，促进运动和生产活动的正常顺利开展。

改革开放后，为了持续开展人民内部矛盾的调解工作，村里建立了调解委员会，设有调解员（村干部和治保主任），建有调解室，负责调解各类矛盾纠纷。1991 年村里成立了 28 个村民小组，由党员和村民代表担任组长和活动召集人，规定小组每月活动 2 次，活动内容主要是开展汇报、总结、沟通、交流，进行政策、法律学习教育，精神文明建设和形势方面的宣传教育活动。通过活动提高广大村民的政治思想觉悟，增强政策法律意识，消除矛盾隐患，共创安定、团结的生产生活环境。

第五节　环境整治与保护

北关村地处县城周边，历史以来人们素有好清洁、爱干净的习惯。但新中国成立前环境卫生一直无人管理，街道都是土路，路面崎岖不平，冬春扬尘，夏秋泥水，出行困难，且杂物乱堆乱放，垃圾随处可见，蚊蝇滋生，常有流行病发生，人们身体健康受到一定影响。

新中国成立后至"集体化生产"时期，上级政府多次号召全县人民大搞爱国卫生、环境整治运动。北关村积极响应上级号召，多次开展环境卫生整治活动，号召人们"除四害""讲卫生"，各家各户开展环境卫生大扫除。同时，队里安排老年社员每天坚持清扫街道、清理垃圾，铺道路、清杂草，植树绿化。

20 世纪 90 年代后，按照上级指示，结合"文明形象街"和"文明生态村"创建活动，进一步加强环境卫生整治工作。首先，对全村进行垃圾彻底清理，即集中、统一处理；主要街道拓宽、硬化，铺建了水泥路面；临街住户墙壁统一粉刷；街道两旁种花植绿，美化环境；全村设置临时垃圾存放点 8 处，村里安排专职卫生保洁人员，每天清扫街道，及时清理垃圾，保证村街环境整洁卫生。同时，在全村实行环境卫生门前"三包"和企业门前"五包"责任制，落实"全民动员，全民参与"的环境卫生整治活动，达到全村环境优美、卫生整洁。

附：北关村文明形象示范街"门前五包"责任书

为全面推动文明形象示范街创建活动，进一步加强街道管理，努力创建整洁、优美、清新的街道环境，与沿街道各单位（个体门店）签订"门前五包"责任书。

一、责任单位（门店）：机件加工厂

二、责任目标：

1. 包卫生。负责责任区的清扫、保洁，并将垃圾倒入垃圾箱或垃圾池内，做到"七无"，即：无裸露土地，无瓜果皮核，无纸屑塑膜，无污水淤泥，无尘土砂石，无粪便，无积存垃圾。

2. 包秩序。负责责任区公共秩序，做到"六无"，即：无车辆乱停乱放，无乱堆物品，无摊点乱设，无店外售货，无乱搭乱建，无公用设施损坏。

3. 包绿化。负责责任区绿化树木及绿地、花草的整洁，自觉制止攀折花木、围圈花木、在绿化带内堆放柴草垃圾、废弃物等不文明行为。

4. 包亮化。负责本单位（门店）灯饰安装工作，做到灯饰齐全，夜照明亮，夜景丰富。

5. 包美化。负责本单位（门店）牌匾字号、广告设计美观，用字规范，无缺字、错字、不规范用字。

三、责任双方签字

乡（镇）或村街主要领导签字：高清林

单位（门店）领导签字：马熙瑞

一九九九年元月五日

第六章 ZHENGZHI

⑥ 政　治

第一节　党支部建设与发展

一、中国共产党在北关的早期活动

民国十四年（1925），北关村白汉臣家在县城内开办了"善德书局"，订阅发行丁玲、郭沫若、谢冰心等进步作家书籍及孙中山文选等，有时也挑担下乡到民众中传播新文化、新思想。以"善德书局"为掩护，秘密从事中国共产党的地下活动，传播中国共产党的进步主张，揭露、抵制国民党政府的腐败统治。民国二十年（1931）9月18日，日本帝国主义侵占沈阳。民国二十四年（1935）5月，日本帝国主义提出对华北实行自治的要求。国民党政府丧权辱国，遂与日方达成"何梅协定"，攫取了河北、察哈尔两省大部分主权。白家父子遂在民众中大力宣传发动，号召广大民众团结起来，反对丧权辱国的"何梅协定"，反对华北自治，抗击日本帝国主义的武装侵略。年底，北平爆发了"一二·九"学生运动，宣传中国共产党的主张，反对华北自治，号召中华民族团结起来，抗击日本帝国主义武装侵略，敦促国民政府废除丧权辱国的"何梅协定"。民国二十五年（1936）1月，"平津学生南下扩大宣传团"南下，途经固安受阻，留驻北关。学生在北关小学校、大车店、药王庙召开宣传誓师大会，白汉臣、白德恒（白汉臣长子，父子二人均为中共党员）给予提供布置会场所用笔墨纸砚等文具，书写标语、彩旗并带头参加大会。民国三十六年（1947）8月，北关村龙灯会、吵子会整合，添置道具，白家父子在带头出资赞助的同时，白汉臣亲自为龙灯会、吵子会书写"北关龙灯胜会"大道旗。白汉臣是当时很有名气的书法家，写旗时围观人很多，北关村焦伟、赵克功等老先生都目睹了白先生写字。不久，汉奸李金鉴之女李宝芹勾结固安县保警大队大队长张贺龄将白德恒抓捕，白汉臣遂带次子白德全到保警大队要人不果，保警大队又将白家父子俩抓捕。白家父子二人被抓捕后，中国共产党地下党组织立即展开营救，派人赴河北国民党政府活动。在取得"放人"尚未返回固安县时，国民党固安保警大队得知有人赴省要人、放人消息后，立即将白汉臣父子二人杀害，后回复河北省府"人已枪毙"。时白家在北关有五间正房、三间西房、三间东房，前有院门，出东房东门是白家的东花园。白家父子遇难后，全村陷入悲痛，村民将白家父子二人尸体拉回后，停放在

烈士证书

东房门前。时中国计量科学院原院长赵克功家与白家是邻居，且两家关系亲如兄弟，一直和村民一起帮助白家料理后事。中华人民共和国成立后，人民政府追认白家父子为革命烈士。

民国二十四年（1935），在中国共产党的领导下，北平爆发了"反对华北自治""抗日救国"的"一二·九"学生运动。为进一步号召全国人民团结起来，抗击日本帝国主义的武装侵略，平津学生组成"平津学生南下扩大宣传团"，经固安南下开展抗日救国宣传活动。民国二十五年（1936）1月7日，宣传团500多人到达固安县城北关，准备进城开展抗日宣传活动，遭到国民党军警堵截，被迫留驻北关。其间，县师范学校校长王山和魏先生、白德恒等人，一面与固安县国民党当局交涉，一面配合宣传团在村内药王庙、北关小学、泰和店（也称山东店）召开群众大会，开展抗日宣传活动。1月9日召开誓师大会，宣布坚决主张武装抗日，继续南下开展抗日宣传活动。

民国三十三年（1944），北关村车进先（时为中国共产党党员），长年从事地下情报工作。他经常身背少马子（背兜）四处活动，吃住在县城周边群众家里，饭后留下一张借条。次年末，车进先以公开身份在北城门楼上演讲，宣讲"双十协定"和中国共产党反对内战的主张。后车进先回村参加建党建政、土地改革工作。不久，赴北平继续从事革命活动。

民国三十四年（1945）秋，北关村郑光前、邓鲍氏、刘坤、王德启、崔春青先后加入中国共产党。是年冬，建立北关村第一个党支部，带领全村群众开展减租减息，建立村政权组织和群众组织，召集村民参加县内各类政治活动。

民国三十六年（1947）8月，固安县国民党当局发动"清共运动"，村内党员干部不顾国民党的残酷捕杀，在上级党组织领导下继续开展革命活动。是年冬，郑光前、孙振庭、张福荣（抗日军人家属）被捕，先后关押在固安县国民党党部和河北省国民党天津监狱，施以酷刑。年底，被上级党组织和村内进步人士营救出狱。此后，党组织遭破坏，村内党员坚持开展秘密、分散活动。

民国三十七年（1948）末、民国三十八年（1949）初，东北、华北野战军联合发起平津战役，东北野战军1个团进驻北关。党员发动群众为部队号房、烧炕、烧水、征集粮草。郑光前、王德启等村内42名青壮年参加永定河架桥修路任务。在党员的带动下，全村男女老少掀起了支援平津战役的热潮。

二、新中国成立后党组织的主要活动

1950年6月30日，中央人民政府颁发《中华人民共和国土地改革法》。同年11月，北关全体党员带领全村群众投入到土地改革运动中，指导农会组织和村干部，进行土地登记统计，丈量土地，分配土地，使土地按国家政策落实到户到人。同时，组织发动群众，开展土地的管理耕种，变冬闲为冬忙，家家户户、男女老少投入到冬季平整土地、积肥、备耕备种农业生产中来。

同月，政务院颁布《关于划分农村阶级成分的决定》，按照县委、区委的部署，全体党员和农会干部4次召开会议，研究讨论全村阶级构成情况，深入调查全村各家各户从业土地、房屋、财产等基本情况。经过3次定案张榜公布，于年底全部完成全村阶级成分划分工作。

1953年3月，按照中共中央公布的《关于农业生产互助合作的决议》，北关村党员和农会干部分头入户，宣传发动群众落实农村生产互助组工作。按照农具、畜力、人力，帮助村民平衡协调组成农业生产互助组。4 月底，全村建立互助组 8 个，完成了北关村第一次农业生产集体互助形式。

1954 年 1 月 8 日，中共中央发布《关于发展农业生产合作社的决议》。党支部组织党员认真学习中央和各级党组织的指示精神，充分认识共产党员在新中国建立后，农村党员的地位和作用。全体党员在田间地头、村民家炕头深入宣传党的政策精神，帮助全体村民坚定走农业生产合作化道路的信心。共产党员、复员军人邢进德退伍回村后，正值北关村由互助组向初级社转化时期，他带头响应党的号召，拿出自己的复员费带头入社，并积极支持、参加村内建社工作，有力地带动了全村群众。4 月初，北关村在原有的 8 个互助组和部分散耕户的基础上，完成了全村组建两个农业生产合作社（时称初级社）的建设工作。两个社按当时北关街道中部胡同为界划分，胡同口北为"民强社"，社长为何树仁、董振生；胡同口南为"先锋社"，社长为孙志和、高德山，后为刘顺、王德启。两个社都由党员担任主要领导职务。

1956 年 6 月 4 日，国务院通过《关于高级社农业生产合作社示范章程草案》。按照县委、县政府的部署，四关四街、北横街成立 1 个高级社，社长温国贵。北关划归南关大队，大队长由党员项友义担任。北关称北关中队，中队长为陈泽民。

1958 年 10 月，建立人民公社。北关村党支部立即组织全体党员深入家家户户，分工包片学习贯彻落实中央农村人民公社化的指示。按照县委、县政府（时属霸县）的部署，在"多、快、好、省"的口号下，至 11 月底即完成合社建大队划分生产小队工作。

1960 年至 1962 年，国家进入三年困难时期，全村群众面临巨大的饥饿危害。由于长期吃不饱，造成人员营养不良，每月都有人病饿而死。党支部发动党员，宣传党中央、中央人民政府勒紧腰带、共渡难关的号召。同时带领群众用好国家的救济粮，采集能吃的野菜、野草、麦苗、玉米轴等用于充饥，发动群众到永定河滩刨蒲棒根，下文安洼打草籽，以挽救全村群众的生命。

1963 年 8 月，固安县遭受罕见的连续降雨天气，造成大面积沥涝，北关党支部、大队抽调 38 名青壮年，参加县龙王庙抢险护堤任务。

　　1964 年冬，北关村"四清"运动开始。在"四清"工作队的指导下，党支部带领全体党员、干部和群众积极参加运动。其间，选调本村优秀青年高清林、何庆生、陈建华、杜文庆等参加外地"四清"工作。

　　1968 年"文革"运动期间，党支部工作陷于瘫痪，同年 8 月，北关村成立革命委员会（简称革委会）。1971 年革委会改成党支部。"文革"期间，北关村党员利用运动形势，带领全村群众，一方面参加各个阶段的学习、批判，一方面坚持"抓革命、促生产"，在全村大力发展农田水利基本建设。自始至终以农业生产、粮食丰收为第一要位。"文革"期间，全村党员带头维护团结，发展生产。全村没有发生重大过激行为，没有产生派性，运动属于基本平稳状态。此种局面一直延续至 1976 年"文革"结束。

　　1976 年，中共中央政治局执行党和人民的意志，粉碎了王洪文、张春桥、江青、姚文元反革命集团（简称"四人帮"），结束了长达 10 年之久的"文化大革命"。全体党员在党支部领导下，认真学习中央各项文件，召开学习讨论会，一致拥护党中央的决定，批判、清算"四人帮"在党的建设和经济发展等方面的罪行。

　　1978 年 12 月 18 日－22 日，中国共产党第十一届三中全会在北京召开。全体党员认真学习三中全会文件，在思想上、行动上坚持与党中央保持一致。充分认识、纠正"文革"中及其以前的左倾错误，停止使用"以阶级斗争为纲"的与社会主义发展不相适应的口号，批判"两个凡是"（凡是毛主席作出的决定，我们都坚决拥护；凡是毛主席的指示，我们都始终不渝地遵循）的方针。

　　三中全会后，党支部全体党员在认真学习贯彻党中央各项改革开放政策的基础上，带领和发动全村群众，努力落实土地承包生产责任制和生产经营模式的转化，针对北关既是村又是街的区位特点和优势，坚持走"城区一体化，工农商一体化"之路，在加快农业产业结构调整，发展棚菜、林果、花卉、种植、养殖等特色农业的同时，大力发展蔬菜加工、食品加工、粮食加工等第三产业的多种经营，全村形成了建筑、商业、餐饮、加工等新型产业格局。全村拥有各类汽车 135 辆，农用车辆机械 78 辆（台），个体工商户 139 户，从业人员 316 人。党支部、村委会在狠抓

党支部活动制度

物质文明建设的同时，狠抓政治文明和精神文明建设。在政治文明方面，党支部、村委会坚持党务公开、政务公开，党支部坚持将职责、工作、规划、党员评议、党员发展定期向党支部大会报告，同时上墙公示全村，以示监督。党支部指导村委会按照《村民组织法》开展好民主选举、民主议政、民主管理，实行政务公开、公正、公平。每年 1 - 2 次对村财务收支、分配等均上墙公布。2006 年，时任中共中央纪律检查委员会常务副书记何勇到固安视察指导工作，对北关村党支部、村委会坚持党务、政务公开给予肯定和表扬。在精神文明方面，提出"村街建设城镇化，村民生活市民化"的总体发展规划。投资 80 万元铺设村内 2 条柏油路、水泥路 1400 米和下水道改造。筹资 135 万元建起高标准的小学校教学楼。投资 8 万元建起了"文化大院"和老年活动中心、篮球场、乒乓球室、游艺室、图书阅览室。1997 年，在开展"三讲"教育活动中，为在村内树立正气，抵制歪风邪气，发动青年民兵以"文化大院"为基地，成立了村民群艺会、篮球队、乒乓球队、老体协、秧歌队、吵子会、男女舞龙队。2003 年，北关村

党代表、人大代表证书

被省委宣传部命名为"河北省宣传文化示范工程示范村"，并奖励了价值 12 万元的各类文化器材、图书和音响设备。同时党支部、村委会组织村

治保会、民兵连、团支部、妇联会、关工委协调联动，在全村深入实施"安宁工程"，化解村民各类矛盾纠纷，引导村民遵纪守法、计划生育、家庭和美、邻里和睦、敬老爱幼，大力开展"十星级文明户"活动，有力地推动了北关村政治文明和精神文明建设。党支部先后被市委和县委评为"优秀五好农村党支部"、连续13年"先进基层党组织"。原党支部书记高清林，被市、县评为优秀共产党员、优秀党务工作者，2004年被授予"河北省劳动模范"称号，并先后当选为固安县第七、第八届县党代会代表，第十三、第十四、十五届县人大代表。

2007年，北关村党支部组织全体党员认真学习中央和上级党委文件精神，积极推进深化农村经济改革、实现城中村改造和小城镇化建设的进程。

2009年北关新村建设启动后，党员团结一心，多次召开各种形式的座谈会和家访，宣传发动群众加快、支持小城镇化建设，至2013年终于实现北关新村建设，使全村村民住上了现代化生活住宅楼。北关村被评为固安县新农村城镇化先进村，党支部书记刘岩峰多次被评为优秀党务工作者和新农村建设先进个人。

2016年，党支部书记刘岩峰当选为固安县第九届政治协商会议委员。

三、党组织建设和党员发展

民国三十四年（1945）秋，北关村郑光前、刘坤、王德启、邓鲍氏、崔春青先后加入中国共产党。同年建立北关村第一个党支部，支部书记郑光前。党员人数6人。

民国三十六年（1947）8月，国民党当局残酷捕杀中国共产党党员和村干部，由于郑光前、村干部孙振廷等人被捕，北关村党支部遂遭破坏。

民国三十八年（1949）3月，北关村何树仁、庞树春，项友义、刘瑞伍、董永利、孙志和（退伍回原籍）先后加入中国共产党党组织。党员人数12人。

1953年3月，北关村建立新中国成立后第一个党支部，党支部书记何树仁。党员人数13人。

1956年10月，党支部改选，选举庞树春为支部书记。党员人数15

党员活动记录

人。

1957 年 11 月，党支部改选，选举项友义为支部书记。党员人数 17 人。

1962 年，项友义调小区工作，王吉庆（时在外地公安派出所工作）回村务农，接任党支部书记。党员人数 17 人。

1965 年，党支部改选，选举徐永兴为支部书记，后李国旺为副书记。党员人数 21 人。

1968 年，党支部改选，选举李国旺为党支部书记，徐永兴为副书记。同年党支部瘫痪，由革委会取代其工作，原支部书记李国旺任革委会主任，原支部副书记徐永兴为副主任。1971 年，党支部恢复工作，原革委会主任李国旺任支部书记，增选高清林、焦培（后增补）为党支部副书记。党员人数 23 人。

1976 年 11 月，党支部书记李国旺，增补宋泽元为副书记。年底，党支部改选，选举董永利为党支部书记，高清林为副书记，宋泽元为副书记兼团支部书记。党员人数 23 人。

1978 年，党支部改选，选举高清林为党支部书记。党员人数 26 人。

2007 年，党支部改选，选举刘岩峰为党支部书记。党支部在不断发展党员的基础上，由部队、工作单位、学校转回北关党支部的党员达 41 人。

北关村党员统计表

姓　名	性别	民族	学历	入党时间	出生年月
何庆生	男	汉族	初中	1965.07.01	1939.11.15
王国兰	女	回族	小学	1965.07.15	1935.06.13
周玉书	男	汉族	初中	1965.07.15	1939.10.26
李国旺	男	汉族	中专	1966.08.13	1942.09.13
高清林	男	汉族	高中	1970.09.10	1947.08.12
宋泽元	男	汉族	高中	1976.11.11	1957.08.10
马云祥	男	回族	高中	1965.07.01	1942.03.24
孙满堂	男	汉族	初中	1979.01.10	1954.04.11
邢玉森	男	汉族	高中	1979.07.16	1956.11.21
李永安	男	汉族	大专	1980.03.15	1957.06.01
孙广泰	男	汉族	高中	1983.12.01	1940.09.28
刘岩峰	男	汉族	大学	1985.03.17	1966.01.28
焦金录	男	汉族	初中	1985.07.12	1963.02.19
周建国	男	汉族	高中	1989.08	1968.07.26
冯庆龙	男	汉族	初中	1990.01.18	1968.04.23
毕建爽	女	汉族	大专	1994.01.31	1967.05.19
赵克俭	男	汉族	高中	1994.07.01	1952.08.19
杜智慧	男	汉族	大专	1996.06.10	1969.09.03
刘立柱	男	汉族	初中	1997.04.05	1977.10.03
焦金海	男	汉族	初中	1997.08.26	1966.02.11
焦永生	男	汉族	初中	1997.08.26	1971.11.09
焦永明	男	汉族	初中	1997.08.26	1974.11.23
王海涛	男	汉族	初中	2004.12.03	1979.07.14
王志永	男	汉族	初中	2003.04.25	1977.07.23
张建军	男	汉族	高中	1997.07.01	1967.05.13

续表

姓　名	性别	民族	学历	入党时间	出生年月
王建强	男	汉族	初中	2004.06.13	1985.12.28
张　磊	男	汉族	中专	2006.07	1986.01.07
刘伟波	男	汉族	初中	2006.10.19	1984.09.22
杨云鹏	男	汉族	高中	2007.06.30	1969.08.09
李　阳	男	汉族	大专	2007.06.30	1985.10.15
赵宇婷	女	汉族	大本	2008.05.10	1989.12.08
刘思佳	男	汉族	中专	2008.07.01	1988.10.04
李兆乾	男	蒙古族	初中	2009.03	1988.10
邢振宇	男	汉族	高中	2009.09.09	1988.07.20
李　静	女	汉族	大专	2010.05.10	1992.07.30
李　萌	男	汉族	大专	2010.05.26	1987.10.11
李　通	男	汉族	中专	2010.09.30	1989.09.27
王建祥	男	汉族	初中	2011.04.05	1965.05.23
王　超	男	汉族	大本	2011.05.15	1992.12.06
尹亚敬	女	汉族	大本	2012.06.08	1989.06.24
朱艳明	男	汉族	高中	2012.4.28	1985.03.06

附1：

北关村党支部关于开展党员联系户活动的决定

党的三中全会以来，北关村发生了深刻地变化，全村普遍实行了生产责任制，在新形势下，加强村民的思想、政治、政策教育是全体党员的一项重大政治任务，为使党的政策得到很好地贯彻，使全体村民走上富裕之路，决定在党员中广泛开展党员联系户活动。根据我村情况，特作如下规定：

一、加强党员自身的思想教育。党员的政治觉悟、思想水平、政策观念的高低是能否开展好党员联系户活动的重要环节。因此，党支部将用"三会一课"等形式，集中召集党员学好党的三中全会以来党的路线、方针、政策，学习新党章，学习中央关于农村经济改革发展的有关文件，提高党员的政策思想水平。

二、党员联系户的任务。主要任务就是围绕党的中心工作开展思想政治工作。主要包括以下内容：

1. 及时向联系户宣传党的路线、方针、政策，传达上级党组织布置的各项任务。

2. 及时帮助联系户解决生产和生活中实际困难和思想问题。

3. 及时向党组织汇报和反映联系户的意见和要求。

4. 及时调解解决联系户家庭、邻里之间的矛盾和纠纷。

5. 及时发现和表扬联系户中的好人好事，树立正气，抵制歪风邪气。

6. 及时学习宣传科学技术知识，搞好科学种田，科学经营，科学种植养殖。

三、联系方法：

1. 党员联系户，根据我村情况，采取按原生产小队划片包户，也就是党员分包原小队的村民户。

2. 党员联系户做到十上门，即：

①上级党委、村党支部的重大决定要上门宣传，使之贯彻落实。

②村民做了好事，要上门表扬，大力宣传提倡。

③有违背四项基本原则的言行，要上门批评帮助。

④村民发展多种经营遇到困难，要上门帮助解决。

⑤村民不懂科学种植、养殖，要上门帮助指导。

⑥村民家中遇到重大困难，要上门帮助解决。

⑦村民家庭、邻里产生矛盾，要上门排解。

⑧村民不实行计划生育，要上门宣传教育。

⑨村民遇有婚丧大事，要上门参与帮助，主张宣传移风易俗，节俭办事。

⑩村民有意见、要求，要上门调查反馈给村"两委"。

四、加强领导，保证党员联系户活动经常化、制度化。

1. 列表公示党员联系户包户情况。

2. 党支部利用组织生活日，每月听取一次党员包户情况汇报和村民呼声。

3. 党支部及时总结工作，解决村民中提出的重大问题和意见。必要时当场解答，现场办公。

北关村党支部

一九八四年八月二十八日。

附2：

一九五五年八月支部工作制度（节录）

一、会议制度：

1. 支部委员会每月召开一次，每月五号开，讨论研究支部工作检查执行情况，学习、思想情况，互相交流意见，听取各组织的汇报工作和群众要求。（由支书主持会）

2. 支部党员大会每月召开一次，每月二十五号召开，向党员总结前月工作成绩，找差距，结合表扬好人好事，布置中心工作。认真执行民主，充分讨论，形成决议。（由支书主持）

3. 小组会以生活会的形式展开批评与自我批评，有目的地抓住活人活事，真正做到教育人，达到政治上的团结。有重大问题，交给党员大会处理解决。每月一次，每月十五号开。

4. 坚持党课制度每月一号上党课，主要以马列主义、毛主席著作、党的基本知识和党的方针政策为内容。时刻用十项标准和怎样做个好党员检查每个党员。（支书主持）

5. 支部每月向上级党委书面汇报一次。

第二节　政权组织发展变化

民国三十四年（1945）8月，日本宣布投降，长达8年之久的抗日战争胜利结束。9月，北关村第一个民主政权建立，称北关村村公所。马福增、鲍玉山任村长，民政干事孙振东，武委会主任为王富有、郑殿奎、何树义，带领全村建立各类群众组织，开展打土豪分田地和减租减息运动。

民国三十五年（1946）冬，国民党军第95旅整编28军一部攻占固安。次年8月，村党支部、村公所遭破坏。

民国三十七年（1948），重建村公所。

民国三十八年（1949）春，区委书记兼政委李抗带工作组进驻北关村，开展土地改革运动。同时，建立村行政组织。

1953年，仍为村公所。

4月，按照中共中央《关于农业生产互助合作的决议》，全村建立8个农业生产互助组。

1954年4月，北关村在原有8个互助组和部分散耕户基础上，成立了2个农业生产合作社（时称初级社）。

1956年6月，四关四街（北关、南关、西关、东关、北街、南街、西街、东街）、北横街成立一个高级社，时北关为中队。

1957年，北关仍为北关中队。下分两个队，村街胡同口南为第1队，胡同口北为第2队。

1958年10月，固安县、永清县、霸县合并为霸县，时人民公社化期间，北关属城关公社，称北关大队。

1961年8月，固安县恢复原建制，北关属固安县城关公社，称北关大队。

1962年，北关村仍为生产大队建制。时下设5个生产小队。1963年底，又将原5个生产小队分成8个生产小队。

1965年，"四清"运动开始，北关大队建制不变。

1966年，"文化大革命"开始。1968年成立北关大队革命委员会

（简称革委会），领导运动和农业生产。

1971 年，党支部恢复工作。

1978 年，北关村建立生产管理委员会（简称管委会）。

1984 年 4 月，城关公社撤销改为固安镇，原北关生产管理委员会改为北关村村民委员会（简称村委会），时北关隶属固安镇管辖。

2007 年，刘岩峰任党支部书记兼村委会主任，支部委员焦金录、李永安协助主持村委会工作。

2012 年，北关村村委会选举，杜国润任村主任，王建平、王艳任村委会副主任。

2016 年，北关村村委会改为北关社区居民委员会。

第三节　民兵　兵役

一、民兵组织和主要活动

民国三十四年（1945），抗日战争胜利结束，北关村建立了党支部随后建立了武委会、民兵队，初期队员 9 名，队长孙振东、郑殿奎。在党支部领导下，开展打土豪分田地、减租减息运动。在一手拿枪、一手拿镐的环境下，承担了支援前线、护村、站岗查哨任务。

民国三十五年（1946）12 月 9 日上午，国民党军为了保住北平，占领华北，立足拱卫北平的固安县城，遂出动国民党军第 43 师第 128、129 团，师属炮兵营，第 62 师第 95 旅第 283、284、285 团，河北保安第 4 总队 1 个团，以及固安县、涿县国民党地方保安部队 1 万余人，在飞机、大炮的配合下，向固安县县城我军平南支队、县大队、冀中军区第 10 军分区第 75、76 团，第 8 军分区第 63 团 1 个连及县内民兵，从县城北、西、南三面发起攻击，激战 7 天 6 夜，北关民兵队卜殿忠、孙振东、郑殿奎等 9 名民兵参加了县城保卫战外围作战和支前任务。

民国三十七年（1948）9 月 19 日凌晨，冀中军区第 7 纵队第 20 旅一部配合第十军分区第 75 团，向驻守固安县城的国民党王凤岗部保安部队发起攻击。傍晚攻克县城，国民党军弃城北渡永定河逃窜。国民党固安保警大队 313 人在北关村村西北方向被我军歼灭，活捉大队长刘文彬。战前、战中北关民兵队参加了运送弹药、送饭送水任务；战后

民兵训练

参加了押送俘虏、打扫战场任务。

民国三十八年（1949）春，平津战役期间，北关民兵队和村内青壮年 39 人先后参加了永定河架桥、修路、运送军粮任务。

1949 年 10 月，中华人民共和国建立，北关民兵队发展到 32 人。期间，积极参加村内土地改革运动，担负执勤、宣传等活动。2 次担负永定河桥头站岗执勤任务。

1953 年冬至 1954 年春，北关民兵队 24 人由队长唐万祥、王群来带队去北京延庆县、河北怀来县修建官厅水库，历时 3 个月。由于表现突出，被工程指挥部授予奖旗 1 面，奖旗内容为："禾苗非水不生，水非治理无功，年年勤勤治理，五谷穗穗丰登"。

1956 年冬，北关村大力发展水稻生产，为保证水稻高产，决定在村西北开挖一座水柜（库）用于蓄水灌溉，民兵连成立了"青年突击队"带头参加施工，在天寒地冻、施工困难的情况下，仅用 90 天就完成了水柜开挖工程。水柜长 1000 米、宽 30 米、深 4 米，动土近 12 万立方米。

1958 年，毛泽东主席发出"大办民兵师"的号召，北关村掀起了全民皆兵高潮。当时，年满 16 周岁至 50 周岁的男女公民都编入了民兵组织。北关村组建了 1 个基干民兵连、1 个普通民兵连，共 235 人。

1963 年秋，民兵连参加了永定河龙王庙险堤护堤抢险工程。

1966 年，"文革"开始，民兵参加了"破四旧、立四新"、开展大批

判运动。同年 10 月，掀起了全民学习毛主席著作高潮。民兵分班分组，入户带领群众学习毛主席著作"老三篇"，33 名民兵成为学习毛主席著作积极分子。民兵还利用张贴大字标语、墙报、高房广播等宣传中央文件和毛主席最高指示。

1959 年－1980 年，民兵连长期承担村东国防通信专线警卫看护任务，每逢重大节日和特殊情况实行双人双岗。民兵们不怕蚊虫叮咬，不怕天寒酷暑，保证了国防专线警戒区间安全畅通。

1970 年冬，民兵连例行每年 1 次整组工作，本年度整组，将原有的 1 个基干民兵连、1 个普通民兵连编组成 1 个混编连，为 3 个基干排、2 个普通排，其中基干民兵 1 个排为持枪民兵排。时配装"七九"步枪 2 支、"三八"步枪 9 支、苏式铁把冲锋枪 2 支。配装枪械由持枪民兵个人保管使用。1978 年 8 月，按县武装部要求，枪械由民兵连集中保

民兵埋地雷训练

管。民兵连副连长李占中兼管民兵武器装备保管工作。1980 年改由以公社集中保管。1983 年改归由县武装部统一建库保管。至此北关民兵连不再保管枪支。

1975 年冬，民兵连整组开始。按上级要求将原来混编连 5 个排，编成 3 个基干排、1 个普通排，在编制、数量上略有减少。其间，民兵连依据民兵训练大纲要求，连续开展"三打三防"（打坦克、打飞机、打空降，防原子、防化学、防细菌）和步兵"五大技术"（射击、投弹、刺杀、土工作业、利用地形地物）训练。1975－1983 年间，民兵共参加镇（公社）集中训练 11 次，连队单独组织 38 次，基干民兵训练参训率达 100%。

1978 年 7 月，固安县城遭遇连续降雨天气，造成县城城内进水，民

兵连在指导员高清林、连长王国岐的带领下93人参加抢险。用麻袋装土封堵老东门，疏通京开路排水沟渠，保证了城内党政机关、重要设施、人民生命财产的安全，受到县抢险指挥部的表扬。

1984年后，按照上级"减少数量、提高质量"的编组要求，民兵连又由原来3个基干排、1个普通排，编成2个基干排、1个普通排，使民兵组织更适应当时市场经济的发展形势。其间，民兵充分发挥生力军、骨干作用，带头勤劳致富、科技致富，涌现出大批科学种植能手、多种经营能手，有力地带动了全村经济发展。后民兵中张建军、焦金海、焦永生、焦永明、毕建爽、刘立柱先后加入了中国共产党党组织。

1994年1月，按照上级军事部门部署，北关村民兵连率先开展了民兵学习《邓选》三卷活动。同年4月，中共廊坊市市委、廊坊军分区在固安县召开了民兵学《邓选》三卷活动经验交流会，北关村党支部书记兼民兵连指导员高清林在会上作了典型经验发言。翌年，民兵连被廊坊军分区、省军区评为民兵学《邓选》三卷先进民兵连。

民兵武器苏式冲锋枪

2003年春，国家部分地区爆发"非典"疫情，民兵积极投入抗击"非典"活

民兵武器"七九式"步枪

动，担负村内街道路口设岗执勤，管控人员流动，登统计过往人员任务。

2008年，民兵连再次调整为清编基干民兵连。其中，全连选编成1个应急排（应急分队），用于抢险救灾和维稳工作。至此，民兵组织延续至今。

北京奥运会期间，村民兵应急分队承担了县城安全保卫工作，历时2

个月。

1966～1978 年，民兵连连续 7 次被评为"五好民兵连"，1979～2004年，民兵连连续 25 年被评为"先进民兵连"。

武委会历任干部名册

姓　名	职　务	任职时间	备　注
孙振东	主　任	1945－1946	
何树义	副主任	1945－1946	
郑殿奎	主　任	1946－1947	

民兵连历任干部名册

姓　名	职　务	任职时间	备　注
徐永兴	连　长	1962－1966	
项友义	连　长	1966－1968	
徐永兴	政　指	1966－1968	兼
王德福	政　指	1966－1968	专职
高清林	副连长	1966－1968	
孙淑娟	副连长	1966－1968	
李树岐	副连长	1966－1968	
郭淑文	副政指	1966－1968	团支书兼
高清林	连　长	1968－1976	
李国旺	政　指	1968－1976	兼
焦　培	政　指	1969－1976	专职
李志华	副连长	1968－1976	
孙淑娟	副连长	1968－1971	
鲍明荣	副连长	1971－1974	
邢玉田	副政指	1969－1975	团支书兼

续表

姓 名	职 务	任职时间	备 注
高清林	连 长	1976 – 1978	
董永利	政 指	1976 – 1978	兼
焦 培	政 指	1976 – 1978	专职
李志华	副连长	1976 – 1978	
王洪霞	副连长	1974 – 1976	
邢玉田	副政指	1976 – 1978	专职
李占中	副连长	1976 – 1978	
王国岐	连 长	1978 – 1999	
高清林	政 指	1978 – 2007	兼
刘岩峰	政 指	2007 –	兼

北关民兵连排长人名录

1 排：李占中、王国岐、赵克俭、钱继臣、刘士河

2 排：谷彩生、郭其忠

3 排：李树岐、邢玉田、郑永生

4 排：侯维胜、焦旺贤、王建国、李秀林、李志强

二、兵役

民国三十四年（1945），抗日战争胜利结束，蒋介石为维护其独裁统治，反对中国共产党和全国人民建立民主政府的主张，在美国的支持下，向中国共产党和人民发动战争。同年春，

中国人民志愿军抗美援朝纪念章

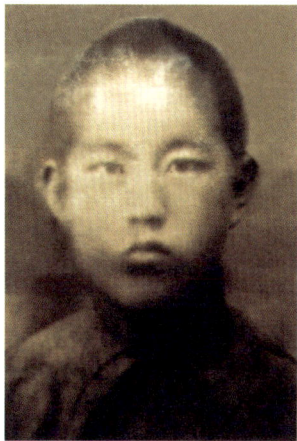

革命烈士何庆余
（何善章）

北关村青年王吉祥、王呈瑞、王嘉弟、卜长山先后参加了八路军。是年冬，在中国共产党和中国人民解放军光明、正义的感召下，在国民党军日渐失败的形势下，北关村原在国民党军队的官兵先后参加起义投诚，成为中国人民解放军。后来，他们有的返回家乡参加农业生产，有的继续在部队参加解放战争打击国民党反动派，为建立新中国浴血奋战。1951 年，美国发动朝鲜战争，北关村曹永兴、焦伟、刘汉元、焦培、董永年、徐永兴、刘顺、庞树勋、卜长山、卜殿忠、何善章等参加了中国人民志愿军赴朝作战。何善章、卜殿忠在作战中牺牲，中华人民共和国授予"革命烈士"称号。

1960 年后，北关村广大青年民兵，积极响应祖国召唤，先后有 70 多名青年民兵参加了中国人民解放军。他们分别从军陆、海、空、二炮、总部直属部队和武警部队，担负 34 个专业技术岗位。平时，他们苦练军事技术，成为各类专业技术能手、标兵。在国家遭遇外来侵略时，他们奋勇争先要求参加反侵略战争。在国家遭受重大自然灾害和人民生命财产突发危险时刻，他们奋不顾身投入抢险救灾，为保卫祖国、建设祖国做出了重大贡献。其间，先后有 2 人获得军以上荣誉称号，3 人

中国人民解放军军功章

荣立二等功，27 人荣立三等功，128 人次获各级通令嘉奖和"优秀士兵"荣誉称号。全村 92 名入伍军人分别来自 80 个家庭，入伍军人几乎占总人口的 6.3%，80 个入伍军人家庭占全村总户数的 27.4%。他们有的是父子（女）兵、叔侄兵、兄弟兵、夫妻兵。这些入伍军人和家庭，为我国的国防建设，为国家的安全、人民的幸福做出重大贡献。

革命烈士英名录（3 名）

姓　名	性别	出生年月	参加革命时间	牺牲时间	牺牲地点	所在部队
王呈瑞	男	1922	1945.1	1946.5	固安县城	固安一区区小队
何善章	男	1925	1948.9	1951.2	朝鲜	197 师 591 团机枪 2 连
卜殿忠	男	1923	1951	1951	朝鲜	中国人民志愿军

服兵役人员名表（89 名，不含革命烈士）

姓　名	性别	入伍时间	退伍时间	所在部队	备注
王吉祥	男	1945	1952.12	冀中十分区 75 团	已故
卜长山	男	1945	1955.3	县大队、中国人民志愿军	已故
王嘉弟	男	1945	1985	冀中十分区 75 团	离休 已故
庞树勋	男	1948	1952.10	中国人民志愿军	已故
孙志和	男	1948.10	1953.10	中国人民解放军某部	
谷士恒	男	1948	1954	中国人民解放军某部	
邢进德	男	1948.10	1954.10	中国人民解放军某部	
焦　伟	男	1948	1955.1	中国人民志愿军	大功 1 次、中功 2 次、小功 3 次
曹永兴	男	1948	1955.12	中国人民志愿军	立功 3 次
焦　培	男	1948	1969	中国人民志愿军	已故
刘　顺	男	1949	1954	中国人民志愿军	已故
徐永兴	男	1952	1957.6	中国人民志愿军	已故，三等功 1 次
赵志江	男	1960	1968	3392 部队	
焦云祥	男	1961	1968	31 军 93 师 277 团	
焦旺高	男	1963.1	1968.1	中国人民解放军某部	已故
周玉德	男	1963	1990	3002 部队	
郑永和	男	1965.1	1982	51109 部队	
李宝平	男	1965.10	1976.3	高炮 68 师	援越

续表1

姓 名	性别	入伍时间	退伍时间	所在部队	备注
徐永清	男	1967.11	1971.3	高炮68师4团	援越
李凤岐	男	1969.4	1973.1	总字520部队	
陈泽祥	男	1970.12	1975.12	66军197师师直	已故
谷静信	男	1971	1982	铁道基建工程兵	
孙广华	男	1972.11	2008.8	66军196师588团	退休、荣誉称号2次、二等功1次、三等功2次
马云录	男	1972.11	1976.3	66军196师588团	已故
郭文祥	男	1972.12	1977.3	66军196师588团	团嘉奖1次营嘉奖2次
王志义	男	1973.12	1977	66军198师	
杨景龙	男	1973.12	1978	66军198师	
孙满堂	男	1975.1	1980.3	66军196师炮兵团	嘉奖5次
李永安	男	1976.3	1982.1	南海舰队	嘉奖4次
邢玉森	男	1976.12	1984.10	66军198师592团	集体二等功、个人三等功
李永利	男	1976.12	1985.12	66军198师	
史建国	男	1978.4	1980.1	89334部队	
焦丽萍	女	1978.12		解放军514医院	退休
张俊堂	男	1978	1981	89334部队	嘉奖多次
李宝红	男	1978	1980	铁道兵	
杨景蛟	男	1978.12	1981	24军72师	
孙满忠	男	1978.12	1981.3	24军72师	嘉奖3次
高长安	男	1978.12	1983	24军72师	二等功1次、三等功3次
徐海龙	男	1979.10	1986.10	总参通信兵部	嘉奖2次
张自峰	男	1979.11	1983.11	基建工程兵部队	嘉奖3次
王建平	男	1980.10	1983.10	第二炮兵西乡医院	嘉奖4次
徐福东	男	1980.10	1984	第二炮兵	嘉奖2次

续表2

姓　名	性别	入伍时间	退伍时间	所在部队	备注
王国辉	男	1981	1984	铁道兵 89318 部队	
王凤阁	男	1981.12	1983.12	铁道兵 89318 部队	
焦金禄	男	1982	1985	兰州军区	
张百强	男	1982.10	1987.10	84807 部队	三等功
李金平	男	1983	1986.12	65 军炮兵团	嘉奖 3 次
刘岩峰	男	1983	1987	65 军直属炮兵团	嘉奖 7 次
杨大鹏	男	1983	1985	65 军直属炮兵团	嘉奖 3 次
李宝岐	男	1984.12	1988.1	51366 部队	
冯庆龙	男	1985.3	1990.1	37031 部队	
冯建伟	男	1995.10		石家庄公安消防支队	现役，全省十佳优秀警官，先进个人嘉奖 5 次，三等功 6 次
何爱军	男	1986.12	1990.12	广州空军 39479 部队	
周建国	男	1986.12	1999.12	空军航空机务训练团	优秀士兵 1 次、三等功 1 次
焦永明	男	1990	1993	36137 部队	
练小成	男	1990.1	2000.11	总装备部	全军优秀士兵
李爱民	男	1991.12	1994.12	54882 部队	
刘立柱	男	1994	1997	武警天津消防	
郭　明	男	1995.12	1998.12	56268 部队	进藏兵
谷英剑	男	1995.12	1998.12	长春一汽消防 7 中队	
候俊波	男	1995	1998	武警内蒙古二支队	嘉奖 1 次
王海涛	男	1995	1999	总后 59190 部队	
谢　越	男	1996.12	1999.12	河北武警总队 2 支队	
李　宁	男	1997.10	2000.10	海军航空兵 35860 部队	
王　江	男	1998	2000	北京武警部队	
陈冬雪	男	1999	2001	东北武警部队	

续表3

姓　名	性别	入伍时间	退伍时间	所在部队	备注
焦大安	男	1999	2001	武警部队	
郭春宇	男	1999.2		海军9288部队	优秀士兵、三等功各1次
李　健	男	2000	2002	空军地勤	
李梦屿	男	2001	2013	24军70师208团	
侯艳杰	男	2002.12	2006.12	66489部队	三等功
徐亚超	男	2003	2005	第二炮兵	
董亚军	男	2003.12	2006.12	吉林武警部队	
刘伟波	男	2003	2008	第二炮兵	
李　立	男	2003		武警石家庄消防支队	现役
高　鹏	男	2004	2006	北京卫戍区警卫师	优秀士兵
王建强	男	2004.12	2006.12	66165部队	
李兆乾	男	2005	2008	北京卫戍区警卫三师	
刘思佳	男	2005	2010	辽宁丹东武警支队	
李　慧	男	2005		武警唐山消防支队	现役
王　迁	男	2006	2008	38军防空旅	嘉奖1次
张金涛	男	2006.12	2009.12	38集团军特种兵部队	优秀士兵1次、三等功1次
邢振宇	男	2006.12	2014.12	武警保定消防支队	三等功1次
王　宁	男	2007.1	2009.12	73023部队	优秀士兵
李　超	男	2007.1		保定消防支队	现役
焦　震	男	2008		武警消防	现役
杨　杰	男	2010.11		公安部警卫局	现役
张　磊	男	2012.10	2014.10	东海舰队	三等功
何子烨	男	2014.7		大连空军地勤	现役

北关村志
BEIGUAN
CUNZHI

第七章 ZHONGDAZHENGSHI

⑦ 重大政事

第一节　民主革命时期

平津学生南下扩大宣传团在北关的活动　民国二十五年（1936）1月7日，平津学生南下扩大宣传团500人，南下开展抗日宣传活动，途经固安，被国民党军警拒之北门外，被迫留住北关大车店、小学校和部分村民家中。在固安地下党的配合下，就地开展抗日宣传活动。在北关泰和店（也称卜姓山东店）、药王庙召开民众大会，宣传"反对华北自治"，号召全国各界人民团结起来，武装抗击日本帝国主义的野蛮侵略。北关村民、周边村庄的群众、北关小学师生5000余人参加大会，北关吵子会到会助兴。平津学生南下扩大宣传团在北关活动期间，全村村民给予关怀和支持，村民给学生烧水、烧炕，贾家店、泰和店等7家大车店店主对学生实行全部住宿免费。1月10日，宣传团绕行固安县县城经宫村镇继续南下开展抗日宣传活动。

平津学生南下扩大宣传团在北关大车店召开誓师大会

侵华日军在北关村的暴行 民国二十六年（1937）9月14日，日军土肥原贤二师团突破永定河国民党军第53军防线后，以30架飞机轰炸固安县县城。16日，派指挥官牛岛率日军攻打固安县城，北关村全村陷入一片火海，烧毁村民房屋70间。日军进村后，一路烧、杀、抢，北关村民四处逃生，老弱病残一时来不及逃脱的即被日军杀害。在五道庙，日军枪杀史福等2人。时被日军杀害的村民还有：周永安、冯长寿、范德成夫妇、王老三、谷坤、谷六、

中国军队在卢沟桥上还击日军

日军暴行

谷八、史福、张德、车金泉、李瑞华、杜肥子、王德才三弟共15人。

减租减息 民国三十四年（1945），抗日战争胜利，北关村在中共固安县委、固安县民主政府领导下，建立了北关村第一个党支部、第一个民主政权、北关村农民协会和武委会。时全村有178户人家，靠租种地主、富农土地维持生存。在农会干部和党员鲍玉山、孙振东、王富有、郑殿奎的带领下，对村内地多富裕户按上级民主政府的政策，限令他们减租减息。全村普遍实行了"二五减租"（佃户向地主交租由原来占农产品收获总量的一半中减去百分之二十五）和"分半减息"（地主放债由原来行息

三分减为一分五厘）。通过减租减息，提高了贫苦村民的粮食收入，初步解决了缺粮挨饿的困境。

土地改革运动 民国三十四年（1945），北关村有土地 2492 亩，178 户人家，总人口 887 人，土地大部分为地主、富农人家占有，农民只有靠租种土地和做小买卖、从事其他手工业、外出当兵、做工维持全家生活。

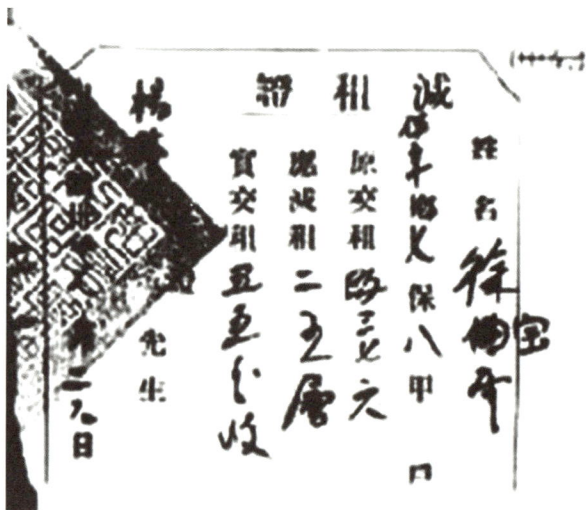

减租减息凭证

抗日战争胜利后，随着民主政权的建立，北关村在上级党和政府领导下，开展了土地改革运动（史称第一次土改）。按照"耕者有其田"的政策，对地主、富农占有的土地，在留够其家庭生活原则基础上，将多余的土地、房屋、财产，按照村内农民无地、少地家庭人口状况，进行合理的重新分配，使常年处于贫困的广大农民有了自己的土地，解决了有地种、有饭吃、有房住的问题。村民卜德年全家 4 口人，无地、无房，常年以扛长工、拾柴打草维持全家人生活。土改时，全家分得土地 4.6 亩、房屋 5 间。村民赵福全家 7 口人，没有土地，常年以外出做瓦工、扫集为生。土改运动中，全家分得土地 10 亩。其间全村 89 户无房无地、少房少地村民在土改中分得了房屋和土地。民国三

实现耕者有其田

农民分得土地

1949年，中华人民共和国成立。是年冬，北关村土地改革运动（史称第二次土改）开始。在区政府和村长邢进福、鲍玉山领导下，在第一次土地改革的基础上，再次对全村土地进行统计、丈量。时全村土地1694.4亩，按照上级政策要求重新进行土地分配，既保证了贫苦农民有地种有饭吃，同时也保证了富裕户留有基本的土地用以生存。全村人均占有土地达到1.9亩，改变了全村1694.4亩土地，一半儿以上由少数人耕种，大部分户无地缺地种的局面

参加固安县城保卫战战勤工作

民国三十五年（1946）夏，蒋介石不顾全国人民的反对撕毁了"双十协定"，调动百万大军，向解放区大举进攻。7月上旬攻占庞各庄。8月，进犯榆垡一带村庄，把战火烧到永

十六年（1947），国民党军占领固安县城，在北关四处抓捕村内党员干部，刚刚建立的民主政权遭破坏。5月，国民党军王凤岗部保安15团进占北关，将村内150户人家的存粮搜刮一空，土改时土地、农具物归原主，之后3年土地无法耕种。

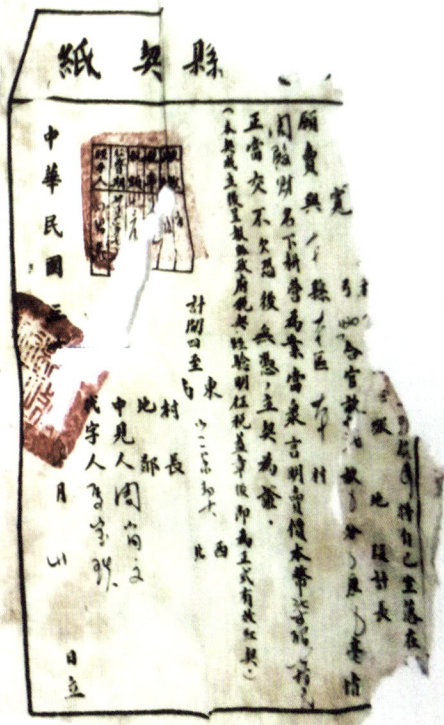

第一次土改时期村民地契

定河北岸。我驻大兴县地区的中国人民解放军，按照总部要求转移到永定河南岸备战，随后国民党军发动固安县城攻城战斗。在解放区固安县党政军领导下，北关村全体村民投入到修建城墙，破坏公路等备战活动。在村外几条大路挖成曲折的交通沟，以便战时和邻村联系一致。在村内由村北至村南，掏挖主线地道2条、支线地道数十条，支、主地道交叉连贯全村。再由北城门西侧南行通往城内，并在要路口构筑射击孔，偏僻处设出入口。在靠近城墙阴暗处，挖成许多不同形状的地雷坑。为了更好备战，粉碎国民党军的进攻，村长鲍玉山、民政干部孙振东带头并动员村民，把家里的砖瓦木材、门板献出来，用于修筑工事。武委会主任郑殿奎、何树义组织民兵沿村站岗放哨，帮助解放军部队指引道路、传递情报。妇女主任崔春青、邓鲍氏发动全村妇女，拥军优属，缝制军鞋和慰问袋。儿童团长石志纯组织少年儿童，开展屋顶广播、街头宣传，用墙报和散发传单，公布战果和揭露敌人。备战时期，全村男女老少都组织起来了，不能参加施工的老人小孩，承担了送水送饭工作。在国民党军进犯解放区的前夜，北关村作为反击国民党军进攻的主战场，在党政军领导的统一指挥下，做好了反击战的一切准备工作。

参加固安县城保卫战 民国三十五年（1946）农历十一月，国民党军第95旅、整编第28军一部及县内外逃的还乡团，在孙连仲的指挥下，分别从西茨村、西塔踏冰渡永定河向固安县县城大举进攻。上午10时许，敌战斗机2架由北向南掠过北关村上空向县城盘旋扫射，我城防人民解放军亦组织火力，对空射击。战斗约半小时，敌机逃离。下午1时，国民党军第95旅突入北关北部前沿阵地，抓捕村民王英才、王近山等10余人，关押在村民李振华

固安保卫战期间十分区部队集结

家院内，用刺刀逼迫他们搬运弹药、捆绑云梯、掏通各家相邻院墙，企图利用通道进攻县城我军防御阵地。被抓村民消极怠工，故意开挖曲型通道，绑松云梯，弹药零散堆放，使敌人形不成有效的进攻。敌人仓促备战3个多小时，尚未形成攻击，在非战斗交火情况下，被我解放军居高临下毙伤30多人。下午4时，国民党军第95旅顺村北交通沟向柏村败逃。同时，国民党军第28军一部进占北关村。这批国民党军是原伪治安军101集团军改编的，军容不整、军纪涣散，士气低靡，时至寒冬尚无棉衣可穿，进村后即像恶犬一样，到处搜抢衣物和可食的东西。村民张启禄媳妇带补丁的旧袜子，也被国民党军抢来往脚上套。一个国民党军士兵刚抢来村民张启芳的棉袄，一个国民党军排长边骂边顺手夺过来套在单薄的军装上。十七日早晨，国民党军到处搜捕追查北关村革命组织、中共党员、村干部和革命军人家属，村民纷纷通知有关人员立即转移躲藏，并搪塞不知道有什么，谁是什么。下午，国民党军抓到肉铺掌刀的张泽，捆绑吊打，逼问张泽说出村里组织、党员、干部、抗属，张泽强忍痛苦，始终就是一句话："我什么也不知道。"国民党军在飞机的配合下，先后7次向县城人民解放军发动攻击，由于士气不振，都被我军守城部队击退。十八日晚，国民党军再次发动攻击，这次攻击是整个战斗7昼夜最为激烈的一次，国民党军在9门迫击炮30多挺轻重机枪的掩护下，出动了全部兵力向城下猛扑。我军守城部队组织轻重火器、手榴弹、起爆地雷，顽强打击攻城的国民党军。当时，战斗的枪炮声、冲锋号声、国民党军的哀嚎声、我人民解放军的喊杀声响成一片。正当战斗激烈中，一颗燃烧弹落在村民焦通礼家的屋顶上燃起大火，照亮了北关村南半部街区，同时把国民党军的攻击阵地暴露在我军守城部队火力打击之下。在强大的打击下，国民党军伤亡惨重，大部分士兵躺在墙下、炕上朝天打枪，无力再行进攻。廿一日，国民党军从北关村进攻阵地撤走。廿二日早晨，国民党军调集大批残兵，在重炮、飞机的配合下准备最后的决战。7时国民党空军旋风式战斗机8架、26型重型轰炸机6架，掠过北关村上空，向县城内轰炸扫射，所配重炮从县城西集火向县城内猛轰，时城内一片火海。下午2时，国民党军从城西白庵庙方向发动总攻。我人民解放军冀中第10军分区第75、76团于前夜，按照冀中军区暂时放弃、运动歼敌的命令，主动撤出固安县县城，迂回到榆垡、黄垡一带，拿下国民党军 6 个据点，歼敌数百人。至此，固安县县城保卫战经过 7 天 6 夜的激战结束。

国民党地方政府抓捕北关村党员干部　民国三十六年（1947）2 月，国民党军占领固安县城后，再次成立中山镇，在北关村山东店开办训练班。同年 8 月，将北关村抗战胜利后的党员、民主政府村干部抓捕，集中到村内贾家店严刑拷打。被捕人员有党支部书记郑光前、党员、干部孙振庭、刘昆、王德启、崔春青、邓鲍氏、孙振东。后又将抗日军人家属张福荣、烈士王呈瑞母亲抓到城内关押。白汉臣、白德恒父子二人被抓捕后惨遭杀害。

国民党军王凤岗部北关抢粮　民国三十六年（1947）5 月，国民党军王凤岗部保安第 15 团张麻子连队进占北关村，时该部给养中断，遂对北关村民进行大规模搜抢财粮。全村 178 户人家 150 户被搜刮一空。

国民党军炮击北关　民国三十七年（1948）农历八月，国民党军王凤岗部保安第 16 团一部进占北关村，意在村内过"中秋节"。15 日拂晓，人民解放军一部突然对驻村之敌发起攻击，国民党军边仓促还击边撤出村街，逃至村西后向村内打炮打枪，村民赵廷和、王小儿的娘被炸死，村民焦旺元被炸伤。人民解放军进村了解敌情后，遂组织部队向村外国民党军发起攻击、追击。国民党军不战自溃，丢下辎重装备，向长安城方向涉水渡河逃窜。

支援平津战役　民国三十七年（1948）12 月，平津战役开始，区政委李抗带区助理员曹中来北关领导组织支前工作，召开群众动员大会。在村长邢进福、鲍玉山带领下，成立了支前工作领导小组，迅速组成以青壮年民兵为骨干的 4 个担架队、2 个大车运输队，并筹备了大批物资，投入了平津战役支前行列。

平津战役支前永定河架桥

中国人民解放军第四野战军某部进驻北关村　　民国三十八年（1949）2月，北平和平解放，人民解放军第四野战军（原东北军）1个团休整进驻北关村。团部设在北关小学校，其中一个营营部设在村民李茂才家。部队进村前，村干部带领部队前站人员号房、筹集粮草。全村立即行动起来，腾房子、打扫村街。进村时，全村男女老少站在路旁夹道欢迎，将子弟兵接到家中，烧水、烧炕、炒瓜子。战士从放下背包开始就一直帮助村民挑水、扫院子。春节到了，村干部组织村民向驻军部队赠送锦旗、瓜子、花生、年糕、鞋袜等进行慰问活动。并召开军民春节联欢大会，北关吵子会全场演奏，村民演出扭秧歌、高跷会，部队战士们还演出了小歌剧《为谁打天下》。部队驻村期间，村里很多青年找到部队领导，要求参军南下，打倒蒋介石，解放全中国。春节过后，战士们在参加训练、政治教育的间隙，帮助村民倒粪、挑粪、

驻军部队助民劳动

拉车，部队还出动马车、汽车帮助村民拉粪，开展备耕生产。3月20日，驻村部队奉命南下出征，全村群众敲锣打鼓沿街挥泪欢送。北关村贫苦村民第一次感受到人民子弟兵和人民大众的鱼水之情。

第二节　社会主义过渡时期

参加新中国成立庆祝活动　　1949年10月1日，毛泽东主席在北平天安门城楼宣布中华人民共和国成立。当日，北关村男女老少在村长邢进福、农会主席鲍玉山带领下，举着红旗、彩旗参加固安县万人庆祝大会。在城内西街小学（也称西完小）庆祝大会会场，聆听县长马汝霖的庆祝

讲话。会后，北关村吵子会、龙灯会参加了万人游行庆祝活动。

参加支援抗美援朝 1950 年 1 月 25 日，美帝国主义发动了侵朝战争，将战火烧到鸭绿江边。为保家卫国，支援朝鲜人民，全体村民参加全国大规模的捐献飞机大炮运动，村民有钱的出钱，有物的出物，无钱的户就发动全家打草攒钱捐献。其间，贫苦青年卜殿忠第一个报名参加中国人民志愿军。之后青年徐永兴也报名参加志愿军。同时，在中国人民解放军服役的 9 名北关籍战士也随所在部队赴朝参加了抗美援朝战争。

庆祝中华人民共和国成立

青年报名参加志愿军

踊跃交公粮 1952－1953 年，全县开展了统购统销运动。北关村在村干部领导下，全村踊跃向国家交售余粮，翻身农民以实际行动报答中国共产党的恩情。村民张玉平积极把自家余粮交给国家，还主动到其他余粮家庭做动员工作，并几次在村动员大会上发言，号召全村村民翻身不忘国家，使全村掀起了踊跃交售余粮、支援国家经济建设、支援抗美援朝战争的高潮。

合作化运动 1954 年，全国合作化运动兴起。北关村在村党支部、村干部领导下，何树仁、董振生、王德启、孙志和率先组织起2个初级农业生产合作社。到1955年全村78%村民入社，到1956年1月，村民入社达100%，

合作化时期生产劳动

全村走上了集体化道路。同月，四关四街（东关、西关、南关、北关、东街、西街、南街、北街）、北横街成立了高级农业生产合作社。公选西关村温国贵为社长，项友义为南关大队大队长，陈泽民、孙志和为北关中队中队长。

第三节　全面建设社会主义时期

建水库种水稻　1956年，根据北关村土地多为盐碱低洼、薄收低产的情况，为获得粮食丰收，改变贫穷面貌，党支部、村干部决定，将北关北部大部分低洼盐碱土地改种水稻种植，把原来种植高粱、稗子的地块，全部改成水田种植水稻。同时，为保障水稻灌溉用水，决定在北关村北开挖水库蓄水。同年正月初三，全村在中队长陈泽民、孙志和的带领下，手拿铁镐、铁锹、挑着土筐、拉着碌碡，冒着零下十几摄氏度的严寒，进入了水库建设工地。施工中，村民将一尺多厚的冻土掀开，将坑土挑上库堤。在挖至2米多深时，库底出水，坑土变成泥浆，在寒风飘雪的天气里，村民一个一个争着下水捞泥。县农业科老干部苑太看到村民的举动，把找村干部谈工作放在一边，也拿起铁锹跳进水里参加劳动。村民们手冻裂了，腿脚痛肿了，没一个歇工。复员军人曹永兴一直在库里负责掏泥，上岸休息时腿回不过弯，村干部劝他歇工，他说："在朝鲜战场枪林弹

雨，一把炒面一把雪我们都扛过来了，这点儿困难算什么？"库深容积完成后，青年民兵又成立了打井队，在库底打井蓄水，施工完全在水中进行。在队长何庆生带领下，砸开冰冻层，站在冰水里轮流施工，仅1个多月就完成库内32眼水井施工。同年3月下旬，水库竣工。库长1000米，宽30米，深4米，动土近12万立方米。同年3月下旬，北关村民又参加了北五里村、东庄子村村北水库开挖工程。1958年春，全村村民投入稻田建设，用2个月时间完成600亩稻田成型。开挖沟渠42条，运肥600车，平整稻田（畦）近350个。插秧时节，全村提出"吃在地，睡在洼，秧不插完不回家"的口号。经全体村民苦干，在水库、县永定河虹吸管道供水灌溉保障下，北关村获得水稻丰产，个别地块亩产单产超800斤，总产达50多万斤。

大跃进、人民公社化

1958年5月5日至23日，中国共产党第八次全国代表大会第二次会议召开，会议通过了毛泽东主席提出的"鼓足干劲，力争上游，多快好省地建设社会主义"的总路线及基本点。在当时，这条总路线及基本点，反映了

大跃进时期的宣传画

广大人民群众要求改变我国经济文化落后状况的普遍愿望，实际上忽视了经济发展的客观规律。其间，在"超英赶美""大干快上""人有多大胆，地有多大产""电灯电话，高楼大厦""共产主义是天堂，人民公社是桥梁"的口号下，北关村一时间形成放卫星和浮夸风。为了完成上级下达的高指标，全村提出"吃在地，住在洼，不夺高产不回家"的口号。为了实现"千斤粮、万担肥"，全村男女老少投入到大积肥、大翻地的农业生产中。为了完成积肥任务，拆炕挖坑、用人尿和坑泥堆肥，村民家中土炕拆了搭，搭了拆。为了增加稻田肥力，夺高产，全村开展打狗运动，成立打狗队，将村民养的狗全部打死，煮汤浇田。为体现"共产主义早来

到",1958年北关村成立两个集体食堂,村街南部一个(在当时焦通德家),村街北部一个(在当时祖卞氏家,也称祖四奶奶),村民无论参加劳动或不能参加劳动者,全部到集体食堂用餐。村里统一印制食堂专用饭票,社员凭饭票领饭。每个食堂配有管理员,街南部食堂管理员为焦通敏,街北部食堂管理员为王国柱、徐永东。每个食堂配炊事员15名。每到吃饭时间,全村一派热闹,食堂一派繁忙。而且,伙食极端单调,主食多为玉米面窝头、白薯等。为了支援国家大炼钢铁,完成钢铁产量,将社员家中铁锅、铁盆、铁勺、犁铧片、秤砣、炉糕锅、旧铁锹、旧四齿等,凡是带铁的全部由专人收走炼铁。由于家中无锅无铲不能做饭,全村老弱病残只有忍屈到食堂吃饭,全村怨声载道。1958年当年粮食丰产属丰收年,由于集体吃食堂,注重粮食丰收指标,忽略计划用粮,造成地里粮食粗收粗打,有的红薯冻烂在地里,形成人为的浪费,造成集体食堂人均口粮供不应求。至1959年初,社员陆续将粮食领回家中做饭,吃食堂的社员越来越少。同年秋,集体食堂重新恢复,大队要求社员坚持到食堂吃饭。由于上年的浪费,没有足够的储备,加上当年沥涝,粮食歉收,使两个集体食堂供应不足,只好研究定量供应社员口粮,每人每天只有三四两粮食,其余只好靠"瓜菜代"。同年初冬,集体食堂把白薯秧、白菜疙瘩泡发剁碎,加上盐,攥成团,滚上面,上屉蒸熟供给社员领食;把棒子骨头轧碎,用火碱泡发,掺上少量玉米面蒸成团子

1959年吃食堂宣传画

供给社员领食。同时,大队组织全村男女老少到永定河滩刨挖蒲棒根,将蒲棒根轧剪成寸节晒干、焙干后轧成面粉,捏成窝头蒸熟后供给社员领食。凡集体食堂供给的各种主食,都要凭票定量领取。全村社员由于自然灾害和人为的浪费,造成了空前的大饥荒,时全村人身体健康状况低下,

普遍面黄肌瘦，百分之四十的人患浮肿病。从 1959 年冬至 1961 年底期间，北关村每月都有人病饿而死。人民公社时全村人口 866 人，到 1963 年骤减到 700 多人。1961 年 6 月，按照上级指示，北关村集体两个食堂解散，社员开始按定量、按人口、按年龄分给人员口粮或到县粮库购买返销粮。

1962 年秋，按照上级政策要求，农村人民公社一般以生产队（即小队）为基本核算单位。人民公社开始"三级所有，队为基础"的管理经营模式。同时，北关村第一次开始分配自留地（菜园子），社员在参加生产队劳动之余，在北关村西和村东自家自留地种上了庄稼

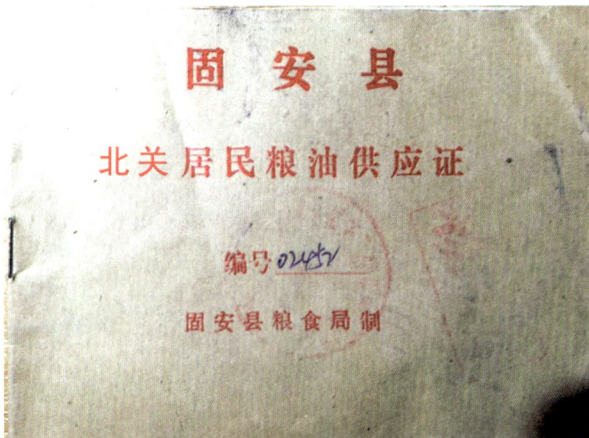

购粮证

和应时蔬菜，加上家禽、家畜的饲养，全村社员生活初步发生变化。

大跃进，人民公社化的冒进和浮夸运动，造成了人、财、物的损失，加上苏联人的政治、经济封锁，使北关村和全国人民一样蒙受了巨大的损失，生活在那个时代的北关人饱尝了贫穷和饥饿之苦。但是，北关村村民治理沙荒、盐碱、平整土地、兴修水利，一心努力改变家乡贫穷面貌的信心、精神反而更强了，爱社如家的集体主义观念、团结互助、大公无私的民风更强了。

社会主义教育（四清）运动　由于大跃进和人民公社化运动中的共产风、浮夸风和以后出现的国民经济暂时困难，使得部分基层干部在工作作风和经济管理等方面出现许多问题。在经济管理方面，有的生产队长期账目、财物不清，管理制度不健全；有的干部在作风方面，存在着多吃多占、瞎指挥、官僚主义和欺压群众等问题。为此，1963 年 2 月，中共中央决定在农村进行社会主义教育运动。同年 5 月和 9 月，中共中央出台了《关于目前农村工作中若干问题的决议（草案）》（简称"前十条"）和《关于农村社会主义教育运动中一些具体政策问题的规定（草案）》（简称

"后十条"）。1964 年年底，北关村开始了以"清工分、清账目、清财务、清仓库"为主要内容的粗线条"四清"。1964 年底至 1965 年初，中央再次召开工作会议，制定了《农村社会主义教育运动中目前提出的一些问题》（简称"二十三条"），把"四清"规定为清政治、清经济、清组织、清思想。之后，全国开始了细线条"四清"。

1964 年 12 月，北关村开始了粗线条"四清"，时下派的"四清"工作队入驻北关村。经过层层发动、学习文件，即开始了以党员干部为主要对象的、面对面的大揭发、大辩论运动。通过揭发辩论，党员干部中暴露了一些思想、管理、经济方面的问题。由于不得定性，无法结论，在搁置、悬案的情况下，"四清"运动"暂告结束"。

1965 年 2 月，北关村"四清"（细线条）运动开始，同时以队长王景会、指导员李志清（女）为主要领导，以张学成、华炳文、李文志等 20 多人为队员的"四清"工作队进驻北关村。20 多名男女队员，按北关村 4 个生产队，每队 5 至 6 人进行包队。工作队进村后，即组织党员干部群众学习中央、上级"四清"工作团的文件，整顿党、团组织，发现和培养"四清"运动中的积极分子。运动中分两批吸纳 10 人加入党组织、16 人加入团组织、4 人选送外地参加"四清"运动，为工作队队员。成立贫下中农协会，开展揭发大队、小队干部思想、组织、阶级、经济问题，重新划分社员阶级成分等工作。为揭发干部多吃多占方面的问题，原城关公社"四清"工作队实行人人过关，在南关城关公社机关院内集中全公社大小队干部集体自我反省问题（时称上楼），时北关村 32 名大小队干部上楼。在上楼期间，人人都要反省问题、交代问题，交代清楚了方可回家（称下楼），一时造成全村人心惶惶。按照当时村民的传说："先整党，后整团，整完干部整社员"。1965 年 8 月，在驻村工作队和贫协主持下，又开始重新划分阶级成分工作，对全村 178 户社员家庭重新登记，根据登记情况和自下而上的讨论重新划定社员家庭阶级成分。登记情况时从时间和内容两方面来分。从时间上分：1942 年至 1944 年、1945 年至 1949 年、1950 年至 1956 年、1957 年（高级社时期）、1965 年（"四清"运动中）5 个阶段；从登记内容上分：各个时期的人口、房屋、土地、生产资料、从业和雇工情况 6 个方面。依据历史资料讨论审定，三榜公布，完成全村178户阶级成分重新划定工作。同时，为申庭弼、邓忠摘掉"四类分子"帽子。1965年10月，工作队撤离北关村。至此，"四清"运动全面结束。

参加根治海河水利工程 1963年8月，海河流域发生特大洪水灾害，京津地区、河北省境内100多个县市遭受洪涝，给国家和人民造成很大损失。11月，毛泽东主席发出"一定要根治海河"的号召。之后，河北省开始了根治海河水利工程。

1965年冬至1983年冬，北关村先后有300多人次参加了治理海河水利工程。他们转战海河南北水系，在县海河指挥部领导下，按照部队的管理模式，按照团、营、连编组，分担土方工程量。每次参加治理海河工程，都是由生产小队选派身强力壮的男性青壮年参加，由生产队备足口粮，备好施工胶轮独轮小推车、铁锨、雨靴等工具、用具，由个人自带衣物、被褥等生活用品。按照上级规定的施工集结地点、集结报到时间，携带被装工具步行（有时昼夜兼行），先后向指定地点进发。到达施工工地，入住宿舍（由席搭建的集体工棚），召开动员大会、各级工程分工会，开始全面施工。北关村先后参加了黑龙港、大清河、独流减河、永定新河、蓟运河、潮白河、小清河等12期海河流域水利治理工程。其中，参加海河治理水利工程较多的村民有申志刚、刘春明、郭乃江、李宝岐、刘汉泉、李玉平等人。他们为国家治理海河水患，不怕苦受大累，不畏天寒

根治海河工地

根治海河水利工程施工

地冻，在极端艰苦的环境下，完成了上级下达的工程土方量，多次被评为优质工程、先进民兵排。为国家和人民消除海河水患做出了重要贡献。

"文化大革命" "文化大革命"是毛泽东主席提出、发动和领导的一场政治运动。作为一个执政的无产阶级政党的领袖，他极为关注艰难中缔造的中国共产党和人民政权的巩固，高度警惕资本主义复辟和修正主义的出现，并努力探索解决这个问题的途径。出于对马克思主义、对人民利益的无限忠诚，毛主席始终对党和政府中的腐败现象和脱离群众的特权现象深恶痛绝，并为此进行了坚持不懈的斗争。而要彻底解决这些问题，在他看来只有公开地、全面地发动广大群众，来一场大的革命才能做到。1965年11月10日，上海《文汇报》发表的姚文元《评新编历史剧〈海瑞罢官〉》的文章成为"文化大革命"的导火索；1966年5月16日的《中共中央通知》（即"5·16"通知）和6月1日

"文化大革命"

《人民日报》发表的《横扫一切牛鬼蛇神》的社论，拉开了"文化大革命"的帷幕；8月8日八届十一中全会通过的《中共中央关于无产阶级文化大革命的决定》（简称"十六条"）将运动推向了高潮。

"文革"纪实

北关村"文革"运动始于1966年5月初，运动的起因有两个方面，一方面由当时城关公社部署，一方面受县城机关团体运动影响。运动初期，全村先是由大队领导和部分积极分子成立"文革"运动领导小组，组织20多名毛泽东思想红卫兵，开展"破四旧，立四新"运动，重点从"四清"后的地主、富农等家庭开始。将所谓有封建色彩的旧书、旧画、胆瓶、胆罐等全部收缴，集中到大队处理，后全部烧毁、砸碎。后来发展到各家各户，在发动全村社员主动上缴的同时，由大队和积极分子再行检查。由于借鉴了外地经验，社员家中凡是涉及封建主义、资本主义、修正主义的图书（画）、照片等出版物、用具都列为收缴之列，就连房上的砖雕、瓦当、天地窑、衣柜（橱）上的拉手、钉锦儿都要捣毁。建于明代的北关药王庙庙前的大石碑及村民高印昌家门楼上由清朝直隶总督府赐制门匾也遭砸毁。8月，随着运动的不断发展，从南方一路向首都北京进发的大串联队伍，他们身背背包，穿着绿军装，戴着"红卫兵"袖章，打着红旗，不分昼夜列队步行经北关向北京涌来。南方大专院校和革命造反串联队伍经过北关，有的暂住在北关小学校。他们撒传单、贴标语，演说全国和南方运动形势。他们的革命行动带动了北关村的运动发展。在村革命领导小组领导下，北关村"红卫兵"组织开始成立，时"千钧棒""反修""灭资兴无"等七八个红卫兵组织相继出现。红卫兵组织成员一般由出身好的人员组成。参照县城和外地经验开始在北关街道、大队部张贴大字标语、大字报。

1967 年 3 月，开始在大队部和小学校批斗村内"四类分子"。在批判全国最大的"走资派"的同时，凡村内家庭出身地主、富农及新中国成立前在日伪和国民党政府、军队工作（由于生活所迫）的各类社会公职人员、当兵人员一律受到批判。有的"四类分子"白天参加劳动，晚上被批斗。有的人为抬死杠、说狂话也被揪出来，戴上坏分子帽子。

学生复课闹革命

1968 年 3 月，随着"文革"运动发展，党支部逐渐靠边站，党组织瘫痪，北关大队革命委员会成立，取代了村党支部、村管委会的党、政、财、文等一切权力。同月，在毛主席"办学习班是个好办法，很多问题可以在学习班得到解决"最高指示的指引下，北关村开办了各种类型的毛泽东思想学习班，全村掀起了大队办、小队办、联户办、户户办的学习班高潮。大队部、小队部、理发馆、大车店、醋酱厂、修车铺、社员家庭，全部设立了红太阳挂像（毛主席像）、斗私批修专栏、学习毛著园地，还有红书台（毛主席著作、语录存放处）。大队革委会、小队生产班子开会前都要手举语录红书，起立立正，"敬祝毛主席万寿无疆""林副主席身体健康"，唱一曲红歌，然后由会议主持人带领参会人员学习毛主席语录一段时间。无论事急事重，绝对不能忽略这一过程，忽略了，主持人将会负政治责任，轻者当场遭批判，重者将会被抓"现行"（即现行反革命）。在社员家庭，每逢学习班开始，早、中、晚饭前，全家都站在"红太阳"画像前，高举"红宝书"，"敬祝毛主席万寿无疆""敬祝林副主席身体健康"，学习一至两段毛主席语录后，方可上炕吃饭。年幼无知的儿童见饭心急，将会受到大人的严厉斥责。就连社员去商店买东西都要对答毛主席语录和口号，如售货交易中，售货员要问"斗私"，买货人必答"批修"，问"大海航行靠舵手"，答"干革命靠毛泽东思想"。不能对答或者回答不对，货买不成，还要受到指责或追问什么出身、什么成分。村里有的干部、社员平时表现很好，由于在某一场合、某一时间说话不中听，经过揭发、批斗，被戴上"现行反革命、坏分子"帽子，把人与人的关系（包括父母、亲属等关系）上升到政治化、阶级化。其间，北关村和全国一样，把对领袖的敬爱变成神化。

1969年4月1日至4月24日，中国共产党召开第九次全国代表大会。25日，固安县召开万人庆祝"九大"群众大会，会场设在北关村白庵庙遗址。时北关村男女老少500多人参加了大会，村民兵连全副武装参加了大会，并担负大会会场保卫任务。同年3月，珍宝岛自卫反击战开始，按照毛主席"深挖洞，广积粮"的指示，北关村备战工作开始，以民兵为骨干开挖了村西北的防空战备壕。同时，民兵在白天参加生产劳动，晚上参加全村运动。其间，还配合中国人民解放军总参驻北关通信站官兵，承担了国防通信线路安全保卫工作。年底，"斗、批、改"工作在全村展开，主要内容是斗倒走资本主义道路的当权派、批判反革命修正主义的谬论、改革不合理的规章制度，清理阶级队伍。北关村孙淑娟等3人被抽调参加了县内其他公社"斗、批、改"工作。其间，村内一些党员、干部列为清理对象，受到错误处理。

1971年9月，林彪反党集团尚未公开之前一段时间，北关村民通过在北京工作的亲属关系传出林彪怎样怎样，加上一段时间广播和报纸的异常现象，干部群众私下议论纷纷。这种情况的发生，一方面是由于人们实在无法理解何以会发生如此离奇重大事件；另一方面是群众心中积蓄已久的对"文革"的困惑、怀疑和怨气。26日，由城关公社指派公社党委委员、西街大队党支部书记刘国义，在北关大队队部，召集北横街、刘园等大队党员、干部、团员、基干民兵，通报了林彪叛国出逃，摔死在蒙古国温都尔汗的重大消息。1971年10月至1972年7月，在不到一年的时间里，党中央陆续将揭发林彪反党集团反革命政变阴谋的一系列重要文件，逐步传达到基层，才真正使全党全国人民比较系统地了解了林彪事件的真相。接着，按照上级部署，批林整风运动开始。依据当时运动的要求和重点，即在批判林彪反党集团的同时，还要充分认识"文革"的重要性和必要性。开始北关村从党员干部到群众，在陆续学习中央系列文件，深入开展批判林彪反党集团罪行的同时，将林彪此前留在社会各个方面的讲话、语录、题词、照片、歌曲、墙报等全部销毁，以消除其影响。在接下来的整风中，干部群众亲身经历了"文革"前期运动过程，老一辈无产阶级革命家一个个被打倒、关押、致残、致死，人与人之间的亲情以"亲不亲阶级分"，生产停滞不前，温饱问题至今没解决。对于整风的认识也只有学学语录、讲讲空话套话、走走过场，北关村的批林整风运动草草结束。

1974 年，按照毛泽东主席批示，全国开展了批林批孔运动。因为林彪生前鼓吹孔孟之道，反对法治，故毛泽东主席提出批林也要批孔。运动一开始即被江青反革命集团利用，打着毛主席提出的批林批孔，影射攻击打压周恩来总理。周总理在"文革"期间，顶着巨大压力，大抓国民经济，直接关注领导国有大企业的生产，保护启用被林彪、江青反革命集团打倒的一大批中央和地方领导干部，故被两个反革命集团视为当代"儒家"的总代表。不久毛泽东主席发觉江青反革命集团的阴谋，不再继续发动、支持开展批林批孔运动。其间，北关村开展了批林批孔运动。根据上级部署，大队革委会印发了儒法斗争史和孔孟理教论句学习材料，社员利用大会和田间地头学习报纸上刊登的关于批林批孔文章和印发的学习材料。由于文化、理解程度的限制，广大社员无法从政治高度认识孔孟之道、历史上儒法斗争的重要性和必要性。因此，北关村批林批孔运动随着全国的政治形势的发展，也很快结束了。

1975 年，毛泽东主席提出"评《水浒》、批宋江"运动，是因为毛泽东主席身在朝廷（中央政府）心在山上（广大人民），而宋江则是身在山上，心在朝廷。毛泽东主席出发点意在对贪官杀、关无赦使江山不倒，而宋江树义旗反贪官最终是为了讨好归顺朝廷。其间，北关村运动一开始，就处于学报纸、学毛主席语录形式。《水浒》在群众中并不生，对书中人物宋江也不生，对于为什么评书批宋通过学报纸，一部分人才明白，宋江是断送了农民起义，目的不是为广大人民谋利益，是卖义求荣、投降封建朝廷的投降主义。广大群众一时还不能上升到国家政治层面来深化认识，运动也就很快结束。

同年，"反击右倾翻案风"运动开始。在当时，周恩来总理身患重病，中央指定邓小平同志协助周总理工作。国家百业待兴，邓小平同志顶着压力，力主恢复国民经济，提出"一切要整顿"，遂被"四人帮"抓住不放，攻击邓小平同志否定"文革"，扣上"右倾翻案风"大帽子，利用毛泽东主席发动的"文革"运动和他们当时掌握的新闻媒体的爪牙，掀起了"反击右倾翻案风"运动。对于这次运动，北关村实际上没有介入，也没形成运动，只是村干部开会、学习时读一下报纸，了解一下运动形势罢了。作为社员在政治运动中，提"抓革命，促生产"基本能接受。邓小平同志为国家富强、人民生活提高提出要整顿，在社员心中是欢迎、支持的，现在扣上帽子，再打倒再批判，北关村全体社员不理解，没有参与运动，故没有形成运动。

1976 年，北关村和全国人民一样，经历了长达 10 年之久的"文革"政治磨难，承受了自新中国成立以来遇到的巨大情感悲痛。1 月 8 日，全世界人民敬仰的全国各族人民爱戴的周恩来总理逝世。7 月 6 日，为建立新中国戎马一生的朱德委员长逝世。7 月 28 日，唐山丰南一带发生强烈地震，造成 24.3 万人死亡，16.4 万人重伤。9 月 9 日，全国人民爱戴的革命领袖毛泽东主席逝世，全村村民沉浸在巨大的悲痛之中。其间，北关村全体党员、干部、社员，强忍巨大的悲痛，在一面开展农业生产，全力支援灾区的同时，由大队党支部、革委会主持，在北关村大队部搭建了悼念毛泽东主席灵堂，民兵连担任灵堂保卫工作。全村社员在全国未召开追悼大会之前，人人臂戴黑纱，胸戴白花，扶老携幼，到大队灵堂毛泽东主席遗像前鞠躬致哀。9 月 18 日，固安县县委在固安中学举行了毛泽东主席逝世追悼大会，县委书记陈景新致悼词。北关村全体社员佩戴黑纱、小白花参加县城悼念活动。10 月 6 日，以华国锋、叶剑英、李先念等为核心的中共中央政治局，执行党和人民的意志，采取果断措施逮捕了江青、张春桥、姚文元、王洪文。10 月 14 日，北关村全体党员、干部、社员参加固安县盛大集会游行，北关吵子会随队助兴，庆祝粉碎"四人帮"的历史性胜利。至此，长达 10 年之久的"文革"运动结束。

"文革"长达 10 年，北关村在运动中始终处于平稳状态，没有派性、没有武斗、没有打、砸、抢，一直以"抓革命，促生产"度过非常时期的 10 年时间。

第四节　中国特色社会主义时期

落实政策　1978 年，党的十一届三中全会召开，对"文革"做出了正确的结论，提出停止使用"以阶级斗争为纲"的口号，从中央到地方开始了有错必纠、平反冤假错案工作。年底，在村党支部领导下，北关村按照党的十一届三中全会精神和县委部署，对在"四清""文革"运动中蒙受错误处理的人物、事件给予澄清，对"四清""文革"运动中戴帽的 14 名"四类分子"（地、富、反、坏）摘帽，恢复普通公民身份。对新中国成立前由于生活所迫参加国民党的"四类人员"（军、警、宪、特）和所谓有重大历史问题的家庭给予公正对待。同时，否定了"唯成分论"，对全村入党、入团、参军、入学、参加工作人员不再搞家庭历史、阶级成分方面的内查外调，长期积压在村民当中历史问题的束缚得以解脱。党的政策在北关的具体落实，使全村党员、干部、群众心情舒畅，改善还原了北关村世代相传的人与人之间的真诚朴素关系，促进了全村的安定团结，调动了各方面的积极因素，为日后推动全村政治建设和经济建设的发展起到了重要作用。

实行农业生产责任制　1980 年 10 月，中共中央发出《关于进一步完善农业生产责任制的几个问题的通知》，北关村各生产小队开始实行划组"小段包工"的生产责任制：即由生产小队统一管理，然后分组耕种，按家庭劳力多少，土地分块分段，实行生产环节上的定额管理。

1983 年 1 月，中共中央发出《关于当前农村经济政策的若干问题》的政策文件，强调在我国农村进一步稳定和完善农业生产责任制。按照固安县县委、政府决定，北关村开始实行了包产包干到户（即家庭承包责任制），改变了自人民公社化以来，农村经济以生产队"队为基础"单独核算单位的方式，社员长达 26 年时间靠劳动记工分获得分配的经营形式。实行家庭包产包干到户，是家庭完成承包生产获得成果后，在完成国家税收、征购提留之后，剩余部分全归承包户家庭所得。这一重大改革和其生产经营形式，结束了历史性的"大家穷"的局面，给北关村带来了新的生机。3月，按照县委、县政府、城关公社安排，参照外地经验，北关大队开始对原4个生产小队集体所有、管理使用的农机具、牲畜、林木实行统一作价，以抓阄儿方法分给社员；原大队办公房屋、企业房屋、大型农机具、电力、水利设施、4个小队队部房屋，包括房基地统一由大队管理使用，不作分配。全村将1700亩土地按在册农业人口平均分包到户（即大包干），并签订10年承包合同。在管理种植形式上，村委会按照管理、指导的服务职责开展工作，村民基本自主视品种、产量和市场需求安排种植。在完成种植、管理、收打、入库后，落实税收、提留征购，最后归社员家庭所得。北关村在落实"大包干"初期，在党支部、村委会领导下，针对"大包干"出现的思想、分配等各方面的新问题，及时做了两方面的工作。一方面思想工作："大包干"开始，村民由于吃惯了集体饭，靠集体、爱集体的思想没有得到转变，立即变成土地由个人耕种一时接受不了，有的老干部说："辛辛苦苦几十年，眨眼变成新中国成立前"。有的社员家缺少劳动力，面对几亩土地的收打耕种因此犯愁、发怨言。党支部书记高清林、村委会主任董永利，连续召集党员和村民代表会议，反复学习中央和上级各项政策文件，展开思想大讨论，首先解决党员干部和村民代表的思想转变。然后，分片包户帮助村民认识党的农村富民政策，坚定了全村群众坚持改革开放的信心。另一方面，在二十多年的积累基础上，集体生产工具日益配备齐全，一下子变成村民个人耕种收打，在生产工具上出现了不相适应的实际问题。党支部、村委会及时制定了当前发展生产管理办法，其中：1. 电力、水利及配套设施由村提供、管理、投资。设电工2人，机井灌溉各设井长1人（村民选派），所需电耗由村民有偿担负；2. 拖拉机及播种机等农机具由村投资、管理，村民耕种、收打、运输有偿使用；3. 打麦机由村投资、管理，村民无偿使用；4. 籽种、化肥由村统一订购，村民自愿按市价购买。这样一来，基本解决了村民种地难、浇水难、收打难的实际问题。1984年麦秋，北关村小麦种植获得大丰收，平均亩产超800斤，有的地块亩产达1000斤；大秋后，玉米平均亩产超1000斤，有的地块亩产达1200斤，第一次实现了吨粮田。农业生产责任制的实行，在管理体制上，村委会由计划经营管理型转变为指导服务管理型，村民由集体经济型转变为村民生产责任型。生产责任制后，北关村民发扬了老一辈艰苦创业、勤俭持家的光荣传统，发挥自己的聪明才智，科学种田，多种经营，勤劳致富，为以后由原来的农业型转变为农业型为辅，依托县城开展运输、建筑、餐饮、商业、小食品加工各业并举型为主的经济模式拓宽了道路。

实现新农村建设　2009 年 4 月，按照固安县《关于推进农村新民居建设工作的有关规定》《固安县农村新民居建设实施方案》《关于 2010 – 2019 年农村新民居建设工作设想》等政策文件精神，上任不久的党支部书记刘岩峰，即组织党员干部和村民代表贯彻执行上级新农村小城镇建设部署，依据北关村地处县城的区位优势，提出了坚决走小城镇建设发展道路，启动北关村新民居建设工作，力争在 5 年内建成北关新村的设想，得到了固安县委、县政府、工业园区的领导和支持，获得了广大村民的赞成和支持。拆迁改造工程分两步走，第一步先期完成 106 国道拓宽改造工程；第二步全村拆迁改造工程。9 月 16 日，北关村有史以来第一次民居拆迁改造工程开始，共涉及 46 户村民。在工业园区和村干部组成的工作组紧张、细致地努力工作下，经过宅基地勘察丈量、地证审核、建筑物及附属设施评估作价、土地置换和补偿等项具体工作，26 日，按计划要求仅用 10 天即完成协商洽谈签字工作。第二步，2010 年 1 月 6 日，全村新农村建设改造工作开始，涉及村民 183 户。经过大量细致工作，2010 年 10 月，全部完成村址土地 262 亩拆迁工作。11 月，按照确定的建筑规划蓝图，基建工程正式开工。时北关村村委会组成工程质量监督组，全程参与负责建筑施工质量监督。村委会分工副主任王艳负责工程监督工作，选派村民徐广、项国强、王国正成立监督组。2013 年 9 月，第一期东区（原旧址村南北路东侧）5 栋住宅楼、西区（原旧址村南北路西侧）9 栋住宅楼竣工。同时，为调整需求与住宅楼类型、套数矛盾，又启动第二期在西区加盖 3 栋住宅楼，2015 年 11 月亦完成分配。新农村建设工程完成后，北关村形成集村委会办公楼、物业管理中心办公楼、健身场（2 处）、地下车库为一体的新型英伦式建筑群，集村卫生所、幼儿园、老年服务中心、购物中心等商业店铺为一体的现代化生活社区。

第八章 JINGJI

⑧ 经 济

第一节　经济概况

北关村地处固安县城北部，优越的区位和环境，为村民经商、开店、佣工等提供了方便条件。

新中国成立前，村中有杂货铺、剃头棚、饭铺、杠房、手工作坊、大车店等商业买卖十几家，多是由祖辈传承下来的。这些店铺、买卖家大多数分布于村街南半部，其中一家书店在城内。长期的战乱和匪患使得社会动荡，生意清冷，经济萧条，民不聊生。大多数村民长年在县城内或外地做事、"耍手艺"挣钱，勉强养家糊口。有在旧军队、旧官府当差的，有拉脚卖苦力的，有当河兵（河工）的，有抬杠当轿夫的，有教书、行医、卖药的，有打板算卦的，有做瓦木匠、糊匠的，有赶脚运货的，有做糖人的，有租赁厨房"家伙"的等"五行八作"几十种行业。但大部分村民仍以农业种植为生，多数人家租种村中大户的土地，或扛长活、打短工维持生活。由于生产力水平低下，自然灾害频发，农业收成微少。大多数农户长年缺粮、经常断炊、经济拮据，住的是土坯房或用半头砖垒砌的房，冬不抗风，夏不遮雨。穷人家的孩子一般上不起学，十多岁、甚至几岁就下地干活，或进店当学徒，历经磨难。只有村里几家大户人家地多、粮足，生意也好做，生活富裕。

民国三十四年（1945）抗日战争胜利后，中国共产党派工作队进驻北关村，在工作队指导下，成立了北关村第一个党支部，并选举产生了农民协会。党组织和农民协会领导贫苦农民实行"二五减租"（抗战时期我党在解放区实行的一种土地政策，即农民向地主交租一律减少原租额的25%）和土地改革，减轻农民负担，并为部分农民分了地，农民的生活有了一些好转。

民国三十七年（1948）底固安解放，在党组织领导下，北关村实行"土改"，贫苦农民家家分到了土地，从此当家做了主人，耕作生产有了资本和安定的环境，人们劳动热情很高，持家过日子劲头也足了，日子一天比一天好。

从 1953 "互助组"到"人民公社",人们逐渐走上了集体化道路,日子不用愁,劳动得报酬,勤劳家兴旺,没有后顾之忧。村民的土坯房一部分变成了砖瓦房,地里的庄稼一年比一年增产,基本上实现了"干柴细米不漏的房屋"多年梦想。

在农业生产逐年发展的同时,商业、服务业也在稳步发展。1958 年"人民公社"成立,根据中央政府指示,各村建立了"大队","大队"下划分"生产队",村民称为"社员"。北关村原来由私家经营的杂货铺、自行车修理铺、起伙大车店等转为由北关"大队"集体经营,"大队"指派专人负责管理,并按同等劳力标准给这些"售货员""管理员""修理工"等人员记"工分",他们凭"工分"到各自的"生产队"分粮食、瓜菜、柴禾等物品。北关村原来的私家杂货铺、肉铺变为"供销社代销点",人们日常生活所需的日用百货、副食品等要到"代销点"去购买。由于集体经营、按计划供给,"代销点"商品种类、存量比以前增加了许多,方便了人们生产与生活。集体经营收入归大队统一支配,壮大了集体经济。至 1983 年"生产队"解散后,这些集体经营项目又逐渐变为个体经营。

20 世纪 60、70 年代,政治运动比较频繁,但村干部领导群众坚持"抓革命,促生产",把农业生产、"副业"经营放在首位。农业生产受影响不大,村民生产、生活比较安稳。为贯彻中央"以粮为纲、全面发展"方针,"大队"鼓励村民"走出去、请进来",寻找关系、建立联系,引进资源,搞简单加工业。发挥本村传统优势,稳固、发展原有加工项目,这些时称"副业"。"副业"赚了钱壮大了集体经济,补充到"工分"日值,各队的"工分"日值从 60 年代初的三四角钱,至 1982 年已上升到 6 角多钱。

1983 年北关村实行联产承包责任制,土地、农具、牲口分到各户。农民种植自由,养殖自由,做买卖自由,个体企业、店铺如雨后春笋纷纷建立,并不断壮大。

进入 21 世纪,随着国家改革开放进程的加快,人们的思想观念有了根本性改变,人们逐渐摆脱土地束缚,纷纷投资创业,商贸、建筑、运输、服务等个体经营兴旺发展,呈现出"家家有买卖,人人搞经营"的昌盛局面，经营效益逐年递增，成为村民主要经济支柱。

2010 年，北关村全面拆迁改造，村民失去土地和原有经营场所，由此催生了村民新的创业观念，资源迅速整合，有的依靠原有优势资源，选新址干起老本行；有的另辟蹊径，目光更远，选择优势行业创业、发展，北关村民靠勤劳智慧铺就了更广更远的致富路、幸福路。

附：

北关村商贸服务经营统计表

2016 年 10 月

序号	经营形式	数量（户、个）	备注
1	商店（含固定摊位）	39	日用品、百货、副食、水产品、调料、肉食、茶叶、电料、汽配、家具、装饰材料
2	美发、理发	13	理发、烫发、剃头等
3	饭店、小吃店	27	含小吃摊
4	旅店、旅馆	21	大车店、起伙店、住宿
5	客运	37	脚踏三轮车、摩的、汽车
6	货运	3	四轮拖拉机、汽车
7	建筑业	11	瓦木工建筑队、建筑公司
8	食品、菜类加工	36	豆制品、食品类、炸货、烧鸡、吹糖人、生豆芽
9	服装被褥加工	4	羽绒服、裘皮制衣、电脑做被
10	工业加工	5	渔具、藤编、制大煤球、快干腻子、汽枪子弹
11	木器加工	1	
12	面粉加工	1	
13	水果零售批发	3	
14	洗浴	2	
15	快递	2	

续表

序号	经营形式	数量（户、个）	备 注
16	水暖安装	3	
17	室内装修	8	
18	电气焊	4	
19	手机店	4	
20	古玩店	2	
21	职业技术学校	1	
22	修理业	12	
23	蔬菜批发零售	13	
24	废旧物品回收	9	
25	钢构	1	
26	洗车	1	
27	诊所	5	
28	殡葬服务	1	
29	马掌铺	1	
30	糖果经营	2	
31	建筑材料	1	

第二节　农　业

一、发展概况

北关村处于永定河冲击扇风沙区、水泛区，属沙壤土质，不利于农业发展。

新中国成立前，大多数村民以农耕为生，土地收成是生活主要来源。民国三十三年（1944）全村有耕地2492.9亩，其中近千亩土地掌握在村里两三家大户手里，全村拥有大牲口10多头（匹）及农具、籽种等农业生产资料。一些没有土地和地少的农民靠租种大户的地或扛长活、打短工、耍手艺、做买卖维持生活。农作物主要品种有玉米、高粱、谷子、大豆、花生、白薯、小麦等，由于当时种地完全"靠天吃饭"，加之土壤贫瘠、耕作原始、工艺简单、投入有限，粮食产量一直很低，亩产一般不足百斤。若遇旱、

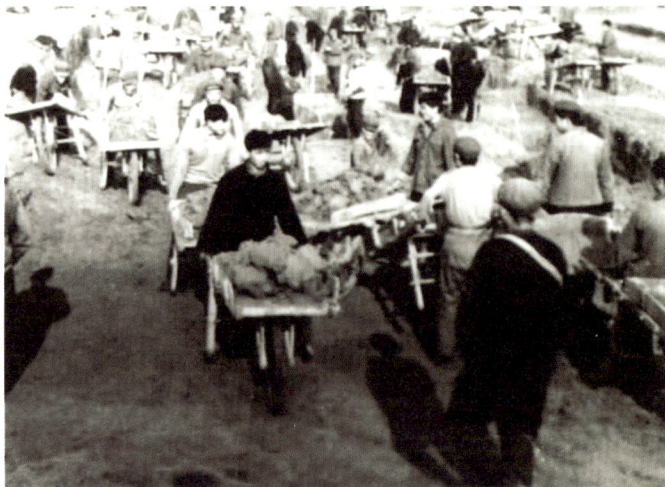

平整土地

涝、雹、病虫等自然灾害或战乱，庄稼收成无几，甚至绝收。

新中国成立前后，北关村经过两次"土改"运动〔第一次在民国三十四年（1945），第二次在1949年新中国成立后〕，几家大户的土地大部分分给了贫苦村民，实现了"耕者有其田"，形成了一家一户的农业生产方式。农民有了自己的地，激发了劳动生产热情，在农业生产投入上比以前更多，管理更精心，粮食产量有一定增长。

1952年，在中央《关于农业生产互助合作的决议》方针指导下，北关村民何树仁、高德山等人开始尝试农业生产互助合作。到1953年，全村陆续建立起8个农业生产"互助组"，实行农业耕作、管理、收获等互助联营，农业生产

收割小麦

轧场

能力和效益较前明显增强。

1954 年 4 月，在原有 8 个"互助组"和吸纳部分散耕户基础上成立了"民强社""先锋社"两个农业生产合作社（时称"初级社"），全村农户大部分参加了农业合作社组织。"民强社"社长何树仁、董振生；"先锋社"社长孙志和、高德山（后为刘顺、王德启）。这一时期，由于发挥互助合作组织的作用，调动了人们劳动的积极性，农业种植引进密植新方法，农作物籽种优选改良等因素，粮食产量显著提高，小麦亩产达到 150 斤，玉米 200 多斤。

1956 年，依据上级指示，固安"四关五街"（东关、南关、西关、北关、东街、南街、西街、北街、北横街）成立一个合作社，时称"高级社"，社长温国贵（西关人），北关村属"南关大队"所辖，大队长是项友义。北关村为"中队"建制，中队长陈泽民、孙志和。"高级社"时，实行生产资料入股分红制。农户以入股的形式将自家土地、牲畜、车辆等大型农具等交给社里，由社里集中管理，统一调配、使用。北关村农户全部入社入股，全村入社共 178 户。北关中队下分两个小队。以村中东西向大胡同为界，胡同南部为一队，队长郑光前、焦只瑞、刘振生；北部为二队，队长董振生、郑殿奎、王福廷。这一时期，日常生产活动以中队、小队为单位自行安排，较大生产活动或农田水利建设则由"高级社"统一安排、调动劳动力和车辆等。

1958 年"人民公社"成立，根据中央政府指示，各村建立"大队"，"大队"下划分"生产队"。北关建立"大队"，下分 5 个"生产队"，"生产队"设队长、会计、记工员、保管员、饲养员等管理人员。村民被称为"社员"，各家各户凡是有劳动能力的"社员"，每天都要到生产队参加劳动。队里每天以敲钟为号集合"社员",队长按不同劳力类型分派劳动任务,记工员当天给每位"社员"记"工分"。按照"男女同工同酬"的政策规定,女劳力与男劳力完成一样的生产任务享受同等待遇。青壮年为"整劳力",每天满分10分,年纪大、身体弱干不了重活的为"半劳力"每天记6~7分。"社员"凭"工分"年终结算分得生产队的粮食、蔬菜、瓜果、柴禾等农产品。这一时期,每到逢年过节(春节、中秋节)队里都要杀猪、做豆腐,按"工分"和人口分给"社员"猪肉和豆腐,这个做法一直延续到改革开放前的1982年。

新中国成立初期,北关村有耕地1729亩,分布在村子四周及高庄头村东、大龙堂村西南、永定河南河滩和野场村东。1958年"人民公社"成立后,实行"一平二调",在上级统一安排下,对土地进行了调整。其中,村东和河滩的部分地块拨给了邻近的村子。

"人民公社"成立后,北关大队建立了"基干民兵突击队"和"青年突击队",带头参加各项生产建设活动,发挥了先锋骨干作用。

"平整土地"运动,是一次全国性的土地治理运动。1958年春,全国农村掀起了"平整土地、开荒造田"运动,北关大队调动"青年突击队"担此重任,"集中兵力打歼灭战",提出了标准要求,规定了任务及完成的时间。经过秋后入冬前和来年一个春天的奋战,村西及村西南百亩洼地被填平,村西北荒土岗杂草地铲除干净,开辟出了近百亩耕地,增加了粮食种植面积,提高了粮食总产量。

"深翻土地"运动也是当时农村一项时间紧、任务重、强度大的重要农业生产活动。为落实上级要求,1958年开春,北关大队和各生产队分别召开动员会,传达上级指示精神,在大队统一安排下,给每个劳力分配了每天4分地的土地深翻任务,统一了标准,要求翻地深度要达到2尺。农历二月初,大队组织全村100多名青壮年,开赴离县城15里远的野场村东北关村地块,按要求进行深翻,连续苦干了10多天完成了任务。因路途远回家不便,人们每天自带中午饭在工地上吃。那时,干活虽然很苦很累,但人们干得挺起劲。这项活动开始时有些人不理解,但经过农业种植实践,证明深翻土地这项措施在当时是正确的,使多年未动过的下层阴土翻上来得到熟化,土壤结构疏松了,有利于涵养水源,更有利于作物生长。当年大秋，粮食等农作物获得了历史上从未有过的全面大丰收。

按照上级指示，1958 年麦秋后，北关大队成立了南、北两个集体"食堂"。全村人每天要到指定的"食堂"吃饭。到 1961 年，由于受"自然灾害"的影响，集体"食堂"被迫解散。为解决人们吃饭问题，大队把村子周边的地分给社员，先是把集体的菜园地（杜文庆家后门西菜园子）分给每人 2 厘地种菜，时称"自留园子"，后又每人分给 1 分 3 厘自留地，一些庄户头（房基地）大的户用自家院子闲地顶自留地，一定程度上减轻了人们缺粮压力。这段时间，人们只能在半饥半饱中艰难度日，直到 1964 年农业收成有所好转，生产队交售公粮后有了较多的余粮，才逐渐解决了人们缺粮困难。

20 世纪 60 年代至 70 年代，在历次政治运动中，北关村领导一直坚持把握正确方向，认真贯彻中央"以粮为纲，全面发展""抓革命，促生产"和"农业学大寨"号召，对粮食生产始终没有放松，农业生产条件不断改善，结构进一步得到调整，粮食产量在逐年提高，实现了粮食产量"上纲要""跨黄河"（"纲要"指标是 400 斤，"黄河"指标是 600 斤）。

种植结构调整　新中国成立初期，北关村粮食作物主要是玉米、谷子、高粱、白薯等，小麦只有小面积种植。闲散地种植大豆、花生、芝麻、杂粮等。耕作传统、原始、简单。1958 年"集体化"后，种植品种有所调整，小麦种植面积逐年扩大，还种植了几百亩的水稻，但农业生产一直停留在传统的种植结构和管理方法上，因为当时还没有化肥，即使有少数的化肥（时称"肥田粉"）也不被人们重视，地里长期普遍使用牲畜、家畜粪肥、炕灰和人工积肥，数量有限，地力较贫瘠，粮食产量增幅不明显。如：小麦亩产 200 多斤，玉米亩产 300 斤左右，其他粮食作物亩产量不足 100 斤。20 世纪 70 年代后，农业生产不断引进农业科技和机械化。县、公社等涉农部门多次组织农技员培训；每个生产队划定专门地块，用于小麦、玉米等农作物品种杂交试验；在大田推广粮食新品种和种植新技术。如：推广了玉米"京早七"杂交新品种和小麦移栽新技术、"白薯下蛋"新技术，改变传统种植结构，实行高矮作物间作套种，合理密植，秸秆还田，配制、施用氨水、磷肥及有机肥等农业生产新技术、新方法，保证了农作物的稳产高产。

生产方式进步

新中国成立初期，北关村农业生产方式还停留在原始方式上，且条件较差，耕地用木犁，后进而发展到单、双铧犁，耪地用锄头，开苗子用蓐勺，几乎全部是人工完成，

人力播种拉楼

劳动强度大，效益低。种豆子用单腿楼耩地，拉抹刮、轧子覆土、压实，种高粱、黍子、稗子推砘子压地，拉庄稼、运肥等几乎全部都由牛、马等牲口拉大车完成，有时牲口忙不过来还用人拉车、人拉犁。至20世纪70年代，大队、生产队干部们集中精力狠抓粮食产量提升，不断改进农具，推广农机化生产，学习新技术、新方法。在项义友任片长时，同大队干部一起向上级请示，县里无偿拨给大队2台12马力小四轮拖拉机。其后，各生产队又陆续购买了手扶拖拉机。1977年，在大队"副业"支持下，购买了55马力大型拖拉机1台，保障了全村耕地、运输使用。其间，各生产队都添置了小麦脱粒机等农业机械。

农机化作业与推广，彻底改变了农业生产长期以来的完全靠人力、畜力的现状。使用拖拉机耕地，机带"四腿楼"、"镂楼"耩地，脱粒机打麦，小四轮拖拉机运输等等，大大提高了农业生产效率和水平。

随着农机具的增多，农业耕作方式逐步改进。冬小麦种植实行"七尺一带"小垄密植，增加复种面积，种植"六担准"采用小方畦散播便于浇灌。耕地全部使用大型拖拉机深翻细耕，使土壤熟化，用小拖拉机刨麦茬加快秸秆腐烂，增加有机肥成分。小麦脱粒机不仅增加了生产效率，还减轻了人们的劳动强度，加快了麦秋进度，保障了小麦的顺利收获、入仓。

1982年春，遵照上级指示，北关村农业实施"土地联产承包责任制"。当年把土地、牲畜、部分农具一并分到各户，55马力拖拉机由大队统一管理，承包给了王凤祥、郭文喜供村民耕种土地有偿使用，保证村民

农田耕种基本实现机械化。原有的几台小麦脱粒机由大队统一管理，到麦秋供农民无偿使用。土地分到了农民手中，农作物种植有了自主权，以小麦、玉米为主，有些农户还种了蔬菜，当时有冯庆余、李凤明、建了蔬菜棚种植蔬菜。

农业生产方式的变化，促进农业种植结构上的调整。多数地块实现"一年两熟或三熟"制，缩小低产作物种植面积，扩大高产作物种植比例，合理密植，增加基数。同时，增加生产投入、推广科学种田，逐步实现了种植、耕作、收获机械化，粮食产量在上世纪末已突破"千斤"大关。

土地承包权变更 1983 年，北关村实行联产承包责任制，按照规定和本村实际，土地承包给了全村农户。至 1997 年，村民承包的责任田基本上没有变化，只有村西种植果树 150 亩，在更换承包人上有所调整。1997 年后，第二轮土地承包。当时全村共有 268 户，其中有 110 户承包了土地，158 户没有承包土地。剩余土地承包给了村民王凤祥、周长庆等几家种植大户。这一轮土地承包预定十年。期间，每年分给没承包土地的每人 150 斤小麦，全村所有人口每人每年分 80 元钱。随着农业种植结构的进一步调整和机械化程度的提高，科学技术全面普及，优良品种大面积推广，农业生产向着优质、高效、绿色、环保方向发展，粮食产量不断增长，两季复种，全年亩产达 2000 斤，是新

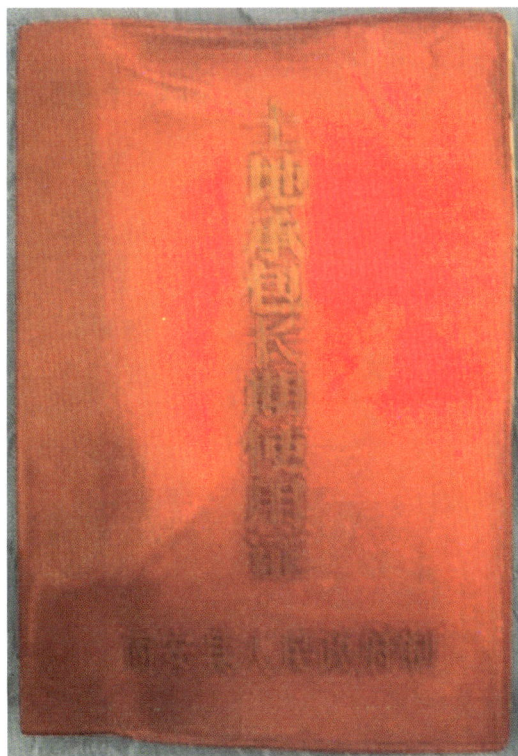

村民土地承包证

中国成立初期的 10~20 倍。

21 世纪以来，在大力推进现代化建设、加快"小康"社会进程中，

国家提倡土地集中经营，扶持农业科技种植大户规模发展。2008 年，北关村进行了第三轮土地承包，每人分地 0.4 亩。这一轮土地承包延续到 2010 年止，北关村整体拆迁改造，连同房屋土地一并被置换征用。

附：

北关村种植结构一览表

年　代	品　类	种植比例	亩产量（效益）	备　注
新中国成立前	小麦、玉米、杂粮	小麦 10%～20% 玉米 50% 杂粮 30%	平均亩产 100 斤	
新中国成立初期	小麦、玉米、杂粮	小麦 20%～30% 玉米 50% 杂粮 20%	平均亩产 150 斤	
人民公社时期	小麦、玉米、多穗高粱、白薯	小麦 30%～40% 玉米 50～60% 高粱、白薯 30%	平均亩产 300～400 斤	两季复种
改革开放后至上世纪末	小麦、玉米	小麦 50%～60% 玉米 90%	1400～1600 斤	两季复种
21 世纪初至 2016 年	小麦、玉米	小麦 40%～50% 玉米 70%	1800～2000 斤	两季复种

二、农田基本建设

（一）大办水利。水利是农业生产的命脉。解放初，村中两家大户在自家菜园子种蔬菜，使用菜园内砖井用辘轳提水浇菜，其他农田都是旱田，农民基本上靠天吃饭，粮食产量低下。

1956 年"高级社"成立后，根据农田灌溉需求，"高级社"开始部署兴修水利，其中主要工程有北关中队开挖"水柜（库）"工程。从当年正月初三开始，社里组织全社"青壮年突击队"，在北关村西北开挖一个长 1000 米、宽 30 米、深 4 米西南—东北朝向的"水柜（库）"，并在"水柜（库）"内和库底打井，用于"水柜"蓄水，为种水稻和灌溉周边农田提供水源。当时，北关村焦旺贤、李茂增、王益臣、曹永兴、何庆生等几十名青壮年参加了挖"水柜"和打井工程，历时3个月完成了此项工程。随后，在"水柜（库）"南端建设了机房，安装了"锅驼机"及配套抽水设施。其后，开展整修稻田工程，翌年春，种植了水稻400亩，此后每年都增加种植，1960年种植面积达到600亩。

为鼓励人们种植水稻、夺取粮食高产的积极性，社里组织各村插秧能手在北关村"水柜"南头稻田地块，设"擂台"进行插稻秧"打擂"比赛，在规定时间内插稻秧速度快、株距、行距符合要求、飘秧数量少、插秧亩数多者获胜。北关村还对在种水稻活动中取得突出成绩者给予了奖励。

有了水源，大大改善了农田灌溉条件，促进了粮食大幅增产，小麦亩产量达到200斤，玉米300多斤，水稻产量最高达800斤。

1958年，"人民公社化"以后，大队组织人力挖井，首先在村西地里挖出了2眼水井。后来又陆续在村西、村北挖井，本着"40亩地一眼井"的规划，几年内全村共挖砖井6眼。因当时没有电，只能靠人力、畜力推水车抽水，效率很低，一天浇不了几亩地，尽管这些水井发挥了一些作用，还是远达不到实际需求，大部分耕地仍因缺水低产。

1958年以后，北关村开始较大规模地兴修水利、电力和农田治理。在"总路线、大跃进、人民公社""三面红旗"鼓舞下，大队抽调青壮劳力建设农田水利工程，打机井、大锅锥井，同时，把村西、村北地块，在地界之间开通道路10条，在主要地块修路、路边种树、挖排水沟，后实行"排、灌、路、林"综合治理，方便了农田耕作和农作物、生产资料的运输。

1964年，为增加水浇地面积，在村西打了第一眼机井，井深73米，井管口径310毫米，可浇地100亩。1965年在村西、村北各打了一眼深88米机井，并全部配套了4.5千瓦电动机和离心水泵。1969年又打了一眼深21米、井口直径700毫米的大锅锥井，此井可保浇地100亩。到1979年全村共打机井27眼，其中浅井14眼，深井13眼（其中4眼位于大龙堂村南），装配电动机的有11眼，配柴油机的3眼，电动机、柴油机双配套的5眼，临时协调配置的6眼。到1972年底，全村共有大锅锥井11眼，大部分配备了柴油机作动力抽水。所有机井大锅锥井都配备了专管员，当时的专管员有王德福、蒋树林、李树岐、王义臣等10人。为解决低洼地易涝难题，1966年后，大队组织人力，先后修建了总长2400米的3条排水沟，基本上达到了旱涝保收。

北关村1962年开始办电，是全县农村供电较早的村子之一。第一台30千伏安变压器安装在村内，供村民照明用电。之后，为了扩大水浇地面积、满足农田灌溉用电，大队又向上级供电部门申请增容购置了4台变压器（50千伏安2台、80千伏安1台、110千伏安1台），全部安装在村内、村外耕地附近，用于农田灌溉，配套架设电线1800米有效保证了农田灌溉需要，水浇地达到了800亩，高产稳产田增加到575亩，亩产量达到400～500斤。70年代，农业水利建设主要是打机井，配套水利、电力设备。大队、生产队为每眼机井配齐了柴油机、电动机、离心泵等。至80年代，由于地下水位逐年下降，以前所打的机井、大锅锥井都已失去使用功能。

1997年，第二轮分地之前，大队又在各地块打深井，共打12眼，同时全部配套潜水泵，配建了机房。全村耕地铺设地下输水管道共1万米，实现了防渗节水灌溉农业目标。机井建设和输水新设备的应用，为农作物的稳产高产提供了保障。

上世纪60年代起，北方广大农村响应毛主席"一定要根治海河"的号召，全民动员，对海河流域大小河流和入海口进行治理，北关大队连续十几年派出青壮年劳力出河工、挖海河，全村共派出河工300余人次。

（二）治理土地。北关村耕地大多属沙壤盐碱土质。早年由于长期缺乏治理，形成地表高低不平，盐碱地、风沙地成片。

从上世纪60年代初开始，大队多次组织社员适时利用治风沙种林带、修台田、除盐碱、平整土地等方式改良土壤。1979年初冬季节，大队组织全村民兵、青壮年平整大龙堂村南的低洼地，全村100多人的队伍，每天奋战在工地上，工地上打着红旗，场面热火朝天，人们你追我赶，干劲十足。正巧时任固安县县委书记刘金杰骑自行车路过此地，看到这个热闹的劳动场面很受感动，快步来到工地，与干部、社员亲切交谈，了解情况后，当即进行表扬，并决定拨给北关村一批化肥和氨水给予鼓励。1979年，全村共治理和平整盐碱地、沙荒地、坑洼地730亩，有效提高了农业收成。其间，20 世纪 50 年代开挖并已废弃的"水柜"也被填平复耕。至 2010 年底，全村共新打机井 12 眼，配套机泵管带达 15 套，更新、增容变压器 5 台，总电力基本保障了农业生产需要。

附：

北关村农田基本建设配套一览表

年　代	水　井	电　路	水利设施	道　路	备注
新中国成立前	3 口砖井	无	无	土路 5 条	
新中国成立初期	人工砖井 9 眼	无	装辘轳 3 个、水车 5 辆	土路 5 条	
人民公社时期	机井配套 80%	低压电路 1800 米	电动机、柴油机、离心泵 65 件（套）	土路 10 条	
1982 年至上世纪末	机井配套 90% 以上	配套低压电路	潜水泵	土路 10 条	
21 世纪初至 2016 年	机井配套深井泵、配电房 95%	高架电缆或地埋输电线至井位 500 米	沟渠 3 条、涵洞、节水管道 1 万米	土路 9 条，柏油路 1 条。	

三、耕种方法变化

新中国成立初期，北关村农业耕种还是沿袭传统方法，畜力耕作，人工埋种，程序简单，少肥无水，基本上靠天吃饭。庄稼生长不旺，最好的办法就是"稀苗大穗"、"一步（五尺）三棵苗"，常言道："庄稼地里卧下牛都嫌种得稠"，种小麦"大背、单陇"，为的是中耕除草，每亩下种"三升"（一升三斤），秋后可收"四端"（约合 60 斤）。农田的耕、耩、锄、耙采用牛、马、驴等畜力拉，人工撒种、埋种，从牛拉木犁发展到双铧犁，这是一次农具的进步。由于时常的水患，土地泛碱严重，常常是把地先挑一道沟，把种子埋在沟底，待苗出来后再把沟平上。秋收时完全依靠人工，徒手拔麦子，用镰刀割谷子，收玉米更是需几道工序，掰玉米（又叫棒子）、剥玉米、尅玉米、镐铰棒子秸（玉米秆）等都是人工完成，费时又费力。庄稼弄回家后，还要晾晒出风，在家院子里或场院里"打场"，才能收到粮食。

1957 年至 1962 年，大队每年在村西北地块种 300～600 亩水稻，抽取"水柜"的水灌溉水稻田，1963 年，因水源不足停止了种植。1964 年打了井以后，又恢复小面积水稻种植。

20 世纪 70 年代，在全国实现"农业机械化"号召下，大队、小队先后购买了一些大型农机具，大大提高了农业生产效率。1977 年，大队买了全村第一台拖拉机，为各生产队耕地。不久，每个生产队都买了手扶和小四轮拖拉机，大队成立了"农业生产机械队"，（司机：王国岐、张伯明、董金波、王福生）负责耕地、收秋，拉庄稼，送肥料，每天奔跑于田间，到了过秋更是昼夜不停地干。耩地用的"楼"比以前有了改进，以前使用单腿楼，

旧时农具

用牲口或用人拉，一次只能耩一个眼（垄）。1973 年大秋，生产队买了"四腿楼"，一次可以耩四个垄，后来"八腿楼"、"镩楼"顶替了"四腿楼"，生产工艺改进了，生产效率比以前提高了好几倍。

农业耕种、收获机械化大大减轻了农民的劳动强度，节省了劳动力，提高了生产效益。

麦秋，是农村一年中农业生产最紧张、最忙的时候，这时农业生产有三项农事要同时进行——夏收（收获小麦或大麦等早熟作物），夏种（播

麦收抢场照片

种玉米或豆类作物），夏管（春播作物都要进行耕作、施肥、浇水、整枝等管理），因此这一时期被称为"三夏大忙"季节。夏收则是"三夏"最紧迫、最关键的任务。以前，收小麦是传统的方法，徒手拔麦子，劳动强度大，效率低，时间拉长，往往因收获不及时赶上风、雹、雨灾坏天气，农民辛苦一年没有了收成，眼巴巴看着到口的粮食被糟蹋了十分心疼，因为这是人们一年的细粮。

20世纪60、70年代"生产队"时期，人们一直用镰刀收割小麦，还是效率低，进度慢。每到这时候，各级政府、生产队干部和社员们全民动员，就像打仗一样紧张"争秋夺麦"。麦子运回场里后，要经过铡麦个（去掉小麦下半截减少麦秸）、摊场（晾晒出风）、轧场（用牲口拉碌碡碾出麦粒）、翻场（为了碾压均匀不断地翻动）、起场（收集成堆便于下道工序）、扬场（分离籽粒与麦秸等杂质）等多道工序才能收到粮食。1978年后，生产队购买了小麦脱粒机，小麦拉到场院后及时脱出粒晾晒，避免了因脱粒不及时、赶上坏天气造成小麦发霉变质的风险，大大减轻了劳动强度，节省了时间，加快了小麦收获进程。人们真正体验到了"农业的根本出路在于机械化"这个真理。

1983年后，农民种地有了自主权，农机的普及、新技术的实施有了更便捷的渠道。从农作物的种植到收获各个环节普遍应用农机作业，基本摒除了人力、手工等原始操作工序，解放了劳动力，提高了功效。原北关村大型农业机械为村民耕地、播种、收获等。1984年后，村民各户纷纷购买农机，平时自家拉活、搞运输，农忙时节为自家或有偿为村民服务，也有的是无偿帮工，为村民耕种、收获提供了方便。同时，人们种地除了施用农家肥外，还逐渐学会了化肥的施用。后来，在农作物生长关键期还加施有机肥或调节剂，有助于增加作物的品质优良，增加产量。农作物种植中使用地膜覆盖，既防了病虫草害，又使作物提早成熟，增加效益，特别是蔬菜大棚的发展，为农业种植结构开辟了新途径，农业种植新理念、新结构、新技术、高效益得到充分体现，成为农业发展的方向。农业生产科技

60 年代耕地图

被广泛应用，农田免耕种植、秸秆还田等普遍推广，既节省了资源又保障了自然的平衡，还为土壤增加了有机肥力。

拖拉机

手扶拖拉机

附：

北关村农机具统计表

年　代	小拖拉机	大型拖拉机	农用车	小麦收割机	玉米收获机
新中国成立前	无	无	木轴大车、胶皮轮大车7辆	无	无
新中国成立初期	无	无	人力车10辆、畜力车7辆	无	无

续表

年　代	小拖拉机	大型拖拉机	农用车	小麦收割机	玉米收获机
人民公社时期	8 辆	1 台	畜力车 12 辆	4 台	无
改革开放后至上世纪末	40 辆	1 台	60% 户 1 辆	4 台	无
21 世纪初至 2016 年	16 辆	—	40% 户 1 辆	无	无

四、农作物籽种更新

农作物籽种的优质率、科技含量是农业现代化发展进程的一个重要标志。改革开放后，随着科学技术的进步，农作物的种子在不断改良与更新。

新中国成立初期，沿袭了几千年的种植传统，农作物种子自然沿袭，农民自选优种，沿袭种植，小麦、玉米品种都很单一，小麦是传统的"小红芒"，玉米品种有春播的"金皇后"，夏播的"麦茬红""白八趟"。

1958 年"人民公社"后，为了增加粮食产量，除了种小麦、玉米，还种了高产的"多穗高粱"、"徐薯 18"的白薯、和春播的大麦、"六担准"等。尽管人们做了多方的努力，粮食产量还是不高，在一二百斤之间徘徊，距《农业发展纲要》"四、五、八"（上世纪 70 年代，国家下达粮食生产指标：黄河以北亩产 400 斤，黄河以南亩产 600 斤，长江以南亩产 800 斤）的要求相差甚远。粮食产量增长缓慢一个重要原因就是没有优良品种。

改革开放后，农民越来越重视农业科技的重要性，特别是对农作物优良籽种的使用被认可。1982 年，从北京郊区等地引进了玉米新品种"京早七"在全县推广，北关村 1000 多亩农田大多数都种植了这个品种，秋后亩产达 500～600 斤，获得了历史上的最好收成。小麦品种更换成"简二六"，亩产 300 多斤，全年每亩可收粮食 900 多斤，完全满足了人们吃粮需求。

农业现代化建设目标和党的"支农惠农"政策，为农业、农民植入了新思想、新观念，农作物籽种的杂交实验、繁育推广快速及时，先后有"京早七""延单系列""郑单系列""浚单系列"等优良品种，后来又引进、推广了玉米优种有"浚单""郑单""肃育"和"三北"系列籽种，普及推广，亩产量由六七百斤上升至 800 多斤，2010 年产量达到了 1000 斤上下。玉米产量的逐年上升，除了精耕细作、合理施肥浇水等科技植入外，更得益于具有稳产高产品质的优良品种不断更新和推广。到上世纪 90 年代，小麦引进了优种"冀 26"等新品种，产量均突破 1000 斤。

五、特色农业

（一）林果种植 北关村沙碱地较多。新中国成立前至成立初期，村民除种植粮食作物外，有的在沙碱地上栽种杞柳、杨杆子和零散杨柳树。杞柳用于编笸箩、筐、簸箕、柳斗等家庭生活用具。大多是把柳条剥皮后到集市上去卖"白柳"增加收入。杨杆子主要是盖房做檐椽和"花架"。

人民公社"集体化"后，大队大力发展林业。沿袭传统扩大杞柳、杨杆子种植面积，引进推广新品种，在村西、村北沙碱地大面积栽种紫穗槐。在 4 个生产队方地间隔和耕作路两旁，栽

村民果树园

种成行的紫穗槐、柳杆子和"小米旱"杨树。杞柳、紫穗槐、柳杆子每年增加栽种面积或换茬重栽。1967 年，全村林地达 283 亩。其中杨树 29 亩，柳树 95 亩（含柳杆子），经济林 158 亩（其中杞柳 107 亩，紫穗槐 51 亩，果树 1 亩）。林业的发展，既起到了防风固沙、保护农作物的作用，又增加了集体经济收入。

20 世纪 70 年代后，村里开始培植果树。大队统一安排有经验的老农，配备青年人当助手，在村西、村北和柏村村东大面积栽植杜树和少量的枣树、杏树。经过几年的培植、嫁接和精心管护，全村梨树园发展到145 亩，枣树 5 亩，杏树 5 亩。"集体化生产"时期，果树园由各生产队经营管理，在一定程度上增加了集体收入。1983 年后，实行生产承包责任制后，从 1984 年起，梨树园由大队先后承包给十几户村民管理经营。

20 世纪 80 年代后期，为充分利用外圈土地资源，大队于 1988 年把位于大龙堂村西南的 180 亩地发包给村民发展果树种植。大队在此打机井3 眼，架线、配套机泵等设施，供浇灌果树使用。承包户开始时栽植苹果、桃、梨树，与小麦、玉米等粮食作物间作，靠粮食收成获得收益。经过几年的精心培植和管理，形成了大面积连片的果园。在果树种植管理过程中，果农们克服了缺乏经验、不懂技术、路途远不便看护等诸多困难，一直坚持经营管理果园 20 多年，使集体土地发挥了应有的作用，果农们也获得了较好的经济效益。其间，开发种植果树的农户有焦杰、张建国、侯玉清、王艳、高印清、王洪信、王洪文。

（二）花木种植　改革开放后，在市场经济导向和人们生活需求下，农业种植发生了新的变化。1998 年，孙占坡在自家承包地建大棚 5 个，占地 2.5 亩，种植了马蹄莲、菊花、龙柳等花木，花卉达到几万株，自家在北京来泰花卉市场设有销售摊位，还供应会场布置、婚庆活动等，效益可观，2010 年征地时花木种植停止。

2001 年，村民张柏强占地 1.5 亩，建大棚 3 个种植花卉，主要品种有马蹄莲。他开始不懂技术就虚心请教，探索钻研，很快就掌握了花卉种植管理技术，花卉侍弄得很旺盛，受到人们喜爱。产品销往北京，经济效益一直很好。

六、畜牧水产养殖

（一）养猪　新中国成立初期，农民分到了土地，生活有了保障，家庭经济较富裕的农户养殖 1~2 头猪，平时饲喂草料、泔水，待猪长到一百来斤，加些粮食、豆饼、花生饼等精料育肥，一头猪生长过程需一年，多用于自家过年、过节杀了吃肉。

1958年后，家庭饲养被禁绝，只有鸡鸭养殖在一定程度上被放宽。20世纪60年代初，由于粮食短缺，家庭养殖一度出现停滞状态，村子里基本上没有家畜、家禽的气息。"文化大革命"初期，养殖家禽、家畜更被视为"资本主义尾巴"被割掉。20世纪70年代初，国家、各级政府号召"大力发展养猪事业"，每个生产队都建设了养猪场，养上了猪，队里派专人喂猪，养猪事业发展很快，由开始一年养几头发展到几十头，养猪多了，积肥也多了，给农田增加了有机肥。猪育肥后主要用于中秋节和过年杀了给社员分肉，剩余的交售到"公社"的供销社，卖了钱补充到生产队劳动日值。同时，大队号召各家各户都养猪，农户都建了猪圈、养了猪，有的还养了母猪，繁殖仔猪卖钱。按当时政策规定，每交售一斤猪补助4两粮食，一方猪粪计150分。在当时养猪成为社员家庭一项重要经济来源。

改革开放后，随着农村联产承包责任制进一步落实与完善，农业产业结构的调整和农业生产机械化的普及，农民不用每天从事农活，逐渐从土地上解放出来，有了更多的闲暇和精力，因此，很多人改作其他行业，有的搞起了专业养殖。

北关村养猪大户王立新。1999年，投资几万元，建猪圈20间，购买种猪，自繁自养。其间，养母猪5头，年存栏一般在一百头左右，最高一年生猪存栏200头，主要销售到屠宰场，经济效益一直很好，年收入1.5万元。2009年拆迁改造停止饲养。

村民养猪场

村民王德润，从1987年开始在自家院中建猪圈养猪，他和家人克服困难，逐步发展。后来在村北地里建了猪舍10多间，饲养量越来越大，最多存栏达70头。获得了较好的经济收益。

（二）养牲畜　生产队时期，各队都建了大牲畜饲养棚，由饲养员专门负责饲养，全村共有大牲畜 40～50 头（匹），主要用于农业生产使役，还可以积肥。随着农业机械化水平的提高和农机具的普及，牲畜饲养已绝迹。

（三）养鸡　北关村民早年就有养鸡的传统，几乎家家户户养鸡，多以散养为主。20 世纪 60 年代"文革"时期曾禁绝社员家庭养鸡。1982 年改革开放后，农民在市场经济引导下，专业养殖迅速兴起。1997年，村民王利丰占地

村民养鸡场

1.8 亩，建鸡舍 20 间，开始饲养蛋鸡。鸡场设有配料室、防疫室等设施。从开始的几百只，逐步发展到存栏 3000～4000 只，平均日产蛋量鸡蛋300 多斤，鸡蛋销售到刘园批发市场和集市摊点，获得较好的经济效益，2009 年底停止饲养。另外还有些家庭小规模养鸡户，经营效益不大。

（四）养鱼　人民公社集体化后，1978 年大队在第四生产队大场西侧建了 64 米长、37 米宽、占地 3.5 亩的鱼塘，大队派徐雨才、李振东、何庆生等负责养鱼。养殖的品种有鲤鱼、白鲢鱼等。出产的鲜鱼一般供应供销社和城乡居民，过节也分给社员。到 1982 年停养。

（五）养羊　家庭养羊也是当地村民的养殖项目。以前只有些农户零散放养，品种单一，都是本地山羊、绵羊，户养最多也就十来只。改革开放后，一些农户建了羊圈，引进外地品种小尾寒羊，但由于受本地自然条件所限，不适宜寒羊的生长、发育，这个项目没几年就被人们放弃了，人们又回到饲养本地品种绵羊为主。根据羊的生活习性，养殖户一般给羊建设棚圈，日常以放牧为主，夜晚归圈后喂加入粮食的精饲料。由于羊的生长周期长，市场价格一直不高，再加上受场地的限制和饲料上涨幅度较

大，养殖的规模受到影响，一般饲养量有几只，最大的养殖场羊只存栏只有几十只。

村民孙满忠从 1983 年开始养羊，起初十几只自繁自养，逐步繁育增多达到 30 只。村民马云林（回族），养羊有丰富经验，改革开放后，每年养羊 30 多只，主要供自家宰杀卖肉。

第三节　手工业

新中国成立前，北关村没有大型工业只有少数从事手工编织、制衣、食品加工等小作坊，受社会环境影响，规模小，效益低，且不稳定。

刘家裘皮制衣　裘皮制衣是一种周期长、工序繁多、工艺复杂的技术行业。

民国三十年（1941）村民刘克明在西关村学习熟皮子、做皮衣技术，经过两年时间掌握了全套技术，之后在家里办小作坊，主要是做皮袄，也能拉皮线。每年初夏时节开始泡皮子，一个多月后再进行晾皮子、铲皮子和熟皮子。熟好的皮子保持完好无损，皮、毛洁净，皮质柔软，用熟好的皮子做皮袄。从泡皮子到制做成衣需要几个月的时间。从解放前办作坊到新中国成立初期十几年间，刘家一直做裘皮制衣行业，人民公社集体化后参加农业生产。改革开放后，从 1983 年开始重操旧业继续做老本行，直到 2007 年。

刘家制做的皮衣做工讲究、制做认真细致，成品样式多种，穿着大方舒适。新中国成立前后时期以制做老式皮袄为主，有大襟的、对襟的，有整身大皮袄，有半身小皮袄。80 年代后以做新式制式皮衣为主，产品除在本地销售外，还远销到北京大兴和河北廊坊一带，很受欢迎。

鲍家吹糖人　糖人制作是一种独特的技艺，历史上民间干这行的很少见。北关鲍家吹糖人历史较长，据鲍氏家族晚辈鲍明禄、鲍明祺介绍，其祖父鲍怀才从清光绪二十八年（1902）开始在本地县城内，附近乡村做吹糖人生意还经常到涿州的码头赶庙会，到北京大兴、永定门外一带耍手艺，长期在外，经常住在永定门外的"天来客店"从事吹糖人生意。

吹糖人的原料是熬制好的"糖稀"，吹制方法有的是用模具，有的是用手技直接做型，制出的品种繁多。有古代仕女人物、蛇、鸟、猴小动物，有白菜上爬蝈蝈儿等等形态栩栩如生，很受孩子们喜爱。

年长日久，鲍家吹糖人发展为做糖块等糖制品，下辈鲍玉章、鲍玉贵兄弟和家人也大多数掌握了制糖技术。民国二十四年（1935），鲍氏家族办起了制糖作坊，自制自销和批发、零售业务，刻有"北关鲍家糖坊"印章，凡糖坊出售的产品包装上都加盖印章，保证产品质量，赢得了信誉。鲍家经营糖坊一直到1954年。1955年公私合营，鲍玉贵带艺到县食品厂工作，1962年回村参加农业生产，后落实政策办理了退休手续。

邢家烧鸡　邢家老辈人邢进宝，从民国三十七年（1948）开始做烧鸡生意。烧鸡制做是一种比较复杂的技术，从宰杀、褪毛、清膛、掏嗉子、做型到煮熏需要多道工序，每道工序都是用传统方法手工完成，必须认真细致，做好的烧鸡做到口感香、骨酥、表面鲜亮。要做好烧鸡，保证质量最主要是佐料全、火候好，所用的佐料有大料、丁香、白芷、桂皮等十几种，还要用一锅熬制好的老汤煮鸡，才能达到骨酥，肉质熟透的程度。那时候做烧鸡生意没有门店和摊位，就是背着烧鸡柜子在县城和附近乡村串街吆喝着卖，也有到家里买的。

邢进宝从新中国成立前卖烧鸡直到1954年，公私合营时被安排到县服务公司工作，1962年回村参加农业劳动。改革开放后，他申请办理了营业执照、重新干起老本行到70多岁时才停止营业。

北关村集体工副业的建立与发展是从"人民公社集体化"时期开始的。1958年"人民公社化"不久，在保障人们吃饭问题之后，集体和社员日常消费则成为困扰各级政府和干部们的大问题，干部们就千方百计通过搞加工挣钱，以解决经济困难。60年代初，上级政府号召社、队"大搞工副业"，为贯彻上级精神，公社、大队纷纷派出人员与工厂、企业、机关单位联系，寻找可生产、加工项目。当时，北关村经营的加工项目小型多样。大队有酱醋厂、石棉瓦厂、手工烫塑料袋；生产队搞弹簧加工、刀具加工、制作铁炉子、编荆拍、编筐、编锅盖垫、拧牲口箍嘴、编笊篱、刮竹筷子、钉安全帽挂里子、打稻草帘子、做桑木叉子等。

1965年，大队开办的醋酱厂，主要生产醋酱食用调味品及咸菜等。从外地请来师傅做技术指导，工人有郑书田、王德福、刘俊明、王信。年产十多吨，产品多是供应供销社零售商店。

1975年，是北关村大办副业的开端，大队开办了石棉瓦厂，还有手工烫塑料袋。各生产队纷纷找能人、跑门路、四处联系，办厂搞加工，不久都有了较好的成效。

在大队带动鼓励下，1981年，一队开办了弹簧厂，主要加工缝纫机弹簧和沙发弹簧，产品供应张家口市下花园303工段和北京缝纫机零件二厂。工人有焦永刚、王秀琴、曹淑兰、崇淑英。业务员是新立村的张田和本村的王呈志（时为公社企业业务员），负责联系业务，供应原料。

1974年，三队搞起了刀具加工和制铁皮炉子。张殿荣为业务员，负责产品销售。技术人员为侯维富、刘俊明。刀具白钢刀销往北京一些商店，铁皮炉子供应本县零售商店。

北关村开办的"副业"，虽然简单、规模小、利润薄，但能够解决集体一些小的开支，在一定程度上缓解了集体经济的困难局面，补充到工分里，提高了工分日值，增加了农民的收入。1982年改革开放后，大队改制，生产队解散，北关村集体开办的"副业""小作坊"纷纷下马，与此同时，村里的一些有识之士，目光较远，凭着党的好政策和创业精神，自行办起加工小作坊，而且后来越干越红火，效益也越来越好。其中，有陈秀林的气枪子弹加工、贾玉书的快干腻子、刘丙军的渔具加工等。

1980年，村民王国岐成立了全村第一个建筑队，组织了有瓦工、木工、壮工40多人，承包村民、单位、集体建房工程，逐步发展壮大，由建筑传统的民房发展到建筑现代工艺的楼房。工程队现已发展到拥有场地、机械设备等数百万元固定资产，在当地很有影响。至2016年，全村共有个体建筑、装修工程队7个。

改革开放后，一些有志青年励志创业，搞起了一些加工行业。2002年，村民李爱民开始从事服装加工，起初夫妻俩搞小规模的加工，经营中，他们勤奋好学，依据时代发展潮流和人们不断增长的审美观，大胆尝试，探索钻研，逐步掌握了新技术、新工艺，加工规模逐渐扩大，之后与北京大红门服装批发市场经销客户建立了业务关系，在自家办起了服装加工厂，购置缝纫机60多台，招聘技术工人60多名，主要加工羽绒服系列服装。2010年厂房拆迁后，先后迁址北横街、京安学院继续搞服装加工。

2013 年后改行从事窗帘加工。

第四节　商贸服务业

一、商贸

北关村民经商、开店由来已久，集市贸易繁荣。

经过历代传承，村民开办了杂货店、食品店等小商品买卖铺和旅馆、修理等服务类店铺。到新中国成立前，尽管经历了战乱的磨难，保留下来的还有赵云清、赵云峰兄弟开的"二合義"食品店，申廷弼、申廷瑞兄弟开的"永兴城"杂货铺、磨坊，张万友父子开的杂货铺，还有七家大车店。一家杠房，杠房初由徐禹亭开办，民国二十六年（1937）由董振生、张连奎再整合承办，添置车、轿、杠设备继续开展业务，后东街劳家出资又开办了第二家杠房，时称南北杠房，北关杠房"文革"时停业，大部设备被毁坏。

新中国成立后，社会稳定，百业俱兴。村民经商、做买卖、耍手艺的兴致大增，纷纷创办买卖营生，几年间，全村个体经营户达到 18 家，从业人员达 60 人。其中，有理发店 9 家，从事理发的人员有谷士清、刘守仁、范文明、范友才、李祥、马进才、宋宝树、郭庆辉、崇尚信、李子平。街面上有赵家经营的商业店铺（二合义），有王嘉祥开的王家饭铺，李振东开的小吃店，专营烧饼和"油炸鬼"，有申廷弼、申廷瑞兄弟经营的"永兴城"杂货铺和磨坊，还有焦殿元、焦殿芳、王增文、王呈志、张万友、高培顺、贾永庆等经营的 7 家旅店。

1958 年"人民公社"成立后，原有各家私人经营的买卖、店铺等转为由"大队"经营，统一管理机磨坊、起伙大车店、理发店、"代销点"和自行车修理部，各生产队也先后办起了机磨加工。集体开办的"副业"项目主要是为本村社员服务，同时也方便了周边村庄百姓和过往行人，还能为集体创收，支持农业生产。

商贸作为经济发展的"晴雨表"走在了时代发展的前列。1982 年改

197

革开放后，原来由集体经营的店铺停止营业，逐渐转为由私人个体经营，调动起经营者的积极性，在投资、管理、发展上更加精心和投入，效益也明显提高。

1985 年，固安县城内"迎宾市场"建立后，村民张殿忠、王志强、毕建爽、焦永存、刘士河、高国柱等一批有志青年，先后在市场内租赁摊位，开起了调料、水产品、熟肉制品等批发零售业务。

90 年代"迎宾市场"改造，"刘园农贸市场"建立，他们陆续迁进市场副食大厅继续经营，生意越做越红火。经营中，逐步与饭店、食堂、农村商业点建立供货关系。十几年中，"刘园市场"两次改造扩建，他们也都随之迁移经营位置，一直坚持营业。近年来，张殿忠、刘士河年岁大了，后辈接替经营。到 2016 年他们从事商业经营已有 20 多年。其中，焦永存在市场内购买了两层楼门店，经营范围、规模迅速扩大，效益更好。

进入 21 世纪以来，在党和国家政策鼓舞和新时期经济发展大潮推动下，北关村民借助位置优越和传统基础条件，个体私营经济迅速发展。不仅在传统经营项目上努力扩大、升级，还依据现代人们生活消费水平和需求，创办了一些新的经营服务项目。新增食品、调料、水产、肉食等商店和商贸摊点 8 个，新开综合性洗浴场所 2 个，新增高标准旅馆 2 个，原来搞客运的不少人由原来的三轮车、摩的逐渐变成了汽车。手机维修（销售）、电脑维修、快递等新兴经营行业快速起步，经营火爆。村民李长武，原来在村中搞藤编制品，拆迁后没有了合适的厂房，遂改行作卫浴、灶具、灯具营销，在县城内租了门店，生意做得顺畅；孙艳学原来在市场从事水果批发，2014 年开始在县城内开设门市，销售装饰装修材料。

村民洗衣店

汽车维修点

王玉杰原在县百货公司上班，经营商业有丰富经验。上世纪90年代公司解体后自己创业，1995年在"京南商贸城"开设门店，经营百货批发。几年后，经营规模逐步扩大。

孙永健、孙占青、张建军、周建强等看好固安城镇建设发展前景，建筑装修材料市场需求量大、利润丰厚的有利契机，近几年，先后干起了房屋室内装修行业。至2016年底，全村各类经营达200多家，从业人员300多人。其中，固定的商品营销部8家，陈秀瑞、徐博、徐永太、李茂林、殷素丽的门店在村里，主要经营副食、百货；周东升、李长武、孙艳学的门店在县城内，主要经营电料、灯具和室内装修材料。

光之源灯饰城

附1：北关村集贸市场

北关村的集市贸易历史悠久，据明代固安县志记载，时固安城南北大街为逢三集市，北关集市主要为粮食和牲口市。后又多次调整变更地点和集贸项目。

民国二十六年（1937）前，北关村仍建有集市。当时集市为官办。集市地点在村中心大街每逢农历一、六为集日。集市设有牲口市、猪羊鸡鸭市、粮食市和鲜货市，其间时有调整。

集市给北关老百姓带来了实实在在的好处。逢庙会集日，村民可以在市场上卖茶水、卖烧饼、油条、老豆腐等小吃，挣得一点收入；有的为外地来做买卖的帮摊儿；还有专为买卖交易当撮合人，能得点小利；更方便了村民在家门口摆摊、做买卖；自家产的粮食、蔬菜、鲜货和养殖的鸡鸭猪等很方便在门口集市销售。

新中国成立以后，北关集市一直延续着，由政府有关部门管理。至上世纪 60 年代初三年困难时期粮食市被取消，1964 年集市搬迁到县城内。

附 2：东升电料商店

位于固安县新中街，是一处集营业厅、办公区、库房为一体的商业机构。总经理周东升。

1981 年，周东升在县城建起了电器维修门店房，开始个体经营。

1984 年，县政府规划建立迎宾市场，在上级的动员下，他的个体经营店搬迁到了迎宾市场，由县政府划拨 40 平方米场地，自建了门店，开始经营电料及电器、钟表维修等。1991 年，随着经营规模的进一步扩大，扩建了经营场地，增加到 160 平方米，立起了自己"东升电料"的招牌，经营范围包括民用电料、工业电器、电线电缆等低压设备等 5000 多个品种，经营人员有原来的夫妻 2 人增加到 8 人，业务范围扩展到永清县、涿州市、大兴县等周边地区，经营规模和占地面积成为当时固安县城最大的商家之一。

2000 年，商店进一步扩大规模，在县城新中街北侧、原水上公园南侧建起了 4 层、共 830 平方米的门店楼，在坚持原有经营项目的同时，强化服务职能，送货上门，还组建了安装队、维修队。在此基础上，2003 年，他投资 270 万元，开办"东升家具"，经营场地 2600 平方米。2013 年，"东升家具"进一步扩建，建起了 4500 平方米的 5 层经营场地。2014 年，他又在县城开办了"张一元茶庄"连锁店。

"东升电料商店"多次被评为全县"诚信守法经营户"。1994 年，固安电视台对"东升电料"进行了全方位的专题报道，连续播出近一个月时间。经营人周东升 2006 年当选为固安县工商联合会常委，2007 年当选为固安县第七届政协委员，2011 年当选为廊坊市第五届工商总会会员。

二、服务业

（一）餐饮 20 世纪 80 年代改革开放后，北关村餐饮业迅速发展，档次逐步提升。至目前，全村有饭店、小吃店 7 家，规模较大的有张俊堂的"又一家"饭店，后发展为生态园（详见简介）。1987 年，杜德润的

"九龙饭店"是北关村第一家两层楼饭店，当时在全县很有名气；临固涿路（廊涿公路）还有李永波的"永胜饭店"、张志国的"一条龙饭店"、谷彩生的"永顺饭店"；李占忠在北横街村经营"竭诚饭店"；此外还有几家经营油条豆浆、烧饼的早点部、小吃店、小吃摊。

进入新世纪以来，人们生活水平不断提高，消费观念随时代不断更新，彰显了社会新时尚。近些年，每逢过年过节全家聚餐，或者家里遇到红白喜事也大多在饭店办事，或者请饭店厨师来家主持宴席台面，促进了餐饮业的发展。

附：河北又一家饮食服务有限责任公司

位于河北省固安县固安镇南侧，是以肉鸽加工、养殖为基础产业。集餐饮服务、食品加工、特色瓜果种植采摘于一体的民营企业。

2016年，公司有职工225名，其中管理人员21名，中高级技术职称人员19名。注册资金2300万元，资产总额5000万元。其中固定资产1548万元，流动资产3500万元，主要经营项目有"又一家"酒店、"又一家"生态园及加工厂，占地1.37万平方米，特色瓜果基地20万平方米。

"又一家"熏鸽及系列产品，在固安当地市场占有较大份额，享有很高的信誉和知名度，并逐步进入了餐饮高端领域，在北京、山西、石家庄、东北、山东、青海都有很大的销售市场和影响力。2007年，"又一家"被认定为知名品牌，2008年被河北省工商行政管理局认定为著名商标，2011年被国家商标总局认定为中国驰名商标。公司在发展品牌战略的同时投入1200万元，建成了日产熏鸽两万只的加工生产流水线，"又一家"食品由小到大，由弱到强，由当地走向全国，从而为为企业的发展壮大奠定了雄厚的基础，为公司业务的进一步扩大开辟了广阔的前景。又一家的招牌菜"又一家熏鸽"更是在京津冀地区，乃至整个华北地区享有盛誉。实乃高端生活、馈赠亲友、宴请宾朋之上乘佳品。

公司董事长张俊堂，秉承"质量第一，顾客至上"的原则，不断地开拓进取，真正把"又一家"打造成为具有一流科技水平的现代化企业。

（二）旅馆　改革开放后，北关村相继建立了12家旅店，连同原有的达到了19家，大多分布在村子南半部，基本上都是行人旅店，主要业务范围是住宿；还有的个人小旅店是外埠人员在本地长期从事收废品，做买卖的等各类人员长期租住。这些旅店一般经营时间都在10年至20年左右。

（三）理发店　早在新中国成立前北关村就有私人理发店（时称剃头棚）。解放初，村民郭庆辉十几岁拜师学习理发技术，出师后在本村开了一个理发铺。1956年"公私合营"后，郭庆辉被吸收到县服务公司工作，"人民公社"成立后，在村办理发部当理发员。改革开放后，长子郭爱军继承父业，夫妻俩在村南头开办"新潮理发店"，生意兴旺，顾客盈门。2010年，全村集体拆迁改造，理发店移至育才北路路东（六号路），自建简易房继续经营理发行业，至2016年，郭家父子经营理发行业半个多世纪了。

（四）洗浴　早年间，固安城内有洗浴场所，俗称"澡堂子"。自2000年至2009年北关村建洗浴场所，由村民邢玉森在村北靠106国道路边开的大众浴池。2010年，村民高金燕在固安二中南侧开办了浴池，名称是"园区浴池"。

（五）维修　北关村汽修、手机维修行业是在改革开放后出现的新型服务行业。村民经营汽修行业最早的是王晓东（昊华汽修）、高峰、李洪波三人。他们经过专业技校学习掌握了熟练的汽修技术，热心周到，勤奋经营。2000年，先后在北关村北部的106国道路西租赁门店搞汽修，以补胎、更换零件等一些小的维修为主，为过往车辆提供了方便。2010年拆迁后，王晓东修理部迁址到京安学院，高峰修理部迁至新昌东街"盛宏源"小区东侧，李洪波在北关新村小区东侧设点继续经营汽修业务。

（六）水暖安装　上世纪80年代，随着人们生活水平不断提高，人们住房冬季取暖逐步由暖气替代了燃煤炉子，安装暖气便成为城乡居民普遍的生活需要，促进了暖气安装新的服务项目的发展。1991年，村民邢玉森开始与人合伙在106国道路东设门店，从事水暖安装行业。1994年自己单独经营，增加了经销水暖材料项目，并承接长年为客户安装暖气和安装太阳能热水器业务。其间，不断学习、钻研，摸索掌握新技术，经营项目和施工范围和逐渐扩大，曾到北京大兴一带和天津等地承揽较大的安装工程。2000 年改行，开办大众浴池，经营洗浴业务，至 2009 年拆迁停业。

三、建筑业

北关村早年就有瓦木匠建筑师傅，一般村民建房、砌墙等建筑工程都请他们帮工。"集体化生产"时期，北关大队就成立了以瓦木工为骨干的建筑队，一般是为村民盖房服务，在本地搞建筑。1966 年，大队开始村街建设规划，统一安排社员建排房。大队、生产队组建的瓦木工建筑队负责社员建房。其间，又建了"土砖窑"为社员烧砖，解决了建筑材料紧缺问题。1973 年，大队建筑队被派到北京化工二厂、北京海军后勤部机关大院及北京大兴一带承揽建筑工程。

20 世纪 80 年代前后，随着社会经济的发展，村民建房标准逐步提高，对工匠的技术有更高的要求。为适应时代要求，从事建筑行业的工匠们学习建筑新技术、新方法，综合素质有了较大提升，承揽的建筑工程由一般盖平房上升到能建筑楼房，从业人员也逐年增多，至目前，从事建筑业的瓦木工、管理人员曾达 60 多人，长期的建筑队 7 个。从业人员最多时达 400 多人。其中，发展规模较大的有王国岐（见简介）、王志忠夫妇（见简介）建筑队，一般规模的有刘丙申、项国强、郭连弼、王志同、郭乃江、陈建华、李永安建筑队。

改革开放后，有王群来、焦义的木工建筑队、刘丙申木工队有 10 多人，自 20 世纪 80 年代一直承揽民房建筑和室内装修工程，直到 2013 年。郭乃江、陈建华瓦木工合作多年，曾承揽县服务公司的基建工程。王国岐、王志忠原来在一起二人合作承揽建筑工程，后来企业整合调整，公司分成两个公司。两个公司经过长期的学习实践技术业务能力越来越强，规模不断发展壮大。

附 1：王国岐建筑队

成立于 1995 年，全称"固安县长明工程建筑公司第八国岐建筑队"。初始有工匠 30 多人，主要承揽民房和单位办公、设施建筑。多年来，经营人王国岐在经营管理上，坚持高品质，守诚信。到 2000 年，建筑队伍发展到 70 多人，其中工程师、工长 5 人，大学生技术工 2 人。其间，购置了建筑用塔吊、提升机、搅拌机、运输车等多台套建工设备。先后承建了 12700 平方米的县医院住院部、刘园市场、固海小区家属楼、新兴公寓家属楼、商业局家属楼以及固安工业园区部分厂房等建筑，多个重点工程项目获得有关部门奖励，受到省、市、县政府表彰。

附 2：廊坊春辉房地产开发有限公司

该公司由王志忠、刘玉芬夫妇创建于 2007 年。前身为王志忠、刘玉芬建筑工程队。公司现有前期部、工程部、预算部、拓展部等部门，员工 30 人，其中高级工程师 4 人，初级技术人员 10 人，总经理刘玉芬。公司 2009 年开发建筑面积 6.8 万平方米。2010 年承接固安重点棚户区改造项目，高庄头北小区旧城改造项目，总开发建筑面积 25 万平方米。2013 年承接高庄头村拆迁改造项目，开发建筑面积 65 万平方米。该公司每年为国家纳税 2000 余万元。

该公司业绩优良，2010 年度荣获县委县政府"支持城镇面貌三年大变样先进单位一等奖"，2011 年度荣获县委、县政府"支持城乡建设先进单位二等奖"，2013 年度荣获县委县政府"支持城乡建设先进单位一等奖"。

附 3：

北关村工匠名表

类 别	姓 名	备 注
瓦工	王志同、王景源、王景春、郭乃江、赵福、崇连启、刘汉全、焦德芳、周凤岐、周宝山、周凤举、张殿荣、张殿奎、周玉书、李宝岐（四队）、侯俊峰、谷呈信、郭其忠、王殿祥、郭连弼、郭文祥、郭文喜、高印昌、周宝祥、周凤伟、周焕章、刘俊明、李志强、徐永亮、周玉林、王志中、王新、焦金生、焦永旺、刘树、崇尚义、周玉田、王德启	

续表

类　别	姓　名	备　注
木工	王群来、张殿生、杨泽坤、张建国、焦仪、高印清、刘丙申、孙振生、孙国良、孙国玉、孙占岭、王洪礼、徐永太、陈建华、王东生、张志山、王建祥、王建民、陈志刚、张柏泽、徐福顺、王洪信、张志文、李凤明、马云录、焦杰	
油漆工	姚长虹	
电工	李树岐、侯玉峰、郑永生、谷彩生、王志永、李爱军	
室内装修	姚长虹、刘瑞侠	
汽车维修	王晓东、高峰、李洪波	
电机维修	张永才、张建军	
自行车修理	周凤伟、徐永丰、李振华、陈建华、谷彩生	
水暖工	邢玉森、邓景辉、邢纪亭	
电气焊工	张建军、董玉珠、鲍广会、宋泽元	

四、运输业

新中国成立前北关村就有搞客运的，当时叫"拉脚的"，有用花轱辘马车的，有用木质带圆顶轿车的，运输工具也不尽相同。

新中国成立初期，开始人们用自行车接送客人，时称"二等车"。把自行车后衣架安上一个长"气包"，或绑上软垫，客人坐在上面由骑车人运送。当时这个行业有组织，从事"二等车"客运的还要经过"技术考核"，合格后才能干这行。当时北关村有崇尚礼、王洪礼等干过"二等车"行业。

1982 年改革开放后，借助地理优势，北关村的客运行业快速发展。80 年代初，人们用脚踏三轮车拉人，也有少数机动三轮车。后来大多数人改用电动三轮车（俗称"摩的"）。80 年代中后期，一些村民搞起汽车客运。胡君亚、李春平、李建邦等人，跑"固安—北京"长途专线，有专职司机和售票员，营运时间都在 10 年以上。到 2016 年，北关村从事客运行业的有 37 人。

附：

北关村个体经营统计表

2016 年 10 月

名　　称	经营时间	经营项目	经营人
超市		副食百货	陈秀瑞
超市		副食百货	殷素丽
超市		副食百货	徐永太
商业门店		日用百货	王玉杰、王立涛
超市	2014 –	副食百货	郭文生
超市	2014 –	副食调料	焦永生
小超市	2011	副食百货	郑健雄
调料店		调料	张殿忠
调料店		调料	毕建爽
调料店		调料	王志强
调料店		水产调料	刘士河
调料店		副食、调料	焦永存
水产调料店	1985 – 2012	水产调料	张殿奎、张自良
水产店	1986 – 1990	水产品	王国辉、王会然
水产品	2010 –	零售鲜鱼	徐景艳
水产品		零售鲜鱼	王东旺
水产品		零售鲜鱼	王东生
小卖部	2014 –	副食百货	刘建平
小卖部	1985	副食百货	侯玉清
小卖部	1995 – 2010	副食百货	徐博
小卖部	2002 – 2008	副食百货	李茂林
小卖部		副食百货	贾玉书
"二合义"食品店	– 1956	副食	赵云峰、赵云清

续表1

名　称	经营时间	经营项目	经营人
副食店	1982－2002	副食	王建忠
副食店	1992－2012	烟酒调料批发鸡蛋	项建国
副食品		豆制品加工：炸豆腐 炸饹馇	杨大鹏、高冠伦、曹永军、王雪峰、刘汉青、王建国
副食品		炸排叉	陈志刚、李凤桐、李凤泉、
副食品		炸饹馇、炸豆腐	孙满堂、焦永明、李宝岐、张志岐、杨从信、侯艳朋、张志民、周建国、徐永兴、郭文生
水果摊		水果零售	石俊玲
水果摊	1998－2015	批发零售水果	史春芳
水果摊		批发零售水果	翟高生
蔬菜	1992－2008	蔬菜零售	郑永生
蔬菜	1993－	蔬菜零售	李玉平
蔬菜	2000－2010	蔬菜零售	杨正荣
蔬菜	1995－2012	蔬菜零售	董金波
蔬菜		蔬菜批发零售	李志强
蔬菜		蔬菜零售	高双荣
蔬菜		蔬菜零售	李秀林
蔬菜		蔬菜零售	陈秀龙、冯庆元、冯庆余、王新、侯景林、冯庆海
豆腐坊	2015－2010	做豆腐、炸豆腐	蒋雄伟
豆腐坊	1985－1991	做豆腐	何庆生
豆芽			张淑英、张殿福、张殿华、张志文、李凤明、杨凤山、王凤阁、焦景军、曹永兴

续表2

名　称	经营时间	经营项目	经营人
肉食店		熟肉制品	高国柱
肉食店	1996 –	生猪肉	孙占增
肉食店		熟肉制品	陈建军
肉食店	1997 –	熟肉制品	徐景辉
肉铺	新中国成立前	肉类	王志学
熟肉店	1985 –	熟肉制品	王建国
东升电料	1991 – 2014	电料	周东升
装饰材料商店		装饰装潢材料	孙艳学
建材店		建筑材料	贾文丽
洁具灶具商店	2015 –	卫浴、厨具、灶具	李长武
鞋店		鞋帽	陈东亮
汽车配件	1996 – 2009	汽车配件销售	马云禄、马长华
东升家具	2003	家具销售	周东升
张一元茶庄	2014	茶叶销售	周东生
理发店	1952 – 1956	理发、剃头	范文明
理发店	– 1979	理发、剃头	范友才
宝树理发馆	1988 – 1998	理发、烫发	宋宝树、宋洪利
家庭理发	2014 –	理发、美发	巨彩玲
新潮理发		理发、烫发	郭爱军
理发店	1952 – 1980	理发、剃头	崇尚信、李祥、谷士清、马进才、刘守仁、郭庆辉、范友才、李子平
王家饭铺	新中国成立前至成立之初	餐饮	王嘉祥
福来德酒廊	1991 –	餐饮	刘岩峰
一条龙饭店	1980 – 2010	餐饮	张志国

续表3

名　称	经营时间	经营项目	经营人
又一家饭店		餐饮、熏鸽	张俊堂
竭诚饭店	1992－1996	餐饮	李占忠
九龙饭店		餐饮	杜德润
永胜饭店		餐饮	李永波
永顺饭店	1982－2002	餐饮	谷彩生
饭店		餐饮	崇秀明
饭店		餐饮	焦永旺
饭店、烧烤	2014－	餐饮、烧烤	马亮
饭店		餐饮	张志山
饭店		餐饮	高红燕
饭店		餐饮	申志强
小吃店	1992－2003	烧饼	王洪智
小吃店	1997－2003	小吃、烧饼	李占忠
小吃店	1981－1985	油条、豆浆	郭乃江
小吃店		面食类	史建国
小吃店	新中国成立前至成立之初	烧饼、油条	李振东
小吃店	1908－1956	烧饼	高德山
小吃店		早点、老豆腐	王勤
小吃摊	1981－	炸饼、炸糕	徐永亮
徐家炸糕		炸糕	徐永善
徐家炸糕		炸糕	徐景全
小吃摊		油饼	李国强
小吃摊		烧饼、豆浆	侯玉良
小吃摊	2014－	特色烧饼	侯俊岐
面条加工坊	1986－2014	面条加工	周建新

续表4

名　　称	经营时间	经营项目	经营人
面条加工坊		面条加工	徐海良
鲍家糖人	新中国成立前 – 1954	糖人、糖制品	鲍怀才、鲍玉章、鲍玉贵
卜家店	新中国成立前至成立之初	住宿、起伙	卜××
焦家店	新中国成立前至成立之初	住宿、起伙	焦殿元
王家老店	新中国成立前至成立之初	住宿、起伙	王增文
王家店	新中国成立前至成立之初	住宿、起伙	王德才、王呈志
贾家老店	新中国成立前至成立之初	住宿、起伙	贾永庆
高家老店	新中国成立前至成立之初	住宿、起伙	高清甫
张家老店	新中国成立前至成立之初	住宿、起伙	张万友、张启祥
邢家烧鸡	1948 – 1956 1982 – 2000	烧鸡制作	邢进宝
旅店		住宿	郑书田、郑伟新
新风旅馆		住宿	王会生
福安旅馆		住宿	焦德雄
旅店		住宿	李玉明
张家店		住宿、起伙	张殿如
旅店	1980 – 2010	住宿	张志山
旅店	1883 – 1994	住宿	侯维富
旅馆	2004 – 2009	住宿	王洪智
旅馆	1999 – 2009	住宿	王国政
旅馆		住宿	焦金录
旅店		住宿	李国旺

续表5

名 称	经营时间	经营项目	经营人
旅馆		住宿	申廷瑞
旅馆		住宿	王景太
长安旅馆	2013 –	住宿	高会林
客运		脚踏三轮车 摩 的 汽 车 客 运	蒋京伟、周建民、焦旺贤、王占军、邓善良、王树春、孙建军、焦志民、孙占勇、孙占军、孙永强、侯玉坡、刘汉青、焦永刚、刘汉全、郭其忠、王景春、张柏胜、李保平、李春平、胡君亚、徐海龙、徐海英、刘立柱、翟高生、陈秀龙、李树丰、李子平、冯庆荣、徐景全、徐景强、崇秀明、徐福增、李江凯、李建邦、宋洪利、杨培英、孙建军
货运	1990 – 2000	民用 建材运输	郭文喜
货运	1988 – 1993	货运	董玉珠
汽车运输		货运	杜国润
建筑业		房屋建筑	王国岐、王志忠、王志同、郭连弼、郭乃江、李宝岐、王群来、焦义、陈建华、刘丙申、李永安
建筑材料		沙子、水泥	焦旺山、杨福生
家纺制品店		电脑做被	杜景润
裘皮加工坊	1943 – 1958 1983 – 2007	做皮衣、皮线	刘克明
服装加工厂	2002 – 2013	服装加工 后改为窗帘加工	李爱民
电脑做被		电脑做被	李建邦
藤编作坊	2010 – 2013	藤编制品	李长武

续表6

名　称	经营时间	经营项目	经营人
渔具加工厂	1995－2009	渔具加工	刘丙军
摇煤球		大煤球加工	王洪信
快干腻子		快干腻子加工	贾玉书
气枪子弹		气枪子弹加工	
木器加工坊	1988－1998	木器加工	王洪礼
面粉厂	1995－2001	面粉加工	徐景会
大众浴池	2000－2009	洗浴	邢玉森
园区浴池	2010－2016	洗浴	高金燕
汇通快递	2013－2016	快递	王美玲
快递		快递	孙永亮
水暖安装	1987－1994	水暖安装	邢玉森
水暖安装	2000－	水暖安装	邓景辉
水暖安装		水暖安装	邢纪亭
室内装修		室内装修装修材料	姚长虹、刘瑞侠、李强、王会文、孙永健、孙占青、侯俊杰、周建强、王洪信
电气焊	1985－1987	电气焊	董玉珠
电气焊	1985－1997	电气焊	宋泽元
电气焊		电气焊	张建军
电气焊		电气焊	鲍广会
手机店	2001	销售手机	张俊田、陈东升、陈东明、刘建平
古玩玉器店		古玩玉器销售	杨大鹏（3个店）
古玩店		瓷器、杂件	徐福巨
云鹏职业技术学校	2006－2010	技术培训	杨云鹏
汽车修理		汽车修理	李洪波

续表7

名　称	经营时间	经营项目	经营人
汽车修理	2007 –	汽车修理	高峰
昊华汽修	2001	修理汽车	王晓东
汽车修理	2005 – 2012	汽车修理	马长华
修理		修鞋	刘士江
修理业		电动机、自行车修理	张永才、张建军、周凤伟、徐永丰、李振华、陈建华、谷彩生
废旧物品回收		废旧物品回收	李全香、侯占岭、孙满忠、焦德芳、李长武、何爱军、曹桂荣、孙满堂、侯东浩
钢构	2014 –	彩钢房制作	马亮
洗车坊	1995 –	洗车	王东岐、王东升
宏光牙科诊所		牙医	申志强
中西医诊所	1975 –	医疗、诊治	李凤岐、李梦屿
中医诊所	1945	中医诊疗	高建忠
中医诊所	1949	中医诊疗	杨蕴华
中医诊所	1962	中医诊疗	陈宝勋
殡葬服务			杜德润
马掌铺		钉马掌	冯庆余
糖果经营		糖果、糕点经营	徐景明
糖果经营		糖果、糕点经营	张建民
电器维修		家用电器、电脑	赵学敏

注：表内统计商业门店等有的正常营业，有的因故停业。

第九章 JIAOYU WENHUA
⑨ 教育 文化

第一节 教 育

一、明、清时期

北关村教育发展历史可追溯至明、清时期，时从两朝朝廷到州县盛行教育科考。北关处于京畿之南，县城经济、文化中心大圈，深受周边形势的影响，德智教育已成村民教子育人的传世家风。村内乡绅卜进义积德行善，乐善好施，常以粮款救济穷人，听说有的人家因贫穷卖儿卖女，就慷慨出钱赎回，使一家团聚。卜老先生以德厚人，以德激励下人。其子秉承父德，刻苦读书，为本县秀才，诰赠奉政大夫，兵部职方清吏司郎中。其孙卜兆麟明崇祯十六年（1643）考中癸未三甲进士。入京为官，官至太仆寺少卿（从四品上）。其曾孙卜景超、卜竣超，玄孙卜大川，均考取功名，为清代有名望进士。村内秀才高际可，读书求知，成为县内有名的文化名人，其后一子三孙均为县内秀才。村内杜姓、李姓两家都是当时县内外有威望的名门望族，求名重教的世家。其中，高家后代多为从事教育，一直延续到当代。

清康熙五十四年（1715），朝廷命直隶（河北省）在各村庄设义学，延师教读（聘请老师教孩子读书）。当年，固安县共成立5所义学，分设在北关、柳泉、牛坨（今牛驼）、马庄、知子营等村。由于北关缺少教学场所，遂将北关的药王庙作为义学临时学堂。后在村内盖学堂5间。学生分初级班和高级班。初级班的主要教学内容有《百家姓》《三字经》《弟子规》《千家文》等；高级班的教学内容有《四书》《五经》等。义学的老师是高皇甫（为高氏宗族健在的后辈高印昌之祖父）。

二、新中国成立前

民国二十六年（1937）五月，固安县开设公立小学教育，北关小学仍设在北关药王庙，县政府派来2名教员张祯（固安县马庄人）、李印全（北京大兴人）。"七七"事变爆发，日军侵占固安后，强迫实行中文和日语同时教学。

张祯为进步人士，经常向学生灌输爱国进步思想，并鼓励学生积极参与抗日宣传的革命活动。张祯的活动被日伪军知道后，迅速离开了北关小学，转移到了其他学校。之后日伪政府又派来一个名叫张孝伯的老师来学校任教。至新中国建立，先后在北关小学任教的老师还有王仲仁、田玉德、王志同等人。先后在北关小学读书的学生有贾玉春等 300 余人。

三、新中国成立后

1951 年，随着社会的稳定及学生人数的增加，原来的北关校舍已经不能满足教学的需求，于是便将药王庙拆除，用拆下来的砖瓦木料等材料，在村民李文清（已故）房东边的空地上，盖起了 21 间教室。时校门朝东，东排教室中部一间为校门，门外为操场。1961 年，又将李文清 3 间住房改为教室。此前 1958 年校门改在朝西，面临北关中心大街。北关村小学第一任校长是刘光华（1951－1958），教导主任是王仲仁（南街人），当时的教师有：杨景霞（南街人）、邢录峰、张树仁（西坨人）彭士珍（永清县人）。1954 年先后调到北关小学的老师还有张润身、梁树瑛、梁泽林（吕家营人）。学校为"完全小学"（指设有初级和高级两部的小学），时学生有：徐永丰、鲍明祯、徐永利、卜殿花、孙国玉、贾玉书、王洪义等。

1953 年 11 月 24 日，国家政务院扫除文盲工作委员会发出《关于扫盲标准、扫盲毕业考试等暂行办法的通知》。《通知》要求农民一般能识 1000 个常用字，大体上能阅读通俗书报，能写常用的便条、收据。固安县人民政府根据本县具体情况以及群众要求，1955 年在全县开展了"扫除文盲"运动。固安县刘副县长在动员大会上专门动员各村街要广泛开展"扫盲运动"，运用各种形式，多种渠道大力普及文化工作。作为县城近邻的北关村小学，立即响应，成立了扫盲委员会组织。选出了有文化基础的热心人士高元恒为"教委"（后来村民都称他为"高教委"）。同时组建了扫盲队伍，主要参与扫盲工作的老师有焦伟、张淑芹等 4 人。这些人虽为老师，但都是利用晚上和空闲时间为大家讲授文化知识，教学地点就在北关村小学教室内。起初不少人认为没有文化照样生活，学不学没有什么关系，各位老师和"扫盲工作组"的成员，到各家各户走访动员，宣传扫盲工作的重要性以及旧社会没有文化的可怕。为了加大北关村扫盲工作的力度，村里又调集了村内的积极分子、党团员王国兰、王维茹、焦伟、焦旺元等人，在夜间进行"高房广播"——当时在农村，党和国家的声音靠村干部召开群众大会传达，常常会因宣传不够造成空白区。于是，群众创造了"高房广播"的办法：几个人按一定距离（约30米）分别上到高房顶上，头一个人领喊一句话，依次传给下一个人，当时没有各种噪声污染，这样的喊话会传得很远。那时北关村比较流行的宣传歌曲是《夫妻识字》，里边有这样的唱词"黑格隆冬天上，出呀出星星。黑板上写字，放呀么放光明。什么字，放光明，'学习'二字我认得清"，许多村民就是唱着这首歌，走进了扫盲班的课堂。北关村的扫盲工作做得有声有色、井井有条。在吉城村召开的全县扫盲现场汇报会上，北关村的扫盲工作得到了县教委刘校长、雷科长的表扬以及得到与会各级领导、老师的一致好评。

1949年，北关村赵克功选入北京师范大学附中，后转为六中，为新中国成立后北关村赴北平读中学的第一人。

1956年北关村第一批考入中学的人员有：徐永丰、鲍明祯、王福生等。当时的县初级中学设在吕家营（固安中学旧址）。次年第二批考入中学的是：张永祥、王洪义、谷敬信、徐永利、邓淑英、杜素兰、李国旺、马云祥、高素花等人。

1958年，北关小学刘光华校长调走，接任者为张文彬。张文彬校长工作非常认真，北关小学校原来基础就好，加上张校长的努力工作，勇于创新，学校各项工作非常严谨，教学、管理样样出彩，学校声誉遍及固安教育界。在北关小学读书的学生不仅有本村的孩子，还有刘园、翟家圈、大小孙郭、祖家场、辛立村、北五里、东庄等村街的孩子。

1959年，张文彬校长调走，彭广博接任（1959－1964年）。为解决农村孩子劳动与读书的矛盾，固安县专门创办了耕读小学，1963年北关小学增设"耕读班"。北关村的耕读小学主要是以大队为单位，成立半耕半读的半日班或早、午、晚班，每天上课二、三个小时，主要学习小学语文、算术等内容。招收8至10岁上不起学又没有人管的孩子免费读书

（类似于现在的"幼儿园"状态），当时的耕读班老师有张润身、徐雯等。

1965 年"四清"运动开始，北关村小学撤销中心校，老师锐减，当时的老师有：张润身、徐雯、翟淑敏、黄维善、孙玉玲。1967 年为适应当时教育形式，城关公社文教系统 又在北关村开办了 2 个"农业中学"班，学校设在北关小学，共占用 2 个教室，学生 60 余人，当时农业中学教师为赵春芬（大辛庄人）、王国贤（小良渠人）、孟兆明（祖家场人）、徐永利（北关村人）。随后北关 小学又翻建了 8 间房，教室 6 间，办公室 2 间。

小学课堂

1966 年，北关小学遵照毛主席"学制要缩短，教育要革命"的指示，实行小学"五年制教育"，改秋季入学为春季入学，五年级结业考初中。

小学生课外活动

"文化大革命"开始后，北关"农业中学"学生开始投入到全国的"大串联"。1968 年北关农业中学的学生在老师们的带领下，步行 100 多华里到北京天安门广场，接受毛主席的亲自检阅。

1968 年，实行"贫下中农管理学校"，由北关村副书记徐永兴、贫协主席赵福、翟淑敏组成了"贫下中农管理学校"领导班子，学生每天以背诵"老三篇"（《为人民服务》《纪念白求恩》《愚公移山》）为主。当时的老师有：翟淑敏、黄维善、徐雯、孙延全、邓淑英、郑书田等。

1969年北关"农业中学"搬迁至"西完小"办学。

1971年，时任北关小学校校长为刘秉忠，教师有：王洪义、张永祥、徐永利、邓淑英、焦德芳、黄维善、牛秋芝、满淑兰等。

1971－1974年间，北关中心校坚持全面发展的教育方针，文艺、体育搞得十分活跃，组织学生走访抗战老革命军人，加强爱国主义教育，在教学方面加强管理，坚持听定时课，做到各科教学有人抓。使教学质量和教育方法基本适应当时的形势要求。

1975－1980年先后在北关小学校担任校长的有：沈永水、李成群、赵铁强、杨淑敏、石桂茹。

1977年，随着"四人帮"被粉碎，"贫下中农管理学校"这个特殊时代的产物也宣告结束。

1978年12月，党的十一届三中全会召开，后北关小学校也同全国学校一样，再一次恢复为小学六年制教育。

四、改革开放以后

进入20世纪80年代后，随着改革开放的不断深入，学校教育逐渐走上正轨。北关中心校一直在德育、教学以及各项工作中走在全县的先进行列。1983年北关小学小学生宋齐苗机警躲过坏人陷害的故事，为北关小学的优异工作做了很好的证明。故事是这样的：这一年的麦收时节，北关小学才一年级的学生宋齐苗，放学回家，路遇一骑自行车男子，骗她说，你妈让我来接你，赶紧上车吧，随后把孩子抱上车。行进中宋齐苗听来人口音不对，于是，便说我妈妈去姥姥家了，谁让你来接我的？来人支支吾吾，回答的驴唇不对马嘴。宋齐苗立即跳下车向麦田跑，男子随后就追，并大声威胁

当年报刊报道

她，宋齐苗没有被吓倒，拼命地向麦田跑去。男子见状也不得不退缩，悄悄地溜走了。没成想第二年3月，该男子在大街上修自行车时被宋齐苗发现。宋齐苗悄悄走近确认没有认错时，立即回家叫来大人，在村民的帮助下，将坏人抓住，扭送到公安机关。经查，该男子确为犯罪人。宋齐苗机智勇敢的行为不仅震惊学校，更让村民佩服。北关小学借此机会，更加大了学生安全教育工作力度，专门表彰了宋齐苗的机智勇敢行为。时固安县武装部干部孙广华，撰写了《七岁女童斗歹徒》的通讯报道，刊登在《河北日报》的《燕赵一隅》栏目。宋齐苗智斗歹徒的先进事迹受到固安县文教局、妇联会、共青团的表彰，授予宋齐苗为"文明好少年"称号。

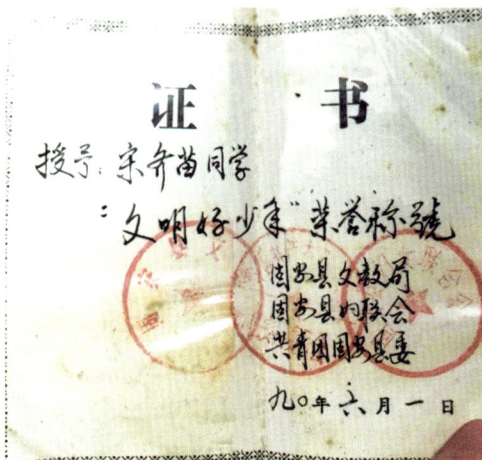

称号证书

称号奖章

　　1984年，北关小学校长为石桂茹，教师有：孙秀英、王丽芹、何玉芬、万燕燕、黄爱云、刘风华。1987年，北关小学由村委会投资18万元，在村庄的东南空地上，盖起了两排房，设有7个教室，购置了办公、教育等用品。校长为杜光前，教导主任是宛中文，后来是王海宇，教师有：孙秀英、满淑兰、李秀芬、万燕燕、鲁翠荣、王秀英、张步英、刘凤、何玉芬、刘桂芹、潘艳秀、刘春华、李晓华、霍英杰、陈桂珍等。

　　1997年，北关村党支部、村委会再一次加大投资力度，在横街、刘园、北五里等村街的赞助下，投资130万元，盖起了教学楼，购置了电脑等办公、教学用品。占地面积25亩，建筑面积1.67万平方米。时任校长宛中文，教导主任梁玉洲。学校设 14 个教学班，其中一、二、三、五、六年级全部为"双轨"，四年级 3 个班，还设有幼儿班（时称育红班）1个。

1998 年，北关中心小学正式命名为"固安县城关镇北关中心小学"，2004 年北关小学合并到了"固安县城内小学"。

附：

北关村中小学教师名录

姓名	性别	任教学校	姓名	性别	任教学校
王志同	男	北关小学	宋金霞	女	北京大兴中学
孙耀亭	男	知子营小学	满淑兰	女	北关中心小学
高执忠	男	北关小学	王秀英	女	翟圈小学
高建中	男	北关小学	马云祥	男	固安一中
高印华	男	北关小学	王丽芹	女	北关中心小学
王景华	男	南关小学	高素花	女	北关中心小学
陈宝勋	男	河北医大	于素萍	女	北关中心小学
刘文贺	男	东魏村小学	张润身	女	北关中心小学
邓淑英	女	北关小学	徐永峰	男	包头八中
王洪义	男	城关镇中	孙荷梅	女	包头八中
徐永利	男	大留村中学	杜素兰	女	北义厚小学
孙广泰	男	城关社中	焦德芳	男	北关小学
崔淑敏	女	北关小学	王翠芬	女	知子营太平庄小学
张永祥	男	北关小学	冯庆涛	男	固安一中
谷洪波	男	北关小学	马云林	男	北关小学
孙秀英	女	北关小学	马长征	男	北京大兴中学
郑书田	男	北关小学	张自娟	女	知子营东湖庄小学
刘旭东	女	城关社中	李振成	男	固安一小
孙玉玲	女	城关东坨小学	陈书元	男	固安一中

续表

姓名	性别	任教学校	姓名	性别	任教学校
高长生	男	固安镇吕营小学	郭春梅	女	北京蓝天幼儿园
孙颖娜	女	固安三中	刘爽	女	固安三小
孙红艳	女	固安三中	李淑芹	女	固安一中
张金娜	女	固安三中	邢伟娜	女	永清宜青小学
徐建辉	男	英才园中学	翟小静	女	大兴新光明幼儿英语培训学校
李凤山	男	北关小学			
高雪娟	女	固安一小	刘静	女	固安二中
邢明婕	女	固安二中	刘艳芬	女	渠沟小学

北关村中小学教师荣誉名录

姓名	性别	获奖日期	荣誉称号	颁奖单位	工作单位
孙广泰	男	1983.4 1985.3	模范班主任 优秀教师	固安县政府	城关社中
徐永利	男	1988.10	优秀教师	固安县政府	大留村小学
孙秀英	女	1991.12 1995.12	优秀共产党员 工作成绩突出记功	中共固安县委 固安县政府	固安镇北关中心小学
满淑兰	女	1992.9 1995.12	优秀教师 工作成绩突出记功	河北省教育厅 固安县政府	固安镇北关中心小学
高长生	男	1996	优秀校长 十佳明星校长	中共固安县委 固安县政府	固安镇吕营小学
陈书元	男	1998.3	廊坊市优秀教练员三等功	廊坊市体育局	固安一中
冯庆涛	男	2002	全国四届千名优秀班主任	中国共青团团中央	固安一中
谷洪波	男	2000.3 2001.3	先进工作者 工作成绩突出记功	固安县政府	柏村小学
李淑芹	女	2002.12 2003.12	工作成绩突出记二等功 体育事业先进个人	廊坊市政府 廊坊市体育局	固安县体委
李振成	男	2005.5	市级优秀少年辅导员	廊坊市体育局	固安第一小学

新中国成立后北关村历届大学生名录

姓名	性别	毕业学校名称	毕业日期
鲍明禄	男	保定建院	1963 年
鲍明祯	男	承德农校	1963 年
毕建爽	女	全国经济干部管理学院	1996 年
刘旭东	女	河北师范	1980 年
周建勋	男	廊坊石油管道学院	1989 年
孟爱英	女	华北石油大学	1990 年
李永利	男	中国函授大学	1992 年
周建功	男	河北工业大学	1994 年
高雪娟	女	廊坊师范	1994 年
李亚娟	女	河北省职工医学院	1996 年
张自娟	女	廊坊师范	1998 年
孙颖娜	女	廊坊广播电视大学	1998 年
赵宇春	男	廊坊广播电视大学	1998 年
谢 远	男	大学本科	1999 年
陈书元	男	中国人民大学行政管理学院	1999 年
王 宁	男	唐山汽车专业学校	2000 年
杜智慧	男	党校	2001 年
王清颢	女	北京科技大学	2001 年
卫 洁	女	轻工大学	2002 年
冯宏伟	男	警察学校	2002 年
郭春梅	女	北京教育学院	2003 年
徐满君	男	廊坊东方文化艺术学校	2004 年

续表1

姓 名	性别	毕业学校名称	毕业日期
李媛媛	女	河北政法学校	2004 年
王 敏	女	河北医学院	2004 年
李艳杰	男	天津商学院	2004 年
宋齐苗	女	天津商学院	2005 年
徐建辉	男	秦皇岛科技师范学校	2006 年
周 伟	男	廊坊管道学院	2006 年
鲍春娣	女	中国广播电视大学	2006 年
王维璇	女	天津大学	2007 年
徐 培	男	河北邮电学院	2007 年
李永安	男	廊坊职工学院	2007 年
刘 倩	男	廊坊管道局学院	2007 年
孙永亮	男	河北广播电视大学	2007 年
孙 丽	女	河北软件学校	2007 年
焦 敏	女	燕山大学	2008 年
白银波	男	陕西科技大学	2008 年
王 冬	男	北京大学	2008 年
李江浩	男	北京卓达经济管理学院	2008 年
李 涛	男	陕西科技大学	2008 年
李海潮	男	石家庄商学院	2008 年
钱 丽	女	京安学院	2009 年
钱雪飞	女	北京崇文职工大学	2009 年
郭清清	女	北京崇文职工大学	2009 年

续表2

姓名	性别	毕业学校名称	毕业日期
高冠舫	女	北京师范	2009 年
高冠峰	男	中国地质大学	2009 年
徐园园	女	石家庄技术管理学校	2009 年
张金涛	男	部队汽车管理学院	2009 年
项尚	女	承德医学院	2009 年
邢伟娜	女	保定职业技术学院	2009 年
刘爽	女	河北工业大学	2009 年
王丙丰	男	内蒙古自治区专业学院	2009 年
徐亚彬	男	北京联合大学	2009 年
郭静	女	廊坊卫校	2009 年
马培	女	北京工商管理研究学院	2009 年
李小芳	女	北京科技大学	2009 年
张金龙	男	涿州石油物探学校	2009 年
张新萌	女	廊坊卫校	2010 年
钱芳	女	京安学院	2010 年
马雪娇	女	北京工商管理学院	2010 年
王雪梅	女	保定学院	2010 年
李阳	男	廊坊职业技术学院	2010 年
张荣	女	石家庄外国语学院	2010 年
王维瑾	女	中国人民大学	2010 年
徐建雄	男	北华航天工业学院	2010 年
王青慧	女	河北科技大学	2010 年

续表3

姓名	性别	毕业学校名称	毕业日期
王青月	女	河北科技大学	2010 年
王 宁	女	天津工程技术学院	2011 年
孙 远	女	廊坊卫校	2011 年
陈彦逸	男	河北电视大学	2011 年
张 颖	女	石家庄外国语学院	2011 年
张 蕊	女	石家庄外国语学院	2011 年
王广平	男	北京科技大学	2011 年
郭佑明	男	京安学院	2011 年
陈 晨	女	北华航天工业学院	2011 年
郑丽华	女	云南师范大学	2011 年
张雪娇	女	中南大学	2011 年
李 超	男	消防指挥学院	2011 年
王 鑫	女	南京财经学院	2011 年
徐晨光	男	石家庄理工学院	2011 年
李兆乾	男	中央广播大学	2011 年
陈新甜	女	天津经济学院	2011 年
江来泉	男	南京财经学院	2011 年
董思晨	女	石家庄外国语翻译学校	2016 年
赵宇婷	女	河北农业大学	2012 年
焦 霞	男	中国函授学院	2012 年
邢玉环	女	河北女子职工技术学院	2012 年
崇志刚	男	沧州城市建筑管理学院	2012 年

续表4

姓 名	性别	毕业学校名称	毕业日期
孙 倩	女	石家庄经济学院	2012 年
张馨悦	女	廊坊卫校	2012 年
杨 征	男	廊坊民航干部管理学院	2012 年
陈雅岐	男	河北科技大学	2012 年
徐 超	男	河北农大	2012 年
杨 爽	女	沈阳建筑大学	2012 年
马 云	女	河北商学院	2012 年
刘 彬	男	保定电力学院	2012 年
翟小静	女	秦皇岛外国语学院	2012 年
项 铮	男	云南大学	2012 年
邢明婕	女	河北工业大学	2012 年
赵祥宇	男	北京交通学院	2012 年
关 洁	女	浙江大学	2012 年
张 娟	女	保定学院	2012 年
焦 莹	女	石家庄外国语学校	2012 年
于素萍	女	农业部乡镇工程职业学院	2012 年
冯亭亭	女	承德旅游学院	2013 年
王 丹	女	中国环境管理学院	2013 年
王 超	女	天津理工大学	2013 年
李 静	女	河北传媒大学	2013 年
张雪媛	女	承德医学院	2013 年
张雪涛	男	中南大学	2013 年

续表5

姓 名	性别	毕业学校名称	毕业日期
陈 芳	女	河北外国语学院	2013 年
张 谦	男	石家庄劳动关系学院	2013 年
孙颖杰	女	石家庄劳动关系学院	2013 年
孙 阳	女	河北女子职业学院	2013 年
卢冰雪	女	河北工业大学	2013 年
焦 阳	女	北京科技学校中国青年政治学院	2014 年
贾 俊	男	北京化工学院	2014 年
曹亦楠	男	西南大学	2014 年
何子烨	男	保定学院	2014 年
李 静	男	太原师范	2014 年
陈新静	女	保定师范	2014 年
杜 婷	女	河北工业职工学院	2014 年
孙敏娜	女	河北传媒大学	2015 年
郭 茜	男	廊坊师范	2015 年
王 瑶	女	秦皇岛职工技术学院	2015 年
侯旭东	男	京安学院	2015 年
王 瑜	女	河北美院	2015 年
王 月	女	石家庄交通学院	2015 年
侯思雨	女	河北科技大学	2015 年
徐 萌	女	廊坊师范	2015 年
杨 莹	女	西安翻译学院	2015 年
李 硕	男	中国地质大学长城学院	2016 年

续表6

姓名	性别	毕业学校名称	毕业日期
田芳	女	河南焦作理工大学	2016 年
刘静	女	廊坊广播电视大学	2016 年
杨杰	男	中国人民警察部队学院	2016 年
冯乾瑞	男	燕京理工学校	2016 年
焦凯	男	秦皇岛环境干部管理学院	2016 年
李萌	女	保定金融学校	2016 年
温立轩	女	保定金融学校	2016 年
杜佳	男	石家庄科技大学	2016 年
徐岩红	女	太原师范学院	2016 年
李浩	男	河北传媒大学	2016 年
徐建潮	女	石家庄经济学院	2016 年
徐畅	女	保定幼儿师范	2016 年
邢玉伟	女	河北外国语学院	2016 年
范亚男	女	沧州师范学院	2016 年
周梦瑶	女	河北农大	2016 年
侯爽	女	天津电子信息学院	2016 年
王海燕	女	天津南开大学	2016 年

北关村在读大学生名录

姓名	性别	学校名称	在读
赵恒	男	北京交通大学海滨学院	在读
刘力杰	女	北京航空航天大学	在读

续表

姓 名	性别	学校名称	在读
鲍春娅	女	天津商务学院	在读
周文鹏	男	辽宁科技学院（读本）	在读
周梦雨	男	石家庄画院	在读
周金晨	女	北京中医药大学东方学院	在读
周雅慧	女	山东师范大学	在读
邢稚新	女	华北理工大学	在读
鲍梦蝶	女	京北职工学院	在读
何 欣	女	河北金融学院	在读
陈 星	男	北京师范	在读
张雪荫	女	燕郊理工学院	在读
焦 畅	女	河北外国语学校	在读
侯美娜	女	燕京理工学院	在读
王铁夷	女	南华大学	在读
徐 鹏	男	石家庄财经技术学院	在读
孙一丹	女	燕山大学	成人高考在读
徐 浩	男	秦皇岛环境干部学院	在读
徐光远	男	河北燕山学院	在读
王 达	女	石家庄政法学院	在读
翟 浩	男	石家庄学院	在读
孙 阳	女	北京城市学院	在读

第二节　文　化

古代，北关作为进出京城的"官马驿道"，又是浑河（永定河）南岸南来北往游人商贾驻足行宿的地方。来往客商熙熙攘攘，天南海北的人流，不仅繁荣了北关的经济，更让这里的文化得到了极大繁荣和发展。由于依附县城为一体，因此，城内的戏班、杂耍以及京城的民间艺人，经常来北关赶庙、赶集开展演出。

北关村南北商道两侧，有7家大车店（起伙旅店），来往客商中，不乏文人墨客、贩运乐器者。他们虽临时居住在此，但经常利用夜晚，在店内吟诗作画、演奏乐器，吟唱戏剧和名曲。北关老爷庙、药王庙，每遇农历的"三月庙""九月庙"，两座大庙热闹异常，人头攒动，摩肩接踵。庙会演出的曲种和剧目有戏曲、杂技、评书、拉洋片等。

聪明睿智的北关人，在浓厚的文化氛围中，不仅得到了熏陶和感染，更是跃跃欲试，亲身体验。众多的民间文化组织相继出现，经常利用业余时间练习。在北关的重大节日、庙会庆典中，展示才艺，自娱自乐，诸如北关吵子会、龙灯会等一直传承至今。

一、民间文化社团

（一）北关村吵子会

宣统二年（1910）后，村民王禄、王福、杜明山、范文明等艺人，出于爱好，相约进京，到北平的天桥专门学习吵子的演奏技艺。回村后，他们自筹资金，购置吵子会的打击乐器，闲暇时间进行操练。民国二年（1913），政府推行"乡办民团"，北关吵子会即以民团的部分壮年为骨干，在村民的支持下，于民国三年（1914），正式成立了北关吵子会。北关村吵子会的"香头"是杜明山，专门负责吵子会的训练、演出联谊等工作。后参与吵子会活动的人有：王禄、王福、陈泽民、焦殿元、崇文贵、邢进才、张连奎、申庭弼、李国强、王德祥、张伯明、刘树等人。由于队伍的壮大，操练的正规，北关吵子会的演技日趋成熟。他们不仅积极参与北关的庙会演出，还为名门望族的婚丧嫁娶演出。

自民国三年（1914）起，北关村吵子会走出村庄，走向社会，开展演出活动。

民国二十四年（1935），日寇发动侵华战争，要在北平实行自制统治，于是北平爆发了"一二·九"学生抗日救国运动。次年1月，"平津学生南下扩大宣传团"500余人，途经固安受阻，驻在北关的小学校和临街的大车店里。之后，学生在北关大车店、药王庙召开誓师大会，北关吵子会到场演出，为爱国学生擂鼓助威。同年秋天，国民党宋哲元部第二十九军，在北平、南苑一带举行军事演习，在固安县城西阅兵时，北关吵子会也曾前往助兴演出。鼓手们用饱满的热情，让手中的锣鼓在微风中大展身手，震耳欲聋的吵子声鼓舞了军威，展示了北关人的爱国热情。

民国三十七年（1948）10月，固安县城解放，北关吵子会全体成员欢欣鼓舞，走上街头连日演出，庆祝家乡解放，支援"平津战役"。用震天的锣鼓，表达北关人的喜悦和爱国激情。1950年，固安县举行"抗美援朝大游行"，北关吵子会积极参与，无论年轻会员还是老艺人，全部上街，集中所有锣鼓乐器，用满腔的热情、激昂的鼓点，为抗美援朝活动助威，为北关参与抗美援朝战争勇赴前线的热血青年送行。

"文化大革命"时期的北关吵子会依旧十分活跃，经常开展演出活动。在1976年10月粉碎"四人帮"的固安县庆祝大会和十一届三中全会召开的时候，北关吵子会开展了声势浩大的演出，以示热烈祝贺。在以后的"慰问军烈属"以及大大小小的庆祝活动当中，都有北关吵子会欢快激昂的鼓点声。从 1978 年改革开放以后至 2016 年的 38 年间，北关吵子会每逢重大节日都要坚持演出，共演出 200 余场。

2011 年北关吵子会被廊坊市列为"市级非物质文化遗产"。

（二）北关村龙灯会

北关的龙灯会原名为"龙灯圣会"，北关龙灯圣会与北关村吵子会同期建立，先后多次整合扩大。新中国成立后，由老艺人牵头，在 1951 年再次整合完善北关龙灯圣会。演员中耍龙头的是谷七爷和谷士清，耍龙尾的是王志同，耍火球的是陈泽民。北关龙灯圣会的演出非常壮观。在吵子会的伴奏下，在持火球人的指挥下，金色巨龙时而卷曲绕圈，时而上下飞腾，时而龙头穿越龙身跃过。演员们创造出了很多惊险的动作，他们用娴熟的舞龙技艺展现了"龙"通神显灵的境界，令观者眼花缭乱，叹为观止。

龙灯会的花费开销都是由香头杜明山组织大伙出钱，会员们不计任何报酬参加演出活动。北关龙灯圣会不仅在村内的节日、庙会演出，还经常到县内外助兴演出。固安县每年正月十五的灯会演出，都少不了北关龙灯圣会的精彩演出。20 世纪"文化大革命"中，龙灯圣会活动中止。20 世纪 90 年代，北关人随着经济的发展，生活水平的提高，对文化的需求日益强烈。1991 年北关村党支部书记高清林、村委会主任董永利在村民王德祥、李国强、陈泽民、宋宝树、曹永兴等老艺人的强烈呼吁下，开始着手恢复、完善北关吵子会和北关村龙灯圣会。从会员组织到资金开销，全方位给予支持，北关龙灯圣会正式恢复活动，并成立了"女子龙灯会"队伍。教练为李国强，女子舞龙队员有：刘玉芬、高素梅、米俊芬、刘瑞霞、巨彩玲、孙丽萍、刁素敏、李淑英等人。

北关龙灯会从改革开放以后至 2016 年，先后 20 余次参与固安县、廊坊市的大型文艺调演，在参加廊坊市"5·18"经贸洽谈会的助兴演出中，获得了县、市有关部门的荣誉表彰。为此，固安县政府授予北关村"先进文明村"称号。2002 年北关村被河北省列为"典型文化活动先进村"，河北省委宣传部还专门赠送北关村各类图书 1800 册以及部分吵子会乐器。

（三）北关村评剧团和文艺宣传队

1950 年，中华人民共和国《婚姻法》颁布，全国各地积极利用多种形式开展宣传活动，各类剧团和文艺节目宣传《婚姻法》，一时间在全国盛行。北关村地处京畿，与北京仅距 100 多华里，村民高德山、董振生、张润生等人，多次前往北京观摩国家剧团的演出，回村后自发地组织起了北关评剧团。1951 年秋后，北关村业余评剧团正式成立。团长董振生、副团长高德山，他们物色演员、购置道具、服装，聘请本地名家现场指导，选定了反映为争取婚姻自由的男女青年冲破封建礼教的剧目《刘巧儿》和《小二黑结婚》，不分白天黑夜的加紧排练，当年的春节，两出戏在本村公演。演出场面非常壮观，锣鼓声响，村民会集，观众里三层外三层，挤得密不透风，盛况空前。

《小二黑结婚》的主要演员有：张淑芹（饰演小芹）、先后由王呈志、张润生（饰演小二黑）；《刘巧儿》的主要演员有：张淑芹（饰演刘巧儿）、刘文贺（饰演刘彦贵）、陈泽民（饰演王寿昌）、侯景林（饰演赵柱儿）、王景华（饰演赵有才）、崇尚礼（饰演刘媒婆）。文场琴师：高建中、李敬堂；武场司鼓王德祥、张伯明等；服装化装师李凤芝。尽管剧团资金不足，舞台幕布以及乐器也相对简单，但演员们克服困难，因陋就简，随后又赶排了《清风亭》《柳树井》《花儿按时令开》等剧目。演员的精彩表演，不仅得到了北关村民的赞赏，剧团还先后到霸县和本县的牛驼参加演出，声名远播。在固安县戏曲展演中获得第一名，在保定地区（当时属于保定管辖）演出比赛中获得第二名。同时北关村杜凤霞在北京考入北京京剧二团，主攻刀马旦，"文革"时期调阜新京剧团仍为刀马旦演员，演出剧目有《穆桂英挂帅》《三打祝家庄》《杜鹃山》等，退休后享受国家二级演员待遇。北关村李敬堂自幼读书学艺，尤喜爱民族乐器，精于二胡、板胡演奏，50年代考入三门峡评剧团，后在北京戏曲学校学习。60年代后回村务农，一直参与组织村内文艺宣传工作。

1966年，"文化大革命"开始后，北关村毛泽东思想宣传队组建。宣传队骨干有：高素梅、谷彩霞、王洪霞、刘素霞、鲍明霞、李志华、李树岐、王建国、李志强等人。演出节目大都是自编自演，节目内容都是紧跟当时形势，宣传毛泽东思想，歌颂社会主义等。节目类型有快板书、三句半、相声、表演唱、歌舞等。每逢毛主席最新指示发表后举行大型集会庆祝时，北关毛泽东思想宣传队都举行演出。

（四）北关村广场舞蹈队

成立于2011年，发起组织者是高双荣。起初出于个人爱好，高双荣组织、教授北关舞蹈爱好者在自家门口排练，随着舞蹈人员的不断增加，高双荣即成立了北关广场舞蹈队。因北关没有大广场，高双荣带领队员到柏村广场练习。队员有：高双荣、

北关广场舞蹈队

高素梅、邓文华、孙丽萍、邢东梅、滑淑兰、贾文革、高俊平、王新美、臧凤池、杨书会、李春丽等人。2012年7月，舞蹈队参加固安工业区北开发区举办的广场舞比赛，获得第一名；2015年10月，参加固安县广播

电视台、固安县文学艺术界联合会举办的"舞丽绽放"固安县首届舞蹈大赛，以《江南梦》参赛，获得"最佳创意奖"；同年参加固安工业区北开发区孔雀广场舞蹈赛，获得"最佳活力奖"。2014年2月，北关广场舞蹈队，得到了村党支部书记刘岩峰、村委会主任杜国润的大力支持与帮助，村领导个人出资为广场舞蹈队购置了服装、音响，极大地鼓舞了舞蹈队员们的演出热情。在演员张东英、孙淑芹、唐秀娟等人的倡导下，组织了较大规模的"北关村老年广场舞蹈队"，参与者大都是50岁至70岁的老年人。北关村老年广场舞蹈队演员已达50人。2016年9月，参加工业园区首届舞蹈大赛获得第三名。

（五）北关村秧歌队

成立于1995年，参与人员有男女队员80多人。由村民曹永兴等人发起，由村出资购买服装道具。秧歌队曾多次参加廊坊、县城调演，受到市、县文化部门的好评和表彰。

（六）北关村大头娃娃舞蹈队

成立于1996年，组织者是李敬堂，队员有李敬堂等12人。参加过市、县花会调演和县城活动，受到广大观众的欢迎和县文化部门的表彰。

二、书法和绘画

北关村早期书法家当属白汉臣。白汉臣是固安历史文化名人，中共党员，时家居北关赵克功家北院。民国十四年（1925）前后，白汉臣在县城开了一家"善德书局"，销售鲁迅、丁玲、郭沫若、谢冰心等进步作家的书籍，以此机会宣传抗日思想，唤起民众的救国热情，并以此为掩护秘密传递情报、从事地下革命工作。白汉臣书法老道，被称为当地书法名家，因此北关村各家各户过年写春联，几乎都是白汉臣等村内书法名家所为。北关村龙灯会的大小会旗、宣传标语都请白汉臣书写。白汉臣的革命行动引起国民党的注意，1947年国民党将他逮捕、杀害，后被追认为烈士。

被村人称为"书法家"的北关村人还有冯敏（擅长草书）、高建中（擅长隶书）、王志同（擅长楷书）、王福田（擅长楷书）等。

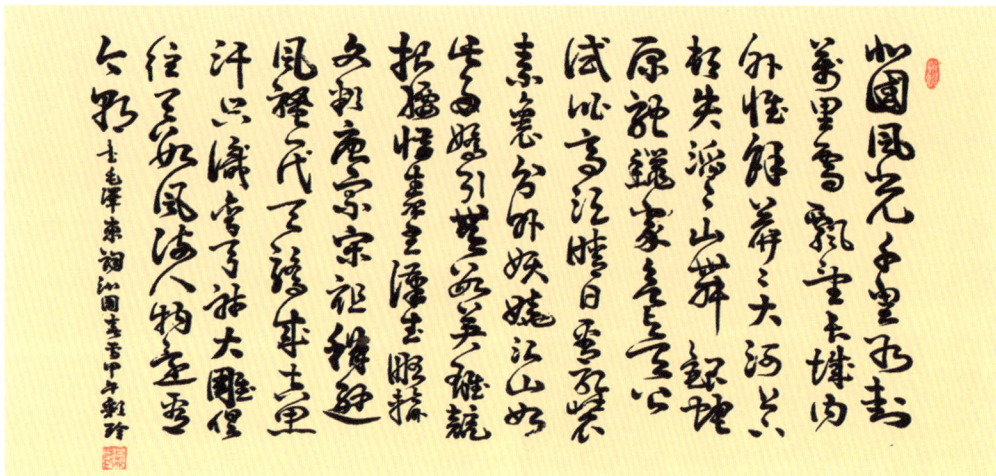

机关干部王洪义（1941－2008）致力于书法绘画研究，曾多次参加国际书画交流展览并获得好评，成为国内外书画名人。

村民巨彩玲从事理发服务之余刻苦研习书画技艺，其书画作品细致精深，别具一格。

村民崇连启、焦永刚、宋泽元、李凤岐、孙建军、白秀玲、张自娟、翟淑敏、邢玉田、田向东等多人，都利用业务时间研习书法技艺，用所学之技为村民服务。

三、文物古迹

邑厉坛

明洪武三年（1370）建于北关，邑厉坛和社稷坛形成庙群。据明《固安县志》和村人对照考证，邑厉坛旧址当在现园区浴池西南附近，20世纪70年代，人们到旧址耕种、割草时还时常见到废墟的砖头瓦块等。

邑厉坛东西阔十一步，南北长二十一步，建筑物有神庙三间、库房三间、宰杀房三间，有祭品什物二十一件。按大明历制，京都祭循泰王历，国祭循国历，州府祭循郡历，县祭循邑历，时固安县域皆赴县城北关邑历坛祭祀，以清明节、中元节（农历七月十五）、寒衣节（农历十月一）为祭祀日。明正统元年（1436）刘知县再次修葺；明成化年间朱知县又行修葺。邑历坛毁于何年已无据可考。现在人们每逢清明节为故人扫墓、中元节烧冥币、寒衣节烧冥币送寒衣的习俗一直沿袭。

社稷坛

社稷坛建在北关邑历坛右侧，和邑历坛形成庙群。社稷坛东西阔四十五步，南北长三十二步，建筑规模不详。

明洪武元年（1368），朝廷、州、县颁布告明示，县人设社稷坛，在北关村西设左社、右稷。左社为祭土神之所，右稷为祭谷神之所。当时人们在祭祀时，有的祭左社，有的祭右稷，还有的两坛同祭。明洪武十一年（1378），朝廷就祭坛事宜颁布天下，州县规定同坛合祭，后又规定每年到社稷坛祭祀的，凡文职人员、州县长官、武官等三类人员都要去祭祀，但所带祭祀供品要同样。清顺治初年（1644）会典规定，每年春秋仲月（第二个月）上戊日（每月上旬）开展祭祀活动，并要求直隶各州县必须按规定日期去祭祀。

社稷坛所祭祀的为五土神仙和五谷神仙，按当时说法，祭土才能生谷，因为五土和五谷粮食都是人类生存生活的根本，所以祭社也必祭稷。人们为了祈福和年年五谷丰登、健康平安，都不忘按照规定到社稷坛叩头烧香祭祀五土和五谷之神。

药王庙

明万历二十七年（1599）开始建筑，四个多月后施工完毕（旧址在北关村拆迁前宋姓村民住宅附近）。修庙人为客居北关的大商人陈廷冠，偕同固安县人郑登云、刘大恭等，以及爱做善事的县内村内人，大家出资买地，筹备砖瓦木料，召集施工等。建造殿宇三间，并塑药王神像一尊，药王神像正坐殿宇供案，两旁各塑侍从站立。北关药王庙供奉的是唐玄宗时的名医韦慈藏，其医道精绝，可与秦汉时的扁鹊、魏晋时的华佗、许旌阳并驾，唐玄宗称他神其术、重其行。韦慈藏后求官不成，不久即逝，死之日被封为药王。明万历三十五年（1607）夏重修，立药王庙石碑一座。

1951年，建北关小学校时，药王庙被拆除，砖瓦木料用于建小学校。

真武庙（亦称北岳庙）

建于拱极门（固安县城北门）桥前，始建年代不详。明成化十五年（1479），关中道士李崇厚主持重修事宜，不幸染疾而卒。明弘治元年（1488），县人方洪等人再次接续重修。时知县程霁，使令增建道院多处。真武庙重修后，县人李鸾撰有重修真武庙碑记。庙内供奉玄武大帝，为道家。真武庙由于战乱、水灾等，再加上年久失修坍塌，坍塌年代不详。据明、清、民国县志记载，庙址在北门外。据村内老人回忆，当在北关东西向顺城大街路北，王姓村民住宅附近。

关帝庙（又称关王庙、老爷庙）

始建年代不详，地址在北关村北原北关中心街与106国道夹角处。明万历二十五年（1597）重修。时正殿楹联："乃圣乃神乃武乃文生民以来未有夫子，自东自西自南自北四海之内莫不尊荣。"固安县人杨文陞写有"重修关帝庙碑记"。清顺治十六年（1659）创建北关关帝庙戏楼一座，时戏楼楹联上为：高义薄云天懦立顽廉正气千秋垂宇宙，下为：歌声出金石遥吟俯唱阳春一曲和韶咸。由北关名门望族卜景超立碑一块，续写建戏楼碑记。定于每年五月十三日为老爷庙庙会日。每当庙会期间，唱戏的、赶庙的、做买卖的，人山人海。清道光九年（1829）又重修。之后，由于战乱，庙宇被毁，残垣断壁，北关村民重义好德，便用苇席将仅剩的关公塑像围起来加以保护。民国二十六年（1937），国民革命军第29军军长宋哲元部下的宋吉祥团长路过此处，再次召集村民重修关帝庙。时大庙正房三间，围有庙墙一周，正前方开山门，时写有楹联一副。上联：兄玄德弟翼德德兄德弟；下联：师卧龙友子龙龙师龙友；横批：亘古一人。山门上方挂一块"忠义千秋"匾，落款为"宋吉祥年月日"。

养济院

清康熙五十二年（1713），知县郑善述主建养济院，院址在北关东南隅。县每年每月都要出资救助孤贫人等，分发粮食，每年十月散发冬衣和花布。共有贫孤人大小住房十八间，有正厅三间。是官府稽查孤贫人员时的处所。

义塚

明嘉靖四十四年（1566）夏，知县何文庆创建于县城北关外，东西长三十九步，南北阔二十九步，并立坊名"义塚"，由一人掌管。对用墓地的人均登记造册，安排自左而右，人分一席之地，严禁超越。当时在固安县居住的外地人，没有墓地暴尸停放的都可以得到一墓穴得以安葬，孤贫之人也能得一席掩埋于此。

据村民指证，义塚地址位于现聚宝隆购物中心的东南地带，20 世纪六七十年代那里偶尔可见砖头瓦块、无主棺木，后人称为"乱葬岗"。

演武厅

演武厅建于清代，具体时间不详，位于北关村（出北门左方）现固安镇政府办公地一带。设演武厅三间，营房八间。教场东西长一百八十八步五，南北阔四十五步，配有兵士和防城民壮五十名。

驻防演武厅（场）拨旗属公产地三十亩，每年由知县摊销租银三两二钱七厘。驻防营设镶红旗防守尉一员，防御一员，守城甲兵五十名。县每年交足银一千八百两，米一千一百五十石。

县城北关设窝棚一座，按规定护送来往官员、客商，五日一轮换，以保护官员、客商安全。

义学

清康熙五十四年（1715），朝廷命天下办义学，时县令弘近光建义学于北关，以振兴儒家之风范。在此建义学的原因是，固安县城地处京都以南，人口稠密，多年间科举考试登科及第，连连得中，特别是北关、北街名门望族尤多，人们读书求学成风，县令弘近光遵循朝廷旨意，选中在北关建义学。县令刚刚上任的当年四月，又听取了文人的谏言，决意立即办理义学事宜。艺校人士严丹黄时常资助清贫人和读不起书的人，是年得知建义学之事，便加以帮助，和县令一道买下北关张姓一块空闲宅地，欲盖正房三间，旁设厢房两间。从八月起筹资准备盖房的砖瓦木料，县令自知所用材料之贵，尚觉经济紧张，但他没向当地诸编户张口，更不愿连累村里大商户，自筹资金，最终花费三百余金建成了北关义学。义学建成后，敦请本县名宿杨阴余执教授业。

10 卫生 体育

第一节 卫生
第二节 体育

第一节　卫　生

一、新中国成立前

封建时代及中华民国初期，北关村的医疗卫生条件极度落后。村民患病都要到县城内的诊所治疗，不少困难户缺乏治病的资金，只能到村内的药王庙、老爷庙去烧香拜佛，以祈求神仙开恩使家人转危为安。更有一些村民，依据多年的生活经验，把积累的民间偏方、土方拿出来，自己寻找草药治病。由于缺少正规科学的诊治手段，很多村民治病不及时，让小病酿成大病，急性病转成慢性病，甚至一些本来可以治好的疾病，由于拖延治疗，造成患者不必要的死亡。

民国九年（1920）前后，北关村民陈子元子承父业，在村内开办了"普春堂"中医药铺，这是北关村出现的第一家私营诊所。陈子元的父亲曾经靠着善举及聪慧，靠着一些偏方和学来的点滴医学技术，为村民诊治一些常见病。由于长时间的经验积累和实践，医学技术日趋成熟。

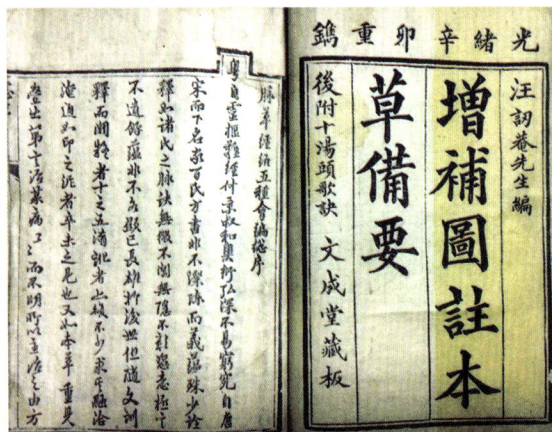
老中医使用的医药书籍

药戥子

陈子元清末在北京从医，后回村创办"普春堂"，在父亲的诊疗技术基础上，苦心研学疾病的防控和常见病的诊治，不断发挥其中医长处，治起病来讲究标本兼治，造福村民。其子陈宝勋自少年学医，医术高超。陈氏父子俩很快形成了自己的医疗特点。父子俩主攻妇科病以及一些疑难杂症的诊治，对于当地流行病的防控也有很多独到之处。

1949年，北关村民高建中（高际可后人）由军队从医复原回村，看到村民缺医少药，因其在当兵时任职医官，靠着医学技术在村内又开办了第二家中医诊所。高先生对于医治常见病和伤寒、霍乱（霍乱是因摄入的食物或水受到霍乱弧菌污染而引起的一种急性腹泻性传染病，在五六十年代时有爆发）等流行病有较高的治愈率。

同年，北关村民杨蕴华从北京弃职回家，在村内开办了第三家中医诊所。杨先生在北京专门从事医疗工作，曾经专门拜北京名师学习儿科诊治技术，靠着师父的点拨和个人的潜心学习，在京城也小有名气。杨先生除在儿科诊治上有独到之处外，还对乡村的常见病有较深的理解和诊治水平。北关籍三位中医回村办起诊所，极大改善了北关村村民的健康状况，村里的一般常见病、多发病都得到了有效控制和治疗。三位老中医人品好、医术精，注重乡亲友情，讲究医德，仁心厚重，德才兼备。每逢遇到一些家庭困难的村民，都坚持治病救人为先，做到了有钱看病，无钱也照样看病。三位老中医在新中国成立前约20年内，开创了北关村医疗卫生事业的辉煌，受到了全体村民的爱戴。

二、新中国成立后

1952年，村人高建中、杨蕴华二人，按照固安县人民政府有关医疗政策，先后参与了"公私合营"的诊所。与此同时，两人保留了一些设备、药品，依旧利用业余时间为村民看病拿药，为解除村民疾病痛苦做着贡献。

1962年，在外地行医的中医大夫陈宝勋（中医陈子元之子），回村开办私人中医诊所和中药房，陈家医术可谓世代家传。陈宝勋祖父于清末，就在京城学医行医，后将医术传与其子陈子元，陈子元再将医术传与陈宝勋。

1964年，依照上级指示，北关村私人诊所全部停业。

1969年初，北关村建立了第一个村集体卫生室。选派村民孙广泰为

"赤脚医生",前往县乡医院进行专业技术培训,后经严格考试合格,取得"医士"资格后,担任北关村卫生室医生,后补充邓善良加入卫生室工作,当时都为"赤脚医生"(赤脚医生是上世纪60-70年代"文化大革命"中期开始出现的名称,属于半农半医的农村医疗人员,赤脚医生为解救中国广大农村地区缺医少药的燃眉之急做出了积极的贡献)。

1975年,原在部队担任卫生员的退伍军人李凤岐回村后,继续从事医生工作,参加村卫生室任医生。

1976年,村民张俊堂初中毕业后,经村"两委"班子研究决定,参加村卫生室工作,边学习边工作。1978年参军离开卫生室。同年老中医陈宝勋和村青年高会林,同时加入到北关村卫生室工作,李凤岐、陈宝勋同为村卫生室医生,一起在为北关村民的防病治病工作尽心竭力。

三、改革开放后

改革开放后,北关村的医疗卫生事业得到了更大发展。

随着改革开放的不断深入,1980年底,陈宝勋离开村卫生室,开办了家庭私人诊所,高会林也离开卫生室转做它业。随后,李凤岐将卫生室搬至家中继续从事村卫生室的工作。

1983年,为发展北关的医疗卫生事业,卫生室增添了部分生化检测及一些理疗设备,使北关村医疗服务功能得到了进一步完善,对于一些常见病、流行病都可以在北关村诊所得到较好地治疗。

卫生室内部

1989、2000年,李凤岐先后两次去北京中医研究院、北京中医药大学进修深造。其间,经过个人努力,掌握了中医的新医疗法和穴位埋线等先进技术,为村民解决了很多常见病的常规疗法所不能解决的难题,对农村的一些常见病的治疗,取得了很好的疗效。

1999 年，北关村卫生室迁往村南固涿路北侧门店。同年，李凤岐之子李梦屿卫校毕业后，到北关村卫生室工作。2002 年李梦屿参军，在部队团卫生队任卫生员，2004 年复员回村继续在北关村卫生室工作。由于在部队的实践，使李梦屿的医疗技术得以发展，尤其是对于一些农村常见病的治疗手段更趋多样化，治疗效果更佳。

2003 年 4 月，非典型性肺炎（简称"非典"）袭来，由于对其缺乏了解，造成村民一时恐慌，谈"非典"色变。北关村卫生室李凤岐等医生，在上级卫生部门的指导下，迅速组织卫生室人员，兵分多路，各负其责，发放药品，进行宣传，消毒防疫，并对北关村采取了封闭防控的紧急措施。在上级政府及卫生部门的指导下，北关村党支部、村委会印刷了部分防控非典知识的宣传材料，随同药品、用具一起发到村民手中，对所有公共场合、学校等人口流

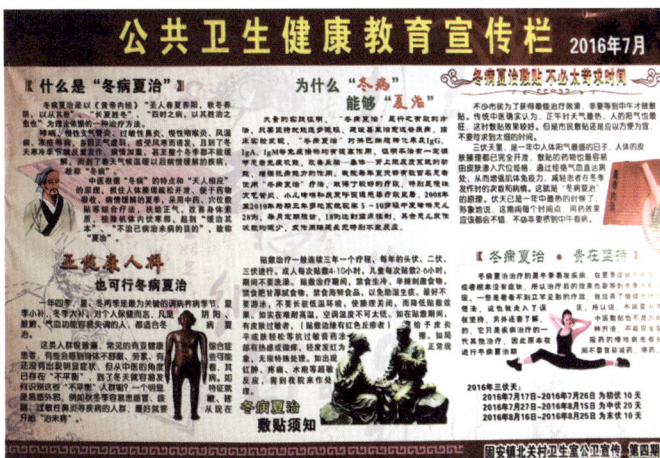

卫生组织宣传栏

村卫生室

动较大的区带，做到每天进行一遍喷洒消毒。由于北关处于进出北京的交通要塞，北关村还对流动人口进行了较为有效地管控。截至 2003 年 6 月

底止"非典"疫情解除时，北关村没有出现一例疑似病例。

2009年，北关村启动"新农村建设"，由于拆迁，卫生室工作中断。2013年，北关新村建成，北关村卫生室迁至村委会办公楼内，使卫生室继续更加完善地履行着为北关村民解除病痛，维护村民身心健康的重任。

附：李凤岐大夫诊治的主要病例

1. 村民苑老太太1985年，突发脑梗塞，致口眼歪斜，言语塞涩、右侧手足不遂等症状，属于危重发病。卫生室医生李凤岐及时赶到，对症施治。通过针灸，服用"补阳还五汤"，以及中药治疗，使得老人很快康复，生活行走完全可以自理。

卫生室特色治疗简介

2. 1986年，村民钱老太太，患喘息性慢性气管炎，每逢受凉、感冒即引起咳嗽、咳痰、胸闷气短，很容易造成疾病急性发作转成慢性肺心病，导致心衰心源性休克。卫生室医生李凤岐根据病人的病症，采取科学手段，综合配方，采取标本兼治的原则，使得病人转危为安，各项指标趋于正常。

四、合作医疗

（一）早期农村合作医疗

1965年6月26日，毛泽东主席做出了"把医疗卫生工作的重点放到农村去"的重要指示。一时间全国各地纷纷响应。

1970年，北关村购置了简单的医疗设施和部分药品用具，先后选派两名村民担任"赤脚医生"，正式组建了初级模式的"北关村合作医疗"。

1975 年，退伍军人李凤岐，参加了固安县卫生局中医学习班。一年后回村参加了村合作医疗工作。当时为村民看病实行减半收费（即报销50%），在当时村民经济拮据的状况下，为缓解村民看病难的问题解决了大问题，深得村民拥护。

（二）新型农村合作医疗（简称"新农合"）

随着我国社会形式变更，政治、经济的不断发展，国家先后多次对农村合作医疗事业进行改革，出台了众多造福百姓的法律法规，完善了农村医疗事业对村民的服务功能。

新农合本着以各级政府投入为主，与个人筹资相结合，农民以户为单位，自愿参加的原则，报销实行大病统筹模式。北关村党支部、村委会积极响应上级指示精神，采取切实措施，精心组织实施，加强

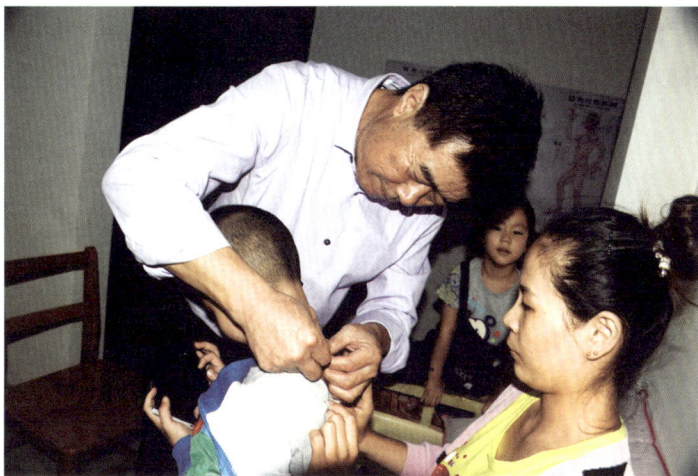
医生治疗

组织领导，加大宣传力度，使北关村的农村合作医疗工作得到快速发展。并抽调邢玉田、郑书田、焦永刚、王德润等人负责村民参加新型合作医疗登统工作，全村参加合作医疗达到了100%。北关村合作医疗事业的开展，进一步提高、缓解了北关村民因病致贫和看病难的问题，减轻了农民的医疗费用负担，把党和政府对广大农民群众的关心落到了实处。广大北关村民，在新型合作医疗的制度下，得到实惠，享受到了大病统筹报销的好处，最多80%的报销率为村民看病解除了大难题，使得北关村民的健康指数大大提高。

五、接生员

新中国成立前，北关村妇女生育都是请本村或外村的"接生婆"，在

家中接生，有时也到县城内请私人诊所的女大夫来家接生。由于接生技术落后以及处理临时风险的能力非常有限，因此，经常出现产妇大出血、婴儿死亡甚至母子同时毙命的医疗事故。

新中国成立初期，北关村按照上级的要求，选派了具有一定文化基础、热心为村民服务的陈福珍，参加上级医疗部门的妇科接生技术培训。经过认真学习，不断实践，初步掌握了新型、科学、卫生的接生技术。从1952年至1968年，陈福珍一直在村里担任接生员工作。陈福珍做人耿直，技术全面，服务周到，她不仅做到了安全接生，还在婴幼儿喂养、产妇身体恢复等方面提供技术指导。尤其是对村里的产妇需求，不分白天黑夜，随叫随到，为村民奉献了真诚和爱心，深得村民敬重，为北关村妇幼保健工作做出了重大贡献。

20世纪70年代后，随着固安县城乡卫生事业的迅猛发展，固安县医院、固安镇医院都增设了妇产科，培训了技术熟练，完善了各项急救措施，确保了产妇和婴儿的健康，大大降低了事故发生的概率，自此村里的产妇都到医院进行产前检查、产妇待产以及产妇生产。

六、兽医

20世纪60年代，北关村没有专业的兽医，生产队的牲畜发生伤病，一般由生产队的老车把式，按照传统的中草药或其他理疗手段诊治，由于只凭感觉和经验治疗，缺乏科学依据，故治愈率很低，牲畜伤亡时有发生。

"文化大革命"时期，固安县畜牧局建立了兽医站，从此生产队的牲畜发生疾病都到兽医站进行诊治，牲畜伤亡率大大降低。北关大队牲畜较多，参与兽医工作人员数量明显不足，本村在固安县畜牧局工作的原畜牧局副局长鲍明祯、在固安县马场担任专业畜牧师的王玉岐，经常利用业余时间，回村为生产队的牲畜进行疾病检疫、疾病治疗，为北关村的生产发展做出了贡献。

20世纪70年代，北关村为了发展农业生产，提高粮食产量，号召全体村民大力发展养猪，多积肥、多打粮。为确保养猪事业的发展，村里决定培养自己的半农半医兽医。一队焦永刚、二队王东升、三队高印青、四队孙占领，经过县兽医站培训合格后，加入了北关村兽医队伍，为北关村养猪事业的发展努力工作。4 名兽医服务周到，不怕脏累，较为成功地控制了村内存栏猪的疫情发生，增加了村民收入，确保了生产队猪多、肥多、粮多发展方向，促进了北关村农业生产发展。

七、环境卫生

北关村由于地处京畿要道，又毗邻固安县城，因此，很多人都很讲究"脸面"的洁净。在各个历史时期，北关村人都在用勤劳的双手，时刻改善着村庄的环境卫生。加之县城大集多次设立在北关村，因此，村里专门组织人员及时清理垃圾，确保村内大街小巷干净整洁。

1958 年后，北关村积极响应国家号召，积极开展了"除四害讲卫生"活动。在村委会的组织下，北关村从每个村民到北关小学的每个学生，都积极投身于"灭鼠、灭蝇"运动。村内每天有人专门负责收缴"鼠尾""蝇蛹"工作，即使在"文化大革命"的较为混乱时期，北关村内街道、胡同依旧干净整洁、美观舒适。

社区卫生设施

1980 年以后，随着经济的发展，人们生活水平的逐渐提高，党支部、村委会对环境卫生意识的增强，曾先后数次对村内街道胡同进行修缮。在开展"两个文明建设"过程中，为美化环境，对街道的墙壁全部进行了粉刷，对大小街道进行了硬化。同时按照村民居住的密度大小，在村内设立了 8 个垃圾池，选派了刘汉泉、谷彩生 2 名责任心强的人员，专门负责清运垃圾和清扫街道，为村民的健康创造了良好的环境。

2013 年以后，北关新村建成，村民全部搬入住宅楼，环境优雅卫生洁净，整个环境卫生工作由北关村服务中心物业管理中心负责。

北关村从破旧的农村，一跃变成高楼林立的新村，进入了城市环境卫生建设的行列，城市建设和服务功能都有了较大程度的提高。因此，北关村党支部、村委会，更新观念，面对现实，从加强村民环境卫生意识入手，加大宣传力度，把北关小区环境卫生建设列入造福民生的重要议程。采取以村委会为主导，以建立健全各个阶层管理为重点，以依法理顺物业管理与各部门的关系入手，建立起小区卫生管理秩序，维护北关村民和业主的正当权益和应尽的义务，从而建立起小区环境卫生管理工作的长效机制，切实把小区环境卫生治理好，让北关新村的环境变得更加靓丽，让北关村的老百姓真正感觉到居住环境彻底改观的优势和不断攀升的幸福感。

附1：

北关村文明形象村街创建活动"门前五包"责任书

为推进文明形象村街建设活动，进一步加强街道管理，努力创建整洁、优美、清新的街道环境，北关村委会与村民及沿街各单位（门店）签订"门前五包"责任书。

一、责任单位：村民、单位（门店）

二、责任目标：

1. 包卫生。负责责任区的清扫、保洁，并将垃圾倒入垃圾箱或垃圾池内。做到"七无"：无裸露土地、无瓜果皮核、无纸屑塑膜、无污水淤泥、无渣土沙石、无粪便、无积存垃圾。

2. 包秩序。负责责任区的公共秩序，做到六无：无车辆乱停乱放、无乱堆物品、无摊点乱设、无店外售货、无乱搭乱建、无公用设施损坏。

3. 包绿化。负责责任区绿化树木、绿地及花草整洁美化，自觉制止攀折花木、周围树木，在绿化带内堆放柴草、废弃物等不文明行为。

4. 包亮化。负责本单位（门店）牌匾字号、广告设计符合城建要求，达到美观、用字规范、无缺字、错字、不规范用字。

5. 包美化。负责本单位（门店）牌匾字号、广告设计美观、用字规范、无缺字、错字、不规范用字。

三、责任双方签字：

村主要领导签字：高清林

村民、单位（门店）负责人签字：陈秀林

1999 年元月 5 日

附 2：

村校共建文明示范街协议书

为进一步提高广大青少年学生的社会公德意识，扎实推进文明卫生示范街创建活动，北关村与北关中心小学，开展"共建文明示范街"活动。现就共建有关事宜协议如下：

1. 协议内容：北关中心小学负责每周清扫一次街道，清除所有积存垃圾、污物、塑料废弃物，做到干净整洁、无卫生死角。

2. 定期组织学生上街进行宣传，劝阻不文明、不卫生行为。

3. 负责街道两侧树木种植、管理。

4. 协议双方签字：

北关村主要领导签字：高清林（章）

北关小学校长签字：宛中文（章）

1999 年 6 月 5 日

第二节　体　育

北关村体育运动有着久远的历史，早在明、清时期，村中读书重教盛行，科学文化促进了村人政治、经济乃至各个领域的发展。尽管生活艰难困苦，多灾多难，仍不忘体育活动，以达劳逸结合，自娱自乐。除开展传统武术活动外，还学习创造了打瓦儿、弹球儿、得哒、走顶、踢毽、成方成龙、憋牛蛋等多种体育、智力方面的运动。乡土色彩的体育文化有的一直延续到八九十年代，有的体育活动在 60 年代以前出生的村民当中仍记忆犹新。

一、学校体育

北关村的学校体育活动一直比较活跃。北关小学设有专门的体育教师，按体育教学大纲制定教案，按时上体育课。教学内容为：队列、跑步、跳高、跳远动作等各类体育竞赛的常识以及国家推广的广播体操、眼保健操等。

学校每年都要举行"田径运动会"（春季或秋季），运动员来自各个班级。经过比赛，选出优秀运动员参加上级举办的运动会。

学校体育发展的鼎盛时期是 20 世纪 70 年代。当时各班级都建立运动队。班级之间经常组织小型竞赛，每天下午都有一节课外活动。每到活动时间，操场上全部是参加活动的老师和学生：打篮球、打乒乓球、跳高、投铅球、投手榴弹（80 年代被取消）、跳高等，学生的身体素质得到了很大提高。当时的课间操，小学校都按照国家体委推广的小学广播体操执行。

1970 年后，北关小学学生先后升入农中（镇中）、固安一中、固安二中，由于有良好的体育基础，有 36 人参加了三个学校的体育运动队，其中李凤明、杨景龙、孙广华、陈书元、谷洪波、卜春芳等学生参加省、地区、县体育运动会，都取得了优异的竞赛成绩。

1995 年，北关村二中学生孙颖娜在全县中小学运动会上，获得初中女子组 3000 米跑第一名。

2009 年，在全县中小学运动会上，北关学生徐建潮荣获初中组女子 100 米第一名，成绩为 12″89。

二、群众体育

群众体育主要兴起于改革开放以后。随着经济的发展，生活水平的提高，人们开始注重提高生活质量，参加体育锻炼、提高身体素质的意识越来越强烈，自愿参加体育锻炼的人越来越多。每天早晨都有 50 岁至 70 岁的老年人做老年健身操、跳广场舞，还有很多北关人自发地参加太极拳、舞剑、散步等体育活动。近年来，北关村相继成立了老年门球队、篮球队、乒乓球队等群众组织，他们经常开展活动，参加各种比赛，为北关村的体育活动增添了色彩。

（一）北关村老年门球队

北关村老年门球队成立于2001年，辅导老师是邢老师和李克勤老师。门球队长是孙志清，指挥鲍明祥、徐永利，队员有：张伯明、王国兰、卢德如、李学轩、史凤祥、何庆生、鲍明录、张永才、范友才、田淑花、李素英等。北关门球队先后与石油学院职工门球队进行交流学习和比赛。2002年在北关村举行的门球友谊赛上，获得第二名。徐永利在固安县门球单打比赛上，获得亚军奖章，并获得廊坊市老年体协颁发的先进辅导员荣誉证书。

老年门球场与活动剪影

（二）北关村篮球队

北关村篮球队成立于2001年。最初村内篮球运动开展于六七十年代，球场位于村内解放军总参通信兵营房东南角的空地上，篮球筐是年轻人砍来杨槐树，焊一个铁圆圈固定在上边，简易的活动设备就算齐了。早期参加篮球活动的有：张伯明、崇尚义、王福生、高永忠、冯庆元、谷敬信、杨景龙、孙广华、赵克俭、孙广泰等人。虽然北关篮球场地简陋，设备拼凑，依旧吸引了周边村街和县内机关单位的体育爱好者，他们经常和北关球员在一起切磋技艺，组织比赛。2002年，北关村篮球队员统一了服装，完善了设施，全队人员比赛训练意识得到增强。在2002年固安县第一届农民运动会上，北关村篮球队获得篮球比赛第二名。参加比赛的成员有，队长：李永安，队员有高会林、张自峰、董玉珠、李宝岐、王景太、李振成、潘树杰、张志文、何爱军、王志永、焦永明、孙广华（兼教练）等人。

（三）北关村乒乓球队

北关村乒乓球队成立于2002年，队员有周长庆、王景太、鲍广会、张自峰、高会林、王志永等人。乒乓球队在党支部、村委会的大力支持和帮助下，安排了专门的训练场地，购置了必要的活动器材。周长庆还受聘到固安县二中做乒乓球教练。

（四）北关村太极拳推广站

北关村太极拳推广站成立于2015年，隶属方城武术研究会。组织者为徐广、张建民、董金平，徐广为站长，聘请县武协副主席、方城武术研究会总教练韩锡铜先生为教练。队员有：董金平、张建民、冯丽平、刘凤春、杨书婷、赵景霞、唐素娟、侯俊杰、孙桂荣、高淑英、田春茹、刘金荣、王守洪、孙永革、王树文、张俊女、田淑敏、杨艳芳。太极队长年坚持锻炼，技艺不断提高，先后参加了2016年固安农博园开园暨固安县第三届非物质文化遗产展示会、固安县历届春晚、全县市民健身日、CCTV－7走进乡村大世界海选等大型活动。2016年人民日报社记者对总教练韩锡铜进行专访，专稿对韩锡铜和太极队及队员赵景霞为传承祖国武术活动做出的贡献给予肯定和表扬。

（五）北关村山地车运动队

成立于2012年3月，发起人李凤岐，队员：杨大鹏、杨凤山、董玉珠、王志永、杜德润、崇福来、刘岩峰、杜国润、王艳、焦金海、董亚军、王志强、徐博、项建国、孙占强、刘丙申、刘建平等。

三、体育设施

2010 年前，北关村和北关小学都设有体育活动场所，里面设施齐全。主要有篮球场、乒乓球台案、双杠、单杠和各种健身器材，为学生和村民开展体育锻炼提供了方便。2013 年后，村民搬入新居，小区设置了部分健身器材，体育器械设施正在不断完善中。

社区健身场

第十一章　SHEHUISHENGHUO

11 社会生活

第一节　社会保障

一、养老保险

按照固安县新型农村养老保险规定，2011 年北关村养老保险工作开始，按照国家、地方个人投资社保模式，参保人 60 周岁以下村民每人每年由本人或子女缴基本保费 100 元，多缴者不限，多缴多得，45 周岁以上的，缴到 60 周岁为止，45 周岁以下的缴满 15 年即可。领取保险费的标准：2011 年 7 月 1 日 -2013 年 6 月 30 日，60 周岁 -79 周岁的老人每人每月 55 元，80 周岁以上的老人每月 105 元，2013 年 7 月 1 日以后，60 周岁 -79 周岁的老人每月 100 元，80 周岁以上的老人每月 150 元。截至 2016 年 8 月止，全村有 186 人已经开始领取养老保险费。

社区小花园

二、新型农村合作医疗（见第十章《卫生　体育》）

三、社会优抚

（一）五保户、军烈属、职工家属、困难户优抚

1963 年，北关村对五保户、军烈属、职工家属、困难户实行粮、款救助。在全面调查研究的基础上，确定救助户，然后适情况给予粮食、人民币补助。对五保户列为重点，由村和生产小队重点救助，做到：保吃，

保住，保穿，保医，保养。其间：北关村享受五保救助的村民有张玉萍，李尚德夫妇，周焕文等9人。1980年后，老退伍军人庞树勋送河北省荣军疗养院供养。1985年后，村民高永忠、邓汉如、项友才先后送到县、镇养老院生活。生活费由村和亲属负担。

（二）复原退伍军人、军属、烈属优抚

1. 军烈属优抚　民国三十四年（1945），北关村对参加人民子弟兵的家庭和在人民军队或民主政府牺牲的烈属重点给予助耕、粮食、衣服补助。人力由武委会动员民兵和有能力的户帮助耕种或代耕。粮食、衣服主要靠募集。中华人民共和国成立后，在优抚方面仍是由国家采取定补粮款。生产方面的困难还是村里派人出工、出力帮助，1958年人民公社后，生产队在优抚方面是按照同等劳动力年平均工分数，给予军烈属拨付1人的年工分，以保障他们能够享受一般家庭生活标准。此种优抚政策一直延续到1983年。1983年至2016年12月31日期间，全村军烈属按照国家不同时期的优抚政策享受优抚待遇。

2. 复员退伍军人的优抚　新中国成立前和新中国成立初期，国家对退伍军人一般以拨给土地，发放小米作为复员安家费用。北关村1949年至1955年，13名退伍军人在复员退伍返回原籍时享受这样待遇。1956年至2016年，国家对固安县复员退伍军人的优抚政策不断改革，优抚方法和优抚费也随着国民经济的发展人民生活的水平提高而提高。军人复员退伍时除发放定额复员费，和部分医疗费

外，在服役期间内，家庭还根据不同时期，享受生产队工分补贴和政府定额优抚款，北关村有 85 名入伍军人，享受了国家这一优抚待遇。2012 年，国家还出台了对退伍还乡的老退伍军人实行定补。对参加执行边防作战任务，反击作战任务，执行特殊国防科技工程施工任务的农村籍退伍军人等也实行了每月 300 元的定补。

据 2016 年 10 月底统计，北关村享受复原退伍军人定补的有 7 人，享受执行特殊任务的复原退伍军人 3 人。

（三）符合城乡最低生活保障和供养条件的残疾人

由民政部门纳入最低生活保障和供养范围，同时在就业、医疗、出行等方面，社会和社区给予特殊优抚待遇。北关村先后有残疾人 52 人，部分残疾人曾享受了优抚待遇。

第二节　村民生活

一、新中国成立前

由于社会阶级压迫和战乱的因素，北关村一直处于贫穷状态。民国二十六年（1937）有 165 户人家，500 多口人，土地 2000 多亩。民国三十三年（1944）有 178 户人家，887 口人，土地 2490 多亩，房屋 836 间，生产资料有骡马 10 头、驴 14 头、牛 5 头、车 20 辆、轿车 2 辆、挂面机 1 台。骡马车辆多为少数富裕户人家所有，用于种地拉脚，驴、牛多为大多数穷人家种地闲时拉脚。挂面机为村民赵云峰、赵云清家所有，用于制售挂面。村民由于战乱和天灾，为了生存，只有靠卖地、卖房、卖生产工具，典当家具来维持生活。到 1949 年，全村只有牛 1 头、骡 1 头、驴 9 头，土地尚有 1694.4 亩，房屋 766.5 间，在贫穷的年代，全村 156 户人家，被迫靠出卖劳动力和做薄利小买卖维持生活，当时从事的行业有长工、短工、河兵（工）、抬杠、抬轿、拉脚、当兵、当差、当警察（被迫在县城给国民政府做事）等。技术行业有糊匠、瓦匠、木匠、理发、医生、教师等。小买卖有吹糖人、炸糕、老豆腐、酱菜、烧鸡、蒸馒头、炸饼、制皮、制衣等。据1965年统计，新中国成立前村民从事的行业行当60多类，北关村人史上多为我国北方人来固安集居落户的，尽管生活贫困，但仍保留着华夏民族的风俗习惯和传统的汉文化生活方式。经过长年的传承积累，形成了北关村特有的风俗习惯和生活方式。

（一）服饰 20世纪三四十年代，全村男女多为穿青蓝色衣裤，衣料多为自织粗布（土布）上衣，分大襟和对襟2种。衣扣为布质编织襻扣，男子一般剃光头，冬天戴毡帽，夏天光头或罩白毛巾。妇女上衣一概带大襟。下身一般为挽裆裤，系布质编织裤带，冬天裤腿绑腿带，有钱人家青年男女有时也有穿洋布长袍。外套马褂子，妇女穿大袄、瘦裤、系腰围裙，已婚妇女、中老年妇女多穿青、蓝色衣服，佩手镯、耳坠、戒指、盘纂押簪。年轻女子一般为粉红、淡红和绿色服装，佩手镯、耳坠、戒指。婚后头发由辫子挽成纂，罩发网上插簪子，到30年代末，机织棉布（洋布）、棉线（洋线）出现，村民在服装材料上开始使用机织布和土布相结合制作服装。这一时期，村民鞋、袜完全是手工制作，鞋是用边角碎布和糨糊打成多层隔褙儿，按鞋样子剪成鞋帮、鞋底儿，然后纳帮、纳底儿，做成圆口鞋、双脸鞋和骆驼鞍靴子。老年妇女穿套鞋，少妇穿绣花鞋，袜子都是手工制作布质袜子。到40年代中期，县城商铺和集市才出现机织棉线各色袜子（洋袜子），新袜子买来，为了经久耐用，都要上袜底。

（二）饮食 新中国成立前，北关村饮食情况分平时、逢年过节、婚丧嫁娶及小孩做满月饮食等方面，所谓"事上"饮食。平时饮食，家庭不分人口多少，都用大锅烧柴草做饭。锅尺寸分为六刃（直径1尺8寸）、七刃（直径2尺1寸）、八刃（直径2尺4寸）、九刃（直径2尺7寸），主食、副食（炒菜、炖菜）都用大锅，主食一般贴饼子、蒸窝头、打糊饼，打粑烂、蒸馅饽饽、烙馅合子、杂面汤、豆馅篓，有时烙饼，吃冷汤、热汤、饺子（一般来亲戚招待）。副食炒各种蔬菜、炖菜，塌锅闷小鱼。但大多数平时要靠腌萝卜、腌豆角、腌茄子、腌青椒、腌豆豉下饭。遇上战乱、天灾荒年，只能靠糠菜、野菜、树皮、草籽充饥度日。婚丧嫁娶、孩子做满月、做百天，要凭年景好坏而定，好时全家拿出平时积蓄，按老辈传下来的构档"大办"一次。一般席面多为"八八席""八九席"，素菜、假菜居多。主食掺假包子（馒头）。过节一般按"头伏饺子二伏面，三伏烙饼摊鸡蛋""五当五吃粽子""腊月初八腊八粥"。过年一般按备年准备。做发糕、年糕、炉糕、豆包、菜包，混合面馒头。荤素菜类主要是做焖子、炸饹馇、假菜、肉冻，年三十全家团圆饭，一般几个简单小菜，主要是炖菜（猪肉、豆腐、白菜、粉条），吃馒头及各类主食。大年初一、二吃饺子，初五（破五）吃饺子（赶上年景不好，有时吃杂面饺子）。赶上荒年灾月，能吃饱就行了，平时少有的粗粮，加上野菜、榆树叶、柳树叶、糠皮等用以充饥。

（三）住房　民国三十三年（1944 年）全村房屋 836 间，1949 年减少到 766.5 间。由于战乱，典当、自然灾害坍塌，呈逐年下降趋势。时北关住房多为砖结构，三间、五间、七间单数坐北朝南正房，有的户加盖左、右配房，成四合院，大多数为带垛的灰顶房，个别有钱人家为满堂红高台阶瓦房。木料，一般柁为榆杨木，松木较少。砖为蓝砖，视家庭经济情况，有钱人家全用蓝砖到顶，一般人家都是硬山墙为全砖砌，后山墙、垛墙为外硬里软（用土坯备里）。相当一部分村民家，因家境贫穷，完全用斗砖加里面备土坯盖房，或者半头砖盖房。另外，由于战乱灾荒等原因，尚有十几户人家无房可住，一直以租房为生。

1. 布局坐落，据《北关村史》记载和健在老人描述："出北门过护城河桥（个别时期为吊桥）为东西向大道，道北为北关顺城大街，建有民房和商铺，南北向有三条街，进出北门的为中央大街，这条街坐西朝东、坐东朝西开的大门（道）、铺面房较多，是当时 7 家大车店和几家饭铺，杂货店，其他是坐落无序的民房和庄户地，庙宇旧址。中央大街东侧与之平行的南北街叫东后街，西侧与之平行的南北街叫西后街。东后街、西后街两条街两侧都为村民世代相传房屋、院落。在中央大街的中部西侧，张家和高家之间当时为旧时的五道庙遗址，为全村丧事祭祀祷告之处，向东为当时较大的东西向胡同，胡同两侧为民房"。

新中国成立后初级社、高级社时，都以中心大街中部胡同为方位划分生产组织。在此期间，村民房屋坐落，大部分以坐北朝南沿街排列。院门大多数朝南偏东（旧称吉门）朝东为正常方位，朝西或偏西北可用（但要根据旧规考虑，门口尺寸），忌西南开门。时北关村建房一般有主房（正房）配有东西配房，正房与配房留伙道，7 尺～7.5 尺之间。当时俗话称："伙道宽人旺，伙道窄财旺"，全村没有统一规律，都是适情况而定，正房与配房，正房柱头高在 7.2 尺~7.6 尺之间。正房要高于配房，东配房高于西配房，柱头高增减在 2~6 寸之间，房子进深决定于使用大柁的长短，一般使用的都在 1 丈 4 尺 5 寸左右，依据柁长决定使用双檩双座或单檩单座。房顶起脊，铺青布瓦或抹查灰，开窗有抱垛窗或全窗（旧称满堂红）2 种。顶棚为秸秆扎架，棚面糊纸。

土坯模子

2. 入住情况，时北关村民入住形式，一般为同姓同族近支在祖传庄户地建房，相对集中居住，在人口增多兄弟分家时，逐渐出现在村内不同区域盖房定居。在家庭内，一般分祖孙三代，父子两代住一门两暗（一明两暗）的三间房或五间房，房有堂屋门，两侧有的有门，大部分挂布帘，长辈住东（上房），隔堂屋西间住晚辈，老少住多间房时，也有将房截断成单间，另开南门居住，以图方便。当时，民居都以正房为准建成院落，院墙为砖（半头砖）土坯垒成，也有无力垒墙的用树枝、秸秆夹成寨篱，围墙成院，开门。门用粗木棍或秸秆累成门，叫梢门。时村民都睡土炕，土炕分炕厢、炕帮、炕沿。炕箱由预制土坯搭成有规律的烟火道。由灶台口直通房山烟囱。炕帮一般由青砖砌成，为 8 兴（8 层），土建俗语称为"七兴锅台八兴炕"。大约 2 尺多高宽度约 6 尺左右，长度随房间大小而定，炕沿分 2 种，一种为长形木方为沿，一种以长砖排就，上覆抹白青灰，炕面上铺炕席。土炕多为前沿炕，临窗光照好，有的户设有地炉，与炕相通。窗为不同形状的插榫木质窗，窗棱上糊纸，窗居中有条件人家安装一块玻璃，透过玻璃能见到院内一切情况，有的为了夏天透风纳凉，窗户居中做成活动窗，天热时打开进风，也有个别户为条山炕，时我国北方农民家庭大都住炕，至冬季加大用柴量用于烧炕取暖。灶台通常在中间屋

（堂屋）两侧，即进堂屋门向两侧看，两侧为灶台，灶台高为7兴（7层）靠抱门窗一端为供奉灶王爷之处。靠东西房间门旁及灶台另一侧为放置水缸的地方，缸上有缸盖或案板用于和面切菜。开水一般用大锅烧，有的户在灶台上垂直留孔，下通灶膛，孔为氽子（烧水用具）眼，做饭烧火时，饭熟了水也开了，据村里老人们讲，当时有正房的户大部分院里东西两边有棚子，也称东西配房，用来夏天做饭，放置农具和其他用品。厕所一般在院子的西南角，有砖垒的和秸秆夹的两种，当时各家院都种有槐、榆、枣、香椿等树木，平稳时期，饲养羊、鸡、兔等禽畜，战乱天灾时期，只有个别户养有少量鸡。

（四）出行　新中国成立前村民去北京、天津、保定和周边县乡都是靠车马及步行，没有公共汽车可用。县内或邻县走亲戚一般靠雇佣轿车（马拉的车，车上有棚）拉着妇女和小孩，也有时雇佣毛驴走亲访友，做买卖、外出打工、贩运山货等完全靠小推车步行。民国三十三年（1944年）前后，北关村靠车马运输拉脚人家有侯占春、周宝祥、高元良、张启祥、马进宝、刘坤、项宽、翟德山、焦通德、李荣、李焕林、侯玉生等12户。村内、县内遇有婚丧嫁娶事宜，完全靠北关杠房脚行出行。

二、新中国成立后

1953年后全村183户，664口人。1983年，全村207户，762口人。北关村在这一时期，历经土地改革、互助组、初级社、高级社、人民公社。大部时间属于集体经济，村民劳作分配完全在生产小队管理之下，尽管战天斗地，开展了平整土地，兴修水利，科学种植，但由于体制、政治运动、天灾等因素束缚，村民强大的生产力，没有最大限度获得释放，因此，在物质生活上，较新中国成立前有提高和改善，但在温饱问题上，还没有彻底得到解决，仍然处于贫困状态。到了20世纪50年代末和60年代初，又经历了长达3年之久的困难时期。一直到70年代末80年代初，还是处于贫穷落后状态。

（一）服饰　20世纪50年代，村民衣着穿戴基本同新中国成立前一样，没有多大变化，全村男女穿着青蓝色衣裤仍较普遍。在青年男女穿戴颜色上增加了花色布料。大襟、对襟上衣逐渐减少，代以出现了中式家褂、夹袄、列宁服、中山服、学生服，扣子变成机制扣。时新式服装，裁剪制衣，都由村民李志朋（常年从事制衣行业）量身定做。做活工具为脚踏缝纫机。夹衣（裤）夹袄、老年人大襟、对襟、单鞋、棉鞋仍靠妇女手工缝制。20 世纪 60 年代由于国家属于计划经济，穿衣用布需要按人口配给，当时村民穿衣用布都要凭布票、棉票买布做衣，当时存在两个问题，一是布票少，不足以满足全家人穿衣用布需要，家里人口多孩子多，一般老大衣服不能穿了，改一改由老二穿，大人的衣服改一改孩子穿，冬天棉衣到春天改成单衣，冬天到了再改成棉衣，穿衣仍为紧张状态，二是由于村民家中除生产队劳动分配所得，其他没有任何经济收入，有了布票没钱买布，同样造成穿衣紧张，同时曾出现过倒卖布票地下市场（国家法律规定，倒买证券为违法犯罪），凭布票买布穿衣状况，一直持续到 20 世纪 70 年代末。新中国成立后至改革开放，村民穿衣颜色变化不大，多以青蓝为主，增加了白色和绿色，特别是"文化大革命"运动时期，人们崇拜绿色军装。样式发生变化，制衣普遍推行，间杂中山装、便装。增加了针织品，如背心儿、秋衣秋裤、绒衣绒裤、制式棉大衣、裁绒带棉帽、针织围脖（围巾）、胶鞋、松紧口布鞋，旧式衣裤仍为老年人延续穿戴，布料完全是机制品，土布消失，细软配饰也逐渐消失，有的缺钱卖掉，有的在"文化大革命"运动时期，因为属于"封资修"象征，也都自行卖掉或私藏，这个时期人们穿戴处于大众化，没有所谓的奇装异服。

（二）饮食　北关村村民在新中国成立后至改革开放前，这段时间吃饭问题分三个状况：即新中国成立后到1958年底，为吃不饱也吃不好状况。因为北关地处永定河南岸，经常遭受水灾形成内涝，土地多为低洼盐碱地，粮食广种薄收，1958年又吃食堂，定量供应，村民在吃不饱的情况下，还要坚持生产劳动；1959年到1961年，为挨饿状态，由于天灾人祸，全村村民完全靠国家救济粮食生活，每人每天只有几两粮食，野菜、菜籽、蒲

粮票

棒根儿、棒子骨头等一切能吃的东西都被村民用来充饥，三年困难时期，每月都有死人的事情发生；1962年到1983年，为半饱向吃饱转化状态。由于村民常年兴修水利，平整土地，引进优良品种和改变传统种地方法，实行科学种田，在粮食生产方面，虽然遭受旱涝虫灾害，由于涝排水沟渠和机井灌溉配套设施发挥了作用，遇灾年也取得了粮食的丰收。到1980年初，基本解决了吃饱问题。在饮食方面，仍沿用

工业券

过去用大锅做饭，出现了个别户用煤炉做饭烧水取暖。主食为贴饼子、蒸窝头、馒头（掺细玉米面）、烙饼、冷汤、热汤、馅包子、饺子等。三年困难时期，在粮少的情况下，多以野菜加少量粮食做成主食，当时叫粗粮细做，曾出现过蒸糕、打巴拉、菜烀饼、菜粥、粗粮冷汤（玉米面、高粱面、白薯面加榆皮面擀成面条）、粗粮饺子（高粱面，白薯干面加榆皮面做皮，蔬菜野菜做馅），到20世纪70年代末，随着粮食的增加，村民在逢年过节，也注意利用现有条件开始计划节日饮食的档次。老人和孩子期盼着节日的到来。主食以细粮大米、白面为主，副食除了猪肉炖菜也增加了炖鸡、焖鱼和肉类的熏制品，遇婚丧嫁娶开始操办客席，除当家亲属外也待乡亲，但仍在少数人家，大多数人家还无力操办。席面仍是"八八席""八九席"，只是在肉的投料上有所增加。

　　（三）住房　1956年全村有房屋711.5间，1965年有576.5间，由于水灾和卖房，村民无力构建新房，祖辈传下来的旧房数量一直处于下降趋势。1.布局坐落：1954、1955、1956年，固安县连续三年遭受水灾，北关顺城东西向大道被冲毁，通往北门进城砖石桥也被大水冲毁，原东西大道冲毁后，村民东西方向出行只靠民居院前小路步行，不能再走大车。向东不再有道，去刘园、翟圈只有小路相通，去柏村（柏村道）以远方向的路以成为低洼沙土路。新中国成立前，平大公路在村东南北通行，为土路，如从北来南行，需渡河（或过桥）经辛立村，北五里村西、横街或北关村东，或进北关穿城过南关，汇入平大公路。1951年北关在村民李文清后院建北关小学校园，是北关村有史以来第一所学校校址。建校所用砖瓦木料来源于北关药王庙，即拆毁药王庙盖了小学校，初校门坐西朝东，第一排7间，两边坐东朝西各3间为教室，中间为校门，东后校门外为操场，由东向西第二排为 5 间七级台阶瓦房，两边左边 2 间为教室，右边 2 间为办公室，中间为东西开放式钟房，然后西边南侧为坐南朝北教室 3 间，西边北侧为坐北朝南教室 3 间，教室西为李文清住房 3 间，1957 年李文清搬走，三间房又为教

村民住房

室，教室前为小操场，此时开辟西大校门，通北关中心大街。焦家店即南侧空地先后为猪市、粮市。1957 年至 1962 年原崇姓人家住房前为解放军空军探照兵部队营房。1958 年后，卜家的房基地为第一生产队队部，原申家的房基地为中队部，后为第二生产队队部，原周家房后，刘家房后（坐南朝北房）之间空地为第三生产队队部。原药王庙部分旧址为第四生产队部。1966 年原北关大队部又搬迁焦家店旧址。大队部、4 个生产小队队部建筑坐落状况一直延续到改革开放时期。这一时期北关村村民大部居住祖传旧房，一小部分人家由于旧房成危房，无法居住，或者住房紧张，开始建房。建房分两种，一是旧房翻建新房，根据人口条件再增 1 至 2 间，二是向村申请新建房基地，由该户所在生产队划拨建房新址。由于经济条件所限，当时新建房一般都是土木结构，清灰抹顶平房。20 世纪 70 年代初，鉴于全村人口逐年增长，旧房日益变危房，村党支部、村委会，鼓励村民按规划、规定建新房，并特许村民可以自办小砖窑。社员家庭在建新房时，由大队小队指派瓦工、木工和壮工，集体出工出力，由小队统一记工分，中午由建房主家安排瓦工、木工一顿午饭，午饭一般是炖菜和馒头。村民王洪仁带头建起村里第一个小砖窑，烧制红砖盖起新房，基本解决了人口多住房少的问题，为村里带了好头。

（四）出行 1958 年秋，平大公路加宽加高，仍在村东南北走向，为渣土、沙石路，村民进京仍走此路。去涿县路仍存在，出北门向西为土路、沙石路。新中国成立初期，北关村村民出行仍然靠马车、毛驴，运输

靠马车、小推车。20 世纪 50 年代中期，固安至北京开始通车时，县汽车站设在焦家店旧址空地，当时侯姓村民北房东间为票房，后搬至南关，公交车每天对开一趟，后改为每天对开两趟。到 70 年代末，改为每天对开四趟，时北关设站。20 世纪 60 年代，村里王呈志、李振华、杜凤奇、周凤伟、孙跃亭、王占军等 10 多家购置了自行车。70 年代全村有自行车 80 多辆。80 年代达到了 170 多辆。自行车的出现和发展对当时人们出行、运载物品、外出运货、生产等发挥重要作用。同时，4 个生产队因为平整土地和承担治理海河水利工程，先后购置了胶轮小推车，个别少数人家购置了双轮小拉车。1976 年固安县政府拨给北关村 2 辆 12 马力四轮拖拉机（无偿）。1977 年，北关大队向时任县政府副县长秦世禄申请购置（计划内）55 马力大拖拉机 1 辆。其间，4 个生产小队先后购置了手扶拖拉机用于人们出行、拉庄稼、拉土、运肥。

三、改革开放后

1983 年 3 月，北关村落实农业生产责任制，村民物质、文化生活发生了巨大变化，党的改革开放政策给北关人民由贫穷向温饱，由温饱向小康社会发展带来了新的生机。

（一）服饰　这一时期，由于市场经济的飞速发展，村民的服装不再清一色，款式不再简单化、传统化。服装面料由布料、的确良、棉织品变为毛呢面料、化纤面料、蚕丝面料及棉呢混纺面料。服装款式流行西服、夹克服、港服、T 恤衫、韩服、欧式服、呢子大衣外套、皮夹克，防寒服、羽绒服、裘皮大衣等。女士多为各种款式裙套装、休闲套装等。进入 21 世纪，人们追求世界、国内各种名牌、名品，出现了"七匹狼""皮尔卡丹""李宁运动装""佐丹奴""达芙妮""富贵鸟""红蜻蜓"等多种多样的国内外品牌。穿鞋也由原来平底圆口布鞋、胶鞋变成皮鞋、运动鞋、休闲鞋、凉鞋、旅游鞋，而且多为"耐克""乔丹""安踏""瑞蚨祥""老北京"等名牌。每逢节假日走亲访友，好友聚会，婚庆喜日，村民穿戴一派时髦，而且金、银、玉翠佩饰样样俱全。

（二）饮食 1983年改革开放后，村民逐渐由温饱转向富裕，大米、白面为主粮，从养生保健方面考虑，添加了各地特色杂粮和粗粮。副食为肉类、鱼类、禽类及各地各种蔬菜。从养生保健方面考虑，春夏秋三季村民也按时令采摘能够使用的各种野菜、榆钱、榆叶，柳芽等食用。由于身居闹市，有的村民早晚常到村街小店、摊点，吃一些豆浆、油饼、烧饼、拉面、馄饨、烧烤等地方特色小吃。家里来亲戚，有时候在家中备齐凉热菜，喝酒，吃饺子，有时在村街周边饭店家人作陪待客。遇婚嫁、孩子满月、升学、参军、乔迁一般都预定饭店，招待亲朋好友。丧事则沿袭旧制、旧礼，在社区内搭棚待亲戚待乡亲，席面在旧时"八八席""八九席"的基础上，除保留鸡、鱼、肘、狮子头四大件外，还增加了海鲜、虾蟹、鱿鱼和肉类冷拼及特色蔬菜。饮食生活丰富了，党支部、村委会及红白理事会不忘引导村民勤俭节约，每逢事上订餐议事，都力主节约，勤俭办事。2016年10月，走访调查村民家庭生活变化的情况，仍有一半以上村民坚持早晚吃玉米粥、小米粥的习惯和自做发面蒸馒头的老传统。

（三）住房 1983年后，北关村住房发生了巨大变化，按照党支部、村委会村民建房规划，全村建房纳入村的发展规划，强调了排房布局，合理发展。要求房、院、路、墙美化、亮化。村民王志强、周凤伟、陈泽民、冯礼、陈建华、谷有信、宋宝树、焦义、焦金禄、王会生等二十几个家庭率先盖起瓦房和预制板房。至1990年全村村民翻建、新建瓦房、板房达

村民住房

100 多户。村民王洪智、徐长征、杜德润、李永安、申志强、张志山、刘士河、焦金海、张俊堂、周东升、杜景润、王建国、郭乃江、邢玉森、陈建华、李凤全、王洪信、杨大鹏、陈秀瑞等多个家庭盖起楼房。2010 年，村里又批建柏村东北关住房区。村民王美燕、李保平、李春平、郭其中、李振功、王志勇、孙占勇、王东升、王国辉、侯俊杰、王新、张百强、徐海龙、张志山、高素梅、冯庆堂、李长武等 16 家盖起楼房。2009 年 9 月，北关村启动北关新村建设。2013 年 9 月，一期 14 栋住宅楼交付使用。2016 年，二期 3 栋交付使用。至此，北关村民全部入住新村，新村集村民住宅、社区办公、物业公司、幼儿园、健身场、地下停车场、购物中心、饮食店铺、公共汽车站、各类商铺为一体的新型社区。

（四）出行　改革开放以后，北关村通行日新月异，呈现出一派现代城镇化环境景象，在社区版图上，村东为永定路（106 国道），村南为新昌街（固涿省道），村西为育才路，村北为朝阳大道，村中玉井路（原北关中大街），在北关新村周边的永定路、新昌街、育才路均通行公交车（含县城公交车），并设有公交车站，夏季 4：30 至 21：30 运营，冬季 5：30 至 21：30 运营，为村民出行提供了方便。同时，村民出行的交通工具也发生了巨大变化，货车、轿车、电动车、摩托

社区小花园凉亭

公用自行车

车等取代了过去的自行车、拖拉机等。

附表 1：

1990－1994 年北关村民生活用品调查统计表

年份	冰箱	电视机	洗衣机	收录机	电风扇	摩托车	自行车	缝纫机
1990	15	206	95	95	180	7	470	190
1992	10	190	75	76	160	8	420	190
1993	30	250	125	96	250	10	520	220
1994	40	270	180	140	350	130	590	250

附表 2：

2016 年北关村民生活用品调查统计表

洗衣机	电冰箱	空调机	照相机	固话机	手机	电脑	自行车	摩托车	电动车	汽车	电风扇	传真机
464	1183	529	112	17	1066	376	352	14	377	393	406	3

四、用具

新中国成立前后，村民在从事农业生产和长期生活中，继承和发展了传统的劳动工具和生活用品。这些工具用品的产生、存在及作用，是随着历史的发展而发展的，它是北关先辈们勤劳和智慧的见证。这些工具用品有：

（一）农具 犁、耧、盖、耙、铢子、碰子、轧子、抹刮儿、碌碡、木锨、大片镐、木耙、簸箕、扫帚、薅挠子、铡刀、镰、铁锨（方铁锨、桃儿锨）、牛耳镰、刮镰、三齿镐、四齿镐、小镐子、铁耙、锄、找镰、扁担、大筐、土筐子、竹筛子、铁筛子、笆箩、壮板、筐头子、眼笼、夹棍、撺子、铁钗、木杈、搂草耙子、大耙、斗、升、杆秤、弓、尺、水车、辘轳等。

（二）家具　八仙桌、太师椅、大条案、小坐柜、卧式大柜、板箱、柳条箱、炕柜、炕橱、小方凳、长板凳、小板凳、小炕桌、椅子、一头沉两屉桌、两头沉三屉桌、立式两开大衣柜、三屉桌、胆瓶、胆罐、碗橱、碗柜。

（三）生活用具
磨、碾子、井绳、水筲、水扁担、捶木石、洗衣大瓦盆、瓦罐、陶罐、瓷盆、搓衣板、纺车、线砣子、鞋拔子、鞋楦头、布掸子、鸡毛掸子、锥子、剪子、针线笸箩、顶针儿、蝇甩儿、炕席、炕笤帚、梳头匣子、漱口盂、木梳、篦子、剃头刀子、水瓢、香炉、油灯、桅灯、罩子灯、笊篱、盖篦、权棍、水圈、风箱、掏火钯（杖）、佘子、通条、火筷子、竹帘子、梯子、烟袋锅子、烟袋荷包、烟筐箩。

新中国成立后，在长期的社会主义建设时期，随着国家科学技术的发展，国家政治、经济形势的发展变化，村民在从事农业生产中的劳动工具和生活用具也随之发生变化。有的农业生产工具，由于从事行业转型，已经失去了它的历史作用，有的由新产品替代，大部分旧时的劳动工具和生活用具已经消失，有的已经成为收藏品留作永久的纪念。

第十二章 JINGSHENWENMINGJIANSHE
⑫ 精神文明建设

长期的生产生活实践，锻造出北关村人民坚韧不拔、善良淳朴的优秀品德，全村崇尚文明，重教重义，乐善好施，邻里和睦，风清气正。改革开放以后，北关村人民继往开来，不断适应新形势，展示新风貌，亮点频现，流光溢彩。特别是1982年党的十二大制定出全面深化精神文明建设指导方针后，北关村人民坚持与时俱进，在抓好生产、提振经济的同时，把精神文明建设作为全面发展的重要举措，全民素质得到了明显提升，全村面貌得到了极大改善。

1982年9月1日，中国共产党十二次全国大表大会提出"努力建设高度的社会主义精神文明"。1986年9月28日，党的十二次六中全会通过了《中共中央关于社会主义精神文明建设指导方针的决议》，基本内容分为思想道德建设和科学文化建设两个方面，并指出思想道德建设解决整个民族的精神支柱和精神动力问题，科学文化建设解决整个民族的科学文化素质和现代化建设的智力问题。党中央从国家战略的视觉出发，为保证社会主义各个时期宏伟目标的实现，把中国建设成强大的世界强国，提出在建设社会主义经济文明同时还要加强社会主义精神文明，这是全党乃至全国人民重大的历史责任。

党的十二大以后，北关村在党支部带领下，首先从党员干部、民兵连、团支部、妇联会做起，认真系统地学习党的十二大文件精神，党员干部先行了解会议精神。其次向全体村民广泛宣传党的新时期路线方针政策，党支部召开支部扩大会议，专题学习会议文件，深刻领会在实现历史性转变，促进社会主义经济高涨的同时，大力加强社会主义精神文明建设的重要性和历史意义。为了使全体村民从思想上了解中央精神，党支部安排晚上党员干部学习讨论，并利用高音广播在早晨和晚上两个时段，宣读党中央关于经济发展和加强精神文明建设方面的学习。

1983年12月29日，固安县第八届人民代表大会第三次会议通过了《关于动员全县人民积极参加社会主义精神文明建设的决议》，北关村在学习党中央文件基础上，按照县、镇两级党委政府的部署，经过广泛征求意见建议，制订了《北关村关于加强精神文明建设工作发展规划》，第一次较为全面、系统地提出思想道德建设和科学文化建设的发展规划。在这一规划指导下，北关村精神文明建设健康发展。

　　北关村在党支部、村委会带领下，全体村民坚持不懈，持之以恒，团结奋斗，精神文明建设取得卓有成效的成绩和经验，得到省、市、县三级领导的充分肯定，先后多次被评为"文明村""小康村""治安先进村""文明村街""三个文明建设先进村街""依法治理模范村""优秀人民调解委员会""全省农村基层民主政治建设先进单位"，涌现出一大批精神文明建设先进人物，8 名青年农民光荣加入中国共产党，60 多名村民受到省、市、县、镇（工业园区）的表彰奖励。

第一节　科学文化建设

　　1983 年，随着农业生产责任制的落实，北关村农业生产经营形式由集体转变为家庭经营，由于过去长期计划经济的影响，全村在农业生产方法上比较单一化、传统化，在调整种植结构，依照市场需求，选择种植品种，提高农林牧产值方面，还缺乏足够的科学知识和技术。村"两委"认真分析农村改革面临的新形势，把提高全民科学文化水平作为重点内容，下大力开展科学种田推广工作。在聘请农业专业技术人员来村指导、授课的同时，投资 8 万多元建起了"文化大院"和老年活动中心、篮球场、乒乓球室、图书阅览室。阅览室存书近 2 万册，其中有关种植养殖方面的书籍1.5 万多册。一系列举措，有效调动了村民勤劳致富、科学种田的积极性。村民通过学习，科学开展种植养殖，经济收入逐年增加。全村先后涌现出了高素梅、冯庆余、李凤明、高印昌、高士忠、高万忠、周志树、周长庆、王芝等十几家大棚菜和蔬菜种植专业户。这些农

户坚持以科学方法发展蔬菜种植，以优质品种对接刘园蔬菜批发市场和饭店、超市，形成种、管、收、销一条龙发展模式，不但增加了经济收入，还为固安县市场繁荣和满足群众需求做出了贡献。先后涌现出了孙占波、谷彩生、张柏强等3户花卉种植专业户。他们瞄准北京鲜花市场需求，努力学习花卉种植专业技术，科学管理，培育的马蹄莲品种在首都市场独树一帜，受到人民大会堂管理局、各大饭店和商场超市的青睐。棚菜、花卉的种植经营方法，带动了全村科学种植，多种经营，县、镇多次在北关村召开现场会，组织人员参观学习，共接待参观人员300多人（次）。涌现出了高印昌、蒋树林、刘汉泉、周长庆、焦旺山、徐景贺、王占军、侯玉良、徐海良、侯俊岐、焦杰、高印清、张建国、王艳、王洪信、王洪文、侯玉清等十几户以林果种植为主的专业户，他们通过学习先进科学管理技术，对果树科学种植、嫁接、剪枝、施肥、浇水、病虫害防治等都积累了一整套理论和实践经验，成为果树种植的行家里手。涌现出了生猪、蛋鸡养殖能手王立丰、王立新、王德润等3户，他们成为改革开放之初、实行生产责任制后，率先依靠科学养殖，勤劳创收，主动适应市场需求的养殖能手。

1986年后，北关村党支部、村委会带领全体村民，坚持依靠党的改革开放政策，在全面建设小康社会的大好形势下，在科学发展农业生产的同时，紧紧抓住县城小城镇基础工程建设大发展的机遇，以及县城食品、副食品要求旺盛的发展优势，确立了"城乡一体化、工农商一体化"的发展路径，在全村大力发展二、三产业。经过20余年的奋斗，至2016年，全村形成了较为成熟的运输、建筑、餐饮、食品加工、商业、服务业等多业并举的工商业发展模式。学科学、用科学、勤劳致富奔小康成为人们追求的目标，全村个体工商户230多户，从业人员300多人。涌现出周东升、张俊堂、王国岐、王志忠刘玉芬夫妇为龙头的商业、建筑业个体大型企业。涌现出了杜德润、张志山、申志强、李永安、焦金海、刘士河、徐长征、王洪智、邢玉森、张殿忠、王志强、焦永存、陈建军、高国柱、徐景辉等30多家中小型商业服务业个体企业。涌现出了杨大鹏、高金艳、高印昌、蒋雄伟、刘汉清、李宝岐、陈志刚、李凤桐、李凤泉、曹永军等近40家食品、副食品加工户。

与此同时，北关村支持重视全村教育事业发展。1997 年，为了提升教育水平，改善村办小学教学条件，筹资 130 多万元建起了高标准的小学教学楼，并购置了相应的教学、办公、文体等设施。北关村小学连续 6 年被评为"达标教学先进单位"，北关村连续 6 年被县教育局、城关镇教办室评为"尊师重教先进村"。

第二节　思想道德建设

北关村党支部、村委会在大力开展科学种田、多种经营和带领村民勤劳致富的同时，按照上级部署，认真落实北关村精神文明建设工作规划的各项内容。

1994 年，在投资 8 万元建起了"文化大院"和老年活动中心、篮球场、乒乓球室、游艺室、图书阅览室的基础上。为了美化环境，改善村内道路，先后投资 80 万元铺设 800 米柏油路 1 条。

1995 年，建立了村民群艺会和老年体协，组建了 80 多人的男女秧歌队，组建了 40 多人的吵子会和 60 多人的男女舞龙队，组建了 20 多人的篮球队和 9 人的乒乓球队，组建了 12 人的老年门球队。村民李国强、王德祥、孙志清、钱士如、宋宝树、张伯明等十几位老人，作为北关村吵子会、龙灯会传承人，积极倡导"盛世之时，重振两会"，得到村委会的大力支持，村委会筹资添置服装、道具、乐器，党支部书记高清林、村委会主任董永利亲自带队赴天津、北京采购，使吵子会、龙灯会迅速发展起来。2011 年，党支部书记刘岩峰在继续发展支持吵子会、龙灯会的同时，指派专人总结、挖掘北关村吵子会、龙灯会的发端、历史演变和在当代精神文明建设中的地位和作用。同时向县、市申报非物质文化遗产。次年，北关村吵子会、龙灯会被廊坊市批准为廊坊市市级非物质文化遗产保护项目。截至 2016 年底止，北关村吵子会、龙灯会先后参加廊坊市、固安县组织的调演 80 多次，受到市、县和有关部门的赞扬和奖励。村民在劳动之余积极投入到文娱体育活动中，全村掀起了积极、健康、文明的文化体育活动热潮。

2000 年、2002 年，由驻村企业家陈凤朝、李秀芬夫妇赞助，北关村举办了两届"博兴杯"北关村民象棋争霸赛，参赛村民坚持友谊竞赛，斗智斗勇，所有参赛者获得纪念奖，优胜者获得大奖。比赛期间，围观群众数百人，呈现出友谊团结的和谐氛围。

2002 年，固安县农民运动会在渠沟中学召开，共设拔河、篮球、乒乓球、象棋、托球接力跑等比赛项目，北关村由党支部书记高清林、村委会主任李永安带队，50 多人组团参加了运动会，获得拔河赛、托球跑两项第一名，篮球、象棋、乒乓球（个人）三项第二名，获得团体总分第一名和大会精神文明奖。

同年，时任文化部部长高占祥，廊坊市老领导任联飞等各级领导先后到北关村视察指导工作，参观了北关村精神文明建设成果，对北关村精神文明建设给予了充分肯定和高度评价。

同年，河北省、廊坊市、固安县各级领导多次来村组织调研、考察、指导，总结推广北关村精神文明建设的成功做法。中共河北省委宣传部命名北关村为"河北省宣传文化示范工程示范村"，并奖励价值 12 万元的文娱、体育器材和各类图书。

第三节　文明户创建活动

北关村有着悠久的历史传统。辛勤一生的老人们年老多病，有的瘫痪在炕上，生活不能自理，都是子女儿媳悉心照料，端屎端尿，极尽晚辈孝道，父母教育子女，尊敬老人，赡养老人。年轻人从小立志勤奋学习，勤恳劳作，爱国家，养小家，善待人，诚做人。

1989 年在村党支部、村委会领导下，村治保会、民兵连、妇联会、团支部协调联动，在精神文明建设中，着力在全村开展思想道德教育活动，深入实施"安宁工程"，化解村民之间各类矛盾纠纷，引导全体村民遵纪守法、计划生育、家庭和美、邻里和睦、敬老爱幼。同时启动以此为内容的五好家庭评选活动，辅以评选好子女、好媳妇。对当年评选出的先进家庭、优秀人物颁发奖状和适当的物质奖励。1989 年度，通过自下而

上的筛选评比，评选出五好家庭 15 户，好子女、好媳妇 12 人。1990 年，评选出五好家庭 24 户，好子女、好媳妇、好妯娌 20 人。1991 年，评选出五好家庭 24 户，好子女、好媳妇、好妯娌 20 人。1992 年，评选出五好家庭 25 户，好子女、好媳妇、好妯娌 21 人，遵纪守法户 165 户。同时，村党支部、村委会坚持每年以村务公开为载体，村民代表参与投资、理财，公布财务收支，凝聚干群关系，此项工作一直坚持至今。党支部、村委会坚持民主议事，努力推进农村经济组织民主政治建设，全村未发生重大治安案件和违规信访案件。

1997 年，按照市、县部署，北关村党支部、村委会开展了以培育和谐文明，积极向上村风为内容的争创"十星级文明户"活动，全村掀起了家家争做"十星级文明户"热潮。十星的内容是：科技星、致富星、文化星、养教星、守法星、和睦星、计生星、卫生星、新风星、义务星。具体做法是：

1. 提高思想认识，广泛宣传发动。"十星级文明户"的创评活动，就是将农村两个文明建设的目标和内容量化成热爱集体、勤劳致富、遵纪守法、计划生育、学用科技、重视文教、移风易俗、邻里团结、敬老爱幼、讲究卫生等十个方面的具体要求，用相应的十颗星来表示，动员广大村民积极踊跃达标夺星，实现群众自我教育、自我约束、自我管理、自我提高。在提高认识、统一思想的基础上，利用广播、标语、板报等形式广泛宣传争创活动的指导思想、目的意义，宣传典型模范家庭和先进个人事迹，做到宣传教育深入到户，创星标准发放到户，争创措施到户。

2. 明确创评责任，强化落实措施。全村按照居住区域划分为四片，

党支部书记高清林为村五好家庭送匾

每片由一名村民代表负责，记录本区片农户平时各方面的表现、群众的反映和评定结果，发现问题及时解决。党支部、村委会成员分成五个组，对十颗星实行分工负责。五个组为：宣传发动组、青年科普组、道德评议组、妇女新风组、红白理事组。

具体分工是：青年科普组负责科技星、致富星、文化星；道德评议组负责养教星、守法星；妇女新风组负责和睦星、计生星、卫生星；红白理事组负责新风星、义务星。在此基础上，北关村定期请县、镇两级有关部门，举办各种科技培训班 285 期，开展法律咨询活动 200 次，联系有关单位为村民捐赠图书 3000 册。县文体局、老年体协还定期来村为村里的龙灯会、吵子会进行技艺指导和帮扶，促进了评创活动的广泛开展。

3. 严格考核标准，认真评定星级家庭。村里结合实际制订了村规民约和各项党、政、群规章制度，以此规范村民的行为，同时作为评星定级的基本标准。在创评具体运作中，做到严把"三关"。一是自评关，村民根据自己的实际状况对照标准申报星级级别；二是评议关，召开村民代表会议，将各户自报情况进行全面评议，结果张榜公布，接受群众监督；三是审定关，由党支部、村委会集中进行审定，确定各户星级，然后张榜公布结果，并逐家逐户送牌挂牌。

4. 建立规章制度，实行动态管理。一是建立奖惩制度。为十星级户照全家福像，赠订报刊，给予必要的物质奖励，优先安排十星户家庭成员入党、入团、参军和宅基地划拨等。二是成立护星督察队，由村民代表、小组长，村干部组成。对一些办好事，需增星的户，敲锣打鼓上门挂星，对违法乱纪需要降级摘星的户，由护星队随时摘牌换牌，增强了群众争星、爱星、护星的荣誉意识。

1997 年度，全村共评出十星级文明户 57 户，九星级文明户 80 户，八星级文明户 90 户，七星级文明户 23 户。

1998 年度，全村共评出十星级文明户 69 户，九星级文明户 87 户，八星级文明户 79 户，七星级文明户 12 户。

1999 年度，共评出十星级文明户 71 户，九星级文明户 86 户，八星

村两委组织小学生为五好家庭送奖状

级文明户 77 户，七星级文明户 12 户。

2000 年度评出十星级文明户 74 户，九星级文明户 89 户，八星级文明户 73 户，七星级文明户 11 户。

通过开展"十星级文明户"评选活动，全村群众思想道德水平有了较大提高，全村团结和睦，治安良好，家庭邻里和睦相处，干群关系融洽，扶困救难、拾金不昧在北关村形成良好的传统风气。截至 2016 年止，北关村先后 5 次组织开展群众性社会捐助活动，其中 2 次为灾区捐款捐物活动，3 次为本村村民救急捐款。

1991 年，我国南方部分地区遭受洪涝灾害，全村 150 户参加支援灾区捐款活动，共捐款 1031 元。

1999 年 10 月，村民郑书田家孩子患重病，因给孩子治病造成家庭生活极度困难，全体村民伸出援助之手，200 户共捐款 3058 元。

2006 年 5 月，村民李秀林妻子患重病，全村 200 户捐款 4475 元，面粉 1 袋。

2008 年 5 月，四川省汶川发生强烈地震，造成重大人员伤亡和财产损失，全村 230 户捐款 10112.5 元。

2012 年，村里老党员王国兰家遭遇不幸，全体党员在支部大会上自发捐款 3000 多元，另有 56 人次参加社会各种形式的捐助活动。

第四节　良风美德

北关村有着悠久的历史文化和优秀的良风美德，重勤、重学、重义、重德早已成为良好村风。

明清时期，村人注重读书求学，村中曾先后有卜家、高家、李家、杜家家人教子求学，考取功名，朝廷和地方州府授予牌匾，以示表彰。明代和民国时期，村人重义捐款2次修葺村北老爷庙（关帝庙），昭示后人重义修德。为反对腐朽的清廷统治，反对洋人奴化中国，村人曾自愿参加义和团运动，在药王庙聚众习武，保家卫国。

抗日战争时期，面对日寇侵略，村民爱国爱家、憎爱分明。民国二十六年（1937），日寇攻占固安城，对北关村实行野蛮的烧杀抢劫，有15名村民遭到杀害。村民张某某被日伪军抓住后，被逼问村里党员、村干部有谁，张只说"不知道"，遭到严刑拷打，最后还是一句话："我什么也不知道。"村民马家老太太，被日伪军抓住，问她谁是党员干部，谁家有粮食，藏在哪里，马家老太太强忍拷打就是不说，宁死不屈。最后日伪军强拉老太太走油锅，马老太太怒骂日伪军丧尽天良，不得好死。马老太太爱国护民的大仁大义精神，鼓舞了全体村民，大家纷纷投身抗击日本帝国主义侵略战争的爱国运动。在以后8年抗战和解放战争时期，北关村民多次参加配合人民子弟兵开展固安县城攻防战斗，北关村被当时冀中军区第十军分区领导称为抗敌支前模范村。

民国二十六年（1937），村内老爷庙因战乱坍塌，在国民革命军驻村宋吉祥团长提议下，村内义士焦殿元、刘太恒、谷秀、陈泽秀、孙桂三带头捐款、筹款重修老爷庙。民国三十六（1947）秋，国民党军队将村干部和共产党的军人家属抓捕，全村人到被捕人员家中问寒问暖，配合保长捐粮捐款救人。村民白汉臣父子遇害后，全村村民、吵子会、龙灯会全体人员，不顾国民党县政府威胁，将白家父子的遗体拉回村，帮助白家料理后事。

1950年后的新中国成立初期，国内部分地区尚未解放，剿匪战斗仍在继续，国家经济困难，号召全国人民捐献财物，支援战斗。北关村立即行动，村民在生活极端困难的情况下，宁可全家挨饿也要参加捐献活动。抗美援朝期间，积极支援抗美援朝，很多村民无钱无粮可捐，就卖掉家具，换成钱捐出去，还有的全家老小下地打青草卖钱参加捐献。

1953年4月，按照中央政府的政策，北关村落实了农村合作化生产模式，村民积极参加互助组这一新型集体组织，在短时间内就组织了8个互助组。生产互助组的出现，高度反映出北关村民互帮互助的美德。

1958年9月后，北关村开展了深翻土地工程和水利建设工程，成立了以青壮年为主的打井队赴柳泉、公主府北关等地块开展施工，队员吃住在附近村庄。冬季作业时，在日夜轮流施工紧张劳累的情况下，仍抽出人力帮助胡各庄村等周边村开展农业劳动。

1958年，县某机关干部李××在村民侯景林家借住，其妻因误服药品，生命垂危，侯景林一家发现后，立即将病人送到医院急救，挽救了李××妻子的生命。

1972年，社员在稻田浇地时，抽水机"胶龙"掉到"大锅锥"井里，青年村民李占忠、郭乃江为使集体财产免受损失，下到井中潜水七八米深，两人将"胶龙"捞出。

1989年，村民邢纪亭夫妇在县迎宾市场购物时，发现一名5岁男孩走失，立即寻找孩子家长，最后找到孩子家长陈会生（北京市大兴区榆垡镇十里铺村人），从此两家结下深厚情谊，至今尚有来往。

1993年，村民范克俭、巨彩玲夫妇拾到挎包一个，内有现金等物，二人经多方查找，终于物归原主。

1993年，村民徐永太、黄唐英夫妇在天地物业小区附近路上捡到提包一个，内有支票、现金、账本等，经多方查找，失主为县建筑公司的冯永清。当年，村党支部、村委会给予二人奖励，在全村进行表彰。

1994年，村民王艳、侯玉清在公主府北关承包地块，发现一名女青年服毒自杀，二人一面报警，一面用拖拉机将人送往县医院，经抢救脱离生命危险。据医生讲，再晚到几分钟人就没命了。后二人轮流守护照料7天，一直到女孩康复出院。经公安局查询，女孩为河北省肃宁县人，因婚姻问题与家里产生矛盾，一时想不开出走自杀。女孩家人对王艳、侯玉清的救助感激不尽，还拿出厚厚一叠人民币以示答谢和补偿住院救治费用，二人婉言拒绝。后公安局、广播电视局来人对二人进行采访报道。《廊坊日报》还进行了专题报道。

1995年，村民侯玉清、刘凤芹夫妇在公主府北关承包地附近发现一名走失呆傻妇女，夫妇二人一面报警，一面照料吃喝。后经派出所查证，走失妇女是官庄村的石某某，当年42岁，因智障迷路，已离家走失5天。

1998年，徐永太、黄唐英夫妇在经营小卖部期间，拾到现金5000元和证件等物品，经多方查找，失主为职教中心的一名学生。

1999年，村民杜炳润驾车外出，在京石高速公路行至涿州下道口附近，捡到木箱一个，在村民董玉珠协助下，交到县公安局。经勘验，箱内有军用枪管数支，受到县公安局的表扬。

村民孙建军常年从事出租行业，2004年拾到皮包一个，2013年拾到乘客手机一部，都及时找到失主。

村民蒋京伟常年从事出租车行业，2012年他捡到乘客钱包手机，经查找物归原主。渠沟乡杜明华与蒋京伟是同行车友，在杜明华家中遇到危难时，蒋京伟拿出500元相助。

2014年10月，村民王艳外出办事，在县养老院门前路上发现一起交通事故，一名骑摩托车的男子因会车不慎摔倒，连人带车滑出十几米，人受伤倒地。他一面施救，一面截住过往行人用手机报警，最后骑车人获救。

2015年1月30日，在党支部、村委会领导下，北关村对全村进行民意问卷调查，继而开展了"以孝治家"活动，成立了48人的社会义工队伍，对村内部分老年人、老党员进行慰问。村委会还利用村委会办公楼开辟出专门活动室，张贴有关内容的宣传画，开展"孝道大讲堂"，邀请北京社会活动人士来村讲课。全村以"以孝治家"为中心内容的活动蓬勃开展。

附:《北关村村规民约》

一、拥护执行党的三中全会以来的路线、方针、政策,坚持四项基本原则,有损党的威信的话不说,不利于团结的事不做,同党中央在政治上保持高度一致。

二、坚持发展多种经营,依法从事各种经济活动,走勤劳致富的道路。

三、遵守国家法律、法令。遵守村规民约,不偷摸诈骗,不打架斗殴,不起哄闹事。严禁聚众赌博,勇于同坏人坏事做斗争,保持良好的社会风气。

四、破旧俗,树新风,勤俭操办婚事、丧事,不讲排场,不摆阔气,不包办和变相买卖婚姻。不搞封建迷信,改革丧葬,实行火化。

五、响应国家号召,认真实行计划生育,提倡晚婚晚育,坚持一对夫妇只生一个孩子。

六、文明办事,礼貌待人。尊老爱幼,夫妻平等,家庭和睦,说话和气,态度谦虚。见义勇为,助人为乐,不搞庸俗下流活动。

七、绿化家乡,美化环境,积极植树造林,保护林木,不损坏砍伐集体和他人的林木。建房按村委会规定要求、规划方案施工。保持街道整洁美化,不私搭乱建,乱扔垃圾。

八、搞好环境和家庭卫生,积极消灭蚊、蝇、老鼠,搞好饮食饮水卫生,严禁乱扔病死的家禽家畜和买卖食用病禽病畜,科学处理人、畜粪便,养成良好的卫生习惯。

九、村干部和村民要团结一致,共同发展生产。干部要密切联系群众,廉洁奉公,办事公道,不徇私情,不搞特殊化,不打击报复。村民要尊重爱护干部,服从领导,不无理取闹,有事协商解决。

十、努力学习党的路线、方针、政策和国家的法律法规。学习科学文化知识,提高自身政治思想水平和科学文化水平。

北关村村民委员会

一九八五年二月二十日

北关村志
BEIGUAN
CUNZHI

第十三章　XISU　YANYU

⑬ 习俗 谚语

第一节 习 俗

一、节日习俗

北关村村民逢年过节都以农历纪年法为准。本村商企和在外务工人员，以公元纪年对照农历纪年法安排假日。

过年 也叫年，大年，公元纪年称春节。从农历腊月二十三到来年正月十五叫年。实际上进了腊月人们开始心动，到了腊八（腊月初八）便有"老婆儿老婆儿你别馋，过了腊八就是年"之说。年前的腊八也是农节，腊月初七晚上村民家家户户要准备好五种以上米、豆、枣之类的食材，早早起来熬"腊八粥"，有"谁家烟囱先冒烟儿，谁家枣儿早红圈儿（或高粱先红尖儿）"之说，中午还要吃饺子，叫"腊八饺子"，这一天家家还要泡一些"腊八蒜"，用于来年食

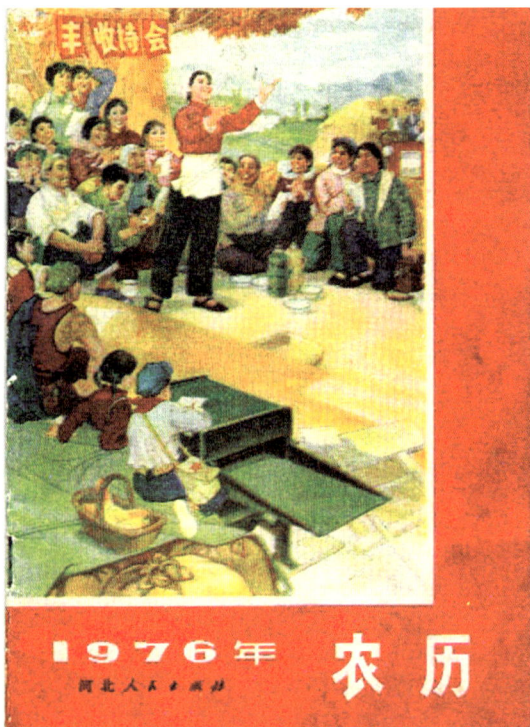

1976 年农历

用，过了腊八后，便有民谣所述："二十三糖瓜粘，二十四扫房子，二十五糊窗户，二十六炖大肉，二十七宰公鸡，二十八把面发，二十九贴倒西（春联），三十晚上守一宿（守岁），初一拜年挨门走，初二初三拜亲友"。北关村民的过年节过得较长，从腊八过后，除生产队时期外，大部分时间从老一辈开始就开始忙年了，一是自家备年货，二是上街采购年货，村民在年前要备足年糕、饹馇、元宵、炸豆泡、黏面、炉糕等主副食加工品和

大量应季反季节各种蔬菜，以在年前市场销售。因为年前供销正旺，下货最多，当然收入最多，年三十小年二十九是农历年的最后一天，早起要备酒、菜、供品、鞭炮、冥纸去上坟，也叫接祖，接先人和逝去的家人过年，年初二再上坟叫送祖，近年也有三十早上上坟，连接再送或者只接不送，同时一家人要换新衣、贴对联、挂窗花等，家里当年有人亡故，一般贴烧纸或不贴对联。午饭为年饭或家宴，大多在家中备饭局，近年也有在饭店预定饭局的，家中备饭一般较为丰盛，煎炒炖炸，鸡鸭鱼肉，必有年糕和鱼，意在年年有余，饭前桌上摆放全部家人餐具，还要多放逝去先人亲属的餐具，意为全家吃团圆饭大团圆。三十晚上也就是除夕夜，叫守岁，家家灯火通明，通宵不熄，同时晚饭后燃放烟花鞭炮，全家人欢聚一堂，吃花生瓜子等干鲜果品，打扑克、玩麻将等各种娱乐活动。收看中央电视台春节联欢晚会，至午夜零时，新年到来之时，还要燃放烟花鞭炮，以欢庆新年的到来。初一从午夜到拂晓村里都有吃饺子的，饺子有在除夕夜包的，也有早晨现起现包现吃的，饺子馅各家各有不同，荤素不一，有初一吃荤的，有吃素的，按家庭沿袭习惯，一般不改，包饺子要包不要挤，平时挤饺子，过年要包饺子，煮饺子下锅，出锅忌讳掉饺子，饺子出锅要放鞭炮再吃饺子，同时桌上也要为先人和逝去的人多放碗筷，吃完饺子，按同家同族辈分次序拜年，谁家老人去世，家人要守孝三年，初一上午不开门，也不出去拜年，下午要出去给家族或相邻家有老人的拜年。初二吃饺子，各家仍有不同，有初一吃素馅初二吃荤馅，也有初一吃荤馅初二吃素馅，吃完饺子还可以拜，初一拜不完初二拜，这时一般的晚辈要出村给姥爷姥姥姨舅丈人等亲戚拜年。出嫁闺女这一天也要带着女婿和孩子回娘家探望父母和家人。订婚的男子也要在初二上午去接订婚未娶的媳妇来婆家过年。初五也称破五，全家吃破五饺子，一般就不再拜年了，旧时有俗语说，拜年拜到初五六没了好吃没有肉，年节年假也即将结束，买卖人家开始开门上货，工作人员也要上班了。

　　小年儿　小年儿正月十五也称元宵节。是新年中第一个月圆之日，和过年一样，早上吃饺子放鞭炮，晚上吃元宵挂灯笼，放烟花闹花会，北关龙灯会、秧歌队在各个历史时期在县城、村内都有演出活动。20世纪七八十年代，村里也曾举办过抢花，将烧红的生铁屑用工具抢出去，溅在墙上地下，火花四溅，为旧时遗传下来的传统节目。

二月二　"二月二龙抬头"，旧时村人在天亮前灌满水缸水桶引龙，并用木棍敲打炕沿和锅台，意为吓走蛇蝎等毒虫免受其害。因犯数龙的忌讳，妇女不动针剪，免伤龙眼，家家吃饭不动刀，一般吃烙饼炒豆芽，男子一般在这天理发，俗称剃龙头。

清明　清明节是纪念祖先的节日，与寒食节有关，一般是公历四月五号前后，节期很长，有十日前八日后和十日前十日后两种说法，将近二十天都属清明节，在民国二十四年（1935）民国政府曾明定4月5日为国定假日清明节，也叫民俗扫墓节。2007年12月7日，国务院第198次常务会议通过了修改《全国年节及纪念日放假办法》的决定中，其中规定清明节放假一天（农历清明当日），2008年清明节正式成为法定节假日，2009年又改为三天，清明节间家族中男性都要上坟，为先人和逝去的人填坟（填新土）压挂签，烧冥纸放鞭炮，为祭奠祖先和逝去的亲人，出嫁的闺女一般在清明前上坟，有早清明晚寒衣之说，近年由于节期长，上坟的日期并不统一，大部分人家有所提前。

五当五　端午节也称端阳节。我国南北方以及汉字文化圈，各国的传统文化节日，又称午日节、五月节、龙舟节，起源于中国百越地区，也就是长江中下游以南一带，起初为崇拜龙图腾的部族举行图腾祭祀的节日，后为纪念楚国诗人屈原抱石投汨罗江，为树立忠君爱国将端午（农历五月初五）作为纪念屈原的节日。我国有的地区也有纪念伍子胥、曹娥等说法，北关人史上至今都过五当五。20世纪70年代前，北关地域生产苇叶，村民就地取材，米的品种也多，有黏米（江米）、黏高粱米、黏黍子（黄米），包成三角四角粽子，添加大枣豆沙蜜枣等煮熟食用。或批量包制上市叫卖，北关人依据刘园市场、饭店、机关、学校等单位食堂需求，每逢节日之前都大批量制作粽子向市场投放，不过近年生态逐渐遭破坏，没有了当年的大苇塘，粽子叶要靠外地引进，村民过节吃粽子搞加工，要靠市场购买粽子叶。

七月十五　中元节俗称鬼节，一般定在农历七月十五也叫七月半。是上坟烧纸祭祖的日子，早上或上午家人备好冥纸祭品上坟，出嫁的闺女都要回娘家给已故的老人烧纸。

八月十五　中秋节。是全家团圆的日子，节前亲朋好友互赠月饼、酒水等，近年为赠米面油鱼等，中午饭为团圆饭，备足鸡鸭鱼肉和多类蔬菜，喝酒吃大餐，晚上全家吃月饼瓜果，饮酒赏月，欢庆丰收，欢庆阖家团圆，隆重程度仅次于过年。村民还以这一天的天空预测来年正月十五的阴晴，即有八月十五云遮月正月十五雪打灯之说。

十月一　十月初一是为祖先送寒衣的日子。将纸裁剪成衣服样子，加上冥纸一起上坟焚烧。以此来祭拜祖先和逝去的亲人，北关村地处北方，十月一将近，天气渐冷，故人们在近年提前上坟烧纸的较多，意为在世的人都感觉寒意，祖先和逝去的人更应该注意保暖添衣。

腊八　称"腊八节""腊日"。为每年的农历十二月初八，腊八节是用来祭祀祖先和神灵，祈求丰收和吉祥的农节，腊月初八早上，村民用准备好的大米、小米、黏米、红豆、花生豆、栗子、枣等五种以上粮食熬粥，中午吃饺子。

腊月二十三　农历腊月二十三为祭灶之日，村民撒年糕买糖瓜儿，除家人食用，夜晚还要供于灶王爷像前，旧时意为粘住其嘴使其不得在玉皇大帝面前说坏话。俗语说，二十三糖瓜粘。

北关村村民对传统节日比较重视，随着社会的发展和国家有关节日相关规定的出台，对以公历为纪年的节日也逐渐走入村民现代生活，节日为元旦、三八国际劳动妇女节、五一国际劳动节、植树节、五四青年节、六一国际儿童节、七一党的生日、八一建军节、九月十日教师节、十月一国庆节。同时近年来，西方情人节、母亲节、父亲节、光棍节等也引入部分青年家庭。

二、特色习俗

（一）婚姻习俗

北关村村民婚姻习俗，经历三个阶段，封建社会、现代社会、当今社会。在封建社会，沿袭旧礼，婚姻遵循父母之命，媒妁之约。而且贫富等级观念极为严重，有权有势人家可以早婚重婚三妻四妾，贫寒人家男子娶妻困难，有的终生独身。曾出现童养媳、换亲、转亲等畸形婚姻，现代社会北关村在相当一段时间在婚姻方面，仍存在封建、半封建的色彩。新中国成立初期1950年4月国家颁布了《新婚姻法》提倡男女平等，婚姻自主，北关村业余评剧团排演了《刘巧儿》《小二黑结婚》等剧目。配合颁布《新婚姻法》和提倡男女平等，婚姻自主等新的恋爱婚姻，在先进的婚姻提倡下，20世纪五六十年代，北关村出现部分青年自由恋爱，婚姻自主的典型事例，在婚配过程中，提倡先进新风尚，在有些礼俗方面还是沿袭旧时的影响，主要表现形式为：

恋爱　在封建社会男女授受不亲，不得随意见面和交谈。这种牢固的封建禁锢，无情地套在不断进步文明的青年人头上，这是极不公平的，是封建统治者统治人民的需要，但是村内仍有青年冲破禁锢。反对封建礼教，寻求自由恋爱婚姻。在很多文艺剧目中歌颂了追求文明、渴望自由的典型事例，如《天仙配》《玉堂春》《拾玉镯》《花为媒》等。《新婚姻法》颁布后自由恋爱已蔚然成风，原来由父母包办的婚姻青年未婚青年多有解除婚约自行择偶的，一些原来不中意的已婚青年也通过法律手段选择离异，各自选择自己的意中人重新组合。自由恋爱，婚姻自主已成新潮，妇女再婚已属正常，不再遭受歧视。孀妇坐堂招夫赡养前夫父母，在村内成为被人尊敬的美德。老年人再婚，旧时受人鄙视，子女也反对，新时代为父母安度晚年，有很多子女支持老人再婚。并主动为老人牵线搭桥。年轻人恋爱已成普遍风气。男女之间从初识朋友发展到确立恋爱关系，一般通过社会活动自行认识或者中间人介绍。近年来，随着科技发达，很多时候交友恋爱都通过互联网进行交流。交友恋爱应掌握的八项原则：1. 真诚纯正；2. 循礼有节；3. 衣着端正；4. 不进邪地；5. 双方自愿；6. 保持距离；7. 健康的心态和健全的条件；8. 征求父母亲并欣然允许。

订婚　男女双方经介绍人介绍见面（自由恋爱一般也要找一个中间介绍人，便于协调双方事宜），相亲。在双方感到满意的情况下将关系确定下来，并经双方和介绍人协商，择日正式订婚。订婚时一般女方父母介绍人要在男方家庭备两桌饭，叫吃订婚饭。确定正式订婚。过礼，男女双方经过一段接触交流，感情逐渐加深，便商定过礼。过礼时男方家备两桌以上的饭，男方父母家庭本家长辈、近亲陪同女方父母、兄嫂近亲及被邀请人员分男女桌就席。席间，青年男女在介绍人或双方父母引领下指认长辈，称呼长辈、兄嫂等亲属时，长辈和兄嫂要出认钱（认礼钱），男女双方自此改口，称双方父母为爸妈。饭后，在预先商量的前提下，男方要给女方下聘礼（用于购置嫁妆等）。女方父母亲属回家，女方在男方家小住一二日，男女青年共同购买衣物、饰品等。此后婚前每逢过年、八月十五、春秋庙会等男方都要接女方去男方家过节、过庙、过秋，男方家好吃好喝招待，同时男方家父母要给未来媳妇过节上庙钱。

结婚　男女双方等到条件成熟，征求双方家长意见，即履行结婚登记领取结婚证。自领取结婚证之日起即为法定合法婚姻，婚礼一般双方本人、家庭、介绍人商定，适季节、禁忌等情况择农历双日子（一般选三、六、九）举办婚礼。近年来考虑青年男女就业工作情况，多为"五一节""十一节"期间举办。在本地有两种旧俗：一是无春之年不结婚，二是正月不娶腊月不订。

举办婚礼前，男方要将彩礼钱通过介绍人交到女方家中，女方收到彩礼钱之后要回少量的钱份，为"子孙钱"。双方家长还要为儿女操办婚礼事宜，男方要布置新房，购置家具等一应用品。女方要置办嫁妆，一般为被褥、衣服、生活用品和家用电器等，近年，随着人们生活水平不断提高，条件好的还陪送小轿车等。男女双方婚礼前都要去专业影楼化妆拍婚纱照，婚礼前，一般 7～10 天，男女双方都要请村内红白理事会或民间"总理"等人"落座"。确定婚礼场地、时间、酒宴、席面等一应事宜。女方家，婚礼头一天办喜事，大摆宴席，宴请亲朋，关系较近的亲友除了出分子礼，还要给女方"压腰"钱。午后，女方的嫁妆要送到男方婚房家中或新房。男方对押嫁妆者（一般弟、侄）都要给喜钱，为了增加喜庆，喜钱少了不下车，一直闹到满意为止，女方方下车允许接嫁妆。晚上，女方亲属要装食盒，其中写在红纸帖子上，写明名字和钱数及住址（送到男方后，要在写账时详细记录女方各家亲属名字，便于女方到婆家后互相来往走动，在男方家，旧时头天晚上男方家举行家礼仪式，设宴招待前来贺喜的亲友长辈，席前新郎逐个行跪拜礼，受理者都要掏礼钱。婚礼日，多是在清晨迎娶，一般在天亮前拜天地。临行前鸣放礼炮，到达新娘家门口时要鸣放礼炮以示叫门，男方出红包礼钱方可开门。过去一般用轿车或者马车，当今多用汽车迎娶。汽车扮成花车，一行为前导车、迎亲车、亲友车、录像车等，一路过桥时撒扔钢镚，遇见对头迎亲车，也要撒

钢镚子，接亲队伍进门后，女方家设两桌便席，男女各一桌，新郎坐男席上首，席一般为茶点之类，以此等候新娘梳妆打扮。其间，小舅子或小姨子，要给新郎戴花，新郎掏喜钱，新娘的鞋由新郎给穿好，之前小舅子或小姨子事先将鞋藏一只，等新郎出喜钱方才拿出，女方要准备小镜子、小刀、小石头、腿带子（鞋带）、筷子、酒盅、碗等由新郎偷回取吉祥之意。临行时新郎要将新娘抱出房门上车，娘家陪送的包袱和其他随身物品随新娘一并带往男方，新娘由送女儿客戚儿，押包袱的（弟、侄）和两个送亲的（多为哥哥、嫂子），近年又增加了伴娘陪同前往新郎家。其中，新郎接亲人数来时为单，回时为双，新娘走后女方还要有一些近亲随后去新郎家圆饭（也叫瞧亲），一般可安排在新郎家客席同待几桌，先前是女眷为多，近年来发展认亲家，会亲家，不分男女。人数先前为双数，近年因会新亲人多，不拘人数，越多越好，以显娘家家族之大。娶亲回程路上常有人拦路，贺喜讨要喜包或烟糖，"伴郎"或背大包人下车撒放喜包或烟糖。车到家门，燃放花炮，新郎的嫂子搬把椅子放到车前请新娘下车，同时将两个红包儿塞在新娘手中，以示不空手进门，这时新郎过来抱起新娘来到天地桌前，其他人也下车前往。唯有押包袱的需给红包下车。随后举行典礼仪式：拜天地、拜父母、夫妻对拜、主婚人、证婚人、介绍人、来宾代表讲话，然后将新人送入洞房。近年来，婚礼有的在饭店举行，饭店专设婚礼殿堂，还会借鉴国外西方婚礼模式典礼，实际是中西合璧。哪种模式中间都要有双方家长在场，其间新郎新娘互认爸妈，双方爸妈出红包，赠礼品。婚礼后男方家宴席开始，席间婆婆引领儿媳指认亲戚和族人长辈，也叫认新亲，凡被指认的亲属族人长辈都要给认钱，至晚村里素有闹洞房习俗（近年渐少），同辈或晚辈的年轻人聚集新房内，与新婚夫妇嬉笑洞房，至夜深才散，以示喜庆。然后由儿女双全的全科人（一般为婶子和嫂子）铺床，新婚夫妇方可合床。第三天新婚夫妇回娘家，也叫"回门儿"，来时备好礼品，由女方妈妈（丈母娘）带新人认族人长辈等亲戚，当日午饭后返回。

近年来，婚礼全程一般都请专业人士录像，制成光盘以永久纪念。

北关村，青年男女从恋爱、订婚、结婚，婚礼习俗，随着社会的发展不断发生变化，有的仍然保留旧时传统习俗。随着人们生活水平的提高，男女成婚的费用也越来越高。

新中国成立后北关村各时期结婚费用调查表

时　期	结婚费用（房、车）除外	随礼费用（分子礼）
50～70 年代	200～500 元	0.5～1 元
80～90 年代	1000～5000 元	5～10 元

续表

时期	结婚费用（房、车）除外	随礼费用（分子礼）
2000－2008 年	1～5 万元	30～100 元
2009－2016 年	5～20 万元	100～2000 元

（二）生育习俗

婚后妇女怀孕，视为大喜事，俗称有喜了，妇女生小孩，俗称"坐月子"。新中国成立初期，北关村即培养专业接生医生陈福珍为村民家庭生孩子接生。后来孕妇临产一般在乡、县医院、妇幼保健站接生，为增添人口之喜庆，亲朋好友、街坊邻居都要送些红糖、鸡蛋、排骨等礼物（也有直接出喜钱）以慰问和祝贺。旧时和有的地方，孩子出生 7 天，娘家包饺子给产妇吃，叫"捏骨缝"；出生后 12 天叫十二晌，产妇娘家亲属蒸大包子（红顶馒头）前来瞧看表示祝贺。

满月：孩子出生一个月（男孩提前一天）称满月。满月这天，娘家带来一篮子包子（单数），中间一个里面有大红枣，到门口把闺女叫出来，一口将枣咬出，然后进屋，亲戚一般携带小衣裳、小鞋儿、毛巾被、毛毯以示祝贺，亲朋好友街坊邻居都去吃包子，贺喜出礼。主家大摆酒席，宴请亲朋。饭后，请刘姓妇女给孩子剪头发，用布包好缝在孩子枕头上表示把孩子留住（有的由姥姥剪），姥姥将买来的长命锁亲自戴在孩子脖颈上，也有姥姥去前搜集多种粮食制成的小枕头，送给小外孙，所谓百家粮，意为吃百家饭，百家呵护。旧时为求孩子健康，一般给新生儿起一个低俗乳名（小名儿），男孩叫"蛋儿"或铁蛋、铁柱，女孩叫"片儿"等。过满月当天下午，产妇带婴儿一起回娘家，接回娘家住几日叫"挪骚窝"。

百岁儿：旧时和有的地方，孩子出生一百天，姥姥将要做小包子小饺子共 100 个为长寿百岁之意。小包子小饺子要分送街坊邻里，分送的姓氏越多越好。近来孩子百岁一般在家中或饭店，由男方家人摆席庆贺，宴请近亲属。

生日：孩子一周岁时家人和孩子姥姥家要给孩子过生日，姥姥家带来油条烧饼表示给孩子"安腿儿""壮骨"。同时在孩子面前摆上笔、书本、脂粉、食品、玩具、首饰等，让孩子随意抓取，以预测孩子将来的志向与爱好，成为"抓周儿"。

（三）丧葬习俗

北关村葬礼习俗旧时讲究较多，习俗多历代传承，同时借鉴他乡礼俗内容，经北关、东街（北南杠房）历年沿袭形成整套礼俗，当今随着社会的不断发展，这一习俗也不断发生变化，有的礼俗已经消失，有的礼俗仍在使用。

送终：临终守护即为送终。不可让老人病故在炕上或者床铺上，也不可让老人直到咽气没有穿寿衣。当今，出于亲情，直到医生确认无生命体征时才给穿寿衣。人死穿好寿衣之后，家人要围在死者身边大哭，未死时，禁止哭泣。

报丧：老人咽气后，家人要立即磕请"总理"等一班落忙人员张罗丧事。应尽快向亲友发出报丧帖子，或登门磕报死讯通报家族亲属，但不能进门。报丧帖子一般明示某府某日某时早殡。报丧人报丧时，不能进门，如远路需要吃饭，要在主家指定人家吃饭。近年，一般吃饭由主家预支饭费。去报丧的人丧事要报明、报准、报齐，否则"丧不报，纸不吊"。批榜：需说明死者姓名、家庭中身份、生卒日期等。长者去世一般榜文如下：原命于公元×年×月×日吉时生，先考（妣）某府君（太君）讳某某，享年××岁之灵榜。大限于公元某年某月某日时寿终。将榜置于大门一侧，为男左女右。

入殓：一般在第二天下午入殓。院内搭建灵棚，棚中央停放棺材。灵前放一张八仙桌，点上长明灯和打狗棒（饼）饭等供品。灵前供品一般为儿女置办，有四干四鲜，猪头三生和一桌灵前饭。棺内用蓝色花布衬里儿，上面撒成一层灰（倒头纸）放铜钱（或钢镚）七枚，摆成七斗星状。入殓前，长媳将死者床铺褥子四角剪下，放在床底下，叫做"留金"。入殓时，用布幔（布帘）或苇蓆遮天，不让日光直接照射尸体。由长子抱头，其他族人亲友抬起两侧，将尸体连同铺盖放入棺内。死者一只手手握铜钱，袖塞打狗棒，一只手手握手绢，袖塞打狗饼，并用三个棉花瓜子稳头，由长女用棉球蘸清水或白酒擦洗死者耳目口鼻（面）叫净面，并用镜子从头到脚照一遍，然后将镜子扣在一边，三天后才能翻过来，入殓时

不能啼哭，不能让眼泪落在死者身上。待一切粮食（七种）线（七色）等放置完后盖上棺盖落扣钉钉，钉时女眷口念死者（称呼）"躲钉"。此时亲人方可痛哭。棺木安放后开始摆放女儿的大供、祭品。摆放女儿的纸活，供、祭，摆放按女儿（分大小）其他晚辈顺序。入殓后子女及家族晚辈皆戴孝跪于棺材两侧（守灵）男左女右，日夜轮守，不许猫狗等动物进入灵堂，凡有来烧纸吊祭者都要叩头拜谢。灵棚两侧安排支应两人（落忙懂灵棚事宜者）。死者女儿在子夜（零点）和黎明前烧纸哭祭分别叫烧"子夜纸"和"鸡鸣纸"。入殓当晚亲属晚辈和邻里晚辈要给死者"辞灵"，按亲疏关系逐个磕头，有的家也有按疏亲关系磕头（一般为四磕）。女儿要磕岁头（按死者岁数磕头）。近年，随着社会和环境的变化，灵棚设置入殓过程一般都是因地制宜，删繁就简，按实际情况行事。

送三：丧事多为三天（旧时有的七天）。第三天出殡前要先送三，一般午饭前举行。20世纪70年代前在村内五道庙旧址，近年在下葬前在坟地道口和墓地道口。长子将烧纸背入纸轿中，然后子女亲属依次到车马前磕头，然后由亲戚中的男性晚辈一般为死者的外甥读路引。读完，长女持罗在纸车前正转三圈倒转三圈，然后抠马眼、剁马拌、焚烧纸活。

出殡：送三事毕即开席，客多者要分几轮待亲戚，一般姑奶奶（死者女儿和侄女）安排在首席，饭菜加厚但要出钱赏落忙的，俗称绑姑奶奶，村里称老年人去世为"喜丧"，近年也有绑族人亲戚的，一般为死者的晚辈称稳杠钱。起灵前由长媳抱罐跪于灵前，将灵前饭菜由长子先夹三筷子装入罐中，然后子女亲友轮流夹三筷子，当中不能戳筷子，直至装满（要高于罐口，不能装馃子、粉条和肉），用大供封顶，将一双筷子插入罐中（如果父母尚有一人健在，两只筷子不能对齐），之后蒙上白布或白纸，用麻绳捆好。去坟地族人亲属每人拿一个包子（馒头），随后由长媳抱罐长子扛幡，棺材上杠罩棺罩，燃放鞭炮，起灵，至大街胡同口门前路上停放，杠前摆青石一块（旧时为捶木石）和原烧纸用的瓦由孝子将瓦在石上摔成几块，后起杠按男前女后串街送行，灵柩走后，宰杀祭祀活鸡，在摔瓦处焚烧死者睡枕，至村口举行路祭仪式，主要由姑爷和外甥摆祭叩拜，一路撒放纸钱哭送灵柩。村内一般出殡当天早上把坑打好，头一铁锹土放一边，由一人看守，看守人见出殡队伍走来即向相反方向绕道回村。灵柩到坟地后把罐放坟前土窑内，然后下葬。由长子摆正（看向）。长子持铁锨填第一铁锨土后再由落忙人填土，此时族人亲属将所带灵前包子掰下上部扔入坟坑内，剩下部带回自家家中，放在门槛上柜底下，以示接寿纳财。填土起坟中长子将幡插在坟中央，其间长三长，儿子儿媳将打坑头铁锨土兜回。孝子磕谢落忙相亲。

出殡第三天"圆坟"，早起（不出太阳前）长子去坟地折幡，折幡后，手持折下的幡儿不回头走百步，将幡儿丢掉。后家族男性上土填坟，一般填起大坟（因三年不填坟）。后烧纸，烧死者故衣，摆供果品饺子等，烧纸哭祭后，家人与死者同吃供品和饺子，碗、筷扣在坟前埋好。此后，逢二七、四七、六十日、祭日，儿女族人等到坟前哭祭。六十日，女儿送纸船一个至坟前烧祭，以示能过苦海。

迁坟：北关村史上屡有迁坟事宜，尤其近年城镇建设，迁坟事宜颇多。其迁坟习俗沿袭旧俗。迁坟一般避开忌日，选择吉日，当天最好是阴天和多云天气，家族中青壮年和落忙人员上坟地，携带铁锨、撬杠、塑料布、红布、手套等应用工具，备好带全棺材、小红旗、鞭炮、烧纸、萝卜等。到坟地后，首先在祖坟旁插起一面红布做的小旗子，接着燃放鞭炮，逐一向每个坟头儿磕头。之后开始扒坟，自家的坟自家人不得先挖，要等落忙人员挖至露出棺材后再跟着一起挖。将棺盖上面及四周去清，用撬杠将棺盖撬开，打开塑料布遮住上空，以免尸骨见阳光。然后掀开棺盖，主家戴上红手套，一边念叨逝去人的称呼"搬新家了"，一边将尸骨捡到新棺材里（近年实行火化后，多为骨灰），按顺序摆在新材里，盖上棺盖，将写有先考某某之灵柩的红布条儿钉在棺盖上。将所带萝卜扔入坑内，有"一个萝卜一个坑儿"之说，然后移棺至新墓地，按行穴方向挖好坑，将棺材下葬，燃放鞭炮，接着埋土起坟，烧纸祭拜。

（四）工匠习俗

北关村位居城厢。史上靠出卖劳动力，做小买卖，种地维持生活。从事行业也较多。其中以瓦工、木工、糊匠、厨工、轿工、河工为多，其次为理发、裁缝、糕点、酱菜、熟食、糖人儿等。有的门里出身，世代相传。有的师从外地，形成多种行业，多种门派，延续至今。村里少年长成，村民都要让后人掌握一门技术，认行拜师学艺。拜师前家长或学徒人要先请介绍人向师傅介绍本人的基本情况，师傅决定收徒后，择日举行拜师仪式。拜师时，由学徒人家排摆宴席。将师傅的师兄弟，本门的师兄一起请来。席间由师傅口授行规，学艺操守，介绍指引。徒弟依次拜认，使师大爷、师叔、师兄承认为本门弟子，以便相互照应。

学徒期为三年，三年期满出科。学徒期间，一般随师傅一起出工。工前要为师傅携带工具，工后要为师傅擦洗工具。吃饭时，无论桌数多少或与师傅同桌都要按辈分主次先后就坐。饭前饭后，要给师傅斟茶倒水，递烟点烟；吃饭时给师傅斟酒端饭。在师傅吃饱前，要提前吃饱，撂筷子。出科后，出科前，逢年过节，徒弟要备礼品赠送师傅。瓦工木工承揽工程时，一般由主家邀请瓦木工师傅商定工程事宜，设宴会商，称"合座"。此项合座形式在各行中都需要进行。

（五）生产习俗

北关村在旧时，虽然以商业小买卖和出卖劳动力为生，但史上大部分还要以土地解决吃粮问题。从古至今沿袭了传统的农业生产习俗。历行春种、夏锄、秋收、冬藏。坚守日出而作，日落而息，刀耕火种。终年劳作，仍贫困交加。理想的生活就是三十亩地一头牛，老婆孩子热炕头。

播种，上年留籽种下年用于播种，大垄稀植，靠天吃饭。田间管理需耪三遍，一律大锄耪地。初春拉粪、平地。谷雨前后播种，传承谷雨前后种瓜点豆。入夏，芒种，夏至收麦，为麦收或夏收。播种大秋晚田。之后锄草灭荒，秋季从处暑开始到寒露节收割所有大秋作物，抓紧种好小麦，年年循规蹈矩，按部就班。

畜力等生产工具的不足，过去一直是村民的困难，每逢春耕夏种都吃尽辛苦。有时租用畜力、农具，有的人拉犁，有的人力畜力换工。每遇灾荒，家家束手无策，只能吃糠咽菜，苦度荒年。每遇战事，还要举家躲藏。土地改革后，特别是农业合作化后，村民在党的领导下，在各级政府的支持下，逐步改变了旧时的耕种方式和种植习俗。不断引进高产抗灾的优良品种。不断组织村民修渠打井、治沙、治碱。不断推广粮食和经济作物的科学管理方法。使北关村从吃粮靠国家，花钱靠贷款，从吃不饱，半吃饱，吃得饱到当今的吃饱吃好，丰衣足食。进入二十世纪七十年代，在大兴水利，平整土地的基础上，大力提倡科学种田。小麦、玉米、花生等作物，全部采用合理密植，旱涝保收。真正意义上实现了机械化、化肥化、水利化、电力化、科学化。完全取代了旧时传统农业生产习俗。

20世纪80年代后，由政府服务型和市场调节型的农业生产保障模式日渐成熟。各类粮食作物和经济作物的优良籽种不断引进，几乎年年更新换代。小麦玉米，大面积轮作。实现了吨粮田，超吨粮田。小麦入冬打冻水，开春浇返青水，施返青肥，发现病虫害及时打药。孕穗儿水，扬花水，壮粒水，按期浇灌。夏播玉米，播种后即打除草剂，中间施肥一次。生产责任制后，最明显的改革变化是摒弃了旧式的落后种植方法和经营模式。改变了过去单一品种，单一经营的形式。村民在仅有的土地上实现了多种经营，农，工，商并举科学经营模式。出现大批棚菜、棚花、林果、蔬菜的大批种植户和养殖户，使北关村生产习俗平添了新意。

（六）娱乐习俗

北关村民娱乐活动，历史源远流长。历代在劳动之余，逢年过节，都要开展娱乐活动，主要娱乐方式有：演戏、说书、闹花会、麻将、顶牛、纸牌、抢花、玩游戏等。其中演戏、说书、闹花会在本志《文化》一章另有专述。麻将、顶牛、纸牌，旧时玩法和当今玩法形式繁多。抢花和玩游戏等传统娱乐形式有：

抢花：抢花一般在春节和正月十五进行，具体过程是：将破锅，破犁铧片等生铁砸成碎块与老枣树皮，烟煤按比例分层装进个铁兜子里。晚上找一个大坑或者大场，用一根铁丝，一头拴在铁兜子上，另一头拴在一人多高的木杆子上。用花秸、刨花儿等把铁兜里的树皮点燃，将木杆子竖起，几个壮汉轮番摇动木杆，带动笼子高速旋转。火借风势，越烧越旺，直到木炭将铁块熔化。从兜子的空隙中甩出，铁水落地成花四处飞溅。抢者用力越大，铁花飞溅得越远。如火树银花，非常壮观。一包铁水抢完，再换一包，一般晚上要抢两三兜儿，每当将出花时，人们一片欢呼"出花了，出花了"。花抢出的越多，人们欢呼的声音越高，壮汉们受此鼓舞抢得更起劲。

游戏：北关村游戏种类繁多，多达几十种。如弹球儿、打瓦儿、得呔（扔大杠）、砸杏核、抓子儿、踢毽儿、打汉奸、推铁环、放风筝、风轱辘、跳绳儿、跳皮筋儿、拽（zhuāi）沙包、扯轱辘圆、渔网不逮鱼、磕房子、老鹰捉小鸡儿、捉迷藏、撞拐、摔跤、推手等。再有土棋类有方、顶、憋牛蛋、鸡毛蒜毫、憋茅厕窖子等。其中较为普遍玩的是：

弹球儿：玩儿法两人至多人，玩具为玻璃球儿，瓷球。场地为空旷平整土地。一般为大场。有时在农户的院内，先划一长横线叫杠线。横线垂直方向 4 至 5 米处画一方框叫箱。杠，箱距离临时商定。玩法，先是每人往箱里填一个球儿，手拿一个球儿，叫子球儿。……然后站在箱的位置。往横线处掷出子球儿，谁的子球儿离杠近者为先，先者第一个将子球儿弹到箱附近，也可直接打箱球。第二、第

箱

杠线

三人依次类推，每个人的子儿都不能靠近，防止别人打中你的子球出局，最后一人弹到箱周边后，第一人开始用子儿打球儿，打球儿可以打他人子球，打中某人子球某人出局，打不中第二人开始打球儿。也可以打箱里填球，打出箱一个球儿，得一个球儿，第一个球儿得到，可连续打二个球儿，还能打第三、第四个球儿。如连续打净箱里球儿，或将参赛人所有子球儿打中，游戏结束。另起一局，每局打完箱内球儿为终。得球多者为胜，如第一球打中得球儿，第二球没打出箱，不再打。子球儿停哪是哪儿，等下一轮。如子球儿在打箱球时，子球儿落到箱框内时，此人出局，并将所得球儿退回箱内。打箱球儿打中得球后，子球儿离箱球较远，离其他人子球儿较近，可打附近其他子球儿，可连续打，也可不连续打，打完后，子球落哪儿是哪儿。如一人连续打中参赛人子球，也同样为全胜，箱内球儿归其所有，游戏结束，另起一局。弹球技术要求，弹球打球时，要原地不动，不能前送球（后有人用脚原地搓球）。

打瓦儿（耒瓦儿）：图为四横三纵，左右各三个方格，右侧中间一格内画一圆圈，称井。可以两人或多人轮番上场游戏。上场者站在左侧底线下，将瓦片儿扔到第一格内，然后单腿着地蹦入格内，格愣着脚驱踢瓦片儿进第二格，人也随之蹦入第二格；然后同样方法进入第三格、第四格。

此时，可稍适休息，但只能单腿着地。然后，隔第五格（井）用力将瓦块踢进第六格内，再单腿着地返回右侧底线下，伸手拿出瓦片儿，再格愣着回到左侧底线下，双脚着地，第一轮完毕。第二轮，将瓦块儿扔到第二格内，格愣着蹦入第一、二格，驱踢瓦片儿进第三格、第四格……第三轮、第四轮以此类推，第五轮，需将瓦块儿扔到井里，格愣着一步一步蹦到井里，以下步骤和第一轮一样。第六轮，将瓦块儿扔到第六格内，格愣着一步一步蹦到井里，伸手拿瓦块儿，再蹦第四格，以下步骤和第一轮一样。如果圆满完成以上六轮就为赢；如果中间脚和瓦块压线或双脚沾地均为输，换别人上场。

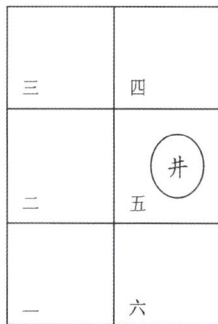

成方成龙：图为五横五纵，成 25 个交汇点，为放子或行子之点位，二人对弈，棋子（就地取材，土坷垃、小木棍儿均可）不确定数量，先一对一将子放于交点（除四角外）之后行子。放子时，如果小方格内四个角均为一方之子，叫成方，可多放一颗子，如果直线上的五个点均为一方之子，叫成龙，可多放两颗子。

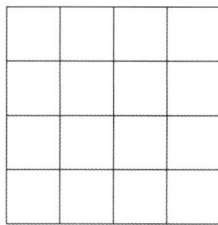

后放子者行走步，双方一对一行步，走子先从四角空白处开始，一步一格，前后左右均可，走子时，一个成方（叫关方），可吃掉对方一颗子，一个成龙（叫关龙）可吃掉对方两颗子，边吃嘴里还念着：关方拿你一张，关龙拿你一穷。吃子时，只能吃对方散子，若无散子可吃时，才能吃对方成龙或成方的子。

放子或走子时，既要有利于自己能成龙成方，又要防备、破坏对方成龙成方。战到一方不足四颗子，无法成方为止，子少者为败。

走顶：图为四横四纵，成 16 个交汇点。二人对弈，每人四子，先将棋子摆在自己一侧的四个点上，一对一步，一步一格，上下左右均可。一方的两个棋子顶住对方一个棋子时，可吃掉此子；对顶时，三顶一，二顶二，中间有空点两头都有对方之子，均为无效。走子时，双方争取有利的布局，寻机顶掉对方子，努力破坏对方形成的顶势。

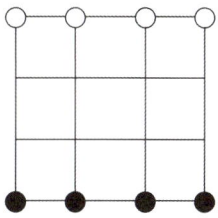

战到一方还剩一颗棋子，无法形成顶势为止，子少者为败。

憋牛蛋：图如田字少去右边一竖笔，使之三点不连接，形成互不相通的三个圈（牛蛋）。二人对弈，每人三颗子，开局前先将子摆在自己一侧的三个点上。行子时，一对一步，一步一格。可争取挤、挡、让（一步）等技法，迫使对方圈内行子，并堵住其回路；被挤进圈中的子还可以寻机退出，转守为攻。直到将对方的三个子全部逼到圈内为止，在圈内的一方为败。

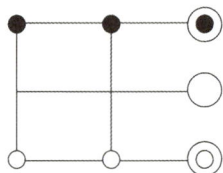

三、其他习俗

尊老　尊敬老人，中华民族的美德，赡养老人是国家法律赋予儿女的权利义务。北关在敬老方面具有优良的光荣传统，代代相传。形成良好的村风。旧时要做到两个方面，一是唯父母之命是从，无论父母说的对与不对，作为晚辈都要顺从，不能顶撞，更不得反抗。同样，对于村内本族和邻里老人也要尊重，语气行动要恭顺礼让。二是行善孝，尽孝道，侍奉老人，老人上了年纪，儿女要主动承担家中主要重体力劳动。主动承担家中事务，老人患病要在床前侍奉照料，求医喂药，端屎端尿，日夜守候，以善言孝语慰藉老人，以诚心孝心爱心感恩回报老人。随着社会历史的发展，村民在党支部、村委会、村社会群众组织的教育引导下，尊重老人形成承前启后的风气，主要表现在两个方面：一为尊重老人。晚辈在平时生活当中见到老人要恭恭敬敬，尊称老人爷爷、奶奶、姥爷、姥姥、爸爸、妈妈等。邻里乡亲，村里一直沿袭老传统，按老辈儿传下来的辈分和睦相处，村里老人倍受尊敬，见面嘘寒问暖。聚餐让为上座，走路让为先行，逢年过节，尤为过年，都要相互走动，给老人拜年。在家中，都要先叫老人称呼，再说事情，禁忌指手画脚，哼唉等不良言行。老人嘱咐的事儿，要先办，一时忙不开要耐心解释，缓办必办，对老人的批评指点，要虚心静听，诚恳采纳，有出入的要心平气和多加解释。外出前要告之老人，嘱咐安养。外出要通过通信方式问候老人，返回时要先看望老人，并带回扮手礼。逢年过节，要给老人赠送礼物，添衣留零花钱儿，二为侍奉老人，家庭生活中，住房要让老人住有阳光好、通风好的上房。吃饭要让老人长辈坐上座，晚辈主动为老人端饭递筷子。穿衣，要尊重老人观念习惯，干净合体。主动帮助老人经常换洗衣裳、理发、洗澡、洗脚、修剪指甲。做到老人体面、儿女体面，老人安逸、儿女安心。在老人失去生活自理时，儿女要轮流伺候照料，日夜监护。当今，行善尽孝已成为村民的良风美德和优良的尊老、养老、爱老的好风气。

做寿　做寿也称拜寿。北关村沿袭旧习，一般逢老人六十、六十六、七十、八十举办。近年，也有老人每逢生日时做生日的。这一习俗，是儿孙为父母、祖父母举办的一项重要的家庭礼仪，也是借这一形式，实现家庭成员、亲属成员团圆的好时机，给"寿星老"以精神方面的慰藉。过去祝寿时，老人着寿字大红袍，打扮一新。全家孙男嫡女，亲戚六项齐聚一堂，逐一拜敬寿星老，呼"寿比南山，福如东海"，给老人赠送寿礼，寿桃。老人在接受磕拜时，回赠晚辈小物件和钱币。然后吃大席，吃长寿面。当今沿袭旧习，全家人、亲戚，每逢老人寿日，预先通报家人亲戚。齐聚一堂，设宴庆祝，有时在家中，有时在饭店。同时，在饭前还增加了西方时髦乐曲——《生日快乐歌》，定制大蛋糕，点生日蜡烛，然后大家合影。做寿和做生日一样，尽量须保持第一次参加的人员，以后每次都要参加。

结义　结拜、换帖统称为金兰之交。最早出自《周易·系辞上》："二人同心，其利断金，同心之言，其嗅如兰"。是旧时汉族或部分民族交友的一种风俗。北关村村民沿袭旧俗，史上曾有多宗干兄弟和干姐妹之事例。后村民在本村和社会上其他地域的同心同德人士结为金兰之交。旧时结交交换金兰帖子，帖子写明生辰八字，跪地焚香，对天盟誓。新中国成立后，在社会交往中情投义合，两人或多人盟誓结交，按出生年月排论主次，经结拜后，异姓兄弟姐妹视为亲兄弟、亲姐妹一般，加深互相照应，互相走动。每逢一方家中婚丧嫁娶事宜，结义兄弟均应按亲人一样参加并按礼随礼。当今，结义者极少。

认干亲　北关村在旧时，村内一些家庭因无儿无女或有儿无女，有女无儿，通常两家关系和睦相处，或媒人搭桥，认一家儿女为义子义女。义子义女称老人为干爹干妈。家庭儿女养的娇盛也会再为儿女认一个干爹干妈，以求多人呵护疼爱，健康成长。认干亲时，需托媒人说合，经双方同意后，在孩子一岁左右，择日备酒席，将干爹或干妈请到家，由奶奶和亲妈将孩子从准备好的宽松的裤子上面放下来。认干亲仪式就算完成。认干亲后，干儿子、干女儿不改原姓，干爹干妈百年后，干儿子、干女儿要披麻戴孝，但不继承遗产，当今一般双方同意后，吃顿饭，互赠礼品即为认定。孩子大时会说话了叫干爹干妈，成人后要给干爹干妈买礼品。逢年过节要瞧看干爹干妈，其他仍沿袭旧俗。当今认干亲事宜渐少。

抱养　旧时，夫妇婚后无儿无女家庭，会采取抱养孩子的方法，以享天伦之乐，养老送终。有的抱养亲属儿女，称过继。有的抱养非血脉关系人家的孩子，也有的夫妇因只有一子或只有一女。也想抱养一个儿女以求不孤，以求儿女双全。抱养孩子要备礼求媒，媒人说合，双方同意，方得抱成。同意抱养后，双方爹妈、媒人、族内长辈或村内有威望的人士也要齐聚一堂。双方爹妈互表意愿和承诺有关抚养、教育、成家等多项家庭权利义务。所抱养的孩子，改为抱养家庭姓氏，参与者为见证人。无论旧时抱养和当今领养既是事实家庭近亲人员，也是法律公正的家庭成员。具有家庭成员哺育、抚养、受教育和赡养老人、继承财产一切权利义务。

分家　家庭是社会的细胞，人是家庭的组成基础。随着家庭兄弟姐妹的长成，都要娶妻生子，女孩儿也要出嫁，另组家庭，兄弟要各自成家。为了便于生产劳动，便于生活。一般都要在一定时期，商定分家另过，另起炉灶。分家事宜，一般以爹妈提出并主持，或者亲娘舅主持。旧时，分家时，要请一位识文断字的先生，族中长辈等人出面写帖子，丈量土地，平均分配房屋家具，商定老人养老送终事宜。帖子（分家文书）要具细，分明，公平。爹妈、兄弟、主持人、见证人均须在帖子上签字，按手印，爹妈、兄弟各持一帖，以被留查，一切物品交割完了，手续齐全即为分家完成。最后兄弟、亲娘舅、见证人再陪爹妈吃一次饭，叫散伙饭。散伙饭，并不是欢庆饭，爹妈、兄弟之间面临几十年吃大锅饭变成吃小锅饭。饭间，大家互相劝慰，互道珍重，总是苦乐分成。当今分家事宜一般村委会和村民调解委员会参与进行。

探望病人　北关村村民探望病人习俗一般为上午探视。忌讳下午晚上探视。探望中多说吉利的话，祝愿静养，早日康复之类的话。嘱咐病人配合医生医治，注意饮食活动等。根据病人病情，劝慰其建立信心，相信医疗技术。让病人树立乐观对病的思想。村民在看望病人时通常携带鸡蛋，挂面，奶类和养生滋补品。也有人直接送一些钱，委托家人视病人想吃什么给其买什么，以示关怀。

买卖开张　北关村在各个历史时期，都有商业店铺开张事宜。每逢开张都大操大办，邀请族人、亲朋、同行参加开业仪式。参加人员须发帖邀请。被邀请人备礼按时赴约。开张日子、时辰都是预先选定的良辰吉日，并指定主持人、礼仪人专事庆典之事宜。至时辰到燃放鞭炮，时间从早晨开始到 11：58 之间选择。中午宴请来宾。

送行接风　旧时村内屡有青少年考中县、朝廷秀才或中举后赴外地就职。家中族人，亲属，好友前来祝贺。一般分两次，一次中榜祝贺，一次赴职祝贺为送行。时期与时期不一样，都要视社会形势和家庭条件而定，最为简单的家庭小范围也要举办一次，父母嘱以履职、出行、生活之事宜。当今，沿袭旧俗，村里学生赴外求学，青年应征入伍都要举办一次欢送宴会，家人、亲属前来祝贺、送行。有时还给出行者赠送纪念品或者出钱以示鼓励。还有长年在外地工作、部队服役，回家乡省亲，临假满返回时，亲戚、昔日发小、同学都要举办一次送行宴会，畅谈生活、工作和互道珍重。

乔迁　村民盖新房，住新居，亲属和朋友都要适时前来祝贺乔迁之喜，村民叫温锅。旧时，有把搬入新房居住叫立灶，立灶时，要摆供品给灶王爷、烧香、磕头、许愿，以示搬新居，为立灶，求得一家平安。现时，以此机会邀约亲属、好友欢聚一堂，庆贺搬入新居。一般来宾赴宴时携带一些礼品，诸如新型高科技的厨具、炊具等。也有的直接给钱以示庆贺。

聚会　旧时，村民多有在外地做买卖，当差的。特别是新中国成立前，在北京有几家是北关人开的买卖。同是乡邻、发小、友好，每逢秋闲之时，都要相约赴京城或返乡聚会，互诉生济、国家形势、村里消息、家庭变化等，以尽好友之情。现时，每逢过年过节赋闲之暇，同学、发小、战友、同行都随时相约聚会，席间推杯问盏，互诉友情，载歌载舞，合影录像以此留念。

四、称谓习俗

北关村村民对直系亲属、旁系亲属的称谓，基本上与县域多地的称谓大致雷同，只是在部分称谓上发音上略有不同。对整个宗族十八代成员的称呼完全沿袭汉民族的排序称谓，没有其他解释称谓。

（一）宗族成员称谓　十八代，祖宗十八代是指自己上下十八代的宗族成员：

上，按次序称谓：

生己者称为父母。

父之父母称之为祖父母。

祖父之父母称之为曾祖父母。

曾祖之父母称为高祖父母。

高祖之父母称为天祖父母。

天祖之父母称为烈祖父母。

烈祖之父母称为太祖父母。

太祖之父母称为远祖父母。

远祖之父母称为鼻祖父母。

即：父，祖，曾，高，天，烈，太，远，鼻。

下，按次序称谓：

父母之子为子。

子之子为孙。

孙之子为曾孙。

曾孙之子为玄孙。

玄孙之子为来孙。

来孙之子为晜孙。

晜孙之子为仍孙。

仍孙之子为云孙。

云孙之子为耳孙。

即：子，孙，曾，玄，来，晜，仍，云，耳。

史上，在北关村曾出现过五世同堂人家，仅为少见。四代同堂为多见。五代同堂源为旧时早婚早育所至，现代提倡晚婚晚育，五代同堂就不多见了。

（二）亲属成员称谓　一般以自己为轴心，向具有血脉关系的家庭成员乃至与家庭成员有血脉关系的亲属扩散，乃至扩散到非血脉关系的亲属来称谓，构成生活中的家庭成员关系，亲属成员社会关系。在亲属方面，无论多远多近，都要依据排论称谓，故有亲可论。

详见下表：

亲属成员称谓表

称呼对象	称呼
父亲、母亲	爸爸、妈妈
父亲之父亲、母亲（祖父、祖母）	爷爷、奶奶
父亲之祖父、祖母（曾祖父、曾祖母）	老祖（老爷子、老太太）
母亲之父亲、母亲（外祖父、外祖母）	姥爷、姥姥
母亲之祖父、祖母（曾外祖父、曾外祖母）	太姥爷、太姥姥
父亲之伯父、叔父	爷爷（加行儿），最小的称老爷爷
父亲之伯母、婶母	奶奶（加行儿），最小的称老奶奶
母亲之伯父、叔父	姥爷（加行儿），最小的称老姥爷
母亲之伯母、婶母	姥姥（加行儿），最小的称老姥姥
父亲之姑父、姑母	姑爷爷、姑奶奶
母亲之姑父、姑母	姑姥爷、姑姥姥
父亲之舅父、舅母	舅爷爷、舅奶奶
母亲之舅父、舅母	舅姥爷、舅姥姥
父亲之姨父、姨母	姨爷爷、姨奶奶
母亲之姨父、姨母	姨姥爷、姨姥姥
父亲之兄、嫂	大伯、大爷（加行儿）、大妈（加行儿）
父亲之弟、弟媳	叔叔、婶儿（加行儿）

续表

称呼对象	称呼
母亲兄弟、兄弟媳妇	舅、舅妈（妗子）（加行儿）
母亲姐妹、姐妹夫	姨（或姨妈）、姨父
兄、兄之妻	哥哥、嫂子
姐、妹及妹夫	姐姐、妹妹及姐夫、妹夫
姑姑、舅、姨之子女	表哥、表弟、表姐、表妹
姑姑、姨、舅之儿媳	表嫂、表弟媳妇
姑姑、姨、舅之女婿	表姐夫、表妹夫
嫂子、弟媳、姐夫、妹夫之父母	亲（qìng）老儿、亲（qìng）妈
丈夫之兄、嫂	大大板子（大伯子），大嫂儿
丈夫之弟、弟媳	小叔子、弟妹
丈夫之姐、妹	大姑子、小姑子
妻子之父母	岳父（老丈人）岳母（丈母娘）
妻子之弟、弟媳妇	小舅子、小妗子
妻子之姐妹	大姨子、小姨子
妻子之兄嫂	大舅子（大舅哥）大妗子（大嫂子）
妻子之姐夫、妹夫	连襟、一担挑儿、一般儿沉（兄、弟）
女儿之夫	姑爷（ye）、女婿
姐妹之子女	外甥儿、外甥女儿
女婿、侄女婿、儿媳、侄媳之父母	亲（qìng）家
女儿之子女	外孙儿、外孙女

除上述表列以外，在日常生活中，尚有四个特殊的称呼：

大叔（shou）：父亲（弟兄三个以上且父亲为老大）的亲二弟叫大叔（按排行旁人都叫二叔）。

娘（妈）：伯母的亲切称呼，按其丈夫的排行称大娘或"几"娘（有时也称大妈或"几妈"）。

姐：未婚的嫂子称姐，按其丈夫的排行称大姐或"几"姐，有的婚后仍沿袭叫姐。

称呼的连带关系：仍以自己为轴心，叔伯关系的亲属，哥哥内兄内弟的亲属，姐夫妹夫的亲属，表兄表妹家的亲属等等都是依据自己称呼的沿袭。

五、回族习俗

北关村有回族一宗四户，史上至今与村内汉族亲密无间，在风俗习惯方面，恪守特有的宗教习俗。

1. 婚嫁

回族人主张婚嫁自主自愿，但双方必须同教。男女交往一段时间后，认为可以，即在本教中自找要好的二男（或一男）二女做公证人；征得双方家长同意，然后择吉日——星期四（盘缠）或星期五（主麻日）订婚，男方送女方一小礼，主要送点心、茶叶、衣物等，称"下点盒"。男方送女方聘金，吃订婚宴席，为正式定亲。

结婚前再过一礼，送点心、茶叶、羊肉、大米、衣物等。男方在红纸上写明两个吉日，供女方挑选，确定结婚日期。女方父母视条件为女儿操办嫁妆，但沐浴用的汤瓶、吊罐必不可少。同时女方将男方所赠礼品分赠亲友，并把所择吉日告知，请届时光临。

结婚前一天，女方请亲友"瞧嫁妆"，然后送往男方家。押嫁妆小男孩由男方付喜钱，并招待送嫁妆人吃饭。

婚日，男方接亲，女方由父兄送到男家。新娘下车后，人们向新娘撒红枣，以示喜庆。婚礼由阿訇主持，履行宗教仪式。由阿訇写"依扎布"（阿拉伯语，结婚证词）俗称"密克"，而后诵贺婚词。并讲夫妻之道，合作之道，亲友往来之道，新郎新娘要孝敬双方父母，夫妻要奉公守法，做爱教爱国的合格公民，将来教育子女信仰真主，做好穆民；新郎、新娘分别用阿文念该必勒图和塔丹（意为承诺）。

此后，男女双方家长握手相互贺喜，并请女方客人坐上座，设宴招待。

婚礼后，宴请亲朋。席间新人向亲友来宾打躬行礼，对方则以红包喜礼相送。晚间入洞房小辈人可闹洞房，但不可过分。婚后的第九天、第十天，新娘回娘家住一两日，俗称"单九、双九"。

随着改革开放的深入，结婚习俗从简，并出现少数回、汉通婚者，但异教者婚前须表示尊重回族风俗习惯并加入伊斯兰教方可结婚。

2. 丧葬

回族人讲究速葬，薄葬，土葬。人将咽气请求阿訇做讨白（悔罪）。人归真后，暝双目，顺手足，老者理须设位，头北足南或头东足西。取清真寺公用木池（木板），将亡者脱衣放入木池内，白布盖身，同时向亲朋、本族人报丧并建造坟墓，请阿訇宰牛或羊，以备次日送"埋宜台"（送葬）人食用。

次日上午，定时辰进行"洗""穿""站""埋"四项礼仪。具体过程为：洗，即浴礼，俗称洗"埋宜台"（尸体），一般由三人承担，以至亲为好，用两大桶净温水，汤瓶两个，按先右后左，先上后下的顺序，洗遍全身，然后用两块浴巾分别擦拭上身、下身。穿，俗称穿"克番"（敛衣），将备好的白布（克番）缠裹，先缠左后缠右，一层一层包裹好，男三件、女五件。再用白布带系腰和紧裹头、足，在穿克番时撒一些香料（冰片、樟脑等），以防腐驱虫。站，俗称站"者那在"即由阿訇主持的殡礼。将白布裹好的"埋宜台"放入经匣，按头北足南的方向放于安静的室内或庭院清洁处，众海里凡、乡老和亲友（全部为男性）站班，由阿訇带领为"安拉"礼拜，为亡人祈祷。埋，即埋葬，必须土葬——把尸体直接放入土中而不用棺椁。送葬不穿重孝，不大哭，也不给他人磕头。将尸体抬到墓地，从经匣中抬出入土埋葬。坟墓为南北向，长方形，坟头椭圆，阿訇及海里凡面向南跪于坟头北面，孝子及送葬人跪于坟头东、西、南三面皆面向北，由阿訇开经。随后众人在返回时把经匣放回清真寺，再到亡人家圆经，赴宴。

自下葬七日内，阿訇天天念经，称"七日经"。另外，亡人故去三日、七日、四十日、百日、周年及十年（整年），家人均要宰鸡或牛羊，请阿訇念经，以悼念亡者，称为"做事儿"。

3. 衣食

回民服装与汉民服装无明显区别，只有一些虔诚的老年男教民，常戴无沿圆顶礼拜帽,夏为白色,冬为蓝、黑色。

回民饮食独特,禁止食用的东西比较多,如:猪肉和不反刍的牲畜、食肉兽类、禽类等。无鳞、无腮和生猛水产品,如:泥鳅、鲇鱼、螃蟹等。不以安拉之名而宰的、勒死、摔死、抵死及毒死的一切死物。病、老、冻、淹、砸、饿等一切自死动物。动物血,只食吃草而且反刍的兽类和食谷物的禽类。如:牛、羊、骆驼等家畜及鸡、鸭、鹅等家禽。但必须是经过阿訇或专职人员四掌教宰杀的方可食用。待客用茶,禁止饮酒。

4. 节日

圣纪节,又称肉孜节 伊斯兰教历三月十二日,是伊斯兰教复兴者穆罕默德诞辰纪念日,相传穆罕默德于伊斯兰教历十一年(632)三月十二日逝世,故又称该日为"圣忌"。中国穆斯林习惯将"圣纪"与"圣忌"合并纪念,俗称为圣会。节日前夕,各户集资筹备牛、羊及油、面,届时全体穆斯林聚会清真寺,由阿訇宣讲节日来历和圣经意义,诵读古兰经,大家欢畅叙谈、聚餐。

开斋节 伊斯兰教历九月是回族贵月,全月为戒斋日。凡成年健康穆斯林均应全月封斋,即每日黎明前到日落,禁止饮食和房事。晚上礼二十拜的"台拉畏罕""间歇拜",每天如此,持续全月。封斋第29日傍晚如见新月,次日即为开斋节,如不见月,则再封一日,共为30日,不再看月,第二天则为开斋节。是日,穆斯林沐浴洁衣,手持"芭兰香",喜气洋洋前往清真寺参加会礼,途中低声赞主赞圣,进寺焚香,由阿訇领班上殿,念经、讲演、聚礼,互相祝福,共享节日欢乐。

古尔邦节 又称宰牲节也叫小开斋,在伊斯兰教历十二月十日,穆斯林举行会礼,宰牲献主(安拉)。据传说先知易卜拉欣晚年得子伊思玛仪,当伊思玛仪13岁时,安拉(主)启示易卜拉欣宰子奉献。易卜拉欣谨遵不违,儿子也毅然从命,当父子正要在米那山谷执行启示时,天使吉不利勒奉安拉之命送来一只绵羊,作为伊思玛仪的替身。此日,阿拉伯太阴历十二月十日,阿拉伯人为纪念易卜拉欣忠于安拉,伊思玛仪孝于父亲的献身精神,便在此日宰牲,后成为节日。是日富者宰牛、骆驼或羊,贫者宰鸡、鸭、鹅等。

开斋节、古尔邦节,回族家家炸油香、排叉、黏三角等食品,并用以馈赠和款待亲友。到清真寺参加节日会礼后，各家各户敬悼亡者，缅怀祖先，请阿訇游坟念经。故这两个节日是阿訇一年中最忙的日子。

阿舒拉日　伊斯兰教历一月十日为阿舒拉日，该日教民封斋，白日念经，晚上礼拜做祈祷。

登宵夜　伊斯兰教历七月二十七日夜是穆圣参观天堂之日。伊斯兰教民为纪念这个日子，该日晚礼富余拜。次日封斋一天，以示对真主的敬畏。

得拉特夜　伊斯兰教历八月十五日晚为穆斯林教民总结一年功过是非的时刻。教民们前往清真寺念经，求饶恕、求慈悯、求真主来年赐给更多恩典。祈祷至深夜并礼富余拜，次日封斋一天，以求真主免去种种罪行。

盖德尔夜　斋月的第 27 日，教民们奔走相告，自愿拿出钱来，凑在一起买牛或炸油香。晚上聚会，彻夜不眠，称"坐夜"，礼一百拜。念经，哪乜帖出散，至天明散去。

第二节　陋习、禁忌

一、陋习

由于旧社会封建礼教束缚很多有悖人性。腐朽落后的习俗留存于村里。

（一）娃娃亲、童养媳、指腹为婚、换亲、转亲　新中国成立初期在村里都有发生。

（二）男尊女卑　旧时村里受封建礼教影响，认为只有男子才能传宗接代，继承宗祠。家中无男谓之"绝户"。女孩被人瞧不起，无政治、经济地位。无继承权，很难上学，不能参加社会活动。男子丧偶可再娶，有的由之妻的妹妹续亲，俗称填房。妇女丧偶，不能改嫁，要守节。妇女生女孩多，无有男孩儿要受家人歧视打骂。

（三）缠足　封建社会，女子以脚小为美，称为三寸金莲。女孩长到六七岁时，母亲就逼着缠足。辛亥革命后，提倡放足。抗日战争胜利后，国民政府、民主政府都主张妇女放足。至二十世纪五十年代中期，妇女裹脚这一陋习在村中已绝迹。

（四）占卜算卦　旧时，占卜、算卦等封建迷信活动在城关四街较为盛行。村内大车店常有此类人员包间居住，白天进城和在村内街道摆摊或走街串户，男女择婚，外出谋事，遗物失盗都迷信依赖于占卜算卦，以此定凶吉。当今党和政府历来提倡科学反对封建迷信打击歪理邪教活动。但社会上仍有一小部分人相信占卜算卦。行业人也是偷偷摸摸从事此行业。

（五）看风水　旧时，村内有人被生活所迫，曾从事看风水此类行业。游走他方以此为生。每逢建房，择坟地，都要请风水先生相吉凶，定方位。所谓宅向，墓向好坏，决定家庭人财之兴旺。使建房、择坟的家庭迷信于此说，出钱请风水先生，逢凶化吉，施法破除，实际是愚弄村民，并无任何科学道理。当今，这一陋习在北关村并无大的影响。

二、禁忌

（一）礼节忌讳　晚辈忌直呼长辈名字。忌称长辈小名（乳名），忌给别人起外号（绰号）。忌给孩子取名时和长辈名同字、同音。走亲瞧戚送食物忌选单数。兄长忌同弟媳开玩笑，弟媳忌和兄长不恭，或者言行过于随意。忌与人说话，用手指人。忌对人脸、饭桌咳嗽。忌朝人吐唾沫。忌衣冠不整会客，聚会。忌就餐时大声说话。

（二）建造忌讳　2009年北关村拆迁改造前，沿袭旧俗。在建造时，民房忌门对直路。房前忌栽植桑树，房后忌栽植柳树。主房忌建四、六间（新中国成立后因房基地紧缺原因也有建四、六间的），忌在庙的正前后建房，（必有道相隔），俗言"能住庙左右，不住庙前后"。民房忌占正方位（通常庙宇，皇宫，黄陵为正方位）。配房忌高出主房。

（三）饮食禁忌　在北关村无论优良传统的传承和当今提倡的文明礼俗，在人们的社会活动和生活中已形成良风美德，人们俗成为讲究。因此，有很多禁忌引起人们的注意。如家里有客人不扫地，客人没吃完饭或没离座不能收拾餐具。做客喝酒时不能倒放酒杯。最后一杯酒要等上饭时饮尽，忌空杯等饭。给客人倒茶不得壶嘴对客人。忌刀放盆里，忌吃饭时筷子分开放。忌将筷子插在饭碗里，忌用筷子敲碗盘，待客上菜忌单数。

忌从窗口递食物。盛饭忌勺子往外翻。吃梨不能两人分开吃，忌客厅内晾晒内衣内裤。忌不尊重民族宗教信仰。

第三节　语言、谚语

一、语言

（一）语音

1. 发音

北关方言属汉语，北方方言，北京官话区，属于近乎标准的普通话。由于邻近北京市和涿州地域，说话用词儿声调多有相同之处，说话用语时多"儿"音。发音，则一、二、三、四声全用，再加乡音混用，形成独特城关语音。旧时，乡音较浓，当今青少年发音吐字更接近普通话标准。此外，在有些字词和普通话的读法也不同。最为明显的是在读零声母字的时候常在字音的前面加上生母 n。

2. 零声母字

零声母字的读法字例有：

挨：读为 nái（"乃"二声）。

碍、爱、艾：读为 nài（奈）。

安、氨、鞍、庵、鹌：读为 nān（"南"一声）。

按、暗、岸、案：读为（"难"四声）。

熬：该读 nāo náo（孬、挠）。

袄：读为 nǎo（恼）。

额、鹅、娥、讹：读为 né（哪吒之"哪"）。

恶：读为 nè（讷）。

饿：读为 wò（握）。

恩：读为 nen（一声）。

摁：读为 nèn。

偶、藕：读 nǒu。

3. 其他变音字（词）

就：读为 zòu（揍）。

俊：读为 zùn（尊四声）。

没：读为 mú（木二声）。

那：读为 niè（聂）。

客：读为 qiě（且）。

舀：读为（做动词时）读为 wǎi（崴）。

洒、撒：读为［shǎ］（傻）。

摸：读为 māo（猫）。

做：读为 zòu（揍）。

学：读为 xiáo（肖二声）。

泽：读为 zhè（这）。

波：读为 pō（坡）。

森：读为 shēn（深）。

弄：读为 nèng（能四声）

密：读为 mèi（妹）。

甫：读为：pǔ（普）。

暂：读为 zhǎn（展）。

涩：读 shè（社）。

福、国、薛、邱：全读成三声（府、果、雪、楸）。

伯：读为 be 四声。

务：在用于本县地名时读 fǔ（府）。

尾巴：读 yiba。

耕地：读成 jīngdì。

妈：读 mà。单独叫妈妈时。给别人介绍时又读为 mámā，她是我妈妈（mámā）。

哥哥、姐姐：读音都用二声，称呼一个字时又读成四声。

（二）方言

北关村附近村庄方言很多。极具代表性、普遍性、地域性，特色的方言土语沿袭至今。有时候方言土语在《新华字典》《现代汉语词典》中都没有同音字（词）的明确表述，有时候方言土语虽然在《现代汉语词典》中有，但在本地的意思却不相同，或者在原有的意思上又增加了新的含义和其他地区的寓意。北关村方言土语有：

1. 有音无字方言（难以用错别字代替）

xín，指娶或嫁。例：黄家老大 xín 了个外地媳妇。

nāo，抓（牌）。例：该你 nāo 牌了。

chóu，洗衣。例：chóu 衣裳、chóu 裤子。

kuā，例：把铁锹把儿 kuā 细点。

zàng，说话气硬。例：这小伙子说话够 zàng 的。

pō，闻到臭味发的音。例：pō！真臭。

chua（三声），1. 炸完酱的锅别刷，用面条 chuachua（三声）。2. 用干沙土把地上的水 chua（三声）干。

chua（三声）瞎：盲目掺和闲事 chua（三声）。

chua（三声）地，我没走道，chua（三声）地过来的。

bia（一声）叽，象声词，形容人摔倒和物品掉在地上的声音。例：小孩 bia（一声）叽摔个大跤。又如刚买了个西瓜不注意 bia（一声）叽掉地下了。

dei（一声）tai（三声），村里旧时的一种娱乐活动。

ga（四声）you，慢着走道他是慢性人，走道老是 ga（四声）youga（四声）you 的。

neng（二声）dei，例，我着风了，老流 neng（四声）dei

gong（一声）eng，估摸着，例：1. 我 gong（一声）eng 你得来。2. 小心着你：gong（一声）eng，不定哪天挨顿揍。

jiang（三声）个着，让人骑在脖子上。例墙太高上不去，我 jiang（三声）个着你。又如小孩看不见前面的事，我 jiang（三声）个着让他看见。

好 me 秧儿的，平白无故的，例：我也没得罪他，好 me 秧儿的他找我的茬儿。

shua（二声）他了，十分没必要那么做。例：让我请他吃饭，shua（二声）了他了。又如：他不去，非得让我去，shua（二声）他了。

2. 其他方言（特殊的或难理解的）

meimei（读一声）：乳房。例：孩子饿了，让他吃口 meimei。

也了盖子：额头。

个了拜子：膝盖。

狼猫：公猫。

米猫：母猫。

牙狗：公狗。

叫驴：公驴。

野驴：母驴。

奶光儿：小猪仔。

跑猪、跑呼噜：公猪。

老家：麻雀。

燕背蝠：蝙蝠。

老咕：乌鸦。

夜猫子，谷鸟 niao 子：猫头鹰。

光棍罗锄：布谷鸟。

黄老闷儿：鹌鹑。

蝎了虎子：蜥蜴、壁虎。

蝴帖儿：蝴蝶。

胡了婆儿：蛾子。

黑老婆儿：花老婆儿：瓢虫，七星瓢虫。

别夫：蚂蚁。

蛛蛛：蜘蛛。

长虫：蛇。

蜻不愣：蜻蜓。

花老豹：青蛙。

黄鼬：黄鼠狼。

地羊：地 pai（三声）子，鼹鼠。

长尾巴狼子：灰喜鹊。

屎壳郎：蜣螂。

己个（三声）儿：我自己干活。

老太太：已婚妇女。

总理：办理红白喜事的负责人。

落（lao 四声）忙：帮助别人料理红白喜事或帮工。

打夜子：晚上加班。

红案（nan 四声）：指红白喜事做菜的。

白案（nan 四声）：指红白喜事做面食的。

行（hang 二声）子：东西，指人或物。例：那行（hang 二声）子真不懂事。又如：这行（hang 二声）子真不好弄。

香饽饽：被重视被宠信的人。

荤油：猪油、大油。

杂和（huo）面：玉米面，也称棒子面。

包子：馒头。

暄（xuan 四声）饼：发面烙饼。

冷汤：凉面条。

炸饼儿：油饼。

馃子：糕点，点心。

耐窝：驴打滚。

仁果儿：花生。

秦椒：辣椒。

莛秆儿：高粱秸秆上边连着穗的那一节儿。

盖单（dan）板：用莛秆穿成的圆形盖板。

盖单（dan）儿：用苇子或秫秸编织的大锅锅盖。

胰子：肥皂。

香胰子：香皂。

拢梳：拢子和梳子。

手把只：手套。

电棒儿：手电筒。

枝（zhǐ）根（gen）：枣树、杜树、洋槐树等乔木上的刺儿。

洋灰：水泥。

洋火：火柴。

电驴子：摩托车。

三蹦子：三轮摩托车。

臭油：沥青。

尿憋子：夜壶。

当地：地上。

当院：院子。

当街：街上。

庄户：房及院落。

合作社：集体商店。

小铺儿：小卖部。

香莒（ying）：便宜。例：那人就爱占香莒（ying）。

当不间（jian）儿：中间。例：人站在当不间（jian）。

这万子：这一块地方。例：这万子归我管。

搂性：骂人的话。

闹腾：心烦意乱。例：我心里闹腾，懒得干事。

日（ri 二声）头：太阳。

老爷儿：太阳。

夜了个：昨天。

前儿个：前天。

赶明儿：明天。

过了明儿：后天。

过晌乎：下午。

头晌乎：上午。

头年（nian）儿：年前。

过年（nian）儿：年后。

多怎晚儿：什么时候，也说多早晚儿。

天天儿：每天。

成天价：整天。

圣：娇生惯养。

夹巴：不圆。

严可严儿：正合适没富余。

八打子：八成，差不多的意思。

不离儿：挺好，不错。

不耐的：无妨。

够呛：希望不大。

成色（shai）：1. 出息，2. 物品好坏程度。

死起白列：死皮赖脸的要求别人去做。

二意思思：犹豫不决。

长旧：反正。

爽来（lai）：索性。

备不住：可能也许，表示不能确定。

静意儿的：故意的。

不落（lao 四声）忍：不忍心。

严心：心疼可怜例外：那小孩哭的够严心的。

赶情（qing）：表示非常赞同对方的话。

着啊：是啊，表示有同感。

活儿狠子：指干活不要命，恨不得一下将活干完的人。

狼茬（cha）：1. 吃饭狼吞虎咽。2. 做事忙手忙脚粗糙。

锚固（gu）：做事急躁而粗糙。

溜沟子：阿谀奉承。

闲林（lin）：小孩淘气调皮。

百汇：1. 小孩哭闹，2. 挑三拣四不好好干事。

扎刺儿：肆意闹腾有狂妄之意。

遭号儿：惹祸。

踩打（da）：挤对压制。例：因为人老实总让人踩打（da）。

打嘚嘚（dei）：因寒冷受冻上下牙齿发出声音。

到犯儿了：伤口不愈合，化脓了。

扇了：因受风吹造成手脸裂口。

躺下了：生小孩（坐月子）。

打个等（deng 四声）儿：等一会。

待见：喜欢。例：这小孩真招人待见。

爱（nai 四声）人儿：招人喜欢。

得以：得到好处受益。

没许会：没注意看。

凄冷（leng）：活好的面、泥等放置时间过长变得发硬死板了。

刺啦（cila）：晒晾一下或风吹一下。

次（cī）啦：1. 受不了了。例：他累次（cī）啦。2. 怕了认输了。例：别看日本鬼子开始猖狂，到后来见了中国军人就次（cī）啦。

脑英：恶心。

着风：感冒。

膈应：厌烦。例：他常不洗澡让人各应，又如他爱传闲话，让人膈应。

吓唬：训斥。

打替分：打喷嚏。

藏门（men）哥：捉迷藏。

胡噜（lu）：1. 抚摸。2. 用手抚平。

巴扎（zha）：踩踏。例：刚把畦搂平，你就给巴扎（zha）的坑坑洼洼。

各冷（leng）：一只脚沾地一步一步蹦着走。例：他左脚受伤了只能各冷（leng）着走。

淘茅厕（sou）：本意淘厕所，常用来比喻打麻将、打扑克的作弊行为。

打破鞋儿：为破坏双方联手要做的事情当着一方说一方的坏话。

闹状克儿：活人撞见"死鬼"出现幻觉，语言行为又说又闹，目前对这种神经的反应还没有做出较科学的解释。

跟头：横竖不说理，无理狡三分。

牙一（yi）：刺激大脑的怪声音。例：小孩用勺子刮玻璃声音真牙一（yi）。

搅屎棍子：根本和他没关系，也跟着瞎掺和。

江坏包：挑拨是非的人。

羊眼：不同于正常人的认知，固执己见。

木生儿：父亲去世后生人。

二、谚语、民谣

北关村在各历史时期的劳动生活中，总结和汇总了大量谚语、俗语，指导、服务于农业生产和日常生活。

（一）谚语

1. 农事谚语

立春：立春雪水化一丈，打得麦子无处放。

吃了立春饭，一天暖一暖。

雨水：麦子洗洗脸，一垄添一碗。

惊蛰：惊蛰冷，冷半年。

惊蛰有雨并闪雷，麦积场中如土堆。

春分：春分春分，昼夜平分。

春分雨多，有利春播。

清明：清明到，吹麦哨。

谷雨：谷雨时节种谷天，南坡北洼好种棉。

谷雨有雨棉花肥。

立夏：春争日，夏争时。

立夏麦龇牙，一月就要拔。

立夏麦咧嘴，不能缺了水。

小满：小满小满，麦粒渐满。

小满不起蒜，留在地里烂。

芒种：芒种前后麦上场，男女老少昼夜忙。

芒种芒种，连收带种。

夏至：不过夏至不热。夏至三庚数头伏。

吃了夏至面，一天短一线。

小暑：小暑不栽薯，栽薯白受苦。

大暑：大暑热不透，大热在秋后。

立秋：立秋之日凉风至。

　　　　早立秋冷飕飕，晚立秋热死牛。

秋分：秋分秋分昼夜平分。

　　　　白露早，寒露迟，秋分麦子正当时。

处暑：处暑天还暑，好似秋老虎。

白露：白露秋分夜，一夜凉一夜。

寒露：吃了寒露饭，单衣汉少见。

立冬：立冬晴，一冬晴；立冬雨，一冬雪。

小雪：小雪封地，大雪封河。

大雪：大雪不冻倒春寒。

　　　　大雪晴天，立春雪多。

冬至：不到冬至不寒，不到夏至不热。

小寒：小寒大寒，冻成一团。

　　　　小寒大寒，准备过年。

大寒：过了大寒，又是一年。

　　　　大寒不寒，春分不暖。

豌豆大麦不出九。

谷雨前后，种瓜点豆。

谷雨麦怀胎，立夏麦呲牙，芒种三天见麦茬。

头伏萝卜二伏菜，三伏下雨好种麦。

立秋十八日，寸草都结籽。

八月不打场，九月捂梢黄。

霜降不刨葱，必得两头空。

立冬不砍菜，必得受了害。

桃三杏四梨五年，枣树当年就还钱。

桃饱杏伤人，李子树下埋死人。

汗耪田，涝浇园。

深挖狠砸，棒槌发芽。（指种树）

有钱买籽，没钱买苗。

庄稼一枝花，全靠肥当家。

种地不使粪，等于瞎胡混。

人误地一时，地误人一年。

寸草铡三刀，没料也上膘。

地冻车轱辘响，萝卜还在长。

七月十五红圈儿，八月十五落杆儿。（指枣儿）

2. 气象谚语

开门风，闭门雨。

鸡不进窝，大雨滂沱。

蚂蚁垒窝，大雨必多。

云相磨，水成河。

缸穿裙，雨来临，星眨眼，雨不远。

星星稀，晒死鸡，星星稠，满地流。

燕子高飞大晴天，燕子低飞雨连连。

先下牛毛没大雨，后下牛毛不晴天。

东虹日头西虹雨，南虹出来卖儿女。

立冬不端饺子碗，冻掉耳朵没人管。

小暑大暑，灌死老鼠。

不怕初一下，就怕初二阴。

一场春风一场暖，一场秋雨一场寒。

有钱难买五月旱，六月连阴吃饱饭。

大旱不过五月十三。

立夏把扇儿架，立秋把扇儿丢。

二八月乱穿衣。

九月九晴，一冬凌，九月九阴，一冬温。

八月十五云遮月，正月十五雪打灯。

腊七腊八冻死俩仨。

春困秋乏夏打盹，睡不醒的冬仨月。

3. 哲理谚语

早起三光，晚起三慌。

日出而作，日落而息。

一天省一口，一年省一斗。

吃不穷，花不穷，算计不到就受穷。

饿了吃糠甜如蜜，饱了吃蜜也不甜。

宁跟明白人打架，不跟糊涂人说话。

不听老人言，吃亏在眼前。

干活不由东，累死也无功。

宁拆一座庙，不毁一桩婚。

宁吃干净邋遢，不吃邋遢干净。

天糟有雨，人糟有祸。

该分不分，柴米遭瘟。

没有金刚钻儿别揽瓷器活儿。

当着矬人别说短语。

是亲三分向，是灰比土热。

褒贬是买主儿。

好狗护三邻，好汉护三村。

一个篱笆三个桩，一个好汉三个帮。

人在河边走，就有望海心。

长在河边走，哪能不湿鞋。

好儿子不如好媳妇，好闺女不如好姑爷。

闺女大了不能留，留来留去结冤仇。

不当家不知柴米贵，不养儿不知父母恩。

儿行千里母担忧，母行千里儿不愁。

人多没好饭，鸡多不下蛋。

不是一家人，不进一家门。

亲兄弟，明算账。

远亲不如近邻，近邻不如对门。

吃饭穿衣量家当。

春捂秋冻，一辈子没病。

火大没湿柴。

众人拾柴火焰高。

下雨就有露水。

活人不能叫尿憋死。

树挪死，人挪活。

针尖儿大的窟窿斗大的风。

破罐子熬过柏木筲。

一个马勺坏一锅。

十个厨子九个淡。

臭韭菜不打捆。

萝卜快了不洗泥。

叫唤鸟儿没有肉。

懒驴上套屎尿多。

有钱不买半年闲。

卤水点豆腐，一物降一物。

鱼过千层网，网网都有鱼。

林子大了什么鸟都有。

省着省着窟窿等着。

吃着锅喽看着碗喽。

省了盐，酸了酱，省了柴，睡凉炕。

稀三盔子糯两碗。

好过的年歹过的春。

远怕水近怕鬼。

狗怕猫腰狼怕蹲。

心里没病不怕冷年糕。

着急吃不了煤火饭，心急吃不了热豆腐。

三岁看大七岁看老。

半大小子吃死老子。

吃人家嘴短拿人家手软。

傻小子睡凉炕全凭火力壮。

丑妻近地家中宝。

光棍子不吃眼前亏。

旱不死的葱饿不死的僧。

淹死的都是会水的。

没有大网逮不着大鱼，没有大鱼撞不了大窟窿。

现眼出不了高粱地。

有状元徒弟没有状元师傅。

狗揽八泡屎，泡泡舔不净。

大懒支小懒一支白瞪眼。

常赶集还能碰不上亲家。

宁吃碰不耽误。

有枣没枣打一杆子。

一想二骂三念叨。

狗打喷嚏好晴天。

北关的钱耍不得，南关的架打不得。

树老根多，人老话多。

家有一老，如有一宝。

有钱多花，没钱不花。

（二）谜语 歇后语

北关村民在各个历史时期的生产劳动之余，创作和汇总了很多谜语、歇后语，用于自娱自乐和哄小孩儿，世代相传。主要有：

1. 灯谜

不点不点，浑身尽眼儿。打一缝纫工具（谜底：顶针儿）。

买来了吃不着，买不来就吃得着。打一牲口辔头（谜底：匼嘴）。

南边来了一帮兵，又吹管子又吹笙，刀儿枪儿全不怕，就怕一阵大北风。打一昆虫（谜底：蚊子）。

南边来了一帮鹅，噼里啪啦就跳河。打一食物（谜底：饺子）。

三片瓦，一座庙，里边住着秃老道。打一谷物（荞麦）。

不大不大，浑身尽把儿。打一植物籽实（谜底：蓖麻籽）。

四四方方一座城，吃的黑拉的红。打一物（谜底：煤炉子）。

十字在当中，四面围不透风。（在人给出谜底之后再说）谁要猜"田字"，是个糊涂虫。打一字（谜底：正体亞字）。

2. 歇后语

狗吃麸子——不见面。

猫啃尿泡——空欢喜。

狗尾巴拴秤砣——假拉近（劲）乎。

老虎吃蚂蚱——碎拾掇。

黄鼠狼子拉木锨——大头在后头。

耗子钻风箱——两头受气。

大眼贼犯愣——惯（灌）的你。

蝎了虎子戴帽盔儿——里外不露人。

王八排队——大概（盖）齐。

王八瞅绿豆——对了眼了。

老太太坐牛车——四平八稳。

老太太上鸡窝——笨（奔）蛋。

老太太擤 nengdei（能得）——甩了。

小孩拉屎——挪挪儿。

傻小子拜年——没完没了。

刘园的姑爷——菜虎儿。

西关卖油的——老宋（送）。

张飞吃豆芽——小菜一碟儿。

张飞拿刺猬——大眼瞪小眼儿。

老包的儿子——拧种。

二郎爷的刀——两使着。

猪八戒摔耙子——不伺候（猴）啦。

猪八戒照镜子——自找难看。

武大郎的脚趾头——没有一个好东西。

哑巴吃饺子——肚里有数。

麻子不叫麻子——坑人。

麻子搓粉——莫斯科儿（抹死坑儿）。

罗锅子上山——钱（前）短。

死人要账——活该。

儿媳妇鼓肚子——装孙子。

公公背儿媳妇过河——费力不讨好。

土地爷掏耳朵眼——崴泥。

光屁股眼儿追贼——胆儿大不嫌寒碜。

光屁股眼儿推碾子——转着圈丢人。

脱裤子放屁——白费二道手。

被窝里放屁——吃独的。

拉屎攥拳头——暗使劲儿。

鼻子眼插大葱——装相（象）。

麻秸秆打狼——两头害怕。

粪叉子接饽饽——不是好东西。

尿憋子镶金边——嘴儿好。

初一吃饺子——没外人儿。

正月十五贴门神——晚了半月了。

腊月生日——动（冻）手动（冻）脚儿。

阴天打灯笼——赵（照）云。

外甥打灯笼——照舅（旧）。

卖不了秫秸——干戳着。

嗑瓜子儿磕出臭虫来——什么人（仁）都有。

管丈母娘叫大嫂子——没话找话儿。

铁公鸡——一毛不拔。

瘫子截道——别找我费事儿。

卖烧饼的不带干粮——吃货。

秃子脑袋上的虱子——明摆着的事儿。

爹打孩子娘心疼——瓠（护）子。

铁路警察——各管一段儿。

（三）顺口溜儿

北关村在长期的生产劳动之余，以自娱自乐形式编汇了很多顺口溜儿，互相传诵。这些顺口溜儿具有很强的时代特征和生活性，且多数带有一定的讽刺性。主要有：

三十亩地一头牛，老婆孩子热炕头。——新中国成立初期人们对生活的最高追求。

电灯电话，高楼大厦。——五六十年代人们想象中的共产主义生活。

白薯干儿，红高粱，鸡屁股蛋子是银行。——六七十年代反映村民的生活状况。

拾煤核儿，打青草，背着筐头满地跑。——六七十年代村里少儿的劳作情况。

哎呀我的天哪，棉鞋露脚丫呀，老师让我交学费呀，我说等两天哪。——六七十年代生活困难，学生无钱交学费。

队长累了转地边儿，会计累了翻账篇儿，保管员累了查粮库，社员累了闹袋烟儿。——对生产队时四种人的描述。

队长队长吃饱一躺，社员儿社员儿下地干活儿。——生产队时对两种人的描述。

一等人跑外交，洋车手表大提包；二等人在大队，干活儿累了多开会；三等人当队长，派完了活儿家里躺；四等人推机磨，阴天下雨屋里坐；五等人挎药包，闺女媳妇都让摸（mao）；六等人当会计，脑力劳动多休息；七等人赶大车，拉脚能补二毛多；八等人没有辙，一年两期上海河；九等人当社员，一天八分几毛钱；十等人是四类，淘粪扫街不喊累。——七十年代描述生产队的十等人。

一等人掌实权，一个电话就来钱；二等人是公仆，祖孙三代享清福；三等人大沿帽，吃了原告吃被告；四等人是工商，吃了老李吃老张；五等人是税务，要了集体要个户；六等人手术刀，要想看病掏红包；七等人干个体，辛苦赚钱为自己；八等人坐机关，一篇报纸看一天；九等人进工厂，月月发钱年终奖；十等人是农户，艰苦一年没收入。——九十年代描述社会上的十等人。

（四）民谣

本村民谣很多，世代传诵，大部分属于哄小孩儿的童谣。

1. 童谣：小耗子，上灯台，偷油儿吃，下不来，哭着嚷着叫奶奶。奶奶不在家，快去找大妈，大妈关上门，洗她的臭脚丫儿。小耗子吱溜跑了。

小小子儿，坐门墩，哭着喊着要媳妇儿。要媳妇儿干嘛呀？做鞋做袜，点灯儿说话，扇灯就伴儿。

小板凳儿，三条腿儿，我给奶奶嗑瓜子儿。奶奶嫌我嗑得脏，我给奶奶做碗汤；奶奶嫌我做得糨，我给奶奶烧上炕，奶奶嫌我烧得早，我给奶奶洗洗脚，奶奶嫌我洗得疼，我给奶奶拧三拧。

点，点，点牛眼，牛眼花，一根藤儿两个瓜儿，有钱的，买着吃，没钱的，去——了——他。

小闺女儿，拾棉花，一拾拾了个大甜瓜。爹咬一口，娘咬一口，一下咬了孩子的手。孩子孩子你别哭，赶明儿给你买个拨浪鼓，白日拿着玩儿，黑下打老虎。

小耗子，上谷穗儿，掉下来，摔没了气儿。大耗子哭，小耗子叫，一帮蛤蟆来吊孝，咕呱咕呱好热闹。

胖小子儿，睡懒觉，醒了哭着要赶庙。庙的日子二十三，你好说好道儿，等——两——天。

小喜鹊，叫喳喳，娶了媳妇忘了妈，妈妈骂我没良心，我说媳妇是我妈。

2. 抗日民谣：众乡亲，听我言：话说民国二十六年，那一年，喜峰口上冒狼烟，东洋鬼子穷散了架，看上我中华好河山。蒋政府，怂包蛋，一路败退到黄河边。打骨板，话当年，七月初，鬼子蹚水过河滩，一路不干人揍的事儿，杀人放火把女奸。鬼子头儿土肥原，叫孙子牛岛打北关。村西北，打炮欢，村民房屋烧红了天，百姓逃难四下了躲，眼看着有家不能还。鬼子进村抓丁抓鸡又抢粮，先杀村民人两个，后杀村民一十三。看着鬼子占家园，乡亲们心里似油煎，鬼子暴行永不忘，血海深仇记心间。白汉臣父子唤民众，还有党员车进先。万众一心打野狗，才能保家卫国不受难。

王嘉弟、王吉祥，贫苦农民卜长山，他们都是我们北关的好青年，民族遭难家不顾，攥着拳头把军参，冀中战场杀敌寇，立功喜报一个劲儿地往家传。大扫荡，四一年，鬼子实行"囚笼"计，膏药旗子挂满天。村民一心斗敌顽，唯我支书郑光前，抗粮抗丁巧周旋，刘司令率兵打县城，他领乡亲去支前。鬼子龟缩固安城，吓得不敢出四关。求解放，打江山，村里驻进七十五团，百姓乐得像过年，咱子弟兵，好吃好喝好待着，乡亲炕上喂伤员。保长催粮又派丁，挖壕断路咱支援，八路说他是"好党员"。兔子尾巴鬼子兵，过了今年没明年，军民关门打野狗，打得鬼子心胆寒，甭看你过去炸得欢，你爷爷今儿个跟你拉清单。天皇跪地举双手，在华的龟孙泪涟涟。八年抗战得胜利，还我民族好河山。

第四节　民间信仰

北关村有汉族、回族两个民族，宗教信仰各有不同。就汉民族而言，绝大多数人在史上都无有宗教派别。一般都以崇拜天、地、神为主，认为人生祸福由天、地、神所赐。旧时，北关村民祛病、求佛、纳财都要到村内邑历坛、社稷坛、药王庙、真武庙、老爷庙去烧香许愿。逢年过节，村民家中少不了要烧香上供，祈求"天官赐福""菩萨保佑"。

新中国建立后，随着社会科学思想的教育发展，以及人民生活水平日益提高，笃信天、地、神的思想和赐求的礼教方式已逐渐淡漠。但是在赐求福、禄、寿、财仍存在传统的信奉习俗，在对史上各时期出现传说人物和现实人物存在很深地崇拜思想。

一、信仰崇拜

（一）对神祇崇拜　村民和国内大多数居民一样，信仰中国福神。较为普遍的信仰之神是天官赐福和福禄寿三星。天官赐福：《梁帝旨要》有云："上之为天官赐福之辰；中之为地官赦罪之辰；下之为解厄之辰。"是说正月十五为上之天官诞辰，七月十五为中之地官诞辰，十月十五为下之水官诞辰。廿三，祭灶。廿四，送灶神。三十，接门神。迎灶王下界（接灶）诸神下界日。

（二）对国学的崇拜　村民对国学的崇拜，实际上是对中华六千年文化和古文明的崇拜。

固安县的学宫文庙十分有名，供奉儒家众多名人。村里人们常去膜拜。文庙供奉儒家名人85位：

至圣仙师：孔子。

四圣：颜回、曾参、子思、孟子。

十二哲：闵损、冉雍、端木赐、仲由、卜商、有若、冉耕、宰予、言偃、颛 zhuān 孙师、朱熹。

另有先贤 40 位，先儒 28 位。

其主要宗旨是三纲五常，讲究知识，侈谈鬼神，积极入世，建功立业，敢为天下先，提倡中庸与和谐，对国要忠，对家要孝，对朋友要义，乃是人生信条。

（三）对英雄的崇拜　对于古往今来的英雄人物，村民在世代传颂、启发后人方面都把历代英雄人物视为偶像。村民老小对英雄人物都满怀信仰和崇拜。人们口传心记，沿袭至今。如：三国人物刘、关、张、诸葛亮、赵云、黄忠等。

福禄寿三星，木星为发星，又称福星。《论语》曰："人有命，有禄，命者，富贵贫贱也，禄者，盛衰兴废也。"

另外，还有祈求"五福""三多"等吉祥内容。

五福：《书经·洪范》有云，"一曰寿，二曰富，三曰康宁，四曰修好德，五曰考终命。"也就是说，一是长命，二是富贵，三是健康，四是乐善好德，五是平和善终。

三多：华封人向尧帝献祝词："使圣人富，使圣人寿，使圣人多男子。"其意是三祝福，即祝多福、多寿、多男子。

福为诸事皆喜之总称。三月三，为蟠桃节。石榴因其多子，被视为象征子孙昌盛的吉祥果。佛手、桃、石榴三种果品在村民当中被崇拜为福果。松柏树、仙鹤、蝙蝠（燕蝙蝠）等以示为福寿之吉祥物。村民家中老人做寿过生日，要把馒头做成寿桃，尖上点红点，以示福寿延年。小孩儿满月、生日、本命年都用红布剪成桃的形状佩戴，以为祛病、健康、成长之象征。在建筑上、家具上都能见到祈求福禄寿的图腾文化。

村民崇拜的各路神祇：

1. 中华始祖神　女娲、伏羲、炎帝（神农氏）、黄帝，是人们信仰的中华始祖神。由于传统的对始祖神崇拜影响，在村民家庭方面，人们处于感恩、血脉的因素，对自己的祖先，对过世的先人，总是心存崇敬。每逢冥节都要虔诚的祭拜。对老人活要赡养，死要安葬，葬后要祭祀已成为不变的传统。

2. 爱神与婚姻神　牛郎织女、月下老人。

3. 生育神　送子观音、月下老人。

4. 福禄神　赐福天官。东汉时期张陵创立道教，死后，其子张衡继续传道，大力提倡"三官"信仰，"三官"即天官、地官、水官。福神杨成－阳城。福禄寿中之福神福禄寿三星或三仙，成为一体。从塑像和画像释义：中间的是赐福天官，手执如意；右为禄星，之外郎打扮，头上插戴富贵牡丹花，怀抱婴儿；寿星在左，即南极仙翁，广额白须，执杖捧桃，笑容可掬。这三星分别象征着幸福、福禄、长寿。禄神来自禄星，禄星确是一个星，文昌宫的第六星，为专掌司禄之禄星。禄星又被附合为张仙。一说是四川峨眉山的张远霄，专门消灾的张仙。一说是后蜀的皇帝孟昶—宋子张仙。禄神之所以受欢迎，是因为多数人企盼"加官进禄""福禄寿""官上加官""马上封侯""连升三级"。文曲星、文昌宫、文昌祠，文昌阁等。旧时县内均有，供奉主管人间功名利禄的文运之神——文昌帝君，即文昌星，俗称文曲星。魁星主管人间功名利禄的文运之神。除文昌星外，还有魁星，原本是五经之魁，简称"五魁"。其来源去是奎星崇拜，奎星即奎宿，又叫"天枢"，"封枢"，二十八宿之一，是西云白虎七宿的第一宿，奎星被古人附会为主管文运之神，后来将奎星改为"魁星"。

5. 寿神　南极仙翁。王母娘娘。王母娘娘与昆仑山不死之药的传说流传甚广。又有把王母娘娘说成泰山西王母，王母娘娘庙即独立成庙，又与天齐庙组成庙群。王母娘娘与王母仙桃密不可分，所以有寿桃之说。

彭祖，先秦道先驱之一，姓钱名铿，又叫彭铿，是颛顼之玄孙，大寿七百六十七岁，精湛于风水，养生之道，南有奉为寿星，厨师祖师爷之信仰。

6. 财神　村内家家信奉，家家崇拜。文财神：比干、还财公、财母。武财神：赵公明、关公。

7. 生活保护神　门神再早是神荼郁垒，后来是秦琼（叔宝）、尉迟恭。还有钟馗也是门神，钟馗，俗称大判。终南山举子，唐武德（618－

627），赴长安参加武举考试，因貌丑未中，恼羞成怒触殿阶而死。后唐玄宗偶患脾病，遍请名医，救治无效，夜梦小鬼宫中盗宝，急令捉拿，见一位相貌魁梧武士，捉住小鬼，夸目而食，玄宗问何人？来人答："落第进士钟馗。"玄宗醒后病愈。遂请画师作馗像挂宫门驱鬼，后效挂钟馗像于门上驱邪赶鬼。

8. 灶神　灶神又称灶君，灶王、灶王爷，灶君菩萨。最早的灶神是红衣女。汉代以后灶神《淮南子》说"皇帝作灶，死为灶神"，又说"炎帝于火，死而为灶"。《五经异议》说："炎正融为灶神"。以后，最广泛的说法是，灶王为张单，跟玉皇大帝有亲缘关系。郑玄（公元127～200年），东汉末年，儒家学者，经学大师说"小神居人之间，司查小过，作谴告者尔"，《敬灶全书·真君劝善文》说："灶君乃东尉司令，受一家香火，得一家康泰，察一家善恶，奏一家功过，每逢庚申日，上奏玉帝，善恶簿呈殿，终月则算，功多者，三年之后，仕降福寿；过多者，三年之后，仕降之灾殃。"每逢农历八月初三灶王诞辰，茶厨行都要到灶君庙来祭祖祭神，称为"灶君会"。腊月二十三为灶王上天朝拜。之日，家家户户摆糖瓜祭灶，说是用糖瓜堵住灶王爷的嘴，把灶王爷的像取下来，烧掉——叫作"申"，边烧边默默祷告"灶王爷，灶王奶奶，上天言好事，好语多说，不好话少说"。直到腊月三十，贴春联时，再把新灶君像贴在原处，旁边贴上一副对联："上天言好事，回宫降吉祥"。

9. 药王神　最著名的药王除神农外，还有伏羲、黄帝、扁鹊、华佗、孙思邈、邳彤、三韦氏、张仲景、保生大帝、眠光娘娘等。在固安县域内多供奉孙刘二祖和十大名医。北关原药王庙供奉的药王神为韦慈藏。

10. 生产保护神　马神，又称马王、马祖、马明王、马王爷、水草马明王等。原于房星（天驷）又说是汉武帝时的大臣金日磾，本是匈奴太子，后归顺汉朝，任马监，后升迁侍中驸马都尉光禄大夫，后人把他奉为马神。还有一种说法，说殷郊是马王，他是《封神演义》中的人物。

马王神像红面多须，武将打扮，凶猛威武，长有四臂，手执刀枪剑锤，身披铠甲，长有三目。马神像两边贴有对联：

蹿山跳涧，如履平地。

追风赶月，日行万里。

或者是：上山擒猛虎，下海斗蛟龙。

11. 茶神　茶是由荼演变而来，故而陆羽成了茶神，陆羽（公元733—804）字鸿渐，复州竟陵（今湖北天门）人，一名疾，号竟陵子，桑苎翁，东冈子，又号"茶山御史"。是唐代著名茶学家，被誉为"茶仙"，尊为"茶圣"，祀为"茶神"。一生嗜茶，精于茶道，以著世界第一部茶叶专著——《茶经》而闻名于世。

元稹有一首宝塔诗：

茶

茶。

香叶，嫩芽。

慕诗客，爱僧家。

碾雕白玉，罗织红纱。

铫煎黄蕊色，宛转曲尘花。

夜后邀陪明月，晨前命对朝霞。

洗尽古今人不倦，将知醉后岂堪夸。

12. 行业神　造字神仓颉。仓颉，原姓侯冈，名颉，俗称仓颉先师，又史皇氏。《说文解字》记载仓颉是黄帝时期的造字左史官，观鸟兽的足迹受启发，分类别异，加以搜集，整理和使用，在汉字创造过程中起了重要作用，被誉为"造字圣人"。是道教中文字之神。

工匠祖师鲁班。鲁班（公元前507－前444年），姬姓，公输氏，名班，人称公输盘、公输般，班输，尊称公输子，又称鲁盘或者鲁般，惯称"鲁班"。春秋时期鲁国人（今山东曲阜）。出身世代工匠家庭，木工工具多为其发明创造，如：锯、钻、刨子、铲子、曲尺、线斗等。后人尊他为土木工匠的始祖巧圣先师。

13. 梨园神　唐明皇李隆基，又称老郎神。俗语"比老郎神多三出戏"。

14. 土神　色为五土，是万物生存之根源，养万物生存之本。

15. 谷神　类分五谷，是人类生存之根本。

史上北关人崇敬五土之神、五谷之神，每逢坛祭和平日，必到村西社稷坛烧香磕头，以求降福。

人们为便于对俗神的崇拜，把俗神的诞辰记载下来，并流传至今。

正月初五，财神诞辰。

三月初三，王母娘娘诞辰。

三月十五，赵公元帅诞辰。

四月二十八（也有五月初五）药王诞辰。（北关药王庙，庙祭日为四月二十八，同时为药王庙庙会日）。

五月初七，巧圣先师鲁班诞辰。

六月十六，马神诞辰。

六月廿四，分龙兵的日子。

七月初七，织女诞辰、魁星诞辰、五福菩萨诞辰。

九月初九，中坛圣母诞辰、中坛元帅诞辰、火神爷诞辰。

九月十五，女娲娘娘诞辰。

十月十二，齐天大圣诞辰。

十一月初七，八蜡神诞辰。

与俗神相关的民俗节日：

正月初一，接神，放爆竹，以避山臊恶鬼。迎喜神（出门走喜神方，祭五圣菩萨（初一、十五）。

初二，祭财神。

初三，祭天地神。

初五，接财神（迎五路财神，黄帝）。

初八，祭拜"顺星"（本命星）。拜仙姑（初八，十九，廿八，共三天）看参星日。

初九，迎九娘神。

十三，祭虫王刘猛将军。

十四，迎紫姑（厕神）（也有在正月十三或十五的）。

十五，灯节，拜喜神日。

十九，燕九节。

二月初一，中和节，祭太阳星君。

初二，花神会。

十五，三都庙会。

三月初三，蟠桃会，祭王母娘娘。

三月十五，嫘祖会。

四月二十八，药王会。

五月初五，端阳节（端午节），挂钟馗像的驱鬼祟。

五月十五，瘟神会。（又作四月十一，六月二十五）。

六月初六，虫王节。

六月十六，鲁班节。

七月初七，乞巧节，祭牛郎织女星。七娘会。拜魁星。

七月十四，祀檐神（防小儿疾）。

七月十五，麻姑节、中元节。

八月初三，华佗会、灶君会。

八月十五，中秋节，拜月神娘娘。

九月初一，拜北斗（初一至初九）。

十月十五，祀陈十四娘娘。

十二月初一，跳灶王。

十二月十七，祭窑神。

廿三，祭灶。

廿四，送灶神。

三十，迎灶王下界（接灶）。诸神下界日。

（四）对古代英雄的信仰　马超，特别是义薄云天的武圣关老爷，更是家喻户晓，有口皆碑。村人世代尊崇关老爷，为其立庙并数次重修，专事供奉，保佑村人。现在庙像已毁，但人们对庙址的回忆，对庙会的追思，对关老爷大德大义至今留在村人心间。春秋战国时代的孙武、孙膑、伍子胥，以及著名的四君子：齐国的孟尝君，楚国春申君，魏国的信陵君，赵国的平原君。村里先后7家大车店，人们记住当年的大车店对联，不正是"孟尝君子店，千里客来投"吗？左伯桃、杨觉哀的义气深重。俞伯牙、钟子期的知音难觅。重耳的功臣介子推的忠贞耿直。楚国的屈原不正是爱国主义的典范吗？《封神榜》中姜子牙，汉朝的张良，都被人们看成是智慧的化身。"初汉三杰"萧何、张良、韩信其崇拜直到今日。清代，出生在河北献县的英雄窦尔敦（1683－1717年）侠肝义胆，除暴安良，最后在固安县公主府"四海楼"赴宴，被清军抓捕，杀害。人们至今传颂他的英雄事迹，崇拜他的爱憎分明革命精神。

还有村内一直对历代的忠臣，能臣，名臣，如：包公，寇准，狄仁杰等等都一直崇拜，传颂他们的生平事迹。

（五）时代信仰　现代和当代，共产党人深入人心，毛（泽东）、刘（少奇）、周（恩来）朱（德）、陈（云）、林（彪）、邓（小平），十大元帅，十大将，五十七上将，还有更多的开国将军，人们一直用爱戴和崇敬之情来对待，还有胡锦涛、朱镕基、习近平、王岐山等当代领袖，也同样被人们崇敬。

共产党人英雄人物，江姐、林祥谦、李大钊、毛泽民、马本斋、焦裕禄、王进喜等。

时代英雄人物，董存瑞、黄继光、刘胡兰、雷锋、王杰都成为人们心中不朽的形象。同时，人们对著名数学家华罗庚，中国导弹之父钱学森都十分爱戴崇敬。

二、宗教信仰

据调查资料和村内老人回忆，北关史上至今，主要信仰道教、佛教、伊斯兰教。道教、佛教在新中国成立前，在信奉环境，人数上是鼎盛时期。新中国成立后，随着庙宇的拆毁和政府的科学、政治教育，信奉人数逐年减少，直至近乎消失。伊斯兰教一直为村内回民家庭的信仰，世世代代延续至今。

（一）道教　道教，主要信仰的是"道"。道教推崇老子（李耳）为教主，尊称为太上老君，道教主要经典称"道藏"，是在明朝以前由历代帝王主持，道士们日积月累汇集而成，"道藏"包括道家书、方书、道经、史记四大部分。道教的内部职级分为：方丈、监院、高功、典座、库房、知客、书记等。规模小的庙只有一个人，叫监院或叫住持，俗称当家人。

道教的节日，祭礼较多，主要以神仙诞辰及祝厘，接驾，祭星和展墓等。初一，十五，四月二十八等为节日。另有，正月初九为玉皇大帝圣诞节；正月十九燕九节为邱长春真人圣诞；二月初六为东华帝君诞辰；二月十五为老君圣诞节；三月三蟠桃会为西王母娘娘诞辰；三月十五为张天师圣诞；四月十四为吕祖（洞宾）诞辰；六月二十四为关帝君诞辰；九月十七为财神圣诞辰；十月初三为茅真君圣诞；十一月冬至日为元始天尊圣诞；十二月二十二为王重阳祖师圣诞。这些节日，祭礼有的在庙内道人演礼庆祝，有的则对外开放，俗称宗教节日或叫庙会。北关的药王庙，属于道教，始建年代应为明万历年间，庙内供奉药王韦慈藏。时香火正旺，村内人对药王十分虔诚，平常和节日庙会药王庙是北关人相对集中的活动场所。据已故老人孙启福对后人叙说，清朝末年，十里八乡闹"义和拳"（义和团），村里青壮年都入义和团，有专人教习刀枪棍棒，能刀枪不入，专打洋人。拳坛设在药王庙。药王庙主要是人们供奉药王，宣传道教的地方。同时也成了尊师重教的场所。据县史载清康熙五十四年（1715）年，清廷令直隶村庄设立义学，延师教读。是年，县建义学五所，分设北关、柳泉、牛驼、马庄、知子营。时义学即设在大庙，据中国计量科学院原院长赵克功回忆，当年上学就在村里药王庙。

药王庙在香火正旺时，曾有数名住庙各类专职道士。新中国成立后，道士陆续还俗成家。由村民邢进福，张玉萍夫妇看守。吃住在大庙，但不属于庙内道士。属于负责官产看护。1951年大庙拆除，砖瓦木料用于建北关小学。药王庙仅剩下一座重修药王庙石碑。"文革"时期，石碑也被推倒，后修京开公路被埋入路基下。后人们出于对药王庙的怀念，一直管看庙的张玉萍老人叫老道奶奶。相传北关在道教信奉鼎盛的明末年间。建有真武庙，庙内供奉真武大帝。披发跣足，端坐堂上，左右为金童玉女。真武大帝又称玄天上帝。为盘古之子，中华祖龙，生炎、黄二帝。曾降世为伏羲又从师于如来佛。为道教中赫赫有名的玉京尊师，道教中称为真武帝君。民间称满魔天尊报恩天师，开天大帝，开天炎祖帝，祖师爷，元武神，上帝等。北关真武庙毁于何时无从考证。

（二）佛教　佛教是世界三大宗教之一。中国佛教是在西汉末年，东汉初年传入我国的。由于传入时间、途径、地区和民族文化、社会历史背景的不同，中国佛教分为三大系：即汉地佛教（汉族系），藏传佛教（藏语系）和云南地区上座部佛教（巴利语系）。佛教的创始人是古印度迦毗罗国（今尼泊尔境内）的王子乔达摩·悉达多（即释迦牟尼）。佛教的经典总称为经，律，论藏。经藏是佛教经典著作，即释迦牟尼的说教集；律藏是佛教规享戒律；论藏是佛教经典的著作论述，注解和对教义的解说。

对佛教信徒的称谓，在中国称男信徒为和尚，称女信徒为尼姑。总称谓有四众弟子和七众弟子之分。四众弟子为比丘，比丘尼，优婆塞，优婆夷。七众弟子是在四众弟子称谓基础上，加上式叉摩那（学戒女）、沙弥、沙弥尼。此外，还有其他称谓。如对通晓佛法善讲解，修行传法的僧人称法师。对德高望重的僧人，或者住持称长老。对未剃发出家的信徒称行者。对寺庙中最高负责人称方丈，总管称监院。

佛教节日较多，其中重大节日四个：佛诞节，也称浴佛节。佛道节亦称腊八节。佛涅槃日，即释迦牟尼逝世的日子，盂兰盆节，俗称鬼节。

佛教思想的核心内容，便是戒、定、慧。由戒生定，由定发慧。鸟巢禅师把这三个字通俗易懂的表达成十六个字，即：诸恶莫作，众善奉行，自净其意，是诸佛教。

北关人崇拜佛教，在史上曾有人为求平安，命运，纳福，到周边寺庙求签向佛。但从未有削发出家之人。平时都是以多行善事，积德好义为基本追崇。

当代村人对佛教方面的历史及教义知之甚少。但对如来佛、弥勒佛、唐玄奘的普度众生，善行天下，独有崇拜。对传说中唐僧师徒四人西天取经的故事人人皆知。

第十四章 RENWU

14 人 物

北关村人古今习文尚武，敬业爱国，人才济济。从明清至现代涌现出了一大批文武官员、科学泰斗、能工巧匠，为社会的发展和进步做出了重大贡献，为北关村创造了丰厚的历史文化。本章以人物传记、人物简介、可考职官表的形式，收录了北关籍历史人物和现代人物共 55 人。按人物的出生顺序排列记述。

第一节　人物传记

卜兆麟（生卒年不详）　字麒生，明末清初顺天府固安北关人。明崇祯十六年（1643）考中癸未科三甲进士。清朝建立后，于清世祖顺治二年（1645）授直隶获鹿县知县，获准荫及一侄入国子监读书。后经保举推荐，入京为官，授兵部主事，历升员外郎、太仆寺少卿（从四品上）。顺治十年（1653），因受任珍牵连，连降三级，调外地任用，补广东市舶提举司提举，后升任山东莱州府同知。其墓在固安县城南五里。

其祖父卜进义，字近楼，天性乐善，度量过人，慷慨好施，为固安开明绅士。

其父卜宋儒，为本县秀才，以子为贵，诰赠奉政大夫，兵部职方清吏司郎中。其母王氏，诰赠宜人。

卜景超（生卒年不详）　字其旋，卜兆麟长子，清代顺天府固安北关人。清圣祖康熙十一年（1672）考中壬子科举人。康熙十八年（1679）中已未科三甲进士，任四川安县知县。后历任江南司主事、户部云南司员外郎、礼部主客司郎中、提督贵州学政。又晋升为奉政大夫，后补云南永昌道参议。遗著有北关《重建关王庙戏楼碑记》（顺治十六年）。

卜峻超（生卒年不详） 字仲升，卜兆麟次子，清代顺天府固安北关人。清圣祖康熙十七年（1678）中戊午科举人。康熙二十一年（1682）中壬戌科三甲进士，考授中书。历任内阁典籍。户部浙江司主事、四川员外郎。后晋升为奉直大夫，授江西道御史，又专任协理江南道御史等职。

卜大川（生卒年不详） 卜兆麟之孙，清代顺天府固安北关人。进士出身，清世祖雍正十年（1732）中壬子科举人。清高宗乾隆元年（1736）中丙辰科二甲进士，与郑燮、胡中藻、全祖望等同年。曾任大名府学教授。其遗著留有《如意》诗一首。

如　意

摩挲须问意何如，到手元凭自展舒。
敲击不烦斜在抱，指挥无定半笼祛。
欢游易酒寻灯后，叹笑窥鸡柱颊余。
事与心违常八九，头衔虽美却成虚。

高际可（生卒年不详） 字会侯，清代顺天府固安北关人。清代秀才。清仁宗嘉庆八年（1803）畿辅戒严，知县何公召际可办理防堵事。清宣宗十年（1830）劝捐义仓谷石，绅民皆信其公正，乐于输将。嘉庆年间直隶总督府奏议那文毅（字彦成）曾赠其"睦义勤公"匾额。子然熙、孙承恩、承惠、承宪，俱为邑庠诸生。孝友一门，为邑人所推重。

高德山（1898－1982） 男，出生于贫苦农民家庭，全家无房无地，长年靠父亲扛长活、打短工维持生活。1906 年，年仅 9 岁就外出当童工做零活。1908 年在县城饭铺学徒打烧饼，先后在 4 家饭铺从事"白案"行当，主打烧饼，一直干到 1943 年。47 岁时与本村石文玉合伙开办了烧饼铺，主营烧饼和炸货小吃。由于数十年的熟练技艺，他做的烧饼得到县城"四关四街"及周边群众的高度评价，成为当时的名特小吃。

他思想进步，为人诚恳，热心村文化娱乐活动，早年多次参加村吵子会、龙灯会的组织建设和排演活动。1951年，他与董振生一起，带头组建了北关业余评剧团，并同时担任团长，排演了《刘巧儿》《柳树井》《小二黑结婚》等剧目，宣传国家《婚姻法》和党的农村政策。当年评剧团参加全县文艺汇演，获得表演剧目优秀奖。后参加保定专区文艺汇演比赛，获得表演二等奖。

1953年，国家对工商业实行改造，他积极相应国家号召，带头参加公私合营，继续从事餐饮工作。1955年辞职回村参加农业生产。此时正值农业合作化时期，他被选为初级社（先锋社）社长。

他在发展北关合作化建设、传承民间餐饮技艺、发展北关村文化艺术等方面作出了重大贡献。1982年因病逝世，享年84岁。

何树仁（1905－1969）　男，出身于贫苦农民家庭，中共党员。1916年，他的祖母、父亲相继去世，家庭连遭不幸，年幼的他过早承担起家庭的重担，长年以扛长活、打短工、当轿夫维持全家人的生活。

1949年3月，他加入了中国共产党，积极带领群众开展土地改革运动。1950年抗美援朝期间，他送子参加中国人民志愿军，还带头捐款捐物，支援前线战斗。1951年2月，其长子何庆余（何善章）在朝鲜战场牺牲，他化悲痛为力量，继续带领村民开展备耕春种工作，受到县、乡的表彰。

1953年，北关村建立了新中国成立后的第一个党支部，他被选为第一任党支部书记，在互助组、合作化运动中，带领全村组建了8个互助组。1954年全村组建了2个初级社，他还担任了其中"民强社"社长。任职期间，他身体力行，率先垂范，克己奉公，始终把党和群众的利益放在第一位。

1969年4月，因病去世，享年64岁。

董振生（1906－1983）　男，群众，出身于贫苦农民家庭。15岁时父亲因病去世，弟弟尚在幼年，他成为家庭的顶梁柱，长年靠种地、打短工、经办杠房维持生活。29 岁时母亲去世，生活陷入极度贫困，只好靠出卖土地安葬老人。他从小勤劳耿直，乐善好施，在长期经营杠房行业中，善对轿工、杠工，与他们同甘共苦。对殡葬用杠的农户都是视情收费，遇到困难农户，有的还不收费，只和杠工们一起吃顿便饭。他思想进步，通情达理，乐于村内公共活动。他 20 岁时就参加了重组村内吵子会、龙灯会活动。1951 年，与村民高德山带头组建北关村业余评剧团，并同时任团长，先后排练演出评剧《刘巧儿》《小二黑结婚》《柳树井》等剧目，宣传党在新中国成立初期的方针政策，宣传《婚姻法》。

1953 年，他带头动员村民组织农业生产互助组。1954 年后，与村内党员何树仁组建初级社（民强社）并担任社长。他为北关村公共事业、文化事业、农业生产组织建设作出了重要贡献。

1983 年因病去世，享年 77 岁。

赵云清（1907－1990）　　男，出生在贫苦农民家庭，为求生计，父亲带着全家由保定赵家庄一路讨饭到固安县北关村落户，生活贫困。在他 5 岁时母亲去世，12 岁时父亲去世，后随长兄赵云峰一家生活，靠给人打小工、打骆驼草为生。后来全家开始了蒸馒头、手工抻挂面的小生意，到集市上叫卖。经过近 20 年积累，买了制作挂面的手工轧面机。后与他人合伙开办了北关村"二合义"挂面铺，兼营油盐酱醋销售，成为北关村较早的个体经营者。

赵云清因家境贫困，父母无力供他上学，但他从小聪明好学。在长期的艰苦劳动中，他靠自学和请教别人读书识字，不会写的，他就编上类似象形字的符号，自己编写的字他都能记清，而且能反复多次应用。加工制作挂面，进货卖货需要记账算账，他都能口算脑记，加减乘除运算十分准确，很少出现差错。他具有普通农民老实、淳朴和忠诚的性格，在长期的待人接物上、买卖交易中，无论与谁共事，他都会站在自己的立场上考虑怎样与别人处事，总是先考虑对方的感受和利益。在 20 世纪 50 年代末、60 年代初全国性的三年困难时期，在每年青黄不接的时候，北关村和周边村街要有百分之六七十的人家吃了上顿没下顿。每逢有人向他家借粮时，他总是把家中的粮食拿出来，你一半，我一半，再有人来借时，他还是你一半，我一半。最后家里也落个无米下锅，只好忍饥挨饿。

赵云清是一个极普通的劳动者，他为人忠厚老实，十里八乡公认的好人、善人。他勤奋坚强，再难做的事、再重的活计，他都会用尽全力，尽自己最大的能力勇敢去做。新中国成立后，北关村成立了小卖部，他成了小卖部唯一的售货员。为了增加销售收入，他推着载货一千多斤的小推车到周边的柏村、东位村、大孙郭、小孙郭等村下乡卖油盐酱醋等日用品。一路上，土路、沙路十分难走，但为了生意，为了群众所需，无论三伏酷暑、数九寒冬，他总是长年坚持，受到周边村街广大群众的爱戴和赞扬，他的工作态度和精神受到各级政府的肯定和表扬。

1952年3月18日，固安县第二届人民代表大会第一次会议召开，赵云清当选为固安县人大代表。

1990年6月6日，赵云清因病去世，享年84岁。

高建忠（1911－1992）　　男，汉族，大学肄业。1922年小学毕业，1924年考入北京燕冀中学（早年称畿辅学堂），1927年毕业，1929年考入北京清华大学，学习国文专业，因家境贫寒失学。1933年受聘于固安县惠文中学，任教员。其间自学中医理论知识，并开始应用于临床实践。1941年加入国民党军某部任卫生员。他勤奋学习，医疗救护水平不断提高，不久被提升为军医（少尉军衔）。1945年抗战胜利后，退伍回村开设私营中医诊所。新中国成立后，他积极参加政府卫生行业体制改革，以入股形式加入联合诊所（今固安镇医院），1965年调柏村卫生所工作。

1982年，因年老多病退休。退休后他继续为村民和周边群众开方治病。他精通农村常见病的防治，尤其对当时伤寒、霍乱的治疗有独到之处，对霍乱病的流行采用中药施治，在医界作出了很大贡献。他先后多次受到县、乡医疗机构的表彰和奖励，被群众称为"德医双馨"的老中医。

陈继明（1915 – 1991）　男，新中国成立初期与师弟徐良在国家机关食堂任厨师，后辞职回乡。1953年参加固安县商业饮食工作，先后在县国营食堂、饭店任厨师、经理。1956年加入工会组织。

1956年后，多次参加县、地区厨艺比赛，获得优异成绩，先后23次被系统和工会组织评为一级厨师和商业系统先进工作者。1965年被评定为特级厨师。在任厨师期间，他工作勤奋认真，对厨艺精益求精，大力提倡科学养生饮食，反对使用各种增加味、色的食品添加剂，保证食品的原汁原味，受到业内同行和就餐者的赞扬。他先后带徒18名，这些徒弟从事饮食工作的均成为一级以上的厨师，有的成为高级厨师，有的走上了行政领导岗位。

1979年8月，他因年老多病离职退休，后由于工作需要，所在系统再次聘请他担任厨艺指导。他走遍全系统各饮食商铺，言传身教，受到上级领导和职工的高度赞扬。

1991年，他积劳成疾因病逝世，享年76岁。

王志同（1916 – 1987）　男，1924年读私塾3年。1932年到天津拜师学习瓦工，得到了师傅的真传，掌握了瓦工技术。1935年学徒期满后，因家庭生活困难，回村务农。1942年，任北关村小学教员，主教国文和毛笔字，当时的校址在村子的药王庙内。1948年，因战乱辞职，回家从事瓦工行业。

新中国成立后，1951年4月，率本村瓦工参加了永定河北村泄洪大闸的水利建设工程，担任工程技术指导。在施工中，他认真负责，严把工程质量。大闸建成后，受到县领导和水利管理部门的好评。此后，又承揽了县委大院、县公安局、县商业局、服务公司、公主府砖厂等单位的建筑设计和施工。

1983年改革开放后，他率先带领本村同行，吸收村民组建了40多人具有集体性质的农村土建工程承包队，先后承建了北京海军后勤部机关大院、北京化工厂、北京大兴榆垡中学、丰台区居民住宅等基建工程项目，以及本县石油公司加油站、县药材公司、军队离退休干部管理所、石油公司家属院等多项工程。每一项工程，他都精益求精，坚持高质量，得到县技术监督部门的认可，被主管部门评为优质建筑工程。长期的基建工作，使他积劳成疾，1987 年病故，享年 71 岁。

陈宝勋（1917－2008） 男，北关村中医。民国二十一年（1932 年）在北京同仁堂学徒，期满后回村随父陈子元（清末中医，一直在北京从业）在北关开设"普春堂"中医药铺，边看病边学习医学论著，其中对《岐黄之术》《景岳全书》《医宗金鉴》等古代医学论著有较深的理解，并将所学知识运用于临床，取得较好的医疗效果。陈氏中医以医治妇科病见长，精于伤寒、霍乱等流行病治疗，尤其利用中医技艺辨证施治具有较高水平，治愈了数例疑难杂症，深受县内外群众的信赖。1958 年，被霸县政府选派到河北省石家庄中医学校深造。由于有较深的中医理论和临床基础，以优异成绩毕业，并留校任教。1962 年，因其父年老多病和家庭生活困难等原因辞职回村，继续开办家传中医诊所。陈宝勋毕生酷爱中医，精于辨证施治，被誉为"德艺双馨"的老中医。在他晚年，仍不顾年老体弱，坚持热心为村民看病开方。2008 年因病去世，享年 91 岁。

杨蕴华（1918－2005） 男，1925 年在固安县城高级小学就读。1930 年，从师张介臣学习中医医术，并在县城内开办诊疗所，从医 8 年。1937 年，日本侵略者攻占固安县城，无奈弃医逃难，先后在沈阳、北京、张家口改行做票务员、经销员。1945 年，抗日战争胜利后回原籍继续从事中医医疗行业。1949 年新中国成立后，在北关村开设诊疗所兼"药房"（司药）。1952 年，按照县卫生科要求，北关卫生所迁往本县东位村，夫妻二人同时到东位村从事医疗行业。1956 年，调回固安乡联诊所（今固安镇医院）工作。

他在工作中，勤奋学习，勇于实践，精益求精，精通农村常见病的防治，尤其在当时农村伤寒、霍乱等流行病防治上，采用中医药施治有独到之处。同时在儿科常见病方面，采取中西医结合的方法，开创了一套科学有效的防治方法，得到上级医疗部门的肯定。1957 年，杨蕴华获得固安县"卫生模范"称号。2005 年因病去世，享年 88 岁。

陈泽民（1925－2012）　男，初中文化。少年时期以种地做小买卖为生。新中国成立初期参加村民兵队，1956 年参加村务工作，任同年成立的城关小区北关村中队长，1957 年改任大队长。其间他带领村民参加合作化运动，成立了两个初级社（民强社、先锋社）。1958 年人民公社成立后，为改变北关村沙荒盐碱地低产薄收，村民长年吃不饱的贫困状况，在城关公社率先开展大面积种植水稻。为保障水稻灌溉，他带领村民不顾严寒，开挖了北关村水柜（库）水利工程，使水稻生产获得大丰收，平均亩产500 多斤，有的地块亩产达到 800 斤。北关村治碱、造田的成功，以及种植水稻的先进方法，在固安县北部地区得到推广，受到天津专署、固安县政府的表彰。

1963 年，他被县水利部门抽调到永定河河防所工作，长期担任防洪抗旱专业技术员。

2012 年病逝，享年 87 岁。

董永利（1931－2009）　男，汉族，中共党员，小学文化。他出生在贫苦农民家庭。新中国成立前，全家靠种地和开办"杠房"维持生活。受父亲影响，从小勤劳好学，小学只读了 2 年，就辍学帮助家里劳动。1945 年抗日战争胜利后，参加了村儿童团。1949年新中国成立后，参加村民兵组织，在村农会领导下开展土地改革运动。1954 年加入中国共产党，1961 年任村党支部书记。1962 年任第三生产队队长，1976 年再次当选为村党支部书记。1978 年任村管委会、村委会主任。任职期间，他带领村民艰苦创业，科学种田，带头参加生产劳动，还在田间地头宣传党的各项农村政策，鼓励村民通过勤劳苦干，摘掉贫困帽子，共走富裕路。

1983年，北关村实行家庭联产承包责任制后，他和党支部书记高清林共同制定全村农业、工商业发展规划，全村在推广科学种田、多种种植的同时，大力发展农村二、三产业。还紧紧依托临近刘园市场和县城商品批发市场的区位优势，积极开展建筑、运输、商业、副食品加工等多种经营，使北关村提前进入全县小康村建设的先进行列。在抓好物质文明建设的同时，他还倾心抓好精神文明建设，在村里开展了"五好家庭""好媳妇""好妯娌"和"十星级文明户"的评选活动，全村讲文明、树新风，好人好事层出不穷。

晚年时，他还不顾自己年老多病，经常利用晚上休息时间，调解村民家庭矛盾，邻里纠纷，深受村民的尊敬和爱戴。他为北关村经济发展和精神文明建设作出了重大的贡献。2009年，由于积劳成疾，因病医治无效去世，享年78岁。

王群来（1933－1997） 男，中共党员。15岁随父王英才学徒从事木工行业，后随父在北京大兴县榆垡镇开办"大车铺"（"大车"是二十世纪农村主要的交通和运输工具，主要由木料加工而成），以加工大车、农具为主业，兼作门窗加工、房屋建筑等。1953年，由政府选派，和村民一起参加北京官厅水库水利工程建设，担任木工项目施工技术员。由于工作积极，勤劳肯干，受到水利工程部门的表彰。1960年赴内蒙古包头市参加国家包头钢铁厂建筑工程，多次受到包钢建厂指挥部的表扬。

1961年秋，因家庭生活困难，辞职回村务农。1965年加入中国共产党，同年被选为贫协主席，次年当选为村治保主任。其间继续从事木工行业。

1985年起，先后承担县委、县政府、县民政局、县公安局、县军休所等单位的房屋建筑、门窗维修等工作，他干一行爱一行，深受用工单位的赞扬。他还参加了城关建筑队，随队承包了多项工程，所负责的木工项目多被评为优质工程。

他对木工行业精益求精，待人真诚热情，先后在县内带出了高技艺的徒弟，为北关村政权建设和县内机关单位的土木建设作出了重要贡献。1997年因病去世，享年64岁。

项友义（1936－1985） 男，小学文化，中共党员。出生于贫苦农民家庭，全家人靠父亲当长工、打短工、打砖坯维持生活。小学两年后弃学务农。

1956年合作化运动中，任城关小乡南关大队大队长，同年任北关（北关为中队）党支部书记。1963年参加城关小乡、城关片区工作，任片长。1968年，任北关大队民兵连长。1971年，参加县工商管理局工作，多次获得县政府和所在单位的表彰。

项友义为城关公社、北关村的合作化运动、党的建设、经济建设、民兵组织建设作出了重大贡献。因积劳成疾英年早逝，年仅49岁。

徐永兴（1937－1997） 男，小学文化，中共党员，出身贫苦农民家庭。全家靠做小买卖和父亲打短工、做轿工维持生活。1952年参加中国人民志愿军赴朝作战，历任战士、班长，先后参加了一、二、三次战役。因作战英勇，荣立战功1次。1955年奉命执行朝鲜民主人民共和国战后重建任务，因表现突出，荣立战功1次。1958年复员回乡。1959年选调进入国家天津碱厂工作。

1962年三年困难时期，按照国家政策下放回村，担任民兵连长。1964年任村党支部书记。他为保卫国家安宁，支援朝鲜人民的正义战争、朝鲜战后重建以及全村党务工作作出了重大贡献。1997年因病去世，享年61岁。

王洪义（1941－2008） 男，汉族，退休干部。1962 年河北永清师范中师毕业。先后任小学、中学教师。1984 年毕业于廊坊教育学院汉语文学大专进修班。1984 年初调入县司法局，任律师。1988 年调县政法委工作。

王洪义在做好本职工作之余，致力于书法、国画的研修和民间文学的搜集整理，曾多次参加国际国内书画交流展览活动并获奖。他创作的书画作品被收入《20 世纪国际现代美术精品荟萃》《中日书法汇观》《中国改革二十年书法作品精选》等十余部大型书画集和两部百米书画长卷。他的名录小传，收入《世界华人书画篆刻家大辞典》等书。他收集整理的民间故事语言简洁，内容生动活泼，具有很高的价值。《固安民间故事卷》一书收录了他的大部分作品。2008 年因病去世，享年 68 岁。

第二节　人物简介

曹永兴 男，汉族，1922 年出生。1948 年参加中国人民解放军，编入第 48 军 142 师 426 团 2 营 5 连任战士。

1951 年参加抗美援朝，编入军直属炮兵营，先后参加一、二、三次战役，在参加元山、西方山、徒留山战斗中，所在部队击落美国军机 4 架，因作战英勇，荣立战功 1 次。在艰苦的行军作战中，他积极配合连队开展阵地动员工作，带领连队官兵学唱革命歌曲，鼓舞了大家的士气，他坚强的斗志和不怕牺牲的精神，多次受到连、营嘉奖。

1953 年退伍后回村务农，曾担任生产队长、保管员、村民代表等。晚年他经常为年轻人讲述战争年代的光荣传统，鼓励年轻人爱党爱国，成为村里热爱党、热爱国家、热爱生活的好榜样。

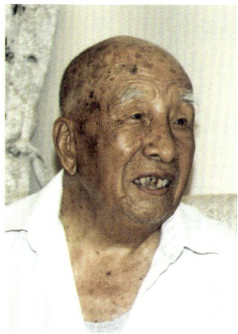

焦 伟 男，汉族，1927 年出生，1935 年读小学。1947 年参加中国人民解放军，编入第 48 军 142 师 426 团。1948 年随部队南下作战，因作战英勇，表现突出，荣立大功 1 次。

1950 年冬，被编入战防炮独立营，任计算兵，随部队赴沈阳北大营，备战参加抗美援朝。1951 年参加抗美援朝入朝作战，被编入宋时轮第 9 兵团，后奉命调第三野战军直属高炮营任计算兵。其间参加了一、二、三次战役。在参加元山、西方山、徒留山进攻战斗中荣立战功 1 次。在开赴开城北平康、铁元一代，担负防御作战中，荣立战功 2 次。

焦伟在多年的战斗生涯中，转战南北，不怕流血牺牲，为打败国民党反动派，建立新中国，为支援朝鲜人民的正义战争，保家卫国作出了重大贡献。

王景华 男，1931 年出生，小学毕业。1949 年新中国成立后，为配合宣传《婚姻法》，带头捐助并参加了村里的评剧团，担任编剧、演员。在评剧《刘巧儿》中扮演赵金才，剧团多次到县内多村演出，深受欢迎。1951 年参加专区、县组织的文艺汇演，荣获县级第二名、保定专区优秀表演奖。

1951 年末，参加县教育科聘用考试，以优异成绩被录用为正式教师，分配在南关小学任教。

1952 年，抽调参加全县抗美援朝征兵工作，先后在小龙堂、大龙堂、西关、高庄头等村，以及城关乡、西南片负责征兵宣传、登记等工作，较好完成各项任务，受到县、乡人武部的表彰。

1953 年起，在北京协助父亲打理"永顺草料铺"。1960 年后在烟酒公司、副食品公司、煤炭公司二分厂工作，担任商品调度员、煤炭调度员、煤炭生产总调度。任总调度期间，长年深入到丰台、大兴、崇文、宣武等区县一线。由于工作突出，先后 6 次被评为北京市商业系统先进工作者。

赵克功（赵云清之子） 男，汉族，1936 年 12 月 9 日出生。1954 年北京第六中学毕业。1954 年至 1955 年在北京俄语学院学习俄语，1955 年至 1956 年在民主德国莱比锡卡尔马克思大学学习德语。1956 年至 1957 年在民主德国郭塔车辆厂学习。1957 年至 1962 年在民主德国伊尔门瑙电工大学毕业，主修光学精密测量，获特许工程师职称。1963 年至 2000 年，在中国计量科学院工作，历任技术员、工程师、副研究员、研究员、研究室副主任、研究院院长等，从事并领导"激光用于测量"和"利用激光建立国家级标准"的研究。1979 年至 1984 年，两次被聘为联邦德国联邦物理研究院（PTB）长度单位实验室客座科学家。研制出多部高标准的现代计量用激光器，其中部分属于国际首创或达到国际先进水平。他系统深入研究了激光技术理论及其在计量学中的应用，取得了一系列重要科研成果，有力促进了计量科学的发展。

赵克功是我国计量科学家，激光测量和激光应用测量科学研究开创者之一，长期从事计量科学研究，特别是在激光作为计量基准研究方面取得了丰硕的研究成果，研制成功的多种高性能稳频激光器达到国际领先水平，促进了激光物理理论和分子饱和吸收光谱学的发展。研制成功的兰姆凹陷稳频激光器为我国长度单位米的副基准；甲烷稳频 3.39 微米激光器、碘（127 和 129）稳频 612 纳米氦氖激光器和碘（127）稳频 640 纳米氦氖激光器分别于 1983 年和 1992 年被国际计量大会通过，作为世界实现米定义的国际标准谱线和我国的国家长度单位基准。另外，在纳米绝对测量、研制国际纳米计量标准和我国建立以量子物理为基准的计量基本单位体制方面有突出贡献。

赵克功根据国际计量科学技术的发展和国家需要，正确把握计量的研究方向，及时提出组织进行多项科研课题，为我国计量事业和科学研究做出了重要贡献。

赵克功获 1978 年全国科学大会重大贡献者奖；1986 年获国家发明奖金奖；1987 年国家科学技术进步奖一等奖；1988 年被授予国家级"有突出贡献的中青年专家"称号，并享受国家政府津贴。

赵克功是国际米定义咨询委员会委员，从 1980 年起被选为中国光学学会、中国仪器仪表学会、中国计量学会理事和常务理事；先后被聘请为清华大学、天津大学、华中理工大学、中国计量学院、西安理工大学和北京机械学院客座教授。1997 年获德国伊尔门瑙技术大学荣誉博士。

赵克功在国内外共发表学术论文 140 余篇。

谷静信 男，汉族，1943 年 3 月出生，大学本科学历，中共党员。1963 年毕业于天津铁路工程学院，1963 年至 1965 年任沈阳铁路局实习技术员，1965 年至 1970 年在北京地铁工程局工作，任宣传干事，1971 年至 1982 年"工转兵"后，先后任铁道基建工程兵副指导员、指导员、宣传股长、组织股长。1983 年至1989 年转业分配到北京城建局，任党委办主任，为北京市政建设做出了重要贡献。1989 年至 1990 年任第十一届北京亚运会组委会综合处处长。1991 年至 2003 年，调任国家环保总局（现为国家环境保护部）党委办主任、纪委书记。其间常年深入基层调研，为国家环境保护事业做出了重大贡献。

多年工作期间，他先后被单位和上级评为先进个人、先进工作者、优秀党员、党务工作者。2003 年退休后，仍然退而不休。现任环境保护部离退休干部党委委员、中华全国书画家联合会副主任委员、中国国家机关书画协会理事、中国书法名家联合会理事、中华孟子协会文化发展顾问。其书法作品多次参加中央国家机关、北京市和全国性的书画展，多次获奖并编入作品集。

李国旺 男，汉族，1943 年出生，高中文化，中共党员。8 岁上小学，20 岁高中毕业后在村务农。1966 年加入中国共产党，同年任村党支部副书记。1968 年任党支部书记。"文化大革命"期间，革委会取代党支部工作，任村革委会主任。1971 年恢复党支部工作，任村党支部书记。

李国旺在任职期间，任劳任怨，他带领村民努力学习大寨先进经验，大力开展农田水利基本建设，积极治理沙荒地、盐碱地，为全村粮食增产增收，改变贫穷面貌作出了重要贡献。

高清林 男，汉族，1944年8月出生。1962年固安一中初中毕业后回村务农。1965年参加"四清"工作队工作。1970年8月加入中国共产党，历任小队会计、村民兵连连长、村党支部书记。担任村党支部书记期间，他带领全体村民平整土地、兴修水利、改造盐碱沙荒地。积极推广科学种植和管理技术，实现了"吨粮田"，全村粮食自给有余。他带领村民大力发展副业、工商业生产，促进了全村经济发展，摆脱了吃粮靠国家、花钱靠贷款的贫穷状况。

1978年党的十一届三中全会后，他带领全村率先落实家庭联产承包责任制，坚持走"城乡一体、工农商一体化"之路，着力发展二、三产业，全村形成了运输、餐饮、建筑、食品加工多业并举的局面，个体工商户130户，从业人员300多人。2006年集体收入达到36万元，农民人均收入3900元。

他带领村民积极开展精神文明建设，先后投资250万元，修村路、建学校、建设文化大院、老年活动中心、图书室、吵子会、秧歌队等，进一步提高了村民的整体素质。

高清林多次当选为县党代会代表、县人大代表，多次被上级党委和组织部门授予"优秀党务工作者""优秀共产党员""十佳党支部书记"等荣誉称号。2004年获"河北省劳动模范"称号；2006年获"全国亲老、敬老之星"称号，同年，中共中央纪律检查委员会原常务副书记何勇到固安县视察指导工作时，对他的工作给予了充分肯定和表扬；2007年获廊坊市市委、市政府"勤政廉政先进个人"称号。先后被选为固安县第七、第八届党代会代表和第十三、十四、十五届人大代表。

在他的带领下，北关村也先后荣获多项荣誉。2002年被河北省委宣传部命名为"河北省宣传文化示范工程示范村"，多次被上级党委、政府评为"先进基层党组织""小康村""文明村""三个文明建设先进村"等。

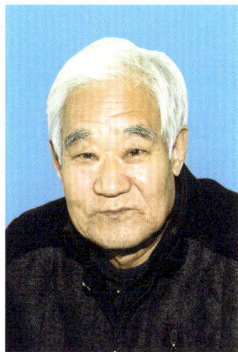

杜文庆　男，汉族，1945 年出生，群众，中专文化。1962 年初中毕业后回村务农。1965 年 6 月参加"四清"运动，为安次县驻村工作队队员。1971 年 2 月任北关村会计至今。

1992 年、2007 年被选为固安镇第十二届、第十五届人大代表。1998 年 2 月、2008 年 1 月当选固安县政协第五届、第六届委员。

1990 年 3 月，参加全国人口普查工作，被评为"固安县人口普查工作先进个人"。1995 年 5 月被廊坊市计划生育协会评为"计生协会工作先进个人"。2002 年 12 月被农业部评为"全国先进村组财会人员"。2006 年 6 月，中共中央纪律检查委员会原常务副书记何勇到固安县视察指导工作时，对他负责的农村基层财务工作作出的成绩给予了肯定和表扬。

王国岐　男，汉族，1953 年 9 月出生，小学文化，群众。1983 年担任村民兵连长、治保主任。任职期间，他积极带领民兵参加镇武装部、县预备役组织的民兵训练活动，搞好每年一次的征兵工作。他积极宣传、教育群众增强法制观念和安全防范意识，组织群众开展治安巡逻，积极搞好全村社会治安和民间纠纷调处工作。他性情耿直，大公无私，对待工作兢兢业业，全心全意，多次受到省、市、县、镇的表彰。

1995 年，他从村干部岗位上退下来后，组建了 30 多人的"固安县长明工程建筑公司第八国岐建筑队"。在经营管理上，他坚持高品质，守诚信，到 2000 年，建筑队伍发展到 70 多人，工程师、工长 5 人，大学生 2 人，购置了建筑用塔吊、提升机、搅拌机、运输车等多套设备。先后承建了 1.27 万平方米的县医院住院部、刘园市场、固海小区家属楼、新兴公寓家属楼、商业局家属楼以及固安工业园区部分厂房等建筑，有的重点工程项目还获得相关部门颁发的奖项。

周东升　男，汉族，1956 年 3 月出生，高中文化。1975 年固安县一中高中毕业后回村务农。1977 年北关村购置了第一辆手扶拖拉机，他成为全村第一代农机手。其间他自学了修理柴油机、电动机以及维修电器等。1980 年，他开始走村串户修理电器，向生产队上缴部分营业收入，由生产队记工分。1981 年，在县城建起了门脸房，开始个体经营。

1984 年，县政府规划建立迎宾市场，在上级的动员下，他的个体经营店搬迁到了迎宾市场，由县政府划拨 40 平方米场地，自建了门店，开始经营电器及电料、钟表维修等。1991 年，随着经营规模的进一步扩大，他扩建了经营场地，增加到 160 平方米，立起了自己"东升电料"的招牌，经营范围包括民用电料、工业电器、电线电缆等 5000 多个品种，经营人员由原来的夫妻 2 人增加到 8 人，业务范围扩展到永清县、涿州市、大兴县等周边地区，经营规模和占地面积成为当时固安县城最大的商家之一。1994 年，固安电视台对"东升电料"进行了全方位的专题报道，连续播出近一个月时间。

2000 年，他进一步扩大规模，在县城新中街北侧、原水上公园南侧建起了 4 层、共 830 平方米的门店楼，在坚持原有经营项目的同时，强化服务职能，送货上门，还组建了安装队、维修队。在此基础上，2003 年，他投资 270 万元，开办"东升家具"，经营场地 2600 平方米。2013 年，"东升家具"进一步扩建，建起了 4500 平方米的 5 层经营场地。2014 年，他又在县城开办了"张一元茶庄"连锁店。

多年来，周东升坚持不断学习，提高素质。为了给顾客更好地咨询服务，他组织员工学习电器电料知识。他坚持诚信经营，童叟无欺，拾金不昧。在经营上不怕货比三家，从没有卖过假冒伪劣产品。早在 1984 年经营初期，有一次修理电器时，一位顾客的挎包遗落店内，包里有现金 9000 多元。当时的 9000 元可以说是一笔巨大的财富，但他不为金钱所动，主动将挎包上交派出所。他拾金不昧的事迹被《廊坊日报》、固安电台做过报道。他多次被评为全县"诚信守法经营户"。他坚持勇于开拓，奋发进取。随着产业规模的不断扩大，他为国家的纳税贡献逐年增多，同时他奉献爱心，2008 年为四川汶川地震灾区捐款 2000 元，还积极参加村里的公益活动。

2006 年 11 月，他当选为固安县工商联合会常委。2007 年 5 月，当选为固安县第七届政协委员。2011 年，当选为廊坊市第五届工商总会会员。

李永安　男，1957 年出生，大专文化，中共党员。1976 年参加中国人民解放军，历任海军南海舰队 153 艇战士、班长。1978 年参加陆海空三军协同作战演习，因表现突出，受到参演指挥部通报嘉奖，并先后受到团嘉奖 3 次。1979 年加入中国共产党。1982 年退伍后从事个体经营。

1994 年底担任北关村村委会主任。他带领全体村民大力开展村街建设和农田水利基本建设，硬化村内东西主街路面 800 米，四号路 600 米，安装路灯 16 盏，铺设农田灌溉管道 1 万余米。

他还积极组织村民开展丰富多彩、健康向上的文化体育活动，建设灯光篮球场 1 个，组建了 23 人的篮球队，5 人的乒乓球队，3 人的象棋队，22 人的拔河队，并多次组织和参加村内外活动。在 2002 年固安县第一届农民运动会上，北关村获得总分第一名，同年被河北省委宣传部评为"河北省文化示范工程示范村"。2006 年 6 月，中共中央纪律检查委员会原常务副书记何勇到固安县视察指导，对北关村的工作给予了肯定和表扬。

任职期间，他还多次受到上级的表彰奖励。

张俊堂　男，汉族，1960 年出生。1976 年任村赤脚医生，1978 年部队服役，历任战士、班长、代理司务长等，多次荣获连以上奖励。1981 年退伍后回村务农，从事电器维修、运输等行业。

1984 年，他开办"又一家"饭店。他坚持精益求精，服务至上，当年炸焖黄花鱼成为他的拿手菜，每天要销售两大锅，人们都称说他的黄花鱼做出了罐头味，吸引了大量食客，使饭店逐渐发展壮大。

1992 年，他开始钻研"熏乳鸽"，第一次从集市上买回 11 只乳鸽，自配调料熏制，做到了色、香、味、形俱佳，深受好评，从而一发不可收。经过多年的打磨，"又一家"熏鸽及系列产品，成为张俊堂的招牌菜和主打品牌。"又一家"熏鸽集滋补功能与美味为一体，经国家食品检测中心检测，其蛋白质含量高达 23.9%，富含人体所需的各种维生素和氨基酸。其特点：营养丰富、口味独特、芳香浓郁，回味悠长，对久病、肾虚、年老体弱者有明显滋补作用，成为高端生活、馈赠亲友、宴请宾朋之上乘佳品。"又一家"熏鸽及系列产品，在当地市场占有较大份额，享有很高的信誉和知名度，并逐步进入了高端领域，在北京、山西、石家庄、东北、山东、青海都有很大的销售市场和影响力，"又一家"食品由小到大，由弱到强，由当地走向全国。

1997 年，"又一家"注册了商标。2005 年 12 月，"又一家"被认定为廊坊市知名商标。2006 年，注册"河北又一家"饮食服务有限责任公司，注册资金 300 万元。2007 年，"又一家"被认定为知名品牌，被评为河北省第八届消费者信得过产品。2008 年，被河北省工商行政管理局认定为著名商标，"又一家熏鸽"被认定为"第十二届中国（廊坊）农产品交易会名优农产品"。2010 年 12 月，被河北省工商局延续认定为"河北省著名商标"。2011 年 5 月"又一家"被国家商标总局认定为"中国驰名商标"，是固安县唯一被认定为此称号的单位，当年受到省、市、县各级奖励 140 万元。

张俊堂视产品质量为企业生命，十分重视产品质量，他的经营理念是：不争五百强，愿作五百年。他全面加强企业管理，严把加工程序过程中的每一个环节，制定出相应的标准和规范，严把每一道工序的安全卫生合格，制定了一系列的质量管理标准和管理制度，从肉鸽的无公害养殖、收购验收、加工整理、杀菌消毒、无菌封装、直到出厂销售每一细小环节都做了严格规定，量化到人，道道把关，人人负责，确保消费者吃得上放心食品，从而确保了"又一家"河北省著名商标、中国驰名商标食品的名副其实。

河北又一家饮食服务有限责任公司在张俊堂的精心管理下，经过多年的发展，成为以肉鸽加工、养殖为基础产业。集餐饮服务、食品加工、特色瓜果种植采摘于一体的民营企业。公司现有职工 225 名，其中管理人员 21 名。有中高级技术职称人员 19 名。注册资金 2300 万元，资产总额 5000 万元。其中固定资产 1548 万元，流动资产 3500 万元。"又一家"酒店、"又一家"生态园及加工厂占地 13720 平方米，特色瓜果占地 20 万平方米。目前，公司进一步扩大生产规模，前期投资 2000 万元、占地 11 亩、建筑面积 1.1 万平方米的 4 条现代化高科技食品加工生产线正在建设中。

河北又一家饮食服务有限责任公司参加多项活动并获得荣誉。曾连续 8 年参加中国（廊坊）农产品交易会。2012 年 10 月，被认定为"廊坊市十大城市名片"，同年 12 月，独家冠名由廊坊市政府、市广电局、市妇联共同举办的"世纪婚礼"活动。2014 年 5 月被中国烹饪协会、廊坊市旅游局组织的"廊坊好味道"美食名吃评选活动中，被评为"廊坊十大名菜"。2014 年 12 月，被授予"河北特色旅游餐饮名店"。2014 年成为河北省食品安全促进会第一届理事会"常务理事单位"，张俊堂被任名为常务理事。2014 年 5 月，廊坊市农业产业化龙头企业协会评为理事单位。2014 年 9 月，河北省科学技术厅认定为"河北省科技型中小企业"。2015 年 1 月，被命名为固安县第三届饭店烹饪餐饮行业协会"副会长单位"。2015 年 5 月被廊坊市政府命名为"廊坊市农业产业化重点龙头企业"。

2014 年 4 月，张俊堂被评为"廊坊市劳动模范"。

　　高长安　男，1960年6月出生，中共党员，大学学历，1978年10月应征入伍，1982年退役后先后在县交通局、县支油支铁办工作，1989年9月参加公安工作。历任县公安局辛立村治安检查站民警、站长，1997年4月任县公安局副局长，2007年12月任县公安局纪委书记，一级警督警衔。1990年北京亚运会期间，被公安部授予"亚运卫士"称号，1996年被河北省公安厅评为"全省优秀人民警察"，2009年被民政部授予"全国优秀复员退伍军人"荣誉称号，并先后荣立二等功1次、三等功3次，8次被市、县评为优秀共产党员，15次受到市、县政府嘉奖。

　　1996年被任命为检查站站长，带领全站民警，完成了全国"两会"、中央领导来固安视察等重大安全保卫任务。当年，检查站被公安部授予环京护城河工作先进集体。

　　1997任县公安局副局长后，分管看守所工作，他结合看守所的工作特点，和驻所武警中队密切配合，开展了"共管、共建、共保安全"的"三共"活动，收到了较好的社会效果，经验被《武警报》《人民公安报》刊登，并在全国监管系统推广。2000年1月分管治安工作，他结合实际，提出了警务区建设规划，并在派出所进行试点，构建了"三位一体"的农村治安防控网络。廊坊市公安局在全市推广了这一先进经验。2002年，为了加强各内部单位的安全防范，开始筹备保安服务公司，他把市场经济理念引进到治安防范工作中，先后将金融、危爆物品库、居民住宅小区、学校、厂企等重点部位纳入市场化有偿服务范畴，同时大力发展社会治安组织，维护了社会稳定。

　　2005年6月8日，《人民公安报》头版头条对固安县公安局派出所统一外观标识试点工作进行了报道。8月17日，固安县公安局作为公安部试点单位，参加了全国公安派出所统一建筑外观形象济南现场会，并做了典型发言。9月14日，省公安厅在固安召开了全省公安派出所统一建筑外观形象现场会。

　　他把维护稳定作为公安工作的首要任务来抓，先后参与组织开展了"打黑除恶"、打击季节性犯罪、破案追逃、打"两抢"、打击破坏农田电力设施、校园周边秩序整顿、油田周边秩序整顿等多次大规模的严打整治行动，共破获各类刑事案件 4000 余起，抓获各类犯罪嫌疑人 3200 余人。他还热心帮助群众，每当群众遇到困难时，他都会伸出援助之手。他用自己的车送过病危群众去医院，曾把自己的大衣送给冻得发抖的老人，还掏光自己的腰包帮助被盗被骗的群众。多年来，他先后救助、帮助有困难群众 30 余人次，捐赠款物 8000 余元。

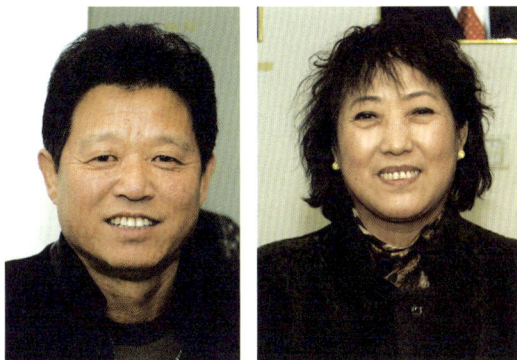

王志忠 男，1963 年出生，汉族，初中文化，群众。

刘玉芬 女，1962 年出生，汉族，高中文化，群众。

王志忠、刘玉芬夫妇。

王志忠于 1994 年至 2007 年从事建筑行业。刘玉芬自 2006 年至 2008 年从事建筑、修路等行业，2007 年投入房地产行业，在廊坊春晖房地产开发有限公司担任经理职务。主管开发项目，开发建设。分管前期部、工程部、预算部、拓展部等。现有员工近 30 人，其中高级工程师 4 人，初中级技术人员 10 人。2009 年开发建筑面积 6.8 万平方米。2010 年承接固安重点棚户区改造项目，高庄头北小区旧城改造项目，开发面积 25 万平方米。2013 年承接固安县重点改造项目，高庄头村拆迁改造项目，开发建筑面积 65 万平方米。每年企业为国家纳税 2000 多万元。

在他们的领导下，春晖房地产开发有限公司取得了良好业绩，多次受到上级表彰。先后获得固安县 2010 年度支持城镇面貌"三年大变样"先进单位一等奖，固安县 2011 年度支持城乡建设先进单位二等奖。固安县 2013 年度支持城乡建设先进单位一等奖。刘玉芬还被评为 2014 年固安县工业区先进个人。夫妻二人热心公益事业，在 2008 年"5·12"汶川大地震抗震救灾中，义捐 500 元，还通过县工商联为灾区捐款 2 万元。他们热爱家庭，孝敬父母，妯娌友爱，邻里和睦。2014 年夫妻二人被固安县县委、政府评为"固安县十大孝星"；2015 年度，获得固安县工业区颁发

北关村志 BEIGUANCUNZHI

的五好家庭奖状；2016 年刘玉芬当选为固安县第十七届人大代表。

张柏强　男，汉族，1963 年 7 月出生，中专文化，中共党员。1982 年 10 月参加中国人民解放军，先后在 47 集团军 141 师侦察连任战士、文书等职。1985 年 10 月，根据中央军委命令，所在部队参加对越自卫反击战。战前训练期间，他不怕苦，不怕累，苦练军事技术和战术课目，协助连队广泛开展战前思想动员，周密完成了战前战勤保障工作，荣立三等功 1 次。1987 年，在执行潜伏、搜山、运送武器等任务中，沉着勇敢，机智灵活，出色完成各项任务。在对敌阵地侦查中，担任战情记录照相、调图等大量工作，他不怕牺牲，细致认真，还协同战斗小组，奋力抢救伤员。由于表现突出，荣立三等功 1 次。战后，被集团军授予"老山战区优秀侦察兵"称号。

刘岩峰　男，汉族，1966 年 1 月出生，大专文化。1983 年 12 月入伍，1985 年入党。历任中国人民解放军 65 军直属地炮团 3 营 9 连战士、副班长、班长、代理排长，在北京军区《战友报》发表通讯报道 22 篇。因在连队军事技术训练突出和理论及新闻报道工作成绩优异，曾先后受到连嘉奖 4 次、营嘉奖 2 次、团嘉奖 2 次，被评为团级优秀军事标兵、优秀班长，65 军班炮、单炮比武第三名。

1987 年 10 月退伍后，先后在县委宣传部、县广播电视局担任通讯报道员，在各级媒体刊发稿件多篇。后在县司法局法律事务所三产部门开办催款公司。2000 年后赴北京经商。

2007 年 10 月，刘岩峰任北关村党支部书记。他带领全村党员干部开拓进取，不断创新，全村"两个文明"建设取得了长足进展。2009 年，在县委、县政府和工业园区的领导下，积极落实城镇化建设要求，深入开展宣传发动，认真细致做好全村附属物作价、征地补偿、宅基地面积置换

372

等大量工作，有力推动了全村城镇化建设的稳步进行。他还主动适应社会发展和经济发展的新形势，坚持与时俱进，紧紧依托城中村和紧邻刘园蔬菜批发市场的区位优势，带领群众大力发展建筑业、商业服务业、副食品加工业等，形成农商并举的农村经营模式，进一步壮大了集体经济，增加了村民收入。同时，他还着力引导富裕起来的村民开展健康向上的文化活动，支持村民创办各类体育、文娱组织。他带领"两委"班子成员在全村开展"以孝治家"活动，大力倡导在新时期、新生活条件下，尊老敬老养老爱老。还组建了36人的义工队伍，协调解决家庭邻里的各种矛盾纠纷。全村不但居住环境美，而且家庭邻里团结和睦、好人好事层出不穷。2013年，全村建成了集村民住宅楼，党支部、村委会办公楼，物业管理中心办公楼，村民健身房，地下车库，幼儿园，卫生室等融为一体的新型社区。

刘岩峰脚踏实地，扎实肯干的工作作风，推动了全村各项工作的全面发展，他的工作业绩有目共睹，受到了上级和全体村民的肯定。2009年，他被县委、县政府评为全县"城镇'三年大变样'工作先进个人"，2010年被县委授予"优秀党务工作者"荣誉称号，2012年，固安县工业园区成立十周年时，被园区评为"发展支持奖"。

在他的带领下，北关村也先后获得多项荣誉。2011年，北关村被中共廊坊市委宣传部授予"廊坊市农村文化先进单位"。2012年，被固安县工业园区评为"实绩优秀村街"，2013年，被固安县工业园区评为"工作实绩考核突出村街"，被授予"新农村建设工作突出村街"称号。

2016年，当选为固安县第九届政治协商会议委员。

冯建伟　男，汉族，1977年10月出生，大学文化，1995年12月入伍，1998年4月入党。1995年至1998年先后任战士、班长。1998年任天津指挥学校学员。2000年任石家庄市公安消防支队特勤一支队代理副中队长。2002年任石家庄市公安消防支队二中队副中队长。2003年任石家庄市公安消防支队十一中队党支部书记、指导员。2007年任石家庄市公安消防支队十中队党支部书记、指导员。2010 年任石家庄市公安消防支队政治处组教科科长。2013 年任石家庄市公安消防支队藁城大队党委书记、教导员（副团职）。2015 年至今任石家庄市公安消防支队藁城大队党委副书记、党支部书记、大队长（副团职）。

任职期间，他圆满完成了 2008 年北京奥运会，党的十八届四中、五中全会，抗战胜利 70 周年庆典，G20 杭州峰会等多次重大活动的消防安保工作。2001 年、2005 年、2006 年、2007 年在石家庄市消防工作和部队建设中荣获个人三等功 4 次。在 2008 年、2013 年全省消防工作和部队建设中荣获个人三等功 3 次。2001 年至 2010 年在十一中队、十中队任职期间，带领官兵苦练专业技术，加强正规化建设，取得显著成绩，中队先后 3 次被评为全省十佳基层中队，荣获 3 次三等功。2008 年、2009 年被评为全省公安现役部队优秀队干部。2014 年被评为全省优秀党务工作者、全省正规化管理先进个人。2015 年被评为全省优秀共产党员。2016 年在石家庄市公安消防支队第一次党代会上，所在的藁城大队党委被评为先进基层党委。

第三节　北关村籍可考职官表

北关村科级、技术中职以上干部名录

姓名	性别	民族	出生	学历	任职单位及职务
王福生	男	汉	1929	初中	固安县人民检察院副检察长
孙志清	男	汉	1932	初中	固安县东红寺乡水利站站长
鲍明禄	男	汉	1937	大专	固安县商业局经济师
鲍明祯	男	汉	1938	大专	固安县畜牧局副局长（畜牧师）
鲍明祥	男	汉	1943	初中	固安县粮食局直属库主任
马云祥	男	回	1942.3	中师	固安一中教导主任

续表

姓名	性别	民族	出生	学历	任职单位及职务
邢玉田	男	汉	1947.12	初中	固安县工商局个体协会副秘书长
王泽民	男	汉	1948.2	大专	固安县审计局党支部书记
高长生	男	汉	1956	大专	固安镇吕营中心小学校长
陈书元	男	汉	1956	大专	固安一中（副科级）
李永利	男	汉	1958.6	大专	固安县黄淮海农综办副主任（科级）
王志强	男	汉	1965	中专	固安县物价副局长
王卫涛	男	汉	1973.11	大专	固安县工信局局长
谢越	男	汉	1977.5	大专	廊坊市安次区电信局局长
赵宇春	男	汉	1977	大学	固安镇副镇长
高冠峰	男	汉	1981	大学	中国东方地球物理公司工程师
徐建雄	男	汉	1988.2	大学	信号公司工程师

FULU

附　录

感恩的人生旅程
宾朋遥指"又一家"

感恩的人生旅程

1948 年，解放初期，河北固安县党委一封公函，使一位家境贫寒儿子上了北京师大附中读书，整个初中、高中享受国家甲等助学金。

1956 年，他以最优成绩被推荐到德国伊尔门瑙电工大学光学精密仪器系留学。留德期间，他收获了爱情。1963 年，他们双双带着满满的知识回到祖国，他来到了国家计量局精密测量实验室。30 多年的科研实践，他研制了我国长度单位"米基准"。该科研成果，1978 年荣获科学技术重大贡献奖。他终生奋斗在计量科研战线上。2014 年，在他金婚纪念日，他写了一本《感恩人生旅程》。他就是中国计量科学研究院前院长——赵克功。

在《感恩的人生旅程》一书中，字里行间处处洋溢着感恩、奋斗、报答、奉献，充满了人生的感悟。

一、感恩

他说，我的父母是农民，把我养大很不容易，他们不仅给了我生命，还给了我不畏困难吃苦奋斗的精神，我身上有许多他们的影子，他们的基因，今天的好日子，是他们给的，所以我感恩父母。

我感恩共产党。1956 年，国家很困难，苏联专家撤走了，我国一穷二白，是国家拿出相当于 29 个农民年收入，相当于 9 吨猪肉，或 15 吨花生，供养一名留学生，出国深造。没有国家的资助，我是没有机会到德国留学的。我感恩共产党，给了我学习深造成长的机会。

二、奋斗

他说，我的家庭背景，确定了我的奋斗精神，我一个农民的儿子，得来不易的学习机会，我要努力。土改时我家分得了土地，父亲让我回家务农，在亲戚们的说服下，才得以继续读书，所以我学习动力很足。初中、高中我的数理化最好，我比一般的同学要求更高。做解答题，不仅全对，而且要快，比速度。

留德期间，一年的语言训练，就进入了大学学习，当时，没有学过微积分的我，与德国同学同步进入大课堂，听不懂，记不住。一年后，我顺利进入先进学生行列，奋斗劲十足。因为我有目标，我要报答我的祖国，把我培养成才不容易。

1963年赵克功完成了学业回国。中苏关系已破裂，苏联援助的项目全部停业了，专家撤走了，当时我国推行的"国际单位制——米制"，长度基准"米尺"就是苏联支援我们的一根"殷钢米尺"，它的精度是 10^{-6} 是我国的长度单位。

当时主管我国科学技术的聂荣臻副总理说过："科技要发展，计量必先行！没有计量，寸步难行。"

使赵克功对计量科学有了进一步认识。他认为计量学有四大特点：计量学是一切测量技术的科学基础。是建立在最新物理学理论和效应的基础上，利用最现代化的技术手段来研究物理量与化学量及其测试方法的一门崭新的学科。只有计量学的发展，才能促进自然科学的进步、生产和现代化实现。计量学是社会安全与安定的技术保证和科研的基础。所以计量是一门崭新的科学。

1965年开始"文化大革命"，感恩之心，奋斗目标一直鼓励着赵克功，他没有停止一天的科学研究思索，即使在下放劳动之余，也在学习新的激光物理知识。开会、辩论、游行，他也是想方设法地推导自学的理论公式，为他今后的科研成果垫下了扎实的理论基础。

三、成果

在"文化大革命"中，他用激光技术手段，应用于长度计量的研究上。1967年，他成功研制出了兰姆凹陷稳频激光器，稳定性达到 10^{-9}。激光的波长与当时的国际米定义的氪-86的基准波长，进行比对，比对结果非常好。

1970 年，兰姆凹陷稳频激光器被国家计量局批准为我国长度副基准，解决了我国长度量值的统一，以及没有国家长度单位"米基准"的问题。

1978 年，在全国科学大会上，兰姆凹陷稳频激光器获全国科学大会科技重大贡献奖。

1980 年，在课题组研制的甲烷稳频 3.39 微米氦氖激光器，与国际比对，该激光频率（波长）值在 6×10^{-12} 范围内与国际基准一致。利用甲烷稳频 3.39 微米氦氖激光器测得的真空光速值 $C0 = 299792458$ 米/秒，作为基本物理常数，这个常数不受精度的限制和永不再变。这项工作后来被认为促进了国际新米定义的产生。

"米是光在真空中，在 299792458 分之一秒时间隔内运行路程的长度"，1983 年国际计量委员会利用这个基本物理常数，更新了米的定义。1983 年国家计量局批准该激光器谱线为国家长度基准。

赵克功的成就引起了国外同行的注意，中国开放伊始，联邦德国就迫不及待地邀请他到那里工作。经当时主持中国科学院工作的方毅的批准，赵克功成了那时期第一个被外国邀请去的中国科技工作者。

他在德国期间，完成国际上第一台碘 – 127（129）稳频 612 纳米氦氖激光器的研制。1983 年国际计量大会上被推荐为实现米定义国际长度基准和我国国家长度基准。

1984 年，这项研究成果，科学院物理所张之三先生写信表示祝贺，《人民日报》刊登"我一台激光器同时射出六条谱线，大学教科书上有关论点需要改写"。著名物理学家严济慈为此成果题词："闪光的攀登"。这种氦氖激光器，得到德国、美国、意大利、日本、澳大利亚等国家在计量测试、医学等方面的应用。

1985 年，赵克功因突出的科研成果，受任中国计量科学研究院院长。

1987 年，赵克功再创奇迹，经典物理理论认为是不可能产生的现象他却创造了，他用自制的氦氖激光器同时辐射出 6 条不同颜色的可见光谱线，消息传到美国白宫，里根总统的科技顾问哂笑道：要不是中国人头脑有病，就是我们的耳朵听错了。

说归说，美国人仍然关注此事。美国科技官员访华期间，指名道姓地要来中国计量科学研究院看赵克功科研实验 6 条谱线，在事实面前他们完全信服了，并当场宣布此项成就获得国际承认。

1987 年，为建立我国以量子物理为基础的计量基本单位体制突出贡献，获得国家科学技术进步奖一等奖。

1987 年，赵克功提出申请德国政府的无偿援助项目"改进中国机床制造业的计量测试技术"，其中重要的课题是"建立国家的纳米标准"。

1988 年，碘 – 127 分子在 640 纳米范围内的起精细结构谱线和研制成功的碘 – 127 稳频 640 纳米氦氖激光器获得国家自然科学进步奖二等奖。

1988 年赵克功被授予国家级"有突出贡献中青年科学家"，并同时享受国家政府津贴。

1993 年底，赵克功任院长二届，9 年中，他申请到了 600 多万马克的德国无偿援助和 1000 万美元的日本无偿援助。争取到了世界银行 100 万美元的贷款。在朱镕基总理的支持下，为计量院职工建设 3 万多平方米的宿舍楼。

四、感悟

他卸任后，体会最深的是，人生任何经历都是财富，顺也罢；逆也罢，要做好自己。做一个正直的人，做一个努力奋斗的人。

退休后，他继续着德国无偿援助项目，培养人才，为选择课题奔忙，进行了3项对计量院后续发展起着重要作用的项目。利用PTB新型球板校准，建立中国的三坐标测量机校准标准。建立大尺寸测量的计量标准。建立中国的纳米计量标准。改善中国制造业的计量测试工作。

1997年，他在德国成功研制计量型原子力显微镜，同年，他获得德国荣誉博士学位。

1992年，他争取到了205万元资金发展"喷泉钟"，21世纪初完成，标准不确定度达到10^{-15}，对我国空间等技术的发展十分重要。为7个计量基本单位"公斤"定义更新、为"秒"的发展，做着不懈的努力。

退休后，他为中德之桥，发挥着余热。他为北京赛多利斯德国分公司出谋划策。为中德海德汉（中国）股份有限公司，牵针引线。为中德许继德莱施合资公司有效沟通，达成合作意向书。为大连大富基缝纫机有限公司与德国的合作，提升国有产品技术功能做着努力。帮助德国风能发电公司进入中国，开拓了中国市场寻求商机。

如今，他已到了老年，儿孙满堂，享受着中国传统的天伦之乐。在此，他也愿意留给他们：人生的感悟。他希望下一代，知道老一代人的努力、奋斗和艰辛，借鉴可取经验，提高自己。并且他也告诫青年人，要与时俱进，时代变了，在新的社会环境中，适应中求发展，为社会的进步做一点贡献。

作者：中国计量科学研究院离退休办公室　孙玉芝

宾朋遥指"又一家"

省道廊涿路在固安与 106 国道交汇后向西行的这一段，作为固安县城的北环路，又称新昌街，名副其实。几年间，各种不同风格的建筑如雨后春笋，拔地而起；五行八业，商家云集，齐聚此风水宝地。人说新昌街上有三多：饭店、汽修、加油站。后两者不说，单说这条街两旁的饭庄、酒楼、餐馆，有名有号有规模的就有三十多家。人们笑谈，在这条街走路不小心，栽个跟头也能栽进一家饭店里。尤其到了中午和晚上，炒炸焖炖，香飘满街，不由得让人垂涎驻足，司机下车。

生意是兴隆的，竞争，自然也是激烈的。

能在此饭店林立的繁华之地站稳脚跟，并成为翘楚的是哪一家？

人们不约而同，把目光投向那幢白色三层小楼——"又一家"。

"又一家"缘何卓尔不群，闻名遐迩？

这里有一道名菜——熏乳鸽。

1996 年 3 月 12 日植树节。包括杨成武、杨得志、陈锡联这些开国元勋在内的百名老将军到京南植树，午餐点名要固安"又一家"的 120 只熏鸽。

廊坊的客人取道固安到石家庄，不管早晚，也要停车"又一家"。

北京昌平、海淀的远道客人慕名而来。

一个炎热的夏日上午，我们见到了"又一家"的主人——经理张俊堂。

三十八九岁的年纪，中等身材，黑红的脸膛，聪慧而执着的眼神，流畅而得体的谈吐。一位既透着军人英气，又颇具儒商品质的经营者坐在我们面前。

我们品茗而谈，透过氤氲袅袅的茶气，顺着主人娓娓道来的话语，我们体味着张俊堂创业的苦辣酸甜。

三十而立

1981 年，正是改革开放的春风吹遍神州大地的时候，张俊堂从部队复员了。三年的军旅生活，熔铸了他坚定果敢的性格，回到家乡，看到人们纷纷戳摊立点，他也跃跃欲试。

先是跟着父亲搞个体经营，又是搞电器维修、开车……在这个摸索时期，他感到浑身有使不完的劲儿，几年下来，虽然积攒了一部分资金，但还是找不到自己的定位，找不准自己事业的切入点。

转眼到了 1990 年，这一年张俊堂正好三十岁，人说"三十而立"，躺在炕上的张俊堂夜不能寐，辗转反侧。索性他穿好衣服，来到庭院里。寂静的春夜，繁星满天，仰望浩瀚的星空，他焦虑，他沉思：俊堂啊，俊堂，改革开放给了每个有志青年一试身手的机会，成功与否，就看个人的进取与努力了。你将用什么作为你人生三十岁的答卷呢？灿烂星河，你是哪一颗耀眼的辰星？倏地，一个念头划过他的脑海：开家饭店。

对呀，北环路口一带，车流量、客流量越来越大，搞饮食服务业必定有得天独厚的条件和广阔的发展前景。

创业的强烈欲望和找准坐标后的兴奋感使他振奋不已。他推醒酣睡的妻子，把想法告诉她，却一下把妻子的睡意吓跑了。

"是啊！"张俊堂说，"当初是'一有四无'，有的只是一条信心，没有场地，没有房子，没有技术，没有资金，要想白手起家，除去信心外，还得加上一条吃苦。"

说干就干——

全家老少齐上阵，顶着料峭的春寒，顶着冷嘲和热讽，车拉肩担，几天工夫，硬是填平了一个大积水坑，夯实了地基。

借款 5000 元，花 600 元自己从石油学院买来木板房，安装刷漆，购置刀勺案板。

请自己的一个朋友站灶主勺，一边营业，一边学艺。

短短一个来月的时间，张俊堂硬是支起摊子唱开了戏。

张俊堂清醒地知道，要经营好一家饭店，要素很多，但最关键的一步，是饭菜的质量。人家大老远来了，还不是冲着你的菜有味道。人们的生活水平提高了，口味也跟着往上提，进入九十年代，再仅仅凭量大价低，粗制快造难以满足人们的需求，也必然使饭店效益每况愈下，必须未雨绸缪，搞花样翻新。

于是，他凭着自己的"人缘"走出去，向村里的老师傅求教"盐水豆腐"怎样烹制才有味，向同行学习"水晶肘花"怎样做才精致，自己试焖黄花鱼，试着用砂锅取代高压锅，搞"小炖肉"……一句话，在"味"上下功夫。

一时间，就从"又一家"的餐桌上，从客人们的嘴里总结出"又一家"的"四大名菜"。不是山珍海味，不搞高价消费，却讲究色、香、味、形俱佳，有荤有素，有凉有热，有盘有碗，焖炖蒸煮。

几个北京来的客人品尝过后，赞不绝口，一结账，只合京城同类饭菜的四分之一。他们说，宁肯跑远道，花油钱，也要到固安"又一家"。

创特求新

三年的艰苦创业，创出了"又一家"的牌子；三年的辛勤积累，给了张俊堂丰厚的回报：一是经营思想的成熟，一是人生经验的感悟。

1992 年的春天，对共和国来说，是个明媚的艳阳天，邓小平同志南方谈话的春风吹遍大江南北，冰催雪消，千帆竞发。

张俊堂敏锐地预感到，自己将面临第二次创业的机遇与挑战。敢不敢迎接挑战，是懦夫与勇者的分水岭，也是看摊守业和创新领航者的区别所在。能不能抢抓机遇做文章，也是对商家想打赢竞争战最大的考验。

一天，员工们忽然发觉，每天都要亲自把进菜关，每天都要到操作间转几圈的"老板"没露面。

两天……

三天……

直到第八天傍晚，他们的"老板"风尘仆仆地赶回来了。

打烊后，张俊堂把大伙聚到一起，人们发现几天下来，他们的经理黑瘦了一圈儿。

"几天没在家，大伙都琢磨不透我干什么去了，今天，我可以告诉大家，我是取经去了，并且取回了真经。从明天开始，我们店就开始打牌，别害怕，不是打我最反对的麻将牌，是我此行回来要打的特色牌——上熏乳鸽。"

是的，张俊堂这次上京下卫，目的就是开阔视野，进行市场调查，拜访名家，推出特色名菜，以求占领餐饮业的制高点。

北京市食品研究所专家盛东生开始并不相信，面前这个年轻人，一个经营餐馆的"乡下"个体老板，会真心向他求教，但几次登门拜望，那诚恳的态度着实打动了他。于是，他向这个年轻人打开了知识的大门，从营养学、保健学到市场预测学，从选料、加工到同行经验，他倾其所有，悉心传授给张俊堂，最后，他建议张俊堂，做低脂肪，高蛋白，高营养的菜肴，熏乳鸽大有可为。接下来的是继续拜师，求教乳鸽熏制的每一道工序……

几天后，河北新城花果山集团的五位客人见到了"又一家"的广告，便点名要品尝品尝熏鸽，不一会儿，五只焦黄酥香的熏鸽被分食一空，客人喊："不要别的菜，再来五只！"

临走，客人又提出再捎一只，让公司的餐厅当样品，"如法炮制"，张俊堂笑笑："请多提意见。"

"又一家"推出的"熏乳鸽"一炮打响，并且一发而不可收——

当年，"又一家"销出熏鸽 2 万余只，高峰期，该店日售熏鸽 180 只。

到了 1996 年，张俊堂的"又一家熏鸽"售出 4 万只。

此时"又一家熏鸽"享誉京南，有人将其与固安的柳编、标牌、滤芯列为"固安四特"，有人将"又一家熏鸽"与全聚德烤鸭相媲美……

对此，张俊堂谦逊地笑一笑，他是那种干就全身心投入，干就一流的人，他在谋划下一步举措，把熏鸽文章做大，打入京城，创出名牌。

抢立潮头

弄潮儿向潮头立，手把红旗旗不湿。

张俊堂正是这样一位时代的弄潮者。说起他的爱好，也许会让人吃惊，因为他的爱好是——读书。不错，我们现在所处的时代，五彩斑斓，令人目不暇接，而对青年人形成的诱惑又是形形色色，一位名人说得好：人的本质区别在于他的业余时间。对张俊堂来说，他读书既是享受，更是需要。对于一位经营者来说，成功的决策来自于胆识气魄，也来自于知识的掌握。

张俊堂又走了两步"先手棋"。

一手搞硬件建设。1995 年，正在饭店经营蒸蒸日上之时，他果断投资 30 万元，一座颇具气势、设施齐全的三层小楼矗立在 106 国道与廊涿路交汇处附近，营业面积达 380 平方米，"又一家熏鸽专卖店"几个红色大字立于楼顶，熠熠闪光，醒目引人。

1998 年，北京黄村"又一家"分店建成并投入使用。

张俊堂清楚地记得，那是深秋的一个傍晚，店里来了位特殊的客人——县工商局局长陈桂金。

对饮三杯酒，促膝一席谈。

陈局长关切地询问了张俊堂店里的经营状况后，语重心长地说："俊堂啊，年轻人就要敢闯敢干，敢为天下先。立足固安，瞄准京城，把买卖做大做活。用分店做窗口，探索大市场，及时反馈信息，形成产业化经营，这是条好路子。"

张俊堂握紧老局长的手："陈局长，您听我的好消息吧！"

接下来，他马不停蹄，走出第二步棋。

不久，县城传出消息：张俊堂的"又一家"牌熏鸽已经国家工商行政管理总局商标局注册商标，在固安餐饮业独树一帜。

同行们暗自佩服：张俊堂又领先一着，瞄上了无形资产，高！

诚信和义

可以说，张俊堂的生意做红了，做火了。店里的员工和熟悉他的人知道，这和张俊堂的为人分不开。

张俊堂说："我开饭店做生意靠的是三句话：以诚为根本，以特求生存，以新谋发展，归根到底，诚是立店之本。"

好一个"诚"字！

1994年冬天的一个夜晚，几位客人在"又一家"用餐后离开。服务员在收拾房间时发现了一个黑色的公文包，她叫来张经理，拉开一看，里面有几千元现金和名片、身份证等几种证件。张俊堂告诉服务员："先别忙着关门，我先和失主联系，他们一定正着急呢！"他立即按名片上的号码呼叫客人。不一会儿，几个客人满头是汗赶回来了。张俊堂让服务员辨认清楚后，拍拍客人的肩："别着急，擦擦汗，在我这里，丢不了东西。"

失主高建国看到自己遗失的钱物一点儿不差，激动得不知说什么好。

提起这件事，张俊堂平静地说："算不了什么，在哪个饭店，谁碰上这种事都会这样做的。"

据服务员讲，诸如此类的事屡见不鲜，以至于服务员习以为常了。

再说一个"信"字。

某天早晨，一名长期供应鸽子的客户放下30只鸽子后，先把验货的张俊堂拉到一边，悄悄对他说："张老板，这鸽子里有几只……有几只有点儿……这么着，钱您看着给，兄弟绝无二话。"

张俊堂没吱声，从鸽笼里熟练地拿出8只来："是不是这8只？"

客户忙不迭递上一支烟："还是您的眼亮，钱好说，好说。"

张俊堂推开烟："老哥，我的为人脾气，这好几年了你不是不知道，好吧，这么着，钱我照付，这8只鸽子嘛，你也别拉回去，下不为例。入口的东西呀，老哥，一点儿可别含糊。"

三说一个"和"字。

张俊堂常对员工们讲："家和万事兴，和气生财，都说一个'和'字。把各位我当家里人看，你们也都把咱的店当成自个儿的家。"

在经营管理上，他把员工与自己的家人一样看待，严格要求，定期培训，提高员工的技艺水平和服务水平。在生活上，他也把员工当成自己亲人。

服务员小陈来自东北，举目无亲，无依无靠。看着他二十二三岁了还没成家，张俊堂和妻子就像对自己的亲弟弟一样上心，为小陈物色张罗，终于让这个外地青年在本县找了女朋友，成了家。

张俊堂对员工春风化雨般的关心，使全店的员工特别佩服，厨师长王志勇说："我先后在不少饭店干过，最后到这儿，一待三年多了，真是到了'又一个家'了。"

最后说一个"义"字。

"义"，有"大义"，有"小义"。

先说"大义"。

张俊堂深深懂得：自己事业上的成功，首先要归功于国家改革开放的政策。没有国家，就不会有他这"又一家"，因此，他把勤劳致富、合法经营、照章纳税一直作为办店经营的首条规范。几年来，他累计上缴税额超过 15 万元，不少人劝他"灵活"点儿，他摇摇头，微笑不语……

"小义"不小。

一天，张俊堂听说服务员张维新的弟弟张维民因无钱结婚正发愁时，二话没说，拉起张维新去他家，看到破旧的房屋，窘迫的家境后，张俊堂当即决定：帮张维民盖起房子，筹备结婚。

这不是一时的感情冲动，因为类似这样的事情远不止一两起……

谈起今后的设想，张俊堂望着窗外："我的心愿就是要把'又一家熏鸽'的牌子打出去。"不久前，他跑西安，跑成都，考察包装生产线，他不仅要让附近的人们品尝"又一家熏鸽"，还要像北京烤鸭、德州扒鸡那样，让风味独特、包装精美的"又一家熏鸽"走向全国。

是的，我们知道，张俊堂看到的是窗外更为美好的前景，那里有着让他振翅翱翔的广阔空间。

（作者史增尚，单位：固安县东红寺中学）
（原载中国作家出版社《潮涌京南》）

后 记

隔代写史，盛世修志，首部《北关村志》即将问世。这是我们北关全体村民政治文化生活中的一件大事。志书记载了北关先人崇尚文明、勤劳智慧、艰苦奋斗、重德好义的优良传统，描绘了现代北关村人传承良风美德，在新时期勇于拼搏、勤劳致富，创造小康生活的实践过程。将北关史上大量的事件人物等诸多珍贵的史料记载成志书。无疑对加强新时期社区政治文化建设，回顾历史发展，开展家庭传统教育，提升人们奋发向上的道德情操具有重要的历史意义和深远的现实意义。是一部资政为民的工具书和传承美德的教科书。在志书编修工作即将结束之际，就编修工作经历记述如下：

2008 年，村党支部书记刘岩峰即邀约村党支部原书记高清林、北关籍军队退休干部孙广华，就北关新农村建设发展，进行了广泛深入的研讨。大家一致认为，在提升村民物质生活的同时，也要抓好政治文化生活建设。三人形成共识，研讨决定，写一部关于北关的村志，把北关的发展历史记述下来，以激励今人，教育后人。由于种种原因，在当时没能付诸实施。

时隔八年，2016 年 5 月 31 日《北关村志》编修工作正式启动，同时召开了村志编修工作会议，建立了以村党支部书记刘岩峰为主任，村委会主任杜国润、副主任王建平、王艳为委员的《北关村志》编纂委员会，村原党支部书记高清林为编委会顾问。固安县人民武装部原副部长、《固安军事志》主编孙广华担任村志主编，邢玉田、孙广泰、王景春、李凤岐、赵克俭、张建军、徐永利、张志文、邢玉森等为编辑。并邀请《固安县志》部分编辑给予帮助。

2016 年 6 月 1 日，《北关村志》编修工作正式展开。首先开始调查采访，在广泛张贴宣传广告的同时，10 名编辑人员分赴 5 个片区，深入291个村民家庭，以问卷填表为基础，以调查史实原委为目的，进行艰苦、细致地调查工作。随后得到全村广大群众的热情支持。其间，先后 5 次召开老党员、老军人、老干部座谈会，追忆亲身经历，回顾北关历史上重大事件、人物。经过编辑人员历时 1 个月的深入采访，细致调查，初步取得了第一手宝贵的资料。

2016 年 6 月 16 日，村志编修工作进入初稿撰写阶段。按照县方志办拟定的章节构架和编委会确定的编写人员即着手撰写初稿，本着一边撰稿，一边调查，有什么写什么，缺什么补什么。在撰稿过程中，先后查阅档案、史书 300 多册，走访有关人员 360 多人（次），常常为了印证一个问题，先后多次采访 1 人，直到资料翔实完整准确为止。按照章节设置，全书共分为 14 章，章前设序言、凡例、概述、大事记，章后设附录、后记。编辑邢玉田负责第四章《村庄建设》、第五章《乡村管理与服务》、第八章《经济》编写；编辑孙广泰负责第三章《人口姓氏宗族》姓氏、宗族部分、第九章《教育文化》《卫生体育》体育部分编写；编辑王景春负责《大事记》、第三章《人口姓氏宗族》人口部分、第十四章《人物》；编辑李凤岐负责第十章《卫生体育》卫生部分；主编孙广华负责全书统编、编务工作，同时承担《凡例》、《概述》、《后记》、第一章《自然地理》、第二章《建置》、第六章《政治》、第七章《重大政事》、第十一章《社会生活》、第十三章《习俗谚语》、第十二章《精神文明建设》、第十四章《人物》及其他人物、卫生章节的编写。经过编辑人员共同努力，至 2016 年 9 月 20 日完成 12 章资料草稿。10 月 18 日完成全部 14 章资料草稿第一稿，交县志办专家编辑审评。后将审评后的志稿由编辑人员再次修改补遗，完善提高。11 月 13 日完成资料草稿第三稿。有的章节在表述方式上曾 42 次充实完善和补遗。经过编辑人员和县志办编辑 13 次共同研讨，11 月 18 日，完成志书资料长篇，交由志书组委会、顾问、编辑等人员进行 3 次通稿评审。12 月 30 日，形成志书通稿，交由主编、主审进行通篇编辑审定，最后交付出版社，进入出版印刷程序。2017 年元月，《北关村志》正式出版发行。

《北关村志》成书问世，是集体智慧的结晶，是全村北关籍党员、干部和各界群众共同努力的结果。在志书编纂过程中，党支部书记刘岩峰在组织、领导、编务方面提供了坚强有力地支持和后勤保障，同时在村务工作十分繁重的情况下，亲自走访知情人并亲自撰稿，为志书提供了大量的珍贵资料。在志书样书修改、校对阶段，带领编辑人员赴出版社亲自改稿、校对，有时加班到第二天凌晨。村委会主任杜国润，副主任王建平、王艳、村会计杜文庆经常支持关心村志编纂工作，先后多次提供资料和相关数据，副主任王艳3次向编辑人员讲述知情事件。村会计杜文庆在提供大量档案资料的同时，亲笔撰稿。村党支部原书记高清林、李国旺，原村干部何庆生、周玉书、张永财、王国岐、李永安均为志书提供了大量的宝贵资料。北关籍中国计量科学院原院长赵克功，在大量的学术、教学、社会活动繁忙中，非常支持关心村志的编纂工作，提供了大量的文字、图片资料和回忆录。北关籍国家环保部原党办主任谷静信，得知北关修志，立即用电子邮件将文字资料和书法图片发到村内。北关籍现河北藁城公安消防大队大队长冯建伟，在警务工作十分紧张的情况下，仍通过微信方式及时提供资料。现固安工业园区干部张百强，曾参加对越自卫反击作战，得知编写村志后，立即写成文字稿件交给编辑人员。北关籍王景华老先生，早年在北京工作，听说北关修志，十分激动，不顾年老多病，奋笔疾书，立即把北关新中国成立前老爷庙有关资料、村内村情民风和新中国成立后他在村内评剧团的经历写成回忆录连同老照片送回村内。耄耋老人焦伟、曹永兴，见证了第一次国内战争、抗日战争、解放战争和新中国成立后大量历史事件和典型人物，同时亲身参加解放军转战祖国大江南北，朝鲜战争爆发后又投身抗美援朝战争，浴血奋战，屡立战功。村志开始编修后，他们讲述了大量的北关发展历史，同时非常激动地说："写村志利在当代，功在千秋，要让北关现在的人和后人，在过上好生活的同时，别忘了过去北关艰苦的历史。"在走访调查之初，村内五六十岁的中老年人，均毫不保留地讲述了亲身经历的合作化、人民公社、"四清"、"文化大革命"等运动过程，以及北关人世代艰苦创业、战天斗地、大力传承老辈人浓厚乡情、敬老爱幼、良风美德诸多方面的历史事件和典型人物。

这些大量鲜活的，真实感人的历史和现实资料，为《北关村志》成书奠定了坚实的基础。与其说少数编辑人员在编写北关村志，不如说是现在富裕起来的全体北关人在众手修志。在此向上述人员表示深深地感谢和敬意！

　　志书的编写在体裁方面要求是非常严格的，集述、记、志、传、图、表、录为一体。以时为经，以事为纬，横排门类，纵写始末。在表述的文体、用词等方面亦有别于其他文体。因此，对首次编写志书的编辑人员来说，是一个新课题，也是一个难题。此次参加写作的编辑人员共5人，年龄最小的61岁，最大的76岁，虽然在先前有一些文件写作基础，面对新体裁、新文体洋洋几十万言的志书来说，无不感到任务艰巨，责任重大。编辑人员不畏艰难，知难勇进，怀着对家乡的热爱之情，对后人的关爱之心，投入到了紧张、劳累、有序的边学边干的写作当中。其间，有的翻阅资料，有的调查走访，有的埋头疾书，有的章节写了改，改了写，反反复复七八次之多。从村志编修启动到10月下旬前，整整5个月，150多天，编辑人员没有休息过一天，有时怕影响思路，把没写完的书稿带回家，夜深人静的时候接着写，对所负责文稿反复修改完善，字斟句酌，直到满意为止。可谓夜以继日，废寝忘食，其中所历艰辛，其个中甘苦，不是修志本人又怎能体会得到呢?!

　　在《北关村志》编修过程中，村内老党员、老干部、老军人、老教师、老村民和中青年及社会各界人士，给予热情地关注和支持。对志书踊跃提供文字、图片、文稿、实物的人们有：（按资料提供时间顺序）王德润、陈建华、张柏胜、申志刚、高印清、王洪仁、王占军、张伯明、崇尚义、贾玉书、董玉珠、高会林、郝玉杰、侯玉清、董金波、李茂林、刘旭东、张润身、孙秀英、满淑兰、谷洪坡、翟淑敏、焦德芳、高双荣、邓文华、张殿奎、李秀芬、焦永刚、周长庆、李宝平、张东英、陈素花、杨景泉、赵楠、王哲、张再冉、王志强、王景太、杜德润、王东升、刘汉全、项国强、李振成、陈书元、宋泽元、李志华、巨彩玲、邢会芬、鲍明禄、鲍明祺、王国政、王立峰、焦德雄、孙丽萍、臧凤池、王秀英、冯庆元、王志强（二队）、侯维富、徐永清、徐景波、焦义、李占忠、徐景新、徐建新、杨大鹏、杨云鹏、王志义、王兴等。在此向热心关注、支持修志工作的人们，表示衷心地感谢和敬意！

　　北关的历史文化源远流长，博大精深。尽管我们尽心尽力编就此志，由于时间所限、资料挖掘诸方面的原因，尚不能完全涵盖和展现北关丰富的历史，还有待于后人充实续写精修。同时，限于我们的经验、水平原因，在编修过程中难免有不当和纰漏之处，在此望村内各位领导、乡亲们和业内文史专家们以及广大读者给予谅解并批评指正。

孙广华

2016 年 12 月